$f$ilm **hitch
cock
tru
faut** 10

hitchcock
cock
truf
faut

we współpracy z Helen Scott

przekład z języka francuskiego,
opracowanie i posłowie
Tadeusz Lubelski

świat literacki

Tytuł oryginału:
Hitchcock/Truffaut

© Copyright François Truffaut, 1983
et Editions Gallimard, 1993
Copyright © for the Polish translation,
annotations and afterword
by Tadeusz Lubelski, 2005
© Copyright for the Polish edition
by Świat Literacki, Izabelin 2005

ISBN 83-88612-83-2

Projekt graficzny serii: Grzegorz Laszuk
Fotografie na okładce i wewnątrz tomu:
Philippe Halsman
Łamanie: Świat Literacki

Świat Literacki
skr. poczt. 67
05-080 Izabelin
e-mail: redakcja@swiatliteracki.com.pl

sprzedaż wysyłkowa
www.czulybarbarzynca.pl

Printed in Poland

Spis treści

Dziś twórczość Alfreda Hitchcocka podziwiana jest na całym świecie i młodzi ludzie, którzy – dzięki wznowieniom – odkrywają dla siebie na nowo *Okno na podwórze, Zawrót głowy* czy *Północ-północny zachód*, sądzą prawdopodobnie, że zawsze tak było. Tymczasem było zupełnie inaczej.

W latach pięćdziesiątych i sześćdziesiątych Hitchcock znajdował się u szczytu swoich twórczych możliwości i powodzenia. Znany już dzięki reklamie, jaką zapewnił mu David Selznick w czasie kilku lat łączącego ich kontraktu, uświetnionego przez *Rebekę, Urzeczoną, Akt oskarżenia*, Hitchcock zdobył światową sławę w połowie lat pięćdziesiątych, kiedy produkował i sam prowadził cykl programów telewizyjnych „Podejrzenia", a następnie „Alfred Hitchcock przedstawia". Przyszło mu jednak drogo okupić ten sukces: krytyka, zarówno amerykańska, jak europejska, traktowała jego twórczość z wyższością, niszcząc po kolei film za filmem.

Kiedy w 1962 roku znalazłem się w Nowym Jorku z okazji premiery *Julesa i Jima*, zwróciło moją uwagę, że każdy dziennikarz stawiał mi to samo pytanie: – *Dlaczego krytycy „Cahiers du Cinéma" biorą Hitchcocka na serio? Jest, owszem, bogaty, osiągnął sukces, ale jego filmy niewiele znaczą.* – Jeden z tych amerykańskich krytyków, któremu przez godzinę tłumaczyłem, dlaczego zachwycam się *Oknem na podwórze*, odpowiedział mi taką oto brednią: – *Panu się podoba „Okno na podwórze", bo nie zna pan Nowego Jorku, w związku z czym nie zna pan także Greenwich Village.* – Odparowałem mu: – *„Okno na podwórze" nie jest filmem o Greenwich Village, ale filmem o kinie, a kino znam.* Wróciłem do Paryża wzburzony.

Moja przeszłość krytyka była jeszcze całkiem świeża i nie czułem się uwolniony od tego pragnienia przekonywania innych, które było wspólne wszystkim młodym ludziom z „Cahiers du Cinéma". Przyszło mi więc do głowy, że Hitchcock, którego geniusz autoreklamy był porównywalny jedynie z Salvadorem Dali, stał się jednak w Ameryce ofiarą intelektualistów, przeprowadzających z nim dziesiątki kpiarskich wywiadów i wyszydzając każdy jego pogląd. Tymczasem, kiedy oglądałem jego filmy, było dla mnie jasne, że ten człowiek przemyślał środki swojej sztuki lepiej, niż ktokolwiek inny w tym zawodzie. Pomyślałem więc, że gdyby zgodził się po raz pierwszy odpowiedzieć na systematyczny i starannie ułożony zestaw pytań, mogłaby z tego wyniknąć książka, stanowiąca skuteczną polemikę z opiniami krytyków amerykańskich.

Oto cała historia tej książki. Cierpliwie dokończona z pomocą Helen Scott, której doświadczenie edytorskie okazało się decydujące, nasza książka – ośmielam się twierdzić – osiągnęła swój cel. A przecież po ukazaniu się pierwszego wydania pewien młody Amerykanin, profesor filmoznawstwa, przepowiedział mi: – *Ta książka bardziej zaszkodzi pańskiej reputacji w Ameryce niż pana najgorszy film.* – Na szczęście Charles Thomas Samuels pomylił się, a rok czy dwa lata później popełnił samobójstwo, z jakichś istotniejszych – mam nadzieję – powodów. W istocie bowiem krytycy amerykańscy zaczęli od 1968 roku przyglądać się pracy Hitchcocka z większą uwagą – taki film jak *Psychoza* jest już dziś przez nich uważany za klasykę, zaś młodsi kinofile uznali go ostatecznie za swego autora, nie mając mu za złe sukcesu, bogactwa i sławy.

Kiedy nagrywałem te rozmowy w sierpniu 1962 roku w siedzibie Universalu, Hitchcock kończył pracę nad montażem *Ptaków*, swego czterdziestego ósmego filmu. Potrzebowałem czterech lat na opracowanie nagranych taśm, co dało mi okazję do kolejnych spotkań z Hitchcockiem i zadania mu kolejnych pytań aktualizujących książkę, którą nazwałem na swój użytek *Hitchbook*. Pierwsze wydanie, opublikowane z końcem 1967 roku, zatrzymało się więc na *Rozdartej kurtynie*, jego pięćdziesiątym filmie. Obecne wydanie uzupełnione jest o rozdział dodatkowy, zawierający uwagi na temat *Topazu*, *Szału* (jego ostatniego względnego sukcesu), *Intrygi rodzinnej* i wreszcie *Krótkiej nocy*, filmu, który przygotowywał i bez przerwy przerabiał jak gdyby nigdy nic, podczas gdy całe jego otoczenie wiedziało, że powstanie pięćdziesiątego czwartego filmu Hitchcocka jest – ze względu na jego nieuleczalną chorobę – absolutnie niemożliwe.

W przypadku kogoś takiego jak Hitchcock, kto żył tylko swoją pracą, przerwanie aktywności oznaczało śmierć. Doskonale o tym wiedział, podobnie jak wszyscy inni, dlatego cztery ostatnie lata jego życia były tak smutne.

2 maja 1980 roku, kilka dni po jego śmierci, w małym kościele przy bulwarze Santa Monica w Beverly Hills odbywała się msza. Rok wcześniej w tym samym kościele żegnano Jeana Renoira. Trumna z ciałem Renoira stała przed ołtarzem. Obecna była rodzina, przyjaciele, sąsiedzi, amerykańscy kinofile i nawet zwykli przechodnie. Z Hitchcockiem było inaczej. Nie było trumny i nikt nie wiedział, gdzie się znajduje. Przybyli na nabożeństwo goście, wezwani drogą telegraficzną, byli sprawdzani przy wejściu do kościoła przez służby Universalu. Policja odganiała ciekawskich. Był to onieśmielający pogrzeb człowieka nieśmiałego, który mógł wreszcie zrezygnować z autoreklamy, bo przestała służyć jego pracy, człowieka, który od młodości ćwiczył się w panowaniu nad sytuacją.

Człowiek umarł, reżyser jednak przeżył, ponieważ jego filmy, realizowane z niesamowitą starannością, z wyjątkową pasją, z uczuciem ukrywanym pod maską sprawności technicznej, nadal żyją na ekranach całego świata – rywalizując z nowymi produkcjami, stanowiąc wyzwanie dla upływającego czasu. Wartość dorobku Hitchcocka najlepiej da się opisać słowami Cocteau, który powiedział kiedyś o Prouście: *Jego twórczość wciąż działa, jak zegarki na przegubach martwych żołnierzy.*

François Truffaut (1983)

Zimą 1955 roku Alfred Hitchcock przybył do Joinville, by w studiu Saint Maurice pracować nad postsynchronami do *Złodzieja w hotelu,* do którego plenery kręcił na Lazurowym Wybrzeżu. Postanowiliśmy, z moim przyjacielem Claude'em Chabrolem, zrobić z nim wywiad dla „Cahiers du Cinéma". Pożyczyliśmy magnetofon, żeby nagrać rozmowę, która miała być długa i precyzyjnie oddawać poglądy naszego mistrza.

W sali, w której pracował Hitchcock, było dość ciemno, tymczasem na ekranie powracały kolejne wersje tej samej sceny, z Cary Grantem i Brigitte Auber płynącymi łodzią motorową. W ciemności przedstawiliśmy się obaj Hitchcockowi, który poprosił, byśmy poczekali na niego w barze po drugiej stronie podwórza. Wyszliśmy, oślepieni przez światło dnia i – komentując z entuzjazmem Hitchcockowskie „kawałki prawdziwego kina", których pierwszymi widzami byliśmy przed momentem – skierowaliśmy się prosto przed siebie, w stronę oddalonego o kilkanaście metrów baru. Nie zdając sobie z tego sprawy, obaj wdepnęliśmy w jednej chwili w wąski przesmyk zamarzniętego basenu, tego samego szarego koloru, co chodnik podwórza. Lód pękł natychmiast i znaleźliśmy się po pierś w wodzie, osłupiali. Spytałem Chabrola: – *Co z magnetofonem?* – Mój przyjaciel

13

podniósł powoli lewe ramię i wydobył z wody całkiem zamoczone urządzenie.

Niczym w filmie Hitchcocka, sytuacja była bez wyjścia: basen miał brzeg dość spadzisty i trudno było się zeń wydostać. Potrzebowaliśmy – najdosłowniej – czyjejś pomocnej dłoni. Jakoś się w końcu wydobyliśmy; litościwa garderobiana zaprowadziła nas do szatni, żebyśmy się przebrali i wysuszyli ubrania. Po drodze zagadnęła nas: – *Jesteście, moje dzieci, statystami w „Rififi"?* – *Nie, proszę pani, jesteśmy dziennikarzami.* – *W takim razie nie mogę się wami zajmować.*

W efekcie, po kilku minutach ponownie przedstawiliśmy się Alfredowi Hitchcockowi, trzęsąc się w przemoczonych ubraniach. Nie zwrócił jednak na to uwagi i zaproponował nam kolejne spotkanie, wieczorem w hotelu Plaza Athénée. Kiedy jednak następnego roku wrócił do Paryża, natychmiast dostrzegł nas w grupie paryskich dziennikarzy, zwracając się do nas: – *Panowie, myślę o was obu za każdym razem, kiedy przyglądam się kostkom lodu w szklance whisky.*

Po kilku latach dowiedziałem się, że Hitchcock wielokrotnie opowiadał tę anegdotę swoim hollywoodzkim przyjaciołom, po swojemu jednak upiększając jej finał. W „wersji Hitchcockowskiej", podczas powtórnej prezentacji po wyjściu z basenu, Chabrol był przebrany za księdza, a ja za policjanta.

W kilka lat po tym pierwszym wodnym kontakcie, nabrałem nieodpartej ochoty udania się do Alfreda Hitchcocka z pytaniami, jak Edyp udawał się do wyroczni; z biegiem czasu bowiem moje własne doświadczenia realizatorskie kazały mi coraz bardziej cenić jego wkład do sztuki reżyserii. Kiedy przyjrzeć się uważnie karierze Hitchcocka, od jego niemych filmów angielskich po barwne produkcje hollywoodzkie, wyczuwa się w jego twórczości obecność odpowiedzi na kilka podstawowych pytań, które każdy reżyser powinien sobie postawić; nie najmniej ważne spośród nich brzmi: jak wyrażać siebie w sposób czysto wizualny?

Kino według Hitchcocka to zatem książka, której nie jestem autorem, a jedynie inicjatorem, czy – ośmielę się sprecyzować – prowokatorem. To w gruncie rzeczy tekst dziennikarski, w formie długiego, pięćdziesięciogodzinnego wywiadu, na który Alfred Hitchcock wyraził zgodę pewnego pięknego dnia (to był rzeczywiście piękny dzień w moim życiu).

Napisałem więc do Hitchcocka, prosząc go o odpowiedź na pięćset pytań, dotyczących głównie jego kariery, w porządku chronologicznym. Zaproponowałem, by rozmowa skupiła się na czterech głównych punktach:

a) okolicznościach towarzyszących powstaniu każdego filmu;

b) pracy nad scenariuszem;

c) szczegółowych problemach związanych z reżyserią każdego filmu;

d) jego własnej ocenie komercyjnych i artystycznych efektów każdego filmu w stosunku do pierwotnych oczekiwań.

Hitchcock zgodził się. Ostatnią przeszkodą do pokonania był język. Zwróciłem się o pomoc do mojej przyjaciółki Helen Scott z Urzędu Filmu Francuskiego w Nowym Jorku. Amerykanka wykształcona we Francji, władająca biegle słownictwem filmowym w obu językach, wyjątkowo przy tym uczciwa i rzetelna, była idealną wspólniczką do tego przedsięwzięcia.

13 sierpnia 1962 roku, w dniu sześćdziesiątych trzecich urodzin Hitchcocka, przybyliśmy do Hollywood. Co dzień rano mistrz przyjeżdżał po nas do hotelu Beverly Hills i zawoził nas do swego biura w studiu Universal. Każde z nas dysponowało małym mikrofonem przyczepionym do ubrania, a w sąsiednim pokoju inżynier dźwięku rejestrował naszą rozmowę. Codziennie rozmawialiśmy przez dziewięć godzin bez przerwy, od 9 rano do 18 po południu. Nawet posiłki, które spożywaliśmy na miejscu, nie przerywały tego słownego maratonu.

Z początku Alfred Hitchcock, w swojej najlepszej formie, jak zawsze w wywiadach, głównie żartował i bawił nas anegdotami. Po dwóch-trzech dniach zaczął być jednak poważniejszy, bardziej szczery i samokrytyczny, opowiadając coraz szczegółowiej o swojej karierze, o swoich szczęściach i pechach, o swoich trudnościach, poszukiwaniach, wątpliwościach, nadziejach i wysiłkach. Stopniowo zacząłem dostrzegać kontrast między jego publicznym wizerunkiem, epatującym pewnością siebie, a nawet cynizmem, a prawdziwą naturą człowieka wrażliwego, uczuciowego i delikatnego, głęboko, fizycznie odczuwającego doznania, które chciał przekazać swojej widowni.

Ten człowiek, który – lepiej niż ktokolwiek inny – sfilmował strach, sam jest bojaźliwy i przypuszczam, że jego sukces związany jest z tą cechą jego charakteru. W ciągu całej swojej kariery Alfred Hitchcock odczuwał potrzebę uniezależnienia się – od aktorów, producentów, techników – ponieważ jakakolwiek ich słabość czy kaprys mogłyby zagrozić jakości filmu. Najlepszym sposobem uniezależnienia się było dlań stać się reżyserem, o współpracy z którym marzy każda gwiazda, stać się swoim własnym producentem i dowiedzieć się więcej o technice niż sami technicy! Pozostało mu jeszcze uniezależnić się od publiczności: postanowił w tym celu uwieść ją, strasząc, pozwalając jej przeżyć na nowo wszystkie emocje dzieciństwa: krycie się za meblami podczas zabawy w chowanego, grę w ciuciubabkę, wieczorny lęk w łóżku, gdy porzucona na na podłodze zabawka przybiera tajemniczy kształt.

Wszystko to prowadzi nas do suspensu, który niektórzy uważają za gorszą postać spektaklu, podczas gdy jest on samą jego istotą. Suspens jest w pierwszym rzędzie dramatyzacją materiału narracyjnego filmu, albo inaczej – najbardziej intensywnym jak to możliwe przedstawieniem sytuacji dramaturgicznych.

Przykład: bohater wychodzi z domu, wsiada do taksówki i jedzie na dworzec, bo ma zaraz pociąg. To normalna scena ze zwyczajnego filmu. Jeśli jednak przed samym wejściem do taksówki mężczyzna ten spojrzy na zegarek i powie: – *Boże, to straszne, nie jestem w stanie zdążyć na ten pociąg* – jego przejazd stanie się sceną pełną suspensu, bo każde czerwone światło, każde skrzyżowanie, każdy policjant, każdy znak drogowy, każde użycie przez kierowcę hamulca czy sprzęgła wzmocnią emocjonalny walor sceny.

Siła perswazyjna obrazu jest tak wielka, że widz nigdy nie powie sobie: „Może on aż tak się nie śpieszy", albo: „Ostatecznie, ma jakiś następny pociąg". W wyniku napięcia wytworzonego przez kategoryczny obraz, konieczność pośpiechu nie może być podana w wątpliwość. Podobna funkcjonalność dramaturgii zawiera oczywiście pewien margines dowolności, ale sztuka Hitchcocka polega na narzuceniu tej dowolności, przeciwko czemu mogą buntować się racjonaliści, zarzucając mu nieprawdopodobieństwo. Hitchcock powtarza często, że kpi sobie z prawdopodobieństwa, w istocie jednak sceny z jego filmów rzadko bywają nieprawdopodobne. Jego intrygi wywoływane są często przez zbiegi okoliczności, tworzące tak zwane „mocne sytuacje". Potem zaś jego praca polega na podsycaniu dramatu, na zawiązywaniu go w coraz ściślejszy węzeł, na nadawaniu mu maksymalnej intensywności i wiarygodności, aż do paroksyzmu nieoczekiwanego rozwiązania.

Sceny suspensu stanowią „uprzywilejowane momenty" filmu, te, które zostają w pamięci. Kiedy jednak przyjrzeć się twórczości Hitchcocka, łatwo zauważyć, że starał się on zawsze tworzyć filmy, w których każda scena byłaby takim „uprzywilejowanym momentem", filmy – jak sam to określał – bez „pustych miejsc" i „białych plam nudy". To uparte dążenie, by za wszelką cenę przykuć uwagę widza i jak najdłużej trzymać go w napięciu, czyni jego filmy niemożliwymi do naśladowania, ponieważ Hitchcock panuje nad widzem nie tylko w mocnych momentach opowiadania, ale także w ekspozycji, w „scenach przejścia" i we wszystkich innych, często w filmach zaniedbywanych.

Dwie sceny suspensu nie będą więc nigdy u niego połączone „zwyczajną sceną", bo Hitchcock nienawidzi tego, co zwyczajne. „Mistrz suspensu" jest także mistrzem niezwykłości. Przykład: mężczyzna, który ma kłopoty z wymiarem sprawiedliwości – my jednak wiemy, że jest niewinny – wybiera się na spotkanie ze swoim adwokatem. To sytuacja codzienna. U Hitchcocka jednak w takiej sytuacji adwokat będzie od początku sceptyczny, albo nawet, jak w *Pomyłce*, zacznie od wyjaśniania swemu klientowi, że ten typ spraw nie należy do jego specjalności. Wytwarza się zatem atmosfera niepewności i niebezpieczeństwa, która podnosi dramatyzm sytuacji do wyższej potęgi.

A oto inny przykład sposobu, w jaki Hitchcock wymyka się zwyczajności: młody człowiek przedstawia matce poznaną dziewczynę. Dziewczyna pragnie oczywiście spodobać się starszej pani, która zostanie być może jej teściową. Młody człowiek, odprężony, dokonuje prezentacji, podczas gdy dziewczyna – zaczerwieniona i speszona – zbliża się nieśmiało. Starsza pani, której twarz – jak widzieliśmy – zmieniła wyraz pod koniec dokonywanej przez syna prezentacji (dochodzącej z *offu*), wpatruje się teraz w dziewczynę niezwykle intensywnie (wszyscy kinofile znają to typowo Hitchcockowskie spojrzenie w sam obiektyw kamery); lekkie wycofanie się dziewczyny stanowi pierwszy sygnał jej paniki: tym samym reżyser – poprzez jedno spojrzenie – przedstawił nam właśnie jedną z tych przerażających matek, w których postaciach się specjalizuje. Od tego momentu wszystkie „sceny rodzinne" filmu będą wypełnione rozdrażnieniem i napięciem; ponieważ Hitchcockowi zawsze zależy przede wszystkim na tym, żeby uniknąć banału na ekranie.

Sztuka tworzenia suspensu to zarazem umiejętność wciągania publiczności w istotę filmu. Ponieważ chodzi o spektakl, realizacja filmu nie jest grą między dwoma uczestnikami (reżyser + film), ale między trzema (reżyser + film + publiczność), a suspens – jak białe kamyki w *Tomciu Paluchu* albo spacer w *Czerwonym Kapturku* – staje się środkiem poetyckim, ponieważ jego celem jest przyspieszenie bicia naszego serca. Czynienie Hitchcockowi zarzutu z suspensu byłoby równoznaczne z oskarżaniem go o to, że jest najmniej nudnym reżyserem na świecie, albo z pretensjami do kochanka, że stara się sprawić przyjemność swojej partnerce. W takim kinie, jakie uprawia Hitchcock, chodzi o skupienie uwagi publiczności na ekranie, do takiego stopnia, żeby widzowie arabscy zaprzestali łuskania orzeszków, włoscy – zapalania papierosów, francuscy – obmacywania sąsiadek, szwedzcy – kochania się między rzędami foteli itd. Nawet najwięksi przeciwnicy Hitchcocka przyznają mu tytuł pierwszego technika światowego kina, nie rozumieją jednak do końca, że wybór scenariusza, jego konstrukcja i zawartość, są ściśle z tą techniką związane. Wszystkich artystów denerwuje tendencja krytyków do oddzielania formy od treści; zastosowana do dzieła Hitchcocka okazałaby się ona szczególnie jałowa. Hitchcock bowiem – jak świetnie określili to Eric Rohmer i Claude Chabrol (w książce z 1957 roku) – nie jest ani opowiadaczem historii, ani estetą, ale *jednym z największych wynalazców formy w całej historii kina. Może tylko Murnau i Eisenstein mogą wytrzymać porównanie z nim pod tym względem. Forma nie zdobi tu treści, lecz tworzy ją.*

Kino jest sztuką szczególnie trudną do opanowania, z powodu liczby zdolności – często sprzecznych – których wymaga. Jeśli tylu inteligentnym ludziom nie powiodło się reżyserowanie, to dlatego, że nie posiedli w równym stopniu daru analizy i syntezy; dopiero bowiem ich połączenie pozwala uniknąć niezliczonych pułapek, zastawianych na kolejnych etapach scenopisu, zdjęć i montażu. W istocie, największe niebezpieczeństwo, jakie czyha na filmowca, to utrata kontroli nad filmem w fazie jego powstawania; a zdarza się to niestety często.

Każde ujęcie filmu, trwające od trzech do dziesięciu sekund, jest informacją dla widza. Wielu reżyserów daje informacje puste albo słabo czytelne, ponieważ ich początkowe intencje były albo niejasne, albo nawet precyzyjne, lecz nie dość dobrze wcielone w życie. Spytacie może: czy rzeczywiście jasność jest tak ważna? Odpowiem: jest najważniejsza. Dam przykład: – *A więc Bałaszow, zrozumiawszy, że dał się przerobić Carradine'owi, spotkał się z Bensonem, żeby zaproponować mu kontakt z Tołmaczowem i podział łupu między nimi –* etc. Kiedy w jakimś filmie słyszycie tego rodzaju dialog, gubicie się natychmiast i stajecie się obojętni, bo o ile autor wie dobrze, kim są Bałaszow, Carradine, Benson i Tołmaczow oraz które twarze kryją się pod tymi nazwiskami, wy tego oczywiście nie wiecie, nawet jeśli pokazano wam wcześniej twarz każdego z nich po trzy razy, nie wiecie tego zgodnie z podstawowym prawem kina: wszystko to, co zostało p o w i e d z i a n e zamiast zostać p o - k a z a n e, jest stracone dla publiczności.

Hitchcock pokazuje zatem panów Bałaszowa, Carradine'a, Bensona i Tołmaczowa, ponieważ wszystko wyraża on w sposób wizualny. Pomyśli ktoś może, że osiąga on tę jasność wskutek uproszczenia, które skazuje go na filmowanie wyłącznie sytuacji dziecinnie prostych? To w każdym razie zarzut, który spotyka go często i który odpieram natychmiast, uważając, że – przeciwnie – Hitchcock jest jedynym reżyserem, umiejącym sfilmować i przekazać nam myśli postaci bez uciekania się do dialogu, innymi słowy – jest prawdziwym filmowym realistą.

Hitchcock realista? W filmach, podobnie jak w sztukach teatralnych, dialog służy wyłącznie przedstawianiu myśli postaci, podczas gdy w życiu jego funkcja bywa oczywiście inna, zwłaszcza w życiu społecznym, o czym przekonujemy się, ilekroć zdarza nam się brać udział w spotkaniach ludzi, których nie łączą bliskie więzi – w różnych cocktailach, uroczystych obiadach, naradach rodzinnych itp. Kiedy uczestniczymy w zebraniach tego typu, czujemy doskonale, że wypowiadane słowa są czymś drugorzędnym, konwencjonalnym, zaś najistotniejsze rozgrywa się gdzie indziej, w myślach zaproszonych ludzi, a treść tych myśli możemy domniemywać wyłącznie obserwując ich spojrzenia.

Wyobraźmy sobie, że uczestnicząc w podobnym przyjęciu przyglądam się panu Y, opowiadającemu trzem osobom o wakacjach, które spędził właśnie z żoną w Szkocji. Obserwując uważnie jego twarz dostrzegam, że w gruncie rzeczy interesuje się on głównie nogami pani X. W takim razie zbliżam się do pani X... Ona z kolei opowiada komuś o kłopotach szkolnych swoich dwojga dzieci, ale jej chłodne spojrzenie dziwnie często omiata elegancką sylwetkę

panny Z. Zatem najistotniejsza treść sceny, w której uczest-
niczyłem, nie kryje się w zawartości dialogów, która jest
czysto konwencjonalna, ale w myślach postaci: a) w pożą-
daniu pana Y, skupionym na pani X; b) w zazdrości pani
X – o pannę Z...

Od Hollywoodu po Rzym, żaden inny reżyser nie byłby
dziś zdolny sfilmować ludzkiej rzeczywistości tej sceny tak,
jak ją opisałem; tymczasem filmy Hitchcocka od czterdziestu lat zawierają mnóstwo podobnych rozwiązań, opartych
na odklejaniu się obrazu od dialogu i na sugerowaniu rów-
noczesności tych dwóch sytuacji: zewnętrznej (oczywistej)
i podskórnej (tajemniczej). W ten sposób Alfred Hitchcock
jest praktycznie jedynym filmowcem, umiejącym – bez uciekania się do dialogu – przedstawić takie uczucia, jak podejrzl-
iwość, zazdrość czy pożądanie; prowadzi to nas do paradoksu: reżyser ów, uważany za twórcę filmów prostych i
zrozumiałych, jest zarazem filmowcem najbardziej biegłym
w ukazywaniu najsubtelniejszych relacji między ludźmi.

W Ameryce największy postęp w sztuce reżyserii filmowej dokonał się w latach 1908-1930, przede wszystkim dzięki Griffithowi. Większość mistrzów kina niemego, pozosta-
jących zresztą pod wpływem Griffitha, jak Stroheim,
Eisenstein, Murnau czy Lubitsch, już nie żyje; ci, którzy po-
zostali przy życiu, nie pracują. Filmowcy amerykańscy, którzy zadebiutowali po 1930 roku, nie wykorzystali nawet
dziesiątej części odkryć Griffitha. Nie ma więc przesady
w stwierdzeniu, że od powstania kina dźwiękowego nie pojawił się w Hollywoodzie żaden prawdziwy filmowiec, może
z wyjątkiem Orsona Wellesa. Toteż myślę szczerze, że gdyby
któregoś dnia kino musiało znowu pozbyć się ścieżki dźwiękowej i stać się na powrót sztuką, którą było w latach 1895-
-1930, większość współczesnych reżyserów musiałaby zmienić zawód. Oto dlaczego, kiedy przypatrujemy się Hollywo-
odowi '1966, Howard Hawks, John Ford i Alfred Hitchcock
wydają się nam jedynymi spadkobiercami sekretów Griffitha. Jakże więc nie obawiać się, że wraz z ich odejściem sekrety te zostaną stracone?

Niektórzy amerykańscy intelektualiści – wiem o tym dobrze – dziwią się, że europejscy kinofile, zwłaszcza Francuzi, uważają Hitchcocka za „autora filmowego", w tym samym znaczeniu co Renoira, Bergmana, Felliniego, Buñuela czy Godarda. Krytycy amerykańscy przeciwstawiają Hitchcockowi innych reżyserów, od dwudziestu lat cenionych w Hollywood. Nie wdając się w polemikę ani w przytaczanie nazwisk, muszę powiedzieć, że w tym punkcie między opiniami krytyków nowojorskich a paryskich istnieje znaczna rozbieżność. Czyż można traktować owych słynnych hollywoodzkich „zbieraczy Oscarów" – nawet jeśli są utalentowani – inaczej niż jako zwykłych w y k o n a w c ó w, skoro – poddani komercyjnym dyktatom – przechodzą płynnie od filmu biblijnego do westernu, od wojennego fresku do komedii o pułapkach rozwodu. Co różni ich od reżyserów teatralnych, jeśli – jak oni – w tym samym roku potrafią skończyć film według sztuki Williama Inge'a, zacząć kolejny według powieści Irwina Shawa, przygotowując równocześnie adaptację Tennessee Williamsa?

Jeśli nie odczuwają żadnej stanowczej potrzeby wprowadzania do swojej pracy własnych poglądów na temat życia, ludzi, pieniędzy, miłości, są przecież jedynie wyrobnikami show-biznesu, prostymi technikami. Może to przynajmniej wielcy technicy? Ich skłonność do wykorzystywania zaledwie drobnej części tych nadzwyczajnych możliwości, jakie oferuje reżyserowi hollywoodzka wytwórnia, każe wątpić nawet i w to. Na czym polega ich praca? Ustawiają scenę, umieszczają aktorów pośrodku dekoracji i filmują rozmowę jak leci, z sześciu albo ośmiu kolejnych perspektyw: *en face*, z lewej, od góry itd. Później zaczynają wszystko od nowa, tym razem zmieniając obiektywy i filmując scenę najpierw w planie ogólnym, potem w amerykańskim, przechodząc na koniec do zbliżeń. Nie posunąłbym się aż do pomawiania tych hollywoodzkich faworytów o szarlatanerię. Najlepsi z nich osiągnęli biegłość w jakiejś swojej specjalności: jedni potrafią prowadzić gwiazdy, inni mają nosa do nieznanych aktorów; niektórzy kunsztownie dopracowują scenariusze, inni mają dar improwizacji; jedni to mistrzowie scen batalistycznych, inni są niezastąpieni w kameralnych komediach. Moim zdaniem Hitchcock przewyższa ich, ponieważ jest bardziej wszechstronny. Nie jest specjalistą od tego czy innego aspektu kina, ale od każdego obrazu, każdego ujęcia, każdej sceny. Interesuje się problemami konstrukcji scenariusza, ale też montażem, zdjęciami, dźwiękiem. Zajmuje się wszystkim, włącznie – jak wiadomo – z reklamą. Skoro zaś sam wpływa na wszystkie elementy filmu i we wszystkich fazach realizacji forsuje swoje osobiste pomysły, Alfred Hitchcock rzeczywiście posiada swój styl i jest jednym z trzech czy czterech czynnych dziś reżyserów, których rozpoznaje się po obejrzeniu dowolnych kilku minut któregokolwiek filmu.

Żeby to sprawdzić, nie trzeba koniecznie szukać sceny suspensu. Styl „Hitchcockowski" daje się rozpoznać nawet w zwykłej scenie rozmowy dwóch osób – przez dramaturgię kadru, przez typ wymiany spojrzeń, przez prostotę gestów, przerywanie dialogu momentami ciszy, przez sposób wywołania w widzu wrażenia, że jedna z postaci dominuje nad drugą (albo jest w niej zakochana, czy o nią zazdrosna), przez sztukę wytwarzania niepowtarzalnej atmosfery, wreszcie przez umiejętność wywołania w nas określonych emocji, zgodnych z jego własną wrażliwością. Sztuka Hitchcocka wydaje mi się tak kompletna dlatego właśnie, że widzę w niej poszukiwanie i odnajdywanie, wyczucie konkretu i wyczucie abstrakcji, gęsty dramat stowarzyszony z delikatnym dowcipem. Jego twórczość jest komercyjna i eksperymentalna równocześnie, uniwersalna jak *Ben Hur* Williama Wylera i poufna jak *Fireworks (Ognie sztuczne)* Kennetha Angera.

Taki film, jak *Psychoza*, który przyciągnął widzów całego świata, przewyższa swoją swobodą i niekonwencjonalnością małe awangardowe filmy, kręcone przez młodych artystów na taśmie 16 mm, na które żadna cenzura nie dałaby zgody. Triki z filmów *Północ-północny zachód* czy *Ptaki* osiągają poetycki wymiar kina eksperymentalnego, które uprawia

Czech Jirzi Trnka za pomocą kukiełek albo Kanadyjczyk Norman McLaren w swoich filmikach rysowanych na taśmie.

Zawrót głowy, Północ-północny zachód i *Psychoza* – te trzy filmy były w ostatnich latach bez ustanku naśladowane, a jestem przekonany, że twórczość Hitchcocka – choć wielu filmowców nie chce się do tego przyznać – od dawna wywiera znaczny wpływ na dużą część kina światowego. Wpływ ten, bezpośredni albo podskórny, stylistyczny albo tematyczny, dobroczynny albo źle przyswajany, zaznaczył się u reżyserów tak różnych, jak na przykład Henri Verneuil (*Melodia z podziemia*), Alain Resnais (*Muriel, Wojna się skończyła*), Philippe de Broca (*Człowiek z Rio*), Orson Welles (*Intruz*), Vincente Minnelli (*Undercurrent*), Henri-Georges Clouzot (*Widmo*), J. Lee Thompson (*Przylądek strachu*), René Clément (*W pełnym słońcu, Ścigani przez śmierć*), Mark Robson (*Nagroda*), Edward Dmytryk (*Miraż*), Robert Wise (*The House on Telegraph Hill, Nawiedzony dom*), Ted Tetzlaff (*Okno*), Robert Aldrich (*Co się zdarzyło Baby Jane?*), Akira Kurosawa (*Wielki i mały*), William Wyler (*Kolekcjoner*), Otto Preminger (*Bunny Lake zaginęła*), Roman Polański (*Wstręt*), Claude Autant-Lara (*Morderca*), Ingmar Bergman (*Więzienie, Pragnienie*), William Castle (*Homicidal*), Claude Chabrol (*Kuzyni, Oko złego, Marie-Chantal kontra doktor Kha*), Alain Robbe-Grillet (*Nieśmiertelna*), Paul Paviot (*Portret pamięciowy*), Richard Quine (*Strangers When We Meet*), Anatole Litvak (*Nóż w ranie*), Stanley Donen (*Szarada, Arabeska*), André Delvaux (*Człowiek z ogoloną głową*), François Truffaut (*Fahrenheit 451*), nie zapominając oczywiście o serii filmów z Jamesem Bondem, która stanowi wulgarną i niezręczną karykaturę wszystkich filmów Hitchcockowskich, a zwłaszcza *Północ-północny zachód*. Jeśli tylu reżyserów, od najwybitniejszych po przeciętnych, przygląda się filmom Hitchcocka z taką uwagą, znaczy to, że czują w nich obecność człowieka niezwykłego, którego twórczość obserwują z podziwem albo z zazdrością, nigdy obojętnie.

Nie chodzi o to, żeby traktować twórczość Hitchcocka bałwochwalczo, ani twierdzić, że jest bez skazy. Myślę jednak, że jest to twórczość aż do tej pory tak bardzo niedoceniana, iż zacząć wypada od przyznania jej właściwego miejsca, jednego z pierwszych. Potem zaś i tak przyjdzie czas na zastrzeżenia, tym bardziej, że sam autor – jak to zobaczymy – nie szczędzi znacznej części swojej produkcji bardzo surowego komentarza.

Krytycy brytyjscy, którzy z trudem wybaczają Hitchcockowi jego dobrowolne wygnanie, mają rację, zachwycając się jeszcze po trzydziestu latach młodzieńczą ucieczką starszej pani, próżno jednak żałować tego, co i tak musiało się stać. Młody reżyser filmu *Starsza pani znika*, jowialny i pełen zapału, nie byłby zdolny do sfilmowania emocji, jakie odczuwa James Stewart w *Zawrocie głowy*, dziele dojrzałym, lirycznym studium relacji między miłością a śmiercią.

Jeden z owych anglosaskich krytyków, Charles Higham, pisze w czasopiśmie „Film Quarterly", że Hitchcock pozostaje *dowcipnisiem, przebiegłym, wyrachowanym cynikiem*, mówi o jego *narcyzmie i chłodzie*, o *jego bezlitosnej drwinie*, która nigdy nie jest *drwiną szlachetną*. Higham uważa, że Hitchcock *głęboko gardzi światem*, a jego zręczność *przejawia się najpełniej w sytuacjach wszelkiej destrukcji*. Myślę, że Higham dotyka rzeczywiście istotnego punktu, myli się jednak, podając w wątpliwość szczerość i powagę Alfreda Hitchcocka. Cynizm, który może charakteryzować człowieka silnego, u ludzi wrażliwych jest jedynie fasadą. Może pokrywać sentymentalizm, jak to było z Erichem von Stroheimem, albo po prostu pesymizm, jak jest u Hitchcocka.

Louis-Ferdinand Céline dzielił ludzi na dwie kategorie: ekshibicjonistów i podglądaczy; jest oczywiste, że Alfred Hitchcock należy do tej drugiej. Nie wtrąca się do życia, przygląda się mu. Kiedy Howard Hawks kręci *Hatari*, zaspokaja swoje dwie pasje: polowania i kina. Jedyną namiętnością Hitchcocka jest kino; świetnie zdaje sprawę z tej namiętności odpowiedź, jakiej udzielił na moralizatorski atak przeciw *Oknu na podwórze*: – *Nic nie mogłoby mi przeszko-*

dzić w realizacji tego filmu, ponieważ moja miłość do kina jest silniejsza niż jakakolwiek moralność.

Kino Alfreda Hitchcocka nie zawsze jest zachwycające, ale zawsze wzbogacające, głównie dzięki niesamowitej przenikliwości, z jaką odsłania ludzkie przewiny wobec piękna i czystości. Jeśli – w epoce Ingmara Bergmana – zgodzić się z opinią, że kino nie jest czymś niższym od literatury, można zaklasyfikować Hitchcocka – choć właściwie po co go klasyfikować? – do grona artystów niespokojnych, jak Kafka, Dostojewski czy Poe. Artyści ci nie mogą oczywiście pomóc nam żyć, ponieważ sami sobie z tym nie radzą; ich misja polega jednak na czym innym: pozwalają nam dzielić ich ból i obsesje. Tym samym, niezależnie nawet od ich woli, pomagają nam lepiej poznawać siebie, co stanowi podstawowy cel każdego dzieła sztuki.

François Truffaut (1966)

1.

Dzieciństwo. Komisarz mnie zamknął. Kary cielesne. Chciałem zostać inżynierem. Nadszedł dzień. Nieukończony film: *Number Thirteen*. *Woman to Woman*. Moja przyszła żona... Michael Balcon zapytał mnie... *Ogród rozkoszy*. Mój pierwszy dzień zdjęciowy. *Orzeł górski*.

François Truffaut: Monsieur Hitchcock, urodził się pan w Londynie 13 sierpnia 1899 roku. Znam tylko jedną anegdotę z pana dzieciństwa, tę o komisariacie. Jest prawdziwa?

Alfred Hitchcock: Tak. Miałem chyba cztery albo pięć lat... Ojciec wysłał mnie na komisariat policji z listem. Komisarz przeczytał go i zamknął mnie na pięć czy dziesięć minut w celi, mówiąc: – *Oto co robimy niegrzecznym chłopczykom.*

FT: Czym pan na to zasłużył?

AH: Ojciec nazywał mnie zawsze swoją „białą owieczką". Naprawdę trudno mi zrozumieć, co takiego mogłem zrobić.

FT: Zdaje się, że pana ojciec był bardzo surowy?

AH: To był straszny nerwus. Moja rodzina uwielbiała teatr; tworzyliśmy dość ekscentryczną grupkę, ale ja byłem tak zwanym grzecznym dzieckiem. Podczas spotkań rodzinnych siedziałem bez słowa w swoim kątku, przyglądałem się wszystkiemu. Zawsze byłem taki sam: kompletny introwertyzm i samotnictwo. Nigdy nie miałem żadnego kolegi. Bawiłem się sam i sam wymyślałem swoje zabawy.

Wcześnie zamieszkałem w internacie, w jezuickim Kolegium Świętego Ignacego w Londynie. Moja rodzina była katolicka, co jest rzadkością w Anglii. To prawdopodobnie podczas mieszkania u jezuitów mój lęk się wzmocnił. Lęk moralny, że jestem przypisany do zła. Zawsze trzymałem się na uboczu, być może z fizycznego strachu. Potwornie obawiałem się kar cielesnych. A używano tam rózgi; myślę, że jezuici do dziś ją stosują. Była z twardego kauczuku. Nie posługiwano się nią tak sobie, o nie; to było prawdziwe wykonywanie wyroku. Trzeba było wieczorem stawić się u księdza. Ten ksiądz wpisywał solennie nazwisko ofiary do rejestru, wraz z sentencją wyroku, i cały dzień żyło się potem w oczekiwaniu.

FT: Czytałem, że był pan dość przeciętnym uczniem, tylko z geografii miał pan dobre oceny.

AH: Należałem w zasadzie do pierwszej piątki w klasie. Nigdy nie zająłem pierwszego miejsca; raz czy dwa byłem drugi. Miałem opinię ucznia dość roztargnionego.

FT: Podobno pana ówczesną ambicją było zostanie inżynierem?

AH: Wszystkim małym chłopcom zadaje się pytanie, kim chcieliby zostać, kiedy dorosną; musi mi pan uwierzyć na słowo, że nigdy nie odpowiedziałem: policjantem. Mówiłem: inżynierem. Wobec tego moi rodzice wzięli to na serio i wysłali mnie do specjalistycznej szkoły, Szkoły Inżynierii i Nawigacji, gdzie uczyłem się mechaniki, elektryczności, akustyki...

FT: Można z tego wnosić, że miał pan zainteresowania naukowe?

AH: Bez wątpienia. Nabyłem w ten sposób pewnych umiejętności praktycznych związanych z zawodem inżyniera; poznałem prawa siły i ruchu, dowiedziałem się, na czym polega elektryczność. Następnie, żeby zacząć zarabiać na życie, wstąpiłem do Towarzystwa Telegraficznego Henleya. Specjalizowałem się w podwodnych kablach elektrycznych; moim zajęciem było wykonywanie związanych z nimi technicznych obliczeń. Równocześnie zacząłem chodzić na wykłady na Wydział Sztuk Pięknych Uniwersytetu Londyńskiego; uczyłem się tam rysunku. Miałem niecałe dziewiętnaście lat.

FT: Interesował się pan już wtedy kinem?

AH: Tak, od lat. Entuzjazmowałem się kinem i teatrem, często bywałem wieczorami na premierach. W wieku szesnastu lat zacząłem czytać czasopisma filmowe, i to nie te popularne, ale fachowe. Dzięki umiejętnościom rysunkowym, nabytym na uniwersytecie, przeszedłem u Henleya do działu reklamy i zacząłem rysować.

FT: Co to były za rysunki?

AH: Ilustracje do ogłoszeń reklamowych, nadal dotyczące kabli. Ta praca przybliżyła mnie do kina, albo – mówiąc ściślej – do tego, czym miałem wkrótce zająć się w kinie.

FT: Pamięta pan, co najbardziej interesowało pana wtedy w kinie?

AH: Częściej chodziłem do teatru, ale kino pociągało mnie bardziej; wolałem filmy amerykańskie od angielskich. Oglądałem filmy Chaplina, Griffitha, całą serię „Famous Players" Paramountu, Bustera Keatona, Douglasa Fairbanksa, Mary Pickford, a także filmy niemieckie produkcji Decla-Bioscop. To była wytwórnia poprzedzająca Ufę, pracował dla niej Murnau.

FT: Przypomina pan sobie jakiś film, który zrobił na panu największe wrażenie?

AH: Jednym z najbardziej znanych filmów Decli-Bioscopu była *Zmęczona śmierć*[1].

---

[1] Tytuł oryginalny *Der Müde Tod*; fantastyczna baśń filmowa z 1921 roku, jedno z arcydzieł ekspresjonizmu (przyp. tłum.).

FT: To film Fritza Langa.

AH: Zdaje się, że tak. Główną rolę grał Bernard Goetzke.

FT: Czy interesował się pan filmami Murnaua?

AH: Owszem, ale one pojawiły się później, w 23 albo w 24 roku.

FT: Co mógł pan zobaczyć w 1920?

AH: Pamiętam francuską komedię *Monsieur Prince*.[2] Jej bohater nazywał się po angielsku Whiffles.

FT: Często cytuje się pańskie oświadczenie: Jak na wszystkich reżyserów, wpływ wywierał na mnie Griffith.

AH: Przypominam sobie przede wszystkim *Nietolerancję*, także *Narodziny narodu*.

FT: W jaki sposób trafił pan od Henleya do wytwórni filmowej?

AH: Z lektury związkowego czasopisma filmowego dowiedziałem się, że amerykańska wytwórnia Famous Players-Lasky-Paramount otworzyła filię w Londynie. Przystąpiła do budowy studia w Islington i ogłosiła plan produkcji. Wśród innych projektów znalazła się tam adaptacja powieści, której tytułu już zapomniałem. Nie rezygnując z pracy u Henleya, przeczytałem tę powieść uważnie i wykonałem szereg rysunków, które mogły ewentualnie ilustrować napisy.

FT: Mówi pan o napisach zastępujących dialogi w filmach niemych?

AH: Tak jest. W tamtych czasach wszystkie napisy były ilustrowane. Na każdej planszy był napis lub tekst dialogu, i rysunek. Najbardziej znany z tych napisów narracyjnych brzmiał: „Nadszedł dzień...". Równie znany był „Nazajutrz rano...". Je-

---

[2] Czyli *Pan Książę*. To jeden z licznych filmów autorstwa wielkiego rywala Maxa Lindera, Charlesa Seigneura, zwanego Rigadin (przyp. FT).

śli więc na przykład miałem napis „Georges prowadził wówczas życie rozwiązłe", rysowałem pod takim napisem świeczkę
z płomieniem na obu końcach. To było bardzo naiwne.

FT: To była zatem praca, którą postanowił pan wykonywać i której projekt przedstawił pan Famous Players?

AH: Poszedłem pokazać im swoje rysunki i oni mnie natychmiast zatrudnili. Wkrótce zostałem szefem sekcji napisów. Pracowałem w wytwórni, w wydziale montażu. Szef tego wydziału miał na usługach dwóch pisarzy amerykańskich;
kiedy film był ukończony, główny montażysta układał napisy albo redagował na nowo te ze scenariusza: bo w tym momencie, dzięki użyciu owych napisów narracyjnych, koncep-
cję scenariusza można było zburzyć kompletnie.

FT: Aż tak?

AH: Absolutnie. Przecież aktor udawał tylko, że mówi,
a jego wypowiedź pojawiała się następnie na planszy. Można więc było przypisywać postaciom wypowiedzi jakie się
chciało; dzięki temu procederowi udawało się czasem uratować kiepskie filmy. Jeśli dramat był źle sfilmowany, źle za-
grany i stawał się w efekcie śmieszny, pisało się dialogi komediowe i film osiągał sukces, bo uważano go za satyrę.
Można było z tym robić naprawdę co się chciało... Brać zakończenie filmu i wstawiać je na początek... Wszystko było
możliwe.

FT: To zdaje się wtedy zaczął pan przyglądać się kinu
z bliska?

AH: Wtedy poznałem pisarzy amerykańskich i nauczyłem
się pisać scenariusze. Poza tym, polecano mi czasem filmowanie scen „ekstra", bez udziału aktorów... Później, zauwa-
żywszy, że filmy kręcone w Anglii nie zdobywają powodzenia w Ameryce, wytwórnia Famous Players wstrzymała
produkcję i wynajęła studia brytyjskim producentom.
    W tym czasie przeczytałem pewną nowelkę w czasopiśmie
i dla wprawy zrobiłem jej adaptację. Wiedziałem, że właści-

cielem praw była wytwórnia amerykańska, ale nie miało to dla mnie znaczenia; chodziło tylko o ćwiczenie. Kiedy wytwórnie angielskie zajęły studia w Islington, zwróciliśmy się wszyscy o pracę u nich. W ten sposób otrzymałem posadę asystenta reżysera.

FT: U producenta Michaela Balcona?

AH: Zacząłem od pracy nad filmem *Always Tell Your Wife* (*Zawsze mów swojej żonie*), w którym główną rolę grał znany londyński aktor Seymour Hicks. Któregoś dnia pokłócił się z reżyserem i rzekł do mnie: – *Dlaczego pan i ja nie moglibyśmy sami skończyć tego filmu?* – Pomogłem mu i rzeczywiście skończyliśmy we dwóch. W tym momencie świeżo utworzona wytwórnia Michaela Balcona wynajęła studia i zostałem asystentem reżysera. To była wytwórnia, którą Balcon założył z Victorem Saville i Johnem Freedmanem. Szukali odpowiedniego tematu. Zwróciłem im uwagę na sztukę pod tytułem *Woman to Woman*; kupili do niej prawa. Kiedy następnie powiedzieli: – *Teraz potrzebujemy scenariusza* – zaofiarowałem się: – *Sam bym chętnie napisał ten scenariusz. – Pan? A co pan dotąd zrobił? – Pokażę coś panom.* – I zademonstrowałem im tę adaptację, którą wykonałem w ramach ćwiczenia. Zrobiło to na nich wrażenie i dostałem pracę. To był 1922 rok.

FT: Miał pan zatem 23 lata. Ale wcześniej był jeszcze ten filmik, pierwszy, który pan wyreżyserował, i o którym jeszcze nie mówiliśmy: *Number Thirteen (Numer trzynasty)*.

AH: Ach, to! Ale to nigdy nie zostało ukończone! To były dwie szpule.

FT: Dokument?

AH: Nie. Jedna z kobiet zatrudnionych w studiu była współpracownicą Charlie Chaplina; on był wówczas tak ceniony, że każdy, kto z nim pracował, traktowany był jak geniusz. Napisała więc jakiś tekst i znaleźliśmy trochę pieniędzy na jego realizację. Naprawdę nie było to dobre. Akurat w tym momencie Amerykanie zamknęli studio.

FT: Nigdy nie widziałem *Woman to Woman*, nie znam nawet fabuły...

AH: Liczyłem sobie dwadzieścia trzy lata i nigdy jeszcze nie miałem dziewczyny. Nie wypiłem szklanki alkoholu. Fabuła pochodziła ze sztuki, która osiągnęła w Londynie pewien sukces. Bohaterem był oficer armii angielskiej podczas I wojny światowej. W czasie urlopu w Paryżu nawiązał romans z tancerką, potem wrócił na front. Tam przeżył szok... i stracił pamięć. Wrócił do Anglii i poślubił kobietę z wyższych sfer. Wtedy odnalazła się tancerka z dzieckiem. Konflikt... Historia kończyła się śmiercią tancerki.

FT: Przy tym filmie, wyreżyserowanym przez Grahama Cuttsa, był pan więc autorem adaptacji i dialogów, a także asystentem reżysera?

AH: Więcej nawet: byłem jeszcze scenografem, bo mój przyjaciel w ostatniej chwili musiał zrezygnować z robienia dekoracji. W dodatku brałem udział w produkcji. Moja przyszła żona, Alma Reville, była montażystką filmu, a równocześnie jego script-girl. W tamtym czasie funkcje script-girl i montażystki łączyła zwykle jedna osoba; inaczej niż dzisiaj, kiedy – jak pan sam dobrze wie – script-girl stała się prawdziwą księgową. Podczas pracy nad tym filmem poznałem więc żonę.

Później łączyłem różne funkcje przy wielu jeszcze filmach. Drugim był *The White Shadow* (*Biały cień*); trzecim – *Passionate Adventure* (*Namiętna podróż*); czwartym – *Blackguard* (*Szubrawiec*), piątym – *The Prude's Fall* (*Upadek świętoszki*).

FT: Wszystkie te filmy ocenia pan z perspektywy lat podobnie nisko, czy może niektóre z nich pan wyróżnia?

AH: *Woman to Woman* był najlepszy z nich, zarazem odniósł największy sukces. Kiedy kręciliśmy ostatni, *The Prude's Fall*, reżyser miał kochankę i udaliśmy się na plenery do Wenecji. To było naprawdę kosztowne. Kochance reżysera żaden z tych plenerów nie przypadł do gustu i wróciliśmy do studia nie nakręciwszy niczego. Po skończeniu filmu reżyser oświadczył producentowi, że już mnie nie chce. Zostałem więc zwolniony. Podejrzewałem wówczas zresztą, że nowo zatrudniony operator uknuł tę intrygę.

FT: Jak długo trwała realizacja tych filmów?

AH: Po sześć tygodni każdy.

FT: Wyobrażam sobie, że ówczesne kryterium talentu polegało na kręceniu filmu z jak najmniejszą ilością napisów?

AH: Dokładnie tak.

FT: A przecież scenariusze opierały się na ogół na sztukach teatralnych?

AH: Zrobiłem pewien film niemy, *The Farmer's Wife* (*Żona farmera*), który w całości opierał się na dialogach, ale próbowałem ograniczyć w nim napisy do minimum i posługiwać się raczej obrazami. Zdaje mi się, że jedynym filmem, który kompletnie obywał się bez napisów, był wtedy *Portier z hotelu Atlantic,* z Janningsem.

FT: Jeden z najlepszych filmów Murnaua...[3]

AH: Kręcono go, kiedy pracowałem w Ufie. W *Portierze z hotelu Atlantic* Murnau próbował wręcz ustanowić język uniwersalny, rodzaj esperanto. Wszystkie napisy na ulicach, afisze, ogłoszenia czy szyldy sklepów, zredagowane były w tym syntetycznym języku.

FT: Ale w domu, w którym mieszka Emil Jannings, są napisy niemieckie, tylko w hotelu użyto esperanta. Wyobrażam sobie, że coraz bardziej interesował się pan w tym czasie techniką filmową?

---

[3] Tytuł oryginalny *Der Letzte Mann* (1924), arcydzieło *kammerspielu*, według scenariusza Carla Mayera. W rzeczywistości autorzy użyli jednak napisu w końcowej partii filmu, zresztą z zamiarem wyraźnie ironicznym wobec estetyki ówczesnego kina (przyp. tłum.).

AH: Byłem w pełni świadom wyższości zdjęć w filmach amerykańskich nad zdjęciami z filmów brytyjskich. Już w wieku osiemnastu lat przyglądałem się temu zagadnieniu, póki co dla przyjemności. Zauważyłem na przykład, że Amerykanie dążyli z reguły do oddzielenia obrazu dalszego planu za pomocą świateł umieszczonych tuż za pierwszym planem, podczas gdy w filmach angielskich postaci były wtopione w dalszy plan, nie było takiego oddzielenia.

FT: Jesteśmy więc w 1925 roku. Po nakręceniu *The Prude's Fall*, reżyser Graham Cutts nie chce już pana za asystenta. I wtedy Michael Balcon proponuje panu zostanie reżyserem?

AH: Michael Balcon zapytał mnie: – *Czy chciałby pan wyreżyserować film?* – Odrzekłem na to: – *Nigdy o tym nie myślałem.* – I była to prawda; bardzo mi odpowiadało pisanie scenariuszy i wykonywanie scenografii, zupełnie nie wyobrażałem sobie siebie w roli reżysera. Wtedy Balcon powiedział: – *Dostaliśmy propozycję zrealizowania filmu w koprodukcji z Niemcami.* – Przydzielono mi jeszcze pisarza do napisania scenopisu i wyjechałem do Monachium. Moja przyszła żona, Alma miała zostać moją asystentką. Nie byliśmy jeszcze małżeństwem, ale też nie żyliśmy w grzechu, byliśmy czyści.

FT: Chodzi o film *The Pleasure Garden* (*Ogród rozkoszy*), nakręcony według powieści Olivera Sandysa. Widziałem go tylko raz i zachowałem wspomnienie bardzo żywiołowej akcji...[4]

---

[4] Patsy, tancerka z chóru teatrzyku „Pleasure Garden", zapewnia miejsce w zespole Jill, swojej protegowanej. Jill jest narzeczoną Hugha, który wyjeżdża w tropiki. Patsy poślubia Levetta, przyjaciela Hugha. Podróż poślubną spędzają nad jeziorem Como, po czym Levett także udaje się do tropików. Jill, prowadząca życie rozwiązłe, wciąż opóźnia wyjazd do narzeczonego. Patsy natomiast jedzie do swojego Levetta i przyłapuje go na zdradzie, w ramionach miejscowej piękności. Zrywa z mężem. Pogrążający się w szaleństwie Levett doprowadza swą tubylczą piękność do samobójstwa (pomaga jej się utopić); następnie zaś, po próbie zamordowania Patsy, zostaje zastrzelony przez lekarza z miejscowej kolonii. Patsy zaczyna nowe życie z Hughiem, porzuconym przez Jill (przyp. FT).

AH: To był tylko melodramat, ale zawierał kilka ciekawych scen. Był to mój reżyserski debiut, opowiem więc panu o pierwszych dniach zdjęciowych. Miałem w końcu wyczucie dramaturgii...

A zatem, w pewną sobotę, o godzinie 19.40, znalazłem się na dworcu w Monachium, gotowy do wyjazdu do Włoch, gdzie mieliśmy nakręcić plenery. Pamiętam, że czekając na pociąg powiedziałem do siebie: „To twój pierwszy film, debiutujesz jako reżyser". Dzisiaj wyjeżdżam na plenery w towarzystwie stuczterdziestoosobowej ekipy! Ale wtedy, na tym monachijskim peronie, moja ekipa ograniczała się do czterech osób: był wykonawca głównej roli męskiej Miles Mander, operator Baron Ventimiglia, dziewczyna mająca utopić się jako tubylcza piękność, i jeszcze operator kroniki, który miał sfilmować odpłynięcie statku z portu w Genui. To odpłynięcie nakręciliśmy bowiem za pomocą dwóch kamer: jedna była umieszczona na nabrzeżu, druga na pokładzie. Następnie statek zatrzymał się, aktorzy wysiedli i operator kroniki filmował scenę pożegnania.

Druga scena, którą miałem nakręcić, rozgrywała się w San Remo. Tubylcza dziewczyna miała popełnić samobójstwo, a Levett, czarny charakter całej historii, miał wejść do morza, upewnić się, że dziewczyna jest martwa, przytrzymując jej głowę pod wodą, a później przenieść jej ciało na brzeg ze słowami: – *Zrobiłem wszystko, żeby ją uratować.* – Kolejne sceny rozgrywały się nad jeziorem Como, w Villa d'Este. Miodowy miesiąc... Sceny miłosne na jeziorze... Idylla...

Na razie moja przyszła żona, która nie może jeszcze wyjechać z nami, stoi wraz ze mną na peronie, rozmawiamy. Ona jest malutka i młodziutka, w tym momencie ma zaledwie dwadzieścia cztery lata. Jej zadaniem jest pojechać do Cherbourga i powitać Virginię Valli, gwiazdę filmu, największą ówczesną gwiazdę Universalu, która ma zagrać rolę Patsy. Valli ma przypłynąć statkiem „Akwitania" do Cherbourga; moja narzeczona powinna ją zatem tam odebrać, przywieźć do Paryża, kupić jej stroje, a następnie dowieźć do nas do Villa d'Este – to cała jej rola.

Pociąg powinien odjechać o ósmej. Jest za dwie minuty ósma, aktor Miles Mander mówi do mnie: – *O Boże, zostawiłem w taksówce swoją walizeczkę do charakteryzacji* – i oddala się biegiem. Krzyczę za nim: – *Będziemy w Genui w hotelu Bristol. Niech pan wsiada do tego samego pociągu jutro wieczorem, zdjęcia zaczynamy dopiero we wtorek!* Przypominam panu, że mamy sobotę wieczór i w Genui powinniśmy się znaleźć w niedzielę rano, żeby przygotować zdjęcia. Jest ósma... Pociąg nie odjeżdża. Jest ósma dziesięć, pociąg powoli rusza... Słyszę jakąś wrzawę przy barierce kontrolnej i widzę Milesa Mandera, który przeskakuje przez tę barierkę, ścigany przez trzech funkcjonariuszy dworcowych. Znalazł swoją walizeczkę i zdołał wskoczyć do ostatniego wagonu. Oto mój pierwszy kinowy dramat! Ale to dopiero początek.

Pociąg jedzie. Nie mam nikogo od księgowości i muszę się sam zajmować rachunkami. To prawie tak samo ważne jak reżyserowanie filmu... Okropnie przejmuję się pieniędzmi. Zbliżamy się do granicy austriacko-włoskiej. Ventimiglia mówi do mnie: – *Niech pan uważa, absolutnie nie możemy zgłaszać naszej kamery, bo każą nam płacić za każdy obiektyw osobno. – Jak to, dlaczego? – Niemiecka wytwórnia kazała nam tę kamerę przemycić. –* Pytam więc: – *Gdzie jest ta kamera? –* Operator na to: – *Pod pana kuszetką. –* Jak już panu mówiłem, zawsze bałem się policjantów; zaczynam więc się pocić, w dodatku równocześnie dowiaduję się, że przewozimy jeszcze dziesięć tysięcy metrów czystej taśmy, której też nie powinniśmy zgłaszać... Przychodzą celnicy i jak dla mnie jest wystarczająco dużo suspensu. Nie znajdują wprawdzie kamery, ale odbierają nam taśmę, jako nie zgłoszoną.

Przybywamy więc do Genui w niedzielę rano, oczywiście bez taśmy. Przez całą niedzielę zajmujemy się jej zdobywaniem. W poniedziałek rano decyduję: – *Trzeba wysłać operatora kroniki do Mediolanu, żeby kupił taśmę u Kodaka. –* Gubię się w rachunkach, są to jakieś koszmarne przeliczenia między lirami, markami i funtami... Operator wraca z taśmą, kupioną za sumę 20 funtów. W tej samej chwili dowiaduję się, że odebrane nam na granicy dziesięć tysięcy metrów taśmy czeka na nas na cle, muszę zapłacić za nie opłatę celną. Zmarnowałem więc dwadzieścia funtów, a to dla nas niemała suma, cały budżet ledwo nam wystarczy na te plenery. Wtorek, statek podnosi kotwicę w południe. To wielki transatlantyk odpływający do Ameryki Południowej, „Lloyd Prestino". Do zdjęć trzeba wynająć motorówkę, co wymusza wydanie kolejnych dziesięciu funtów. Wreszcie wszystko zostaje załatwione. Jest wpół do jedenastej, wyciągam portfel, żeby dać napiwek facetowi z motorówki. Ale portfel jest pusty, dziesięć tysięcy lirów zniknęło. Wracam do hotelu, szukam wszędzie, nawet pod łóżkiem... Pieniędzy nie ma. Idę na policję i mówię: – *Ktoś musiał wejść do mojego pokoju tej nocy, kiedy spałem.* – Do siebie zaś mówię po cichu: – *Całe szczęście, że się nie obudziłeś, bo złodziej by cię pewnie zasztyletował...* – Czuję się bardzo nieszczęśliwy, przypominam sobie jednak, że trzeba kręcić, i emocja związana z przybliżaniem się realizacji mojej pierwszej w życiu sceny sprawia, że zapominam o pieniądzach.

Po nakręceniu sceny znów wpadam w depresję, pożyczam więc dziesięć funtów od operatora i piętnaście od aktora. Wiem, że to nie wystarczy. Piszę więc do Londynu z prośbą o zaliczkę, a także do wytwórni w Monachium: *Będę chyba potrzebował dodatkowych pieniędzy.* Ale nie odważyłem się posłać tego drugiego listu, mogliby mi przecież odpowiedzieć: „Skąd pan może wiedzieć już teraz, że będzie potrzebował więcej?". Wysłałem więc tylko list do Londynu.

Wracamy do hotelu Bristol, jemy obiad i ruszamy w drogę do San Remo. Po obiedzie wychodzę na chodnik, gdzie stoi mój operator Ventimiglia, Niemka mająca grać dziewczynę, która się topi, a także operator kroniki, który już skończył swoją pracę i ma wracać do Monachium. Stoją w trójkę i o czymś bardzo żywo rozmawiają! Zbliżam się więc do nich i pytam: – *Czy mamy jakiś problem?* – *Otóż właśnie mamy, dziewczyna nie może wejść do wody.* – *Co to znaczy: nie może wejść do wody?* – *No nie może, nie rozumie pan?*

Naciskam więc: – *Nie, absolutnie nie mogę zrozumieć, o co chodzi.* – I tam, na chodniku, dwaj operatorzy zmuszeni są wprowadzić mnie w problemy okresu, menstruacji etc. Nigdy w życiu nie słyszałem dotąd o takich rzeczach. Ludzie przechodzą, oni opowiadają mi te wszystkie szczegóły, a ja im lepiej zaczynam rozumieć, tym bardziej się wściekam, że zmarnowałem tyle lirów i marek przywożąc tutaj tę dziewczynę. Dotarło bowiem do mnie, że ona mogła już trzy dni wcześniej uprzedzić nas o swojej niedyspozycji.

Odsyłamy więc ją z operatorem kroniki i jedziemy do Alassio. Znajdujemy tam nową dziewczynę, ta jest jednak bardziej korpulentna od naszej „niedysponowanej" Niemki i mój aktor nie może jej udźwignąć; ilekroć ją podniesie, za chwilę upuszcza. Na plaży tłum gapiów kona ze śmiechu. Kiedy wreszcie udaje mu się dotaszczyć ją na brzeg, wchodzi w plan jakaś zbierająca muszelki staruszka, w dodatku patrzy wprost w kamerę!

Jedziemy w końcu pociągiem do Villa d'Este. Jestem bardzo zdenerwowany, bo wiem, że hollywoodzka gwiazda Virginia Valli już przybyła. Nie chcę, by dowiedziała się, że to mój pierwszy film. Pierwsza rzecz, o którą pytam narzeczoną, to: – *Czy ma pani pieniądze?* – *Nie mam.* – *Ale miała pani przedtem?* – *Tak, ale ona przyjechała z inną aktorką, Carmelitą Geraghty; chciałam je zawieźć do hotelu Westminster, ale one naciskały na Claridge...* – Wtajemniczam więc narzeczoną w swoje kłopoty. W końcu zaczynam zdjęcia i wszystko idzie gładko. W owym czasie sceny nocne kręciło się w pełnym słońcu, potem tylko barwiło się taśmę na niebiesko. Po każdym ujęciu patrzyłem na narzeczoną i pytałem: – *W porządku? Poszło dobrze?*

Teraz dopiero odważyłem się na wysłanie telegramu do Monachium: *Myślę, że będę potrzebował dodatkowych pieniędzy.* W międzyczasie dostałem z Londynu oczekiwaną zaliczkę. Aktor, skąpy jak się okazało, upominał się już o swoją pożyczkę. Kiedy spytałem, co mu tak pilno, odpowiedział: – *Bo mój krawiec żąda zadatku na garnitur.* – A to wcale nie była prawda.

Suspens przeciąga się. Otrzymuję wprawdzie dość pieniędzy z Monachium, ale rachunki hotelowe, wynajęcie statku na jeziorze i tym podobne kłopoty spędzają mi sen z powiek. Jestem okropnie zdenerwowany. Nazajutrz wyjeżdżamy. Nie tylko nie chcę, żeby gwiazda wiedziała, że to mój debiut; nie chcę też, żeby dowiedziała się, że nie mamy już pieniędzy. Z tego powodu robię rzecz wstrętną: przekłamując fakty, wyrzucam mojej narzeczonej, że przywiozła z Virginią jej przyjaciółkę i wymuszam na niej, by w konsekwencji pożyczyła od gwiazdy dwieście dolarów. Moja narzeczona robi to i przynosi mi pieniądze. Dzięki temu udaje mi się opłacić hotel i nowe kuszetki. Będziemy musieli przesiąść się w Zurychu, żeby następnego dnia znaleźć się w Monachium. Przybywamy na dworzec i każą mi płacić za nadbagaż, ponieważ obie Amerykanki mają z sobą ogromne kufry. Tym samym pieniądze kończą mi się ostatecznie... Ponawiam obliczenia i znów zwalam najczarniejszą robotę na moją narzeczoną. Proszę ją, by spytała Amerykanek, czy chcą jeść kolację. Odpowiadają: – *Nie, wzięłyśmy kanapki z hotelu, bo nie mamy zaufania do jedzenia w zagranicznych pociągach.* – Dzięki temu sami możemy zjeść. Na nowo robię rachunki i orientuję się, że przy wymianie lirów na franki szwajcarskie straciliśmy trochę. W dodatku pociąg się spóźnia i obawiam się o naszą przesiadkę w Zurychu. Docieramy o dziewiątej wieczorem i widzimy, jak nasz pociąg właśnie odjeżdża z peronu. Czy będziemy zmuszeni spędzić noc w Zurychu, bez pieniędzy? Ale nagle pociąg zatrzymuje się i w tym momencie suspens przekracza granice mojej tolerancji. Bagażowi wpychają się, ale z wiadomych względów rezygnuję z nich i sam biorę walizki. Jak pan wie, w szwajcarskich pociągach okna nie mają ram; źle obliczam kąt podniesienia jednej z waliz i nagle: „Bang!”. To był najgłośniejszy dźwięk tłuczonego szkła, jaki słyszałem kiedykolwiek. Pracownicy dworca już nadbiegają: – *Pan pozwoli z nami.* – Zaprowadzili mnie do biura kierownika stacji i musiałem zapłacić za stłuczoną szybę 35 franków szwajcarskich. Zapłaciłem i został mi w kieszeni dosłownie jeden fe-

nig. Jakoś z nim dojechałem do Monachium. Oto jak prze-
biegły moje pierwsze zdjęcia plenerowe!

FT: Ta historia jest jeszcze bardziej żywiołowa niż scenariusz! Jest w niej jednak pewna sprzeczność, która mnie
intryguje. Podkreśla pan, że był wówczas kompletnie niewinny i całkowicie nieobeznany z sekretami seksualności.
A tymczasem obie dziewczyny z *Ogrodu rozkoszy*, Patsy
i Jill, sfilmowane są jak para. Kiedy jedna jest w piżamie,
druga ma koszulę nocną etc. W *Lokatorze* stanie się to
jeszcze oczywistsze. W loży music-hallu mała blondynka
chroni się na kolanach brunetki w typie „chłopczycy". Odnoszę wrażenie, że od pierwszych filmów fascynowały pana
dewiacje.

AH: To prawda, ale początkowo to było powierzchowne.
Byłem bardzo czysty, całkowicie niewinny. Zachowanie
dwóch dziewczyn z *Ogrodu rozkoszy* brało się z mojego
wczesnego doświadczenia, z okresu gdy byłem asystentem
w Berlinie, w 1924 roku. Pewna szacowna rodzina wyciągnę-
ła mnie któregoś wieczoru na kolację, razem z reżyserem.
Dziewczyna była córką jednego z właścicieli Ufy. Po kolacji
trafiliśmy do nocnego klubu, w którym mężczyźni tańczyli
z sobą, a kobiety z sobą. Na koniec wieczoru odwiozły nas
samochodem, dziewczynę i mnie, dwie młode Niemki. Jedna miała dziewiętnaście lat, druga trzydzieści. Przed hote-
lem powiedziały do mnie: – *Come on.* – Nie znałem niemieckiego. Dyskutowaliśmy w pokoju hotelowym i na każdą
propozycję odpowiadałem: – *Nein, nein...* – Wypiliśmy mnóstwo koniaku. W końcu dwie Niemki położyły się do łóżka,
a dziewczyna, z którą byłem – co zabawne – włożyła okulary, żeby je lepiej widzieć. To był czarujący rodzinny wieczór.

FT: Jak z tego widać, rzeczywiście. A zatem wszystkie
zdjęcia w studiu z *Ogrodu rozkoszy* kręcone były w Niemczech?

AH: Tak, w studiu w Monachium. Kiedy film został ukończony, Michael Balcon przybył z Londynu zobaczyć go.

W jednej z finałowych scen Levett – brzydki, odrażający – popadał w obłęd. Próbował zabić Patsy szablą; w ostatniej chwili lekarz z miejscowej kolonii zjawiał się z rewolwerem. Oto, jak to zainscenizowałem: dałem na pierwszym planie rewolwer, a w głębi – szaleńca i bohaterkę. Lekarz strzelał więc zza kadru, kula trafiała w szaleńca i szok przywracał mu nagle świadomość; zwracał się w stronę lekarza całkiem przytomnie: – *A, dzień dobry, doktorze* – później zauważał, że się wykrwawia, spoglądał na krew, na lekarza, odzywał się: – *Proszę spojrzeć* – i dopiero wtedy upadał i umierał.

Podczas wyświetlania tej sceny jeden z niemieckich producentów, ważny facet, wstał i oświadczył: – *Nie może pan tego rodzaju sceny pokazywać w ten sposób, to zupełnie niewiarygodne, zbyt brutalne.* – Po projekcji Michael Balcon powiedział: – *Zadziwia mnie w tym filmie to, że pod względem technicznym nie przypomina on kina europejskiego, ale – amerykańskie.*

Recenzje były bardzo życzliwe. „London Daily Express" dał tytuł, mówiący o mnie: *Young man with a master mind* (*Młody człowiek o mistrzowskim umyśle*).

FT: W rok później nakręcił pan swój drugi film, *The Mountain Eagle* (*Orzeł górski*), w studiu, z plenerami w Tyrolu?

AH: To był nieudany film. Producenci wciąż próbowali dostać się na rynek amerykański. Szukali nowej gwiazdy i do roli wiejskiej nauczycielki przysłali mi Nitę Naldi, która miała być następczynią Thedy Bary, z niewyobrażalnie długimi paznokciami. To było szalenie śmieszne.

FT: Mam tu streszczenie scenariusza. To historia kierownika sklepu, który zadręcza swoją namiętnością młodą niewinną nauczycielkę; ona chroni się przed nim w górach, pod opiekę pewnego pustelnika, którego w finale poślubia. Tak to rzeczywiście wyglądało?

AH: Niestety tak.

2.

Lokator – pierwszy prawdziwy „film Hitchcockowski". Forma czysto wizualna. Szklana podłoga. Kajdanki i seks. Dlaczego pojawiam się w swoich filmach. *Upadek. Upadła cnota. Ring.* Jack Jedna Runda. *Żona farmera. Szampan.* Trochę jak u Griffitha. *Człowiek z wyspy Man*, mój ostatni film niemy. Prostokąt ekranu musi być wypełniony emocją.

François Truffaut: *Lokator* (*The Lodger*) to pana pierwszy ważny film...

Alfred Hitchcock: To zupełnie inna historia. *Lokator* to był pierwszy prawdziwy „Hitchcock Picture". Zobaczyłem sztukę zatytułowaną *Kim on jest?*, opartą na powieści *The Lodger* pisarki Belloc-Lowndes. Akcja rozgrywała się w domu z pokojami do wynajęcia; właścicielka zastanawiała się, czy nowy lokator jest mordercą znanym jako Avenger, czyli kimś w rodzaju Kuby Rozpruwacza, czy też nie. Opowiedziałem tę historię bardzo prosto, w całości z punktu widzenia właścicielki kamienicy. Później zrobiono z tego dwa czy trzy remaki, zbyt wykoncypowane.

FT: Okazywało się, że bohater był niewinny, to nie był Avenger.

AH: W tym tkwiła trudność. Wykonawca głównej roli, Ivor Novello, był wielką gwiazdą angielskiego teatru. To jeden z problemów, z którymi musimy sobie radzić w ramach systemu gwiazd: zdarza się, że ostrość fabuły trzeba osłabić, bo gwiazda nie może grać łajdaka.

FT: Wolałby pan, żeby bohater był prawdziwym Avengerem?

AH: Niekoniecznie, ale w tego rodzaju historii lepiej byłoby, żeby bohater odchodził gdzieś w nocy, a widz nigdy nie dowiadywał się dokąd. Nie można było jednak tak postąpić z bohaterem granym przez gwiazdę. Trzeba było wyraźnie powiedzieć, że on jest niewinny.

FT: Niewątpliwie; dziwi mnie jednak, że mógłby pan zakończyć film nie odpowiadając na pytania widza?

AH: W tym konkretnym przypadku, jeśli suspens skupia się na pytaniu: „czy to jest, czy nie jest Avenger?", potwierdziłby pan tylko pierwotne podejrzenie, a to nie jest ciekawe dramaturgicznie. My poszliśmy w odwrotnym kierunku i dopowiedzieliśmy do końca, że on nie jest Avengerem. Szesnaście lat później zetknąłem się z tym samym problemem, kręcąc *Podejrzenie* z Cary Grantem. Było niemożliwością zrobić z niego mordercę.

FT: Cary Grant by się na to nie zgodził?

AH: Nie, to producenci by się nie zgodzili. *Lokator* był pierwszym filmem, w którym wykorzystałem to, czego nauczyłem się w Niemczech. Działałem w tym filmie instynktownie; po raz pierwszy próbowałem własnego stylu. Istotnie więc można uważać *Lokatora* za mój pierwszy film.

FT: Bardzo go lubię. Jest piękny i świadczy o wielkiej pomysłowości wizualnej.

AH: Rzeczywiście, wychodząc od prostego opowiadania, odczuwałem stałą potrzebę przedstawienia po raz pierwszy moich pomysłów w formie czysto wizualnej. Piętnastominutową sekwencję końca zimowego popołudnia nakręciłem w Londynie. Była godzina 17.20 i miałem przed sobą pierwsze ujęcie filmu: zbliżenie wrzeszczącej dziewczyny, blondynki. Oto jak to sfotografowałem: wziąłem szklaną płytę, umieściłem głowę dziewczyny na jej tle, rozpostarłem jej włosy tak, żeby wypełniły cały kadr, później oświetliłem je od spodu dla podkreślenia koloru blond. Teraz cięcie i przechodzimy do świetlnego szyldu, reklamującego rewię: „Dziś wieczorem *Złote Loki*". Ten szyld odbija się w wodzie. Dziewczyna utonęła; wyciągnięto z wody jej zwłoki, ułożono na ziemi. Konsternacja; wszyscy orientują się, że chodzi o zbrodnię. Przybywa policja, potem dziennikarze... Towarzyszymy jednemu z dziennikarzy w drodze do telefonu; nie jest to pracownik konkretnej gazety, ale reporter agencyjny, dzwoni więc do agencji. Teraz pokazuję, jak wiadomość się rozchodzi. Najpierw przepisywana jest na maszynie w agencji, co pozwala widzowi przeczytać kilka zdań... potem przekazywana jest do dalekopisów. Następnie ogłaszana jest przez radio, dociera więc do słuchaczy... Z kolei pojawia się w formie gazety świetlnej na ulicy, na przykład na Time Square, a ja z każdym ujęciem dodaję jakąś nową informację, w ten sposób w każdym kolejnym obrazie widz dowiaduje się czegoś więcej. Ten mężczyzna zabija wyłącznie kobiety... Niezmiennie blondynki... Morduje zawsze we wtorek... Ile razy już to zrobił... Spekulacje na temat motywów... Ubiera się w czarną pelerynę... Nosi czarną walizkę... Co może w niej mieć?

Ta wiadomość przekazywana jest przez wszystkie możliwe media, wreszcie drukuje ją gazeta wieczorna, sprzedawana następnie na ulicach. Teraz przedstawiam wrażenie, jakie wywiera ta lektura na różnych czytelnikach. Co dzieje się w mieście? Blondynki są przerażone... Brunetki śmieją się... Reakcja kobiet u fryzjera... Ludzie wracają do domów... Niektóre blondynki zbierają czarne loki i przyczepiają je sobie do kapeluszy. A teraz niech pan patrzy, coś panu pokażę, proszę mi pożyczyć pióro, narysuję panu ujęcie, którego nie zdołałem uzyskać. Proszę:

To jest furgonetka gazety pokazana od tyłu, przez owalne okna można dostrzec głowy dwóch mężczyzn siedzących z przodu pojazdu, kierowcy i członka ekipy; przez okna widać tylko czubki ich głów, a ponieważ pojazd trzęsie się, wygląda jak twarz z parą oczu, z ruszającymi się źrenicami. Niestety, nie wyszło.

Teraz podążamy za dziewczyną idącą do domu, w którym zastaje rodziców i swego przyjaciela, detektywa ze Scotland Yardu. Żartują: – *Dlaczego nie aresztujesz tego Avengera?* – Podczas rozmowy atmosfera zmienia się, światło powoli przygasa i matka zwraca się do ojca: – *Ciśnienie gazu spada, dorzuć szylinga do licznika.* – Robi się ciemno. Ktoś puka do drzwi. Matka idzie otworzyć. Nagłe cięcie i zbliżenie szylinga wpadającego w szparę licznika, powrót do matki otwierającej drzwi, w tej chwili znów świeci się światło; przed nią stoi mężczyzna w czarnej pelerynie, wskazujący palcem na wywieszkę „Pokój do wynajęcia". Ojciec z hukiem spada z krzesła. Przyszły lokator denerwuje się tym hałasem i podejrzliwie spogląda w stronę schodów.

Czyli wprowadziłem główną postać dopiero po piętnastu minutach filmu! Lokator urządza się w pokoju. Chwilę później zaczyna przechadzać się wzdłuż i wszerz, jego kroki wywołują kołysanie się żyrandola. Przypominam panu, że w tym czasie nie mieliśmy jeszcze dźwięku, kazałem więc zainstalować podłogę z grubego szkła, przez którą widać było zachowanie lokatora. Naturalnie, podobne chwyty byłyby dziś zbyteczne; zastąpiłyby je efekty dźwiękowe, odgłosy kroków etc.

FT: W każdym razie, w pana dzisiejszych filmach efektów jest dużo mniej. Teraz pozostawia pan zwykle jeden efekt, który ma wywołać emocję; wtedy nie rezygnował pan z licznych efektów „dla przyjemności". Myślę, że dziś nie zdecydowałby się pan na filmowanie bohatera przez szklaną podłogę?

AH: To kwestia zmiany stylu. Dziś zadowoliłbym się bujającym się żyrandolem.

FT: Dorzucam to spostrzeżenie, bo wielu ludzi uważa, że pana filmy pełne są efektów bezinteresownych. Sądzę przeciwnie: że stara się pan uczynić kamerę niewidzialną. Niektórym reżyserom wydaje się, że realizują scenę à la Hitchcock, kiedy umieszczają kamerę w jakimś dziwnym miejscu. Myślę na przykład o angielskim reżyserze Lee Thompsonie[1]; w jednym z jego filmów bohaterka idzie po coś do lodówki, a kamera niby przypadkiem znajduje się wewnątrz tej lodówki. Nigdy by pan nie nakręcił takiego ujęcia?

AH: Nigdy. Podobnie jak nigdy nie umieściłbym kamery w kominku, za płomieniami.

FT: Pod koniec *Lokatora* jest scena przypominająca lincz, w której bohater zostaje pojmany, mając już na rękach kajdanki...

AH: Tak, próbował przeskoczyć przez kraty i zawiesił się na nich kajdankami. Według mnie idea kajdanek ma daleko idące psychologiczne konsekwencje. Być unieruchomionym przez coś... to zatrąca o fetyszyzm, nie sądzi pan?

FT: Nie wiem, ale to powraca w wielu pana filmach...

AH: Proszę zwrócić uwagę, jak gazety lubią pokazywać ludzi prowadzonych do więzienia w kajdankach.

FT: To prawda, w dodatku często na zdjęciach te kajdanki otoczone są kółkiem.

AH: Przypominam sobie, jak kiedyś w gazecie pokazano jakiegoś ważnego faceta, grubą rybę z nowojorskiej giełdy, w drodze do więzienia połączonego kajdankami z Murzynem. Użyłem tego w filmie *Trzydzieści Dziewięć Kroków*.

FT: Tak, pamiętam, mężczyzna i kobieta połączeni kajdankami. Kajdanki to zapewne najbardziej bezpośredni symbol pozbawienia wolności.

[1] John Lee Thompson, 1914-2002, rozgłos przyniosła mu istotnie realizacja szeregu filmów „Hitchcockowskich" w latach pięćdziesiątych, m. in. *U progu ciemności* (1956), *Nieletni świadek* (1959) (przyp. tłum.).

AH: Myślę, że jest w nich także ukryte odniesienie do seksu. Kiedy zwiedzałem w Paryżu Muzeum Występku, w towarzystwie prefekta policji, zauważyłem, że zboczenia seksualne biorą się z zakazu... Powinien pan to koniecznie zobaczyć, jest tam na przykład gilotyna..., w ogóle dużo ciekawych informacji. Wracając do kajdanek w *Lokatorze*, sądzę, że zainspirowała mnie pewna niemiecka książka o człowieku, który przez jeden dzień swego życia nosił kajdanki, i o następstwach, jakie to wywołało.

FT: Chyba chodzi o książkę Leo Perutza[2] *Od dziewiątej do dziewiątej*, którą około 1927 roku chciał sfilmować Murnau?

AH: To zdaje się to, rzeczywiście.

FT: Nie będzie chyba nadinterpretacji w stwierdzeniu, że w tej scenie z kratami chciał pan przywołać postać Chrystusa: kiedy Ivor Novello...

AH: ...kiedy tłum podnosi go, a on ma związane ręce. Oczywiście, że o tym myślałem.

FT: Wszystko to czyni *Lokatora* pierwszym „filmem Hitchcockowskim", poczynając od tematu, który w prawie wszystkich pana filmach stanie się wiodący: człowieka oskarżonego o zbrodnię, której nie popełnił.

AH: Ponieważ temat człowieka niesłusznie oskarżonego wywołuje w widzach poczucie największego niebezpieczeństwa: łatwiej im wczuć się w sytuację kogoś takiego, niż w sytuację winnego, który ucieka. Zawsze biorę pod uwagę publiczność.

FT: Innymi słowy, ten temat zaspokaja podwójne pragnienie widzów: uczestniczenia w spektaklu odsłaniającym to, co ukryte, a zarazem identyfikacji z bliską im postacią. Temat pana filmów to zwykły człowiek, któremu przytrafia-

---

[2] Leo Perutz (1884-1957) był pisarzem austriackim, modnym zwłaszcza w latach 20. (m. in. *Mistrz Sądu Ostatecznego*, 1923; *Rajtar szwedzkiego króla*, 1930); w III Rzeszy objęty zakazem druku, od 1938 mieszkał w Palestynie (przyp. tłum.).

ją się niezwykłe przygody... Zdaje się też, że to w *Lokatorze* po raz pierwszy pojawił się pan sam w swoim filmie?

AH: Faktycznie, byłem widoczny wśród ludzi siedzących w redakcji gazety.[3]

FT: Czy to był żart, czy jakiś przesąd, czy może wynikało to z jakiejś praktycznej potrzeby, np. brakowało panu statystów?

AH: Z czysto praktycznej potrzeby: trzeba było wypełnić ekran. Później zrobił się z tego przesąd, a w końcu – stały żart. Teraz jednak ten żart stał się już dość kłopotliwy i żeby pozwolić ludziom spokojnie oglądać film, staram się pojawiać ostentacyjnie w ciągu pierwszych pięciu minut.

FT: Zdaje mi się, że *Lokator* był wielkim sukcesem?

AH: Pierwszy pokaz przeznaczony był dla paru przedstawicieli dystrybutora i dla szefa reklamy. Po zobaczeniu filmu przekazali szefowi raport: „To film zupełnie koszmarny, nie nadaje się do pokazywania". Po dwóch dniach film miał zobaczyć sam szef, przybył do studia o wpół do trzeciej. Nie chcieliśmy, oboje z żoną, czekać na werdykt w studiu, poszliśmy na dwugodzinny spacer po Londynie. W końcu przyjechaliśmy do studia taksówką. Liczyliśmy po cichu, że finał tej przechadzki będzie radosny, że wszyscy będą promienieli. Powiedziano mi jednak: „Szef także uważa, że film jest do niczego". Odłożono więc film „na półki" i odwołano zamówienia kiniarzy, którzy liczyli na sławę Novello. Kilka miesięcy później obejrzeli jednak film ponownie i zażądali zmian. Zgodziłem się na dwie z nich i film wszedł do rozpowszechniania. Natychmiast uznano go za najlepszy film brytyjski, jaki dotąd zrealizowano.

FT: Jakie zarzuty stawiali filmowi dystrybutorzy?

[3] W rzeczywistości Alfred Hitchcock jest łatwiejszy do zauważenia w innej scenie filmu, wśród gapiów uczestniczących w pogoni za Ivorem Novello. Przechyla się przez kratę, w charakterystycznym kaszkiecie, po prawej stronie kadru (przyp. FT).

AH: Nie mam pojęcia. Podejrzewam, że reżyser, którego byłem asystentem i który mnie zwolnił, dalej knuł intrygę przeciwko mnie. Wiem, że powiedział do kogoś: „Nie wiem co on kręci, nie rozumiem absolutnie nic z tego, co on robi".

FT: Pana następny film, *Downhill* (*Upadek*), opowiada historię ucznia oskarżonego o kradzież popełnioną w liceum. Zostaje wyrzucony ze szkoły i wygnany przez ojca. Po romansie z aktorką staje się modnym tancerzem w Paryżu. W Marsylii zamierza odpłynąć do kolonii, ostatecznie jednak trafia do Londynu, gdzie rodzice przebaczają mu, tym bardziej, że wcześniej i szkoła oczyszcza go z zarzutów.

Film należy do tego typu opowieści, które wprowadzają nas w najrozmaitsze środowiska: zaczyna się to w angielskiej szkole średniej, ciąg dalszy ma miejsce w Paryżu, potem przenosimy się do Marsylii...

AH: Podpowiadała to fabuła sztuki.

FT: Wydawało mi się, że ona toczy się w całości w liceum?

AH: Nie, stanowi ciąg obrazów. To była kiepska sztuka, której autorem był właśnie Ivor Novello.

FT: Pamiętam, że atmosfera szkoły została świetnie oddana...

AH: To prawda, ale dialogi były słabe. Wymyśliłem rzecz dość naiwną, której dziś bym nie zrobił, utrzymaną w duchu przezroczystej podłogi. Kiedy chłopak zostaje wyrzucony z domu przez ojca i zaczyna się jego droga ku upadkowi, umieściłem go na zjeżdżających w dół ruchomych schodach!

FT: Jest za to dobra scena w nocnym lokalu w Paryżu...

AH: Tu trochę poeksperymentowałem. Pokazałem uwodzącą młodego chłopca kobietę, już w pewnym wieku, ale wciąż piękną; pociąga go najwyraźniej, aż nastaje świt. Chłopak otwiera okno, do pokoju wchodzi słońce, oświetla sylwetkę kobiety i w tym momencie chłopak dostrzega, że ona jest straszna. Następnie widzimy przez okno ludzi niosących trumnę.

FT: Było także kilka obrazów marzeń...

AH: Mogłem pozwolić sobie w tych scenach na pewne doświadczenia. W pewnym momencie chciałem pokazać, że ten chłopak przeżywa halucynacje. Wchodził na pokład statku, potem kazałem mu zejść do kajuty załogi. Na początku halucynacji znajdował się na dansingu; nie było żadnego ściemnienia, tylko proste cięcie: chłopak podchodził do ściany i wdrapywał się na koję. W owym czasie wszelkie sceny nierzeczywiste w filmach zaczynały się od ściemnień, a obraz musiał być nieostry. Ja natomiast spróbowałem przedstawić marzenia i rzeczywistość w tym samym, ujednoliconym stylu.

FT: Zdaje się, że film nie osiągnął specjalnego powodzenia... Później zrealizował pan *Easy Virtue* (*Upadłą cnotę*), której nigdy nie udało mi się zobaczyć. Z notatek wiem, że to historia kobiety, Laurity, która zdobywa pewien rozgłos z racji rozwodu z mężem alkoholikiem, a także z powodu samobójstwa, jakie z miłości do niej popełnia młody artysta. Po pewnym czasie spotyka młodego człowieka z dobrej rodziny, Johna, który – nic nie wiedząc o jej przeszłości – poślubia ją. Ale matka Johna, poznawszy przeszłość synowej, wymusza na synu rozwód. Życie Laurity zostaje złamane.

AH: Film był kręcony według sztuki Noëla Cowarda. Zawierał najgorszy napis dialogowy, jaki kiedykolwiek stworzyłem, do tego stopnia, że wstydzę się o nim panu opowiedzieć, choć czuję się zmuszony. Na początku film pokazuje Lauritę w trakcie procesu rozwodowego: opowiada ona sędziom swoją historię, jak doszło do poślubienia męża etc. Krótko mówiąc, dostaje rozwód bez problemu i siada sama na sądowej galerii. Rozchodzi się wieść, że jest tu sławna Laurita i wszyscy dziennikarze i fotografowie czekają na nią u stóp schodów. W końcu ona sama zjawia się u ich szczytu i krzyczy: – *Shoot! There's nothing left to kill!* (– *Do dzieła! Już nic nie zostało do zabicia!*).

Z tym filmem wiąże się jeszcze jedna interesująca historia. John proponuje Lauricie małżeństwo, ona zaś, zamiast mu odpowiedzieć, mówi: – *Zadzwonię do pana koło północy* – po czym następne ujęcie przedstawia zegarek wskazujący północ; to zegarek telefonistki czytającej książkę; słabe światło oświetla tablicę, telefonistka wsadza wtyczkę, zamierza podjąć lekturę, podnosi machinalnie słuchawkę do ucha, porzuca książkę i zaczyna pożądliwie podsłuchiwać rozmowę. Czyli nie pokazałem mężczyzny i kobiety, można jednak odczytać, co się miedzy nimi dzieje, poprzez reakcję telefonistki.

FT: Widziałem kilkakrotnie kolejny pański film, *Ring*. To film bez suspensu i bez jakiegokolwiek elementu kryminalnego: komedia dramatyczna o dwóch bokserach zakochanych w tej samej kobiecie. Bardzo ten film lubię.

AH: To rzeczywiście interesujący film. Powiedziałbym, że po *Lokatorze* – *Ring* był drugim „filmem Hitchcockowskim". Zawierał różnorodne innowacje; przypominam sobie, że pewne dość dopracowane rozwiązanie montażowe zostało nagrodzone oklaskami podczas premiery. Zdarzyło mi się coś takiego po raz pierwszy.

Niektórych z tych nowości nikt by już dziś nie użył; na przykład w scenie małego bankietu po walce bokserskiej – szampan leje się do kieliszków, po czym widzimy w zbliżeniu bąbelki... Ktoś wznosi toast za bohaterkę i wtedy okazuje się, że ona jest nieobecna, ulotniła się z innym mężczyzną. Wobec tego szampan przestaje musować. W tamtych czasach przywiązywano dużą wagę do tego typu pomysłów wizualnych, czasem tak wyrafinowanych, że widownia ich nie zauważała.

Przypomina pan sobie początek filmu? To była scena w lunaparku: występ boksera (granego przez Carla Brissona), nazywanego Jack Jedna Runda.

FT: Tak, tak! Bo nokautował zwykle swoich przeciwników w pierwszej rundzie?

AH: Otóż to. Z tłumu widzów kamera wyławiała pewnego Australijczyka (grał go Ian Hunter), który przyglądał się konferansjerowi, wołającemu: – *Wchodźcie, wchodźcie, dobrze się tu zabawicie!* – Ów konferansjer, stojący przed namiotem, oglądał się przez ramię żeby śledzić przebieg walki. Następnie widać było kolejnych amatorów boksu, którzy wchodzili do namiotu, by wyjść zeń po chwili, boleśnie trzymając się za szczękę, aż do chwili, gdy wszedł tam Ian Hunter. Porządkowi śmiali się na jego widok, nie uznali nawet za stosowne powiesić jego płaszcza – trzymali go w ręce, pewni oczywiście, że facet nie przetrzyma pierwszej rundy. Walka zaczyna się i widzimy, jak zmienia się wyraz ich twarzy. Wtedy na powrót oglądamy konferansjera, obserwującego spotkanie. Trzeba dodać, że widownia przez cały czas informowana była o tym, która jest runda, za pomocą wywieszonej tabliczki z cyfrą. Zatem po pierwszej rundzie konferansjer odkładał tabliczkę z jedynką, brudną i zużytą, i wystawiał dwójkę – całkiem nową, zapewne nigdy jeszcze nie używaną!

FT: Sporo było w filmie równie dobrych pomysłów, odkrywczych od strony obrazowej, ale także symbolicznej. Cały film był opowieścią o wiarołomstwie, pełną aluzji do grzechu pierworodnego. Pamiętam na przykład kilkakrotnie powracający obraz bransoletki w kształcie węża.[4]

---

[4] Żołnierz kolonialny, mistrz Australii w boksie, zostawszy nowym adoratorem bohaterki, ofiarowuje jej bransoletkę w kształcie węża. Wymieniają pocałunek i dziewczyna umieszcza bransoletkę u góry ramienia, nad łokciem. Kiedy zjawia się Jack, jej narzeczony, bohaterka zsuwa bransoletkę na przegub i zasłania ją drugą ręką. Widząc to, Australijczyk, żeby wzbudzić nieufność Jacka, ostentacyjnie podaje jej rękę, niby to na pożegnanie. Aby ukryć bransoletkę przed narzeczonym, dziewczyna nie podaje ręki i Jack odbiera tę odmowę jako dowód wierności. W jednej z późniejszych scen dziewczyna znajduje się z Jackiem nad wodą i upuszcza bransoletkę. Jack wyławia ją i domaga się wyjaśnień. Bohaterka opowiada, że Australijczyk ofiarował jej bransoletkę, bo nie chciał wykorzystywać nagrody, jaką otrzymał za walkę z rywalem. Jack na to: – *W takim razie bransoletka wraca do mnie?* – Dziewczyna wręcza mu ją, a Jack ją natychmiast oddaje, wkładając jej na palec, jak obrączkę.

W toku filmu motyw bransoletki jest jeszcze wielokrotnie wykorzystywany, aż w finale zostaje ona skręcona, jak wąż. Zresztą tytułowe słowo jest w języku angielskim wieloznaczne: oznacza nie tylko miejsce rozgrywania walk bokserskich, ale także pierścionek, albo właśnie obrączkę (przyp. FT).

AH: Muszę przyznać, że krytycy wszystko to dostrzegli i że film odniósł sukces – prestiżowy, choć bynajmniej nie komercyjny. Wprowadziłem w nim pewne zabiegi stylistyczne, które potem stały się modne. Na przykład, dla pokazania postępu kariery boksera: najpierw jego nazwisko znajduje się u dołu afisza, a na kolejnych afiszach nazwisko powiększa się i przesuwa do góry.

FT: Następny pana film, *The Farmer's Wife* (*Żona farmera*), wyświetlany był w 1929 we Francji pod tytułem *Która z trzech?* Podstawą była sztuka teatralna. Owdowiały farmer rozpatruje, wspólnie ze służącą, dostępne w okolicy kandydatki na nową żonę i wybiera trzy z nich. Trzy kobiety, antypatyczne i mało ponętne, jedna po drugiej odrzucają propozycję, aż na koniec, przejrzawszy na oczy, farmer dostrzega, że to jego ładna służąca, kochająca się w nim skrycie, będzie najlepszą żoną. Typowa komedia...

AH: I to bardzo popularna, miała w Londynie 1400 przedstawień. Największa trudność polegała na ograniczeniu ilości napisów.

FT: Istotnie, najlepsze sceny sprawiają wrażenie dodanych do sztuki. Służba, która podczas przyjęcia obżera się na zapleczu, gagi związane z zachowaniem intendenta (granego przez Gordona Harkera). W stylu zdjęć wyczuwa się wpływ kina niemieckiego; scenografia przypomina filmy Murnaua.

AH: To możliwe; zresztą od chwili, kiedy operator zachorował, sam zająłem się zdjęciami. Nie miałem doświadczenia w operowaniu światłem, toteż przed każdym ujęciem robiłem próbę, którą odsyłałem do laboratorium, a czekając na rezultat – ćwiczyłem scenę. W efekcie *Żona farmera* zrealizowana jest przyzwoicie, nie jest to jednak dobry film.

FT: Oglądając go, czułem pańskie zaciekłe usiłowanie uczynienia z tego teatralnego materiału – kina. Kamera ani razu nie zostaje umieszczona w miejscu, gdzie siedziałby wyobrażony widz teatralny; raczej wędruje za kulisy. Postaci nie przesuwają się bokiem, a kierują się wprost na kamerę. Ta komedia jest sfilmowana jak thriller...

AH: Chce pan powiedzieć, że kamera jest w ruchu? Tendencja do takiego filmowania akcji zaczęła się wraz z rozwojem technik właściwych kinu; jak wiadomo, początkiem tego rozwoju był moment, kiedy David Wark Griffith przybliżył kamerę do aktorów. Drugi wielki moment nastąpił, kiedy Griffith – podejmując i udoskonalając próby Anglika George'a Alberta Smitha i Amerykanina Edwina S. Portera – zajął się łączeniem poszczególnych ujęć filmu, tworząc z nich sekwencje. To było odkrycie rytmu filmowego za pomocą montażu. Niedokładnie już pamiętam *Żonę farmera*, z całą pewnością jednak moim głównym pragnieniem przy ekranizacji sztuki teatralnej było wyrażenie siebie za pomocą środków czysto filmowych. Co nakręciłem potem?

FT: *Szampan.*

AH: To chyba najgorszy z wszystkich moich filmów.

FT: Uważam, że jest pan niesprawiedliwy; oglądałem go z przyjemnością, przypomina komediowe sceny z filmów Griffitha. Mam tu streszczenie scenariusza: Betty poróżnia się z ojcem miliarderem z powodu swojej przygody miłosnej, po czym odpływa do Francji. Ojciec oświadcza jej, że jest zrujnowany, żeby ją zmusić do samodzielnego zarabiania na życie. Betty angażuje się do kabaretu, gdzie zachęca klientów do picia szampana, tego samego, któremu ojciec zawdzięcza fortunę. Ostatecznie ojciec, stale śledzący córkę za pośrednictwem wynajętego detektywa, przekonuje się, że przesadził z nieufnością i zezwala Betty na ślub z jej ukochanym. Oto historia.

AH: Tylko że tu nie ma żadnej historii!

FT: Coś mi się zdaje, że nie ma pan ochoty na rozmowę o *Szampanie*. Chciałbym się tylko dowiedzieć, czy ten temat został panu narzucony, czy wynikł z pana własnej inicjatywy?

AH: Chyba ktoś mi powiedział: – *Może byśmy tak zrobili film pod tytułem „Szampan"?* – a ja wyobraziłem sobie początek – niemodny wprawdzie, ale podobny do starego filmu Griffitha *Męczennica miłości* (*Way Down East*, 1920), historii dziewczyny przybywającej do wielkiego miasta. Wyobraziłem sobie, że pokażę dziewczynę, która pracuje w Reims, przy pakowaniu skrzyń z szampanem. Cały ten szampan transportowany jest pociągiem, a ona nigdy go nie pije, tylko ogląda. Po czym jedzie do miasta, podążając trasą szampana: nocne lokale, bankiety, naturalnie zaczyna go wreszcie pić, a kiedy wróciwszy do Reims podejmuje swoje zajęcie, nie ma już na szampana ochoty. Chyba jednak ten pomysł był zanadto moralizatorski, więc go porzuciłem.

FT: Za to w filmie, który w końcu powstał, jest wiele gagów.

AH: Najbardziej podobał mi się w *Szampanie* ten gag, w którym pijak zataczał się na wszystkie strony kiedy statek stał nieruchomo, a kiedy zaczynało kołysać i wszyscy naokoło mieli kłopot z utrzymaniem równowagi – on trzymał się prosto.

FT: Ja z kolei przypominam sobie danie, które wszyscy w kuchni dotykają brudnymi rękami, po czym opuszcza ono kuchnię i zaczyna być przenoszone coraz bardziej ceremonialnie, aż kiedy trafia w końcu do klienta – wydaje się niezmiernie wytworne. To film pełen inwencji... Natomiast *The Manxman* (*Człowiek z wyspy Man*) był filmem bardzo poważnym.[5]

[5] Oto główny zarys intrygi filmu: Dwaj przyjaciele, Pete – skromny rybak i Philip – prawnik kochają się w tej samej dziewczynie, Kate. Pete oświadcza się, ale – odrzucony przez ojca Kate z powodu ubóstwa – odjeżdża w świat w poszukiwaniu fortuny. Kiedy dociera wiadomość o jego śmierci, Philip i Kate wyznają sobie miłość. Ale Pete nieoczekiwanie wraca. Kate milczy, poślubia go i rodzi dziecko Philipa. Nadal kocha Philipa i proponuje mu wspólną ucieczkę. Philip odmawia i Kate próbuje popełnić samobójstwo. Zostaje za to postawiona przed sądem, któremu przewodniczy Philip. Zmuszeni do publicznego wyznania win, Philip i Kate opuszczają wraz z dzieckiem wyspę Man, otoczeni przez wrogi tłum (przyp. FT).

AH: Jedyna rzecz, która jest w nim interesująca, to fakt, że to mój ostatni film niemy.

FT: Zapowiada zresztą kino dźwiękowe. Pamiętam moment, kiedy bohaterka *Człowieka z wyspy Man* oświadcza: – *Spodziewam się dziecka.* – Wymawia to tak wyraźnie, że można czytać zdanie z ruchu jej warg, toteż zrezygnował pan nawet z napisu.

AH: Przypominam sobie, to prawda, ale całemu filmowi brakowało poczucia humoru.

FT: Historia przypomina jednak pana późniejsze filmy: *Pod Zwrotnikiem Koziorożca, Wyznaję.* Odnosi się zresztą wrażenie, że pan realizował ten film z przekonaniem.

AH: Nie. To była adaptacja znanej powieści Sir Hala Caine'a. Powieść cieszyła się szacunkiem i należała do pewnej tradycji; trzeba więc było uwzględnić i szacunek, i tradycję. Nie był to film Hitchcockowski. Inaczej *Szantaż (Blackmail)...*

FT: Zanim jednak przejdziemy do *Szantażu*, który jest pana pierwszym filmem dźwiękowym, chciałbym, żebyśmy porozmawiali jeszcze przez chwilę o kinie niemym. To było coś wielkiego, prawda?

AH: Filmy nieme to najczystsza forma kina. Jedyna rzecz, której brakowało filmom niemym, to był oczywiście dźwięk, dźwięk naturalny. Ale ta jedna niedoskonałość nie usprawiedliwiała ogromu zmian, które przyniosło jego nadejście. Nie warto było porzucać całej techniki czystego kina.

FT: Otóż właśnie; w ostatnich latach kina niemego wielcy reżyserzy, a wraz z nimi kinematografia jako całość, doszli do pewnej doskonałości; dziś widać, że wynalazek dźwięku zburzył tę doskonałość. Można by nawet powiedzieć, że wraz z nastaniem kina dźwiękowego powróciła przeciętność, która została niemal całkowicie wyeliminowana pod koniec okresu niemego, być może z powodu ogromnej różnicy między poziomem pracy dobrych reżyserów a brakiem siły wyrazu u innych?

AH: W pełni się z panem zgadzam. Uważam wręcz, że ta ocena jest nadal aktualna; w większości dzisiejszych filmów jest bardzo mało kina, a dużo czegoś, co ja określam jako „fotografie mówiących ludzi". Kiedy opowiada się jakąś historię w kinie, można użyć dialogu tylko wówczas, kiedy niemożliwe jest zastosowanie innych środków. Zawsze usiłuję najpierw znaleźć kinowy sposób opowiedzenia historii: przez następstwo ujęć i scen. Najbardziej żałować trzeba faktu, że wraz z nadejściem dźwięku kino zakrzepło nagle w formie teatralnej. Sam ruch kamery nic tu nie pomógł. Nawet jeśli kamera przechadza się wzdłuż chodnika, jest to nadal teatr. Wynikiem tego jest utrata stylu filmowego, a wraz z nim – utrata fantazji.

Kiedy pisze się scenariusz, niezbędne jest wyraźne oddzielenie elementów dialogowych od elementów wizualnych; potem zaś zawsze, kiedy to tylko jest możliwe, trzeba wybierać elementy wizualne na korzyść dialogowych. Bez względu na to, do czego skłania sam rozwój fabuły, najważniejsze jest trzymanie widza w napięciu tak długo, jak tylko się da. W największym skrócie można by powiedzieć, że prostokąt ekranu musi być wypełniony emocją.

3.

Szantaż, mój pierwszy film dźwiękowy. Metoda Schüfftana. *Junona i paw*. Dlaczego nigdy nie nakręcę *Zbrodni i kary*. Co to jest suspens? *Zbrodnia*. Idiomy amerykańskie. *Podstępna gra*. *Niebezpieczna próba*. Z panią Hitchcock w Paryżu. *Numer 17*. Bez kotów... Hitchcock producent. *Walce wiedeńskie*. „Jesteś do niczego, twoja kariera jest skończona". Bardzo poważny rachunek sumienia.

François Truffaut: Jest przełom 1928 i 1929 roku: realizuje pan *Szantaż* (*Blackmail*), swój pierwszy film dźwiękowy. Czy był pan zadowolony ze scenariusza?

Alfred Hitchcock: To była dość prosta historia, ale zrealizowałem ją zupełnie inaczej niż zamierzałem początkowo. Zastosowałem technikę ekspozycji, podobnie jak w *Lokatorze*. W pierwszym akcie pokazuję, jak wygląda aresztowanie: wychodzący rano detektywi, małe dramaty... Zatrzymują faceta leżącego w łóżku... On próbuje sięgnąć po rewolwer, przepychanka... Zakładają mu kajdanki, prowadzą na komisariat... Przesłuchanie... Odciski palców, zdjęcie... W końcu zamykają go w celi...

W tym momencie powracamy do dwóch detektywów, którzy idą do łazienki umyć ręce, jakby byli urzędnikami; dla nich to po prostu koniec dnia pracy. Młodszy z detektywów spotyka się przy wyjściu z narzeczoną, idą do restauracji, gdzie dochodzi do sprzeczki; rozdzielają się... Ona spotyka się z pewnym malarzem, który przyprowadza ją do swojej pracowni i usiłuje zgwałcić; zabija go. Jej narzeczony przejmuje śledztwo w tej sprawie. Znajduje dowód zbrodni, ukrywa go jednak przed zwierzchnikami, zorientowawszy się, że to jego narzeczona jest zamieszana w sprawę. Wtedy wchodzi do gry szantażysta: wybucha konflikt między nim a dziewczyną, pośrodku jest detektyw. Detektyw bluffuje, próbując przekonać szantażystę, że i tak niczego nie zdoła dowieść; ten upiera się przy swoim, w końcu jednak traci głowę. Podczas pościgu na dachu British Museum – spada i zabija się. Tymczasem dziewczyna, wbrew swemu narzeczonemu, postanawia wyznać wszystko w Scotland Yardzie. Tam przekazują ją narzeczonemu, który ją oczywiście uwalnia.

Chciałem początkowo nakręcić inny finał: po pościgu detektywów za szantażystą dziewczyna miała zostać aresztowana. Jej narzeczony musiał wtedy powtórzyć z jej udziałem wszystkie czynności z pierwszej sekwencji: zakładanie kajdanek, odciski palców etc.; znów spotykał w łazience swego starszego kolegę, który – nie wiedząc o niczym – pytał go: – *Wychodzisz dziś wieczorem ze swoją dziewczyną?* – Bohater odpowiadał: – *Nie, nie, wracam do domu.* – To miał być koniec filmu. Producenci uznali go jednak za zbyt przygnębiający. Film nakręcony został według sztuki Charlesa Bennetta; adaptację zrobiliśmy w trójkę z Bennettem i Bennem Levy.

FT: W filmotekach znaleźć można dwie wersje *Szantażu*: jedną niemą, drugą dźwiękową...

AH: Co zabawne, producenci zadecydowali po wielu wahaniach, że *Szantaż* ma być filmem niemym, poza ostatnim aktem, bo już wtedy niektóre filmy były reklamowane jako „częściowo dźwiękowe". Prawdę mówiąc, podejrzewałem jednak, że przed końcem realizacji producenci zmienią zdanie, toteż wszystko przygotowywałem jak do filmu dźwiękowego. Używałem więc techniki „filmu mówionego", tyle że bez dźwięku. Dzięki temu, kiedy zdjęcia zostały już ukończone, mogłem przeciwstawić się pomysłowi filmu „częściowo dźwiękowego" i pozwolono mi nakręcić od nowa niektóre sceny. Niemiecka gwiazda, Anny Ondra[1],

---

[1] W rzeczywistości Anny Ondra (właśc. Anna Ondraková, ur. 1902 w Tarnowie, zm. 1987 w Hollenstedt k. Hamburga) była Czeszką, wielką gwiazdą kina czeskiego tych lat, znaną szczególnie z filmów swego męża, Karela Lamaca, m. in. *C. K. Feldmarszałek* (1930); dopiero w latach 30. wyjechali razem na stałe do Niemiec (przyp. tłum.).

słabo mówiła po angielsku, a ponieważ dubbingu jeszcze nie praktykowano, musiałem poradzić sobie inaczej. Zaprosiłem młodą angielską aktorkę Joan Barry, która – umieszczona w specjalnej kabinie, poza kadrem – wygłaszała dialogi do mikrofonu, a Ondra ruszała tylko ustami. Patrzyłem więc na Anny Ondrę, a słuchałem Joan Barry, której głos dochodził do mnie przez słuchawki.

FT: Przypuszczam, że szukał pan przez cały czas pomysłów dźwiękowych, podobnie jak przy *Lokatorze* – wizualnych?

AH: Tak, próbowałem. Po zabiciu malarza dziewczyna wraca do domu; następuje wtedy scena wspólnego śniadania z rodzicami. Pojawia się gadatliwa sąsiadka, która – w ramach plotek o tym morderstwie, które właśnie się rozniosły – mówi w pewnej chwili: – *Jaka to straszna rzecz, wbić mężczyźnie nóż w plecy. Gdyby padło na mnie, zdzieliłabym go w głowę wałkiem, nigdy nie wzięłabym noża...* – dialog trwa nadal, ale dziewczyna już go nie słucha i słowa zamieniają się w bezładną masę dźwiękową, z której wyłania się jedno zrozumiałe słowo: *nóż, nóż.* Aż nagle dziewczyna słyszy wyraźnie głos ojca: – *Podaj mi, proszę, nóż do chleba, Alicjo* – i Alicja musi wtedy wziąć do ręki nóż, podobny do tego, którym niedawno popełniła zbrodnię, tę samą, o której nadal toczy się rozmowa. Oto moje pierwsze doświadczenie z dźwiękiem.

FT: Użył pan chyba paru trików w scenie pościgu w British Museum?

AH: Istotnie, nie było dość światła żeby kręcić we wnętrzu muzeum, użyliśmy więc tzw. metody Schüfftana[2]. Umieszcza

---

[2] Termin pochodzi od nazwiska niemieckiego operatora Eugena Schüfftana (ur. 1893 we Wrocławiu, zm. 1977 w Nowym Jorku), autora zdjęć m. in. do *Metropolis* (1926) Fritza Langa i *Napoleona* (1927) Abla Gance'a, który wymyślił ten proceder, stosowany potem powszechnie do czasu wynalezienia masek. Metoda polegała na łączeniu w jednym ujęciu, za pomocą luster, pomniejszonych dekoracji z akcją odgrywaną przez aktorów (przyp. tłum.).

się lustro pod kątem 45 stopni, a w nim odbija się zdjęcie dekoracji z muzeum. Zdjęcia wykonywaliśmy przy trzydziestominutowej ekspozycji. Mieliśmy dziewięć zdjęć odtwarzających różne miejsca, a ponieważ były przezroczyste, mogliśmy je oświetlić od tyłu. W dodatku wydrapywaliśmy srebro z części lustra, żeby wydobyć elementy dekoracji zbudowanej na planie, na przykład ramę drzwi. Producenci nie znali metody Schüfftana i nie mieli do niej zaufania; wszystkie te sceny musiałem więc kręcić po kryjomu.

FT: Scena, w której malarz chce zgwałcić dziewczynę, kończąca się morderstwem, była potem wielokrotnie powtarzana w amerykańskich filmach przez innych reżyserów...

AH: Oczywiście. Zastosowałem w niej pewien dziwny chwyt, na pożegnanie kina niemego. W filmach niemych bohater negatywny na ogół nosił wąsy. Wobec tego mój malarz nie miał wąsów, ale cień żelaznej kraty, stanowiącej dekorację jego pracowni, rysował nad jego górną wargą coś w rodzaju wąsów, co wyglądało jeszcze groźniej niż wąsy prawdziwe!

FT: Później, na początku 1930 roku, zażądano od pana wyreżyserowania jednej czy dwóch sekwencji pierwszego angielskiego musicalu *Elstree Calling*.

AH: Nie warto nawet o tym mówić.

FT: Dochodzimy więc do filmu *Junona i paw* (*Juno and the Peacock*), według sztuki Seana O'Caseya[3].

AH: Kręciliśmy ten film z trupą aktorów irlandzkich. Muszę zaznaczyć, że nie miałem najmniejszej ochoty na tę realizację, bo po kilkakrotnej lekturze sztuki nie znalazłem żadnej możliwości opowiedzenia jej w sposób filmowy. Sama sztuka jest zresztą świetna; uwielbiam jej fabułę, posta-

---

[3] Sean O'Casey (1880-1964) był dramaturgiem i prozaikiem irlandzkim piszącym po angielsku. Sztuka *Junona i paw* pochodzi z 1924 roku (przyp. tłum.).

ci, klimat stale balansujący między komedią a tragedią[4]. Po latach przypomniałem sobie zresztą O'Caseya, kiedy w *Ptakach* pokazałem pijaka, wieszczącego w barze koniec świata. Przy filmowaniu tej sztuki usiłowałem użyć jak najwięcej wyobraźni, nie było to jednak ciekawe doświadczenie twórcze. Film miał w efekcie dobre recenzje, ale zapewniam pana, że tak naprawdę się wstydziłem, bo wszystko to nie miało nic wspólnego z kinem. Krytycy chwalili film, a ja czułem się nieuczciwie, jakbym coś ukradł.

FT: Istotnie, mam przed sobą angielską recenzję z okresu premiery: *„Junona i paw" to film bliski arcydziełu. Brawo, panie Hitchcock, brawo irlandzcy aktorzy, a zwłaszcza brawo Edward Chapman (Paw)! Wreszcie wspaniały film brytyjski!* (James Agate, „Tatler" z marca 1930).

Rozumiem doskonale pana reakcję, bo rzeczywiście krytycy generalnie mają skłonność do przeceniania literackiej wartości filmu, a niedoceniania – filmowej. Te skrupuły wobec O'Caseya wyjaśniają pańską niechęć do adaptowania arcydzieł literackich. W pańskiej twórczości jest wiele adaptacji, ale dotyczą one zwykle literatury rozrywkowej; to na ogół popularne powieści, które pan przerabia po swojemu, aż staną się filmami Hitchcockowskimi. Tymczasem niektórzy pana miłośnicy życzyliby sobie, żeby zajął się pan adaptowaniem dzieł ważnych i ambitnych, jakiejś *Zbrodni i kary* Dostojewskiego.

AH: Tak, ale ja nigdy tego nie zrobię, bo *Zbrodnia i kara* jest cudzym dziełem. Często zarzuca się filmowcom hollywoodzkim, że zniekształcają pierwowzór literacki. Nigdy

---

[4] Sztuka jest zbyt długa, żeby ją porządnie streścić. Ograniczmy się do stwierdzenia, że akcja toczy się w Dublinie podczas rewolucji; opowiada o dziwacznym postępowaniu pewnej ubogiej rodziny liczącej na spadek. Ojciec rodziny, kapitan Boyle (dumny jak paw), nie jest żadnym kapitanem i nadzieja spadku uderza mu do głowy, podczas gdy jego małżonka, gruba Junona, twardo trzyma się ziemi. Ostatecznie żadnego spadku nie ma i rodzina pogrąża się w rozpaczy, zwłaszcza że córka zachodzi w ciążę z notariuszem, a syn zostaje rozstrzelany jako szpicel (przyp. FT).

nie chciałbym być oskarżony o coś takiego. Każdą książkę czytam raz. Kiedy podstawowa idea odpowiada mi – adaptuję ją, po czym natychmiast o niej zapominam i robię kino. Nie potrafiłbym panu opowiedzieć *Ptaków* Daphne du Maurier. Czytałem tę powieść raz, w pośpiechu.

Nie rozumiem, jak można łudzić się, że da się zawładnąć dziełem, wybitną powieścią, którą autor pisał trzy albo cztery lata i która określa sens jego życia. Człowiek obmacuje to przy współudziale rzemieślników i techników, zostaje kandydatem do Oscara, a autor znika gdzieś w cieniu, nikt już o nim nie myśli.

FT: Czyli nie nakręci pan *Zbrodni i kary*?

AH: Powiem więcej: gdybym nawet nakręcił *Zbrodnię i karę*, nic dobrego by z tego nie wynikło.

FT: Dlaczego?

AH: Jeśli weźmie pan do ręki jakąkolwiek powieść Dostojewskiego, niekoniecznie *Zbrodnię i karę*, zauważy pan, że zawiera ona mnóstwo słów, z których każde pełni jakąś funkcję.

FT: W dodatku arcydzieło jest z definicji czymś, co już odnalazło swoją formę doskonałą, swoją postać ostateczną?

AH: Dokładnie. I żeby wyrazić to samo w sposób filmowy, trzeba by – zastępując słowa językiem kamery – nakręcić film sześcio- albo dziesięciogodzinny, inaczej to nie byłoby poważne.

FT: Myślę też, że pański styl, związany z potrzebą suspensu, prowadziłby pana stale do gry z czasem, raz by go pan kurczył, a częściej rozszerzał, w związku z czym adaptowanie książki jest dla pana zupełnie inną czynnością niż dla większości reżyserów.

AH: Zgoda, ale czyż kurczenie albo rozszerzanie czasu nie jest główną pracą reżysera? Nie sądzi pan, że czas w kinie nie powinien mieć nic wspólnego z czasem realnym?

FT: Zapewne, to jest gra podstawowa, ale odkrywa się ją dopiero podczas realizacji swojego pierwszego filmu; na przykład wszystkie szybkie czynności powinny być zredukowane i rozciągnięte, inaczej mogłyby zostać nie zauważone przez widza. Potrzeba doświadczenia zawodowego, żeby nad tym panować.

AH: Dlatego poważnym błędem jest powierzanie adaptacji powieści samemu autorowi; na ogół nie zna on zasad postępowania filmowego. Bardziej skuteczny jest adaptujący swoją sztukę dramaturg, wtedy jednak pojawia się inna trudność: jego doświadczenie teatralne skłania go do podtrzymywania uwagi widza przez dwie godziny bez przerwy. Mimo to, autor teatralny może być dobrym scenarzystą, jest on bowiem biegły w wypracowywaniu stałego napięcia.

Dla mnie jest oczywiste, że sekwencje filmu nie powinny nigdy dreptać w miejscu, ale zawsze posuwać się do przodu, jak pociąg, który wciąż, koło za kołem, porusza się naprzód, albo – jeszcze dokładniej – jak kolejka górska, która rowek za rowkiem wdrapuje się po torze. Film nie jest podobny ani do sztuki teatralnej, ani do powieści. Najbardziej przypomina nowelę, której generalną zasadą jest ograniczanie się do jednego tematu, wyrażonego ostatecznie w chwili, gdy akcja osiąga punkt kulminacyjny.

Musiał pan zauważyć, że w noweli rzadkie są chwile odpoczynku, co spokrewnia ją z filmem. Wywołuje to konieczność spójnego rozwoju intrygi i tworzenia poruszających sytuacji, które wypływają z samej tej intrygi i które muszą być przedstawiane z wizualną zręcznością. Prowadzi to nas do suspensu, który jest najodpowiedniejszym środkiem podtrzymywania uwagi widza, bez względu na to, czy chodzi o suspens sytuacyjny, czy o taki, który zachęca widza do pytania: – *A teraz, co się stanie?*

FT: Wokół tego słowa jest wiele nieporozumień. Często wyjaśniał pan w wywiadach – do czego zaraz wrócimy – że nie można mylić suspensu z zaskoczeniem; wielu ludzi uważa jednak, że suspens jest wtedy, kiedy występuje efekt strachu...

AH: Oczywiście, że nie o to chodzi. Powróćmy do telefonistki z filmu *Upadła cnota*; podsłuchuje ona dwoje młodych ludzi, których ani razu w tej scenie nie widzimy, a którzy rozmawiają o małżeństwie. Otóż ta telefonistka obarczona jest suspensem: czy kobieta, która jest na końcu linii, zgodzi się poślubić mężczyznę, który do niej dzwoni? Telefonistka odczuła ulgę, kiedy kobieta powiedziała „tak"; jej własny suspens wtedy się skończył. Mamy oto przykład suspensu nie związanego ze strachem.

FT: Co prawda telefonistka obawiała się, że kobieta odrzuci propozycję młodego człowieka, nie łączyło się to jednak z prawdziwym lękiem. Czy suspens to jest wydłużenie oczekiwania?

AH: Suspens wymaga, żeby publiczność była doskonale poinformowana o wszystkich istotnych elementach. Bez tego nie ma suspensu.

FT: Zapewne, ale niektóre informacje mogą dotyczyć na przykład tajemniczego niebezpieczeństwa, prawda?

AH: Proszę jednak pamiętać, że tajemnica rzadko dla mnie łączy się z suspensem. Weźmy jako przykład *whodunit*[5]; nie ma w nim suspensu, tylko rodzaj intelektualnego wyzwania. *Whodunit* wzbudza ciekawość pozbawioną emocji; tymczasem emocje są niezbędnym składnikiem suspensu. W przypadku telefonistki z *Upadłej cnoty* emocja łączyła się z pragnieniem młodego człowieka, by kobieta go nie odrzuciła. W klasycznej sytuacji z bombą, która ma wybuchnąć o określonej godzinie, tą emocją jest strach o kogoś; zależy on od stopnia intensywności, z jaką publiczność identyfikuje się z osobą znajdującą się w niebezpieczeństwie.

Jeśli chodzi o ten klasyczny przykład z podłożoną pod stół bombą, mógłbym nawet powiedzieć więcej: choćby przy tym stole zebrała się grupa odrażających gangsterów...

---

[5] Czyli: *Who dun it*? (Kto to zrobił?); książka, film albo sztuka, z zagadką „kto zabił?", która może zostać rozwiązana dopiero na samym końcu (przyp. FT).

FT: Dobrym przykładem jest bomba w teczce, użyta do zamachu na Hitlera z 20 lipca 1944 roku?

AH: Tak jest, nawet wówczas publiczność nie powie: – *Ach, nareszcie te potwory zostaną rozerwane na kawałki!* – ale raczej: – *Uważajcie, tam jest bomba!* – O czym to świadczy? Że strach przed bombą jest potężniejszy niż uczucia sympatii czy antypatii wobec postaci. Niech pan jednak nie sądzi, że to wynik wyłącznie obecności bomby jako przedmiotu stanowiącego zagrożenie. Weźmy spokojniejszy przykład: osoby ciekawskiej, która wchodzi do cudzego pokoju i grzebie w szufladach. Pokazuje pan równocześnie, że właściciel pokoju wchodzi po schodach. Potem wraca pan do osoby myszkującej i publiczność już ma ochotę krzyknąć: – *Uwaga, ktoś wchodzi po schodach!* – Zatem osoba, która przeszukuje szuflady, wcale nie musi być postacią sympatyczną; publiczność sprzyja zawsze temu, o kogo się boi. Naturalnie, jeśli osoba, która przeszukuje, jest w dodatku postacią sympatyczną, podwaja pan emocję widza; to przypadek Grace Kelly z *Okna na podwórze.*

FT: O tak! To idealny przykład.

AH: Na premierze *Okna na podwórze* siedziałem obok żony Josepha Cottena; w momencie, kiedy Grace Kelly buszowała w pokoju mordercy, a ten pojawił się na korytarzu, moja sąsiadka była tak zdenerwowana, że zwróciła się do męża ze słowami: – *Zrób coś!*

FT: Jaka jest więc różnica między zaskoczeniem a suspensem?

AH: Bardzo prosta, często o tym mówię. A jednak, rzeczywiście, na ogół myli się w filmach te dwa pojęcia.

Spokojnie sobie teraz rozmawiamy, nie dzieje się nic specjalnego, ale gdyby pod tym stołem była podłożona bomba, nagle, ni stąd, ni zowąd rozległoby się: bum!, wybuch. Publiczność byłaby zaskoczona, ale ponieważ wcześniejszy przebieg sceny był absolutnie zwyczajny, w tym zaskoczeniu nie byłoby nic interesującego. Teraz rozpatrzmy suspens. Bomba jest pod stołem i publiczność o tym wie, prawdopodobnie widziała podkładającego ją terrorystę. Publiczność wie, że bomba wybuchnie o pierwszej i wie też, że teraz jest za piętnaście pierwsza, bo w scenografii pokoju jest zegar; ta sama obojętna rozmowa staje się nagle ogromnie interesująca, bo publiczność bierze w niej udział. Ma ochotę ostrzec osoby znajdujące się na ekranie: – *Przestańcie opowiadać te banały, pod stołem jest bomba, która zaraz wybuchnie!* – W pierwszym przypadku zaproponowano widowni piętnaście sekund zaskoczenia w chwili eksplozji. W drugim – proponujemy jej piętnaście minut suspensu. Wynika z tego, że trzeba informować publiczność tak często, jak tylko się da; chyba że zaskoczenie stanowi *twist*, czyli zaskakujący finał tworzy sens opowiadania.

FT: Następny pana film, *Zbrodnia (Murder)*, nakręcony został na podstawie sztuki...

AH: To interesujący film. Widział go pan?

FT: Tak, oczywiście. Historia młodej aktorki, którą oskarżono o zamordowanie przyjaciółki. Została osądzona i skazana na śmierć. Jednym z sędziów jest Sir John (Herbert Marshall), sławny aktor i pisarz; przekonany o niewinności bohaterki, prowadzi nowe, własne śledztwo i w finale odkrywa mordercę: jest nim narzeczony oskarżonej. To rzadki u pana przykład „filmu z zagadką"...

AH: Rzeczywiście, to typowy *whodunit*; niewiele ich nakręciłem. Wydawało mi się to mało pociągające: zainteresowanie widza ogranicza się do części finałowej.

FT: To przypadek wszystkich powieści Agaty Christie. Precyzyjne śledztwo, łańcuch przesłuchań...

AH: Toteż nie przepadam za tym; *whodunit* przypomina puzzle albo krzyżówkę. Spokojnie czeka pan, aż padnie odpowiedź na pytanie „kto zabił?". Żadnej emocji.

Przypomina mi się pewna historia. Kiedy zaczęła się u nas telewizja, rywalizowały z sobą dwa kanały. Pierwszy miał nadać wieczorem *whodunit*; przed samą emisją spiker drugiego zapowiedział: – *Jeśli chodzi o „whodunit", którego wyświetlanie zaczyna właśnie pierwszy program, z góry możemy państwa powiadomić, że zamordował służący.*

FT: Jednak pomimo, że to był *whodunit*, uważa pan *Zbrodnię* za interesujący film?

AH: Tak, ponieważ wiele rzeczy zrobiłem w nim po raz pierwszy. To był pierwszy film dźwiękowy z Herbertem Marshallem i rola idealnie do niego pasowała; natychmiast uznano go za aktora wymarzonego dla kina dźwiękowego. Konieczne było, żeby widz znał jego myśli; zwykle w tym celu wprowadza się dodatkową postać, ponieważ jednak nie znoszę postaci zbędnych dla intrygi, uciekłem się do monologu wewnętrznego. W początkach kina dźwiękowego uważano to za wspaniałą innowację, a przecież był to stary chwyt teatralny, pochodzący jeszcze z czasów Szekspira. Była tam scena, w której Herbert Marshall golił się, słuchając muzyki z radia...

FT: Uwertura z *Tristana* Wagnera; to jedna z najlepszych scen.

AH: Tak jest! Niech więc pan sobie wyobrazi, że za dekoracją łazienki umieściłem w studiu trzydziestoosobową orkiestrę! Nie było wtedy technicznej możliwości późniejszego dodania dźwięku, trzeba go było zarejestrować od razu na planie.

Jeśli już mówimy o dźwięku bezpośrednim, to dodam, że realizując *Zbrodnię* spróbowałem parę razy improwizacji. Wyjaśniłem aktorom zawartość sceny i poprosiłem ich o wymyślenie dialogu. Rezultat nie był dobry: za bardzo myśleli o tym, co mają powiedzieć i nie czuło się w tym spontaniczności; scena traciła rytm. Zdaje mi się jednak, że pan lubi improwizację? Jakie jest pańskie doświadczenie?

FT: Rzeczywiście, ryzykowne jest jąkanie się aktorów, którzy szukają słów; sceny bywają dwa razy za długie. Lubię jednak efekt bezpośredniości, który można uzyskać w pewien specjalny sposób; na przykład rozmawiam z aktorami o jakiejś delikatnej scenie, a później piszę dialogi używając ich słownika...

AH: To bardzo interesujące, ale chyba nie bardzo oszczędne, prawda?

FT: Oszczędności nie ma w tym oczywiście żadnej: ani pieniędzy, ani taśmy, ani czasu... Wróćmy jednak do *Zbrodni*: poruszył pan w niej temat homoseksualizmu, dość śmiały w tamtej epoce. Morderca, przedstawiony w ostatniej scenie w kobiecym przebraniu, w cyrku, przyznaje się, że zabił młodą kobietę, ponieważ chciała ona zdradzić jego narzeczonej rewelacje na temat jego preferencji...

AH: Tak, z tego punktu widzenia film był śmiały. Zawierał też sporo odniesień do *Hamleta*: teatr w teatrze. Podejrzanego o morderstwo poproszono, żeby odczytał ten właśnie fragment sztuki, w którym mowa jest o zbrodni; obserwowano aktora podczas głośnej lektury, żeby sprawdzić, czy odsłoni swoją winę, jak król w *Hamlecie*. Cały film był powiązany z teatrem.

Poza tym *Zbrodnia* była moim pierwszym doświadczeniem z filmem dwujęzycznym. Musiałem nakręcić równocześnie dwie wersje, niemiecką i angielską. Przedtem pracowałem w Niemczech i znałem język słabo, ledwie tyle, żeby się porozumieć. W roli tego bohatera, którego w wersji angielskiej grał Herbert Marshall, w wersji niemieckiej występował bardzo znany aktor Alfred Abel. Przed zdjęciami, kiedy przyjechałem do Berlina na rozmowę o scenariuszu, sugerowano mi wiele zmian; wszystkie je odrzuciłem i pomyliłem się. Odrzuciłem je, bo byłem zadowolony z wersji angielskiej, a także z powodów ekonomicznych: obie wersje nie powinny były zanadto się od siebie różnić.

Wróciłem więc do Londynu z niezmienionym scenariuszem i zacząłem zdjęcia. Natychmiast zdałem sobie sprawę, że nie mam ucha do niemieckiego; różne wyrażenia, które po angielsku brzmiały dowcipnie, w wersji niemieckiej nie wypalały; na przykład ironia dotycząca snobizmu, albo utraty godności. Niemiecki aktor źle się z tym czuł, a ja nie potrafiłem mu pomóc.

Nie chciałbym pana zrażać, ale to pozwala może zrozumieć, dlaczego René Clair, Julien Duvivier czy Jean Renoir nie odnieśli prawdziwego sukcesu w Stanach. Nie mają ucha do amerykańskich idiomów. Ciekawe, że lepiej zaadaptowali się Niemcy: Lubitsch, Billy Wilder. Także Węgrom się powiodło; moje własne doświadczenie pomaga mi wyobrazić sobie, co mógł czuć węgierski reżyser Michael Curtiz, albo węgierski producent Jo Pasternak, kiedy przybyli do Kalifornii.

FT: Wydaje mi się jednak, że europejscy filmowcy ofiarowali amerykańskiemu kinu coś, czym nie dysponowali reżyserzy hollywoodzcy: krytyczne spojrzenie na Amerykę; czyni to często ich pracę podwójnie interesującą. Chodzi o pewne szczegóły, rzadko spotykane u Howarda Hawksa czy Leo MacCareya, często za to – u Lubitscha, Billy Wildera, Fritza Langa, a także w pańskich filmach – uwagi krytyczne na temat amerykańskiego stylu życia. W dodatku emigranci wnoszą z sobą swój folklor...

AH: To się sprawdza w dziedzinie humoru. Na przykład *Kłopoty z Harrym* to próbka humoru makabrycznego, angielskiego z ducha. Nakręciłem ten film, by dowieść, że również publiczność amerykańska zdolna jest docenić angielski humor, i to się rzeczywiście do pewnego stopnia udało.

Wielu Anglików ma z zasady nastawienie antyamerykańskie, choć nigdy nie byli w Ameryce. Mówię im zawsze: nie ma żadnych Amerykanów. Ameryka jest pełna cudzoziemców. Weźmy przykład mojego własnego gospodarstwa: nasza służąca jest Niemką z Pomorza; druga, która zajmuje się naszym letnim domem, jest Włoszką słabo mówiącą po angielsku, a przecież jednak obywatelką amerykańską, wywieszającą gwiaździsty sztandar nad swoim wiejskim domem; nasz ogrodnik jest Meksykaninem, choć większość okolicznych ogrodników to Japończycy; tu w wytwórni usłyszy pan naokoło wszystkie możliwe akcenty.

Żeby skończyć ze *Zbrodnią,* film odniósł pewien sukces w Londynie, ale był zbyt wykoncypowany, żeby zrobić karierę na prowincji.

FT: Czy kolejny film, *Podstępna gra* (*The Skin Game*), też był oparty na sztuce teatralnej? Miałem mieszane uczucia. To historia zaciekłej rywalizacji między tradycyjnym właścicielem ziemskim a jego sąsiadem, nowobogackim przemysłowcem. Najważniejsza scena pokazuje ich obu, rywalizujących z sobą w trakcie długiej licytacji. Tak to wyglądało?

AH: Tak. To była sztuka Johna Galsworthy'ego. Główną rolę, przemysłowca, grał Edmund Gwenn, aktor bardzo wtedy znany w Londynie. Nie wybrałem tego tematu; nie ma o czym mówić.

FT: Wyobrażam sobie, że pana kłopoty z początków epoki dźwiękowej wiązały się z podwyższonym budżetem?

AH: Istotnie, kręciło się wtedy wolniej, trzeba było z góry myśleć o międzynarodowej widowni, realizowało się na ogół kilka wersji językowych, w efekcie filmy były droższe.

FT: Dubbing jeszcze wtedy nie istniał?

AH: Nie. Robiliśmy zdjęcia czterema kamerami, ale była tylko jedna ścieżka dźwiękowa, bo nie można było montować dźwięku. Kiedy więc mówią mi dziś o użyciu wielu kamer w telewizji, odpowiadam: robiliśmy to już w 1928 roku.

FT: Bardzo lubię następny pana film, *Niebezpieczna próba* (*Rich and Strange*), z 1931 roku. Pełen werwy...

AH: Zawarłem w nim mnóstwo pomysłów. To historia młodego małżeństwa, które wygrawszy dużą sumę, wybiera się w podróż dookoła świata. Przed realizacją pojechaliśmy – razem z panią Hitchcock, która była współautorką scenariusza – do Paryża na dokumentację. Miałem pokazać w filmie, jak to młode małżeństwo, znalazłszy się w Paryżu, idzie do Folies-Bergère i w przerwie wchodzi za kulisy, żeby obejrzeć taniec brzucha. Poszliśmy więc do Folies-Bergère. Podczas przerwy dostrzegłem młodego człowieka w smokingu i spytałem go: – *Gdzie tu można zobaczyć taniec brzucha?* – *Tędy, proszę za mną.* – Wyprowadził nas na ulicę. Zdziwiłem się, ale mnie uspokoił: – *To jest w naszej filii* – i wziął nas do taksówki. Stoimy w końcu przed jakimiś drzwiami, a ja mówię do żony: – *Założę się, że przyprowadził nas do burdelu. Chcesz wejść ze mną?* – *Oczywiście, chodźmy.* – Nigdy w życiu nie widzieliśmy podobnego miejsca: przychodzą dziewczęta, proponują szampana, a właścicielka – w obecności mojej żony – pyta, czy spodobałoby mi się spędzić chwilkę w towarzystwie jednej z tych pań. Pierwszy i ostatni raz w życiu miałem wtedy do czynienia z tym typem kobiet. Wróciliśmy więc do teatru i zdałem sobie sprawę, że zachowujemy się dokładnie tak, jak bohaterowie naszego filmu: byliśmy niewinną parą w podróży zagranicznej!

FT: Do czego właściwie był panu potrzebny ten taniec brzucha? Żeby go użyć w filmie?

AH: Bohaterka miała oglądać taniec brzucha, po czym obraz pępka tancerki miał prowadzić do ściemnienia w formie wirującej spirali.

FT: Jak w czołówce *Zawrotu głowy*?

AH: Tak. W *Niebezpiecznej próbie* była scena, w której młody człowiek kąpał się z dziewczyną. Ona mówi do niego: – *Założę się, że nie zdoła pan przepłynąć między moimi nogami* – po czym staje w basenie w szerokim rozkroku. Kamera obserwuje pod wodą, jak chłopak przepływa między jej nogami, po czym ona nagle zaciska je, głowa chłopca zostaje unieruchomiona i widać wylatujące z jego ust bąbelki powietrza. W końcu ona go uwalnia, a on wydostaje się na powierzchnię ledwie dysząc i mówi do niej: – *Tym razem prawie mnie pani zamordowała* – ona zaś odpowiada: – *Czyż nie byłaby to cudowna śmierć?* – Myślę, że dziś na taką scenę nie zezwoliłaby cenzura.

FT: Widziałem dwie różne kopie tego filmu, ale tej sceny nie było w żadnej z nich. Natomiast przypominam sobie bardzo zabawny epizod na chińskiej dżonce...

AH: A tak! Przemierzywszy już cały Daleki Wschód, młoda para znajduje się na statku, który tonie. Wydobywa ich załoga chińskiej dżonki; udaje im się uratować ze statku likier miętowy i czarnego kota. Przytulają się do siebie stojąc na dziobie dżonki i wkrótce Chińczycy przynoszą im coś do jedzenia. Szalenie im to smakuje, nigdy nie jedli niczego równie dobrego. Kiedy kończą posiłek, wracają na rufę i znajdują skórę czarnego kota, suszącą się na pokładzie. Uciekają, zniesmaczeni tym widokiem.

FT: Choć *Niebezpieczna próba* była udanym filmem, recenzje okazały się raczej nieprzychylne.

AH: Uznano, że postaci są mało wyraziste, a aktorzy nieprzekonujący; w rzeczywistości aktorzy byli w porządku, cała obsada była jednak rzeczywiście za mało atrakcyjna. Bardzo ten film lubię; uważam, że zasłużył na sukces.

FT: W 1932 roku nakręcił pan *Number Seventeen* (*Numer 17*); widziałem go w filmotece. Bardzo zabawny film, ma jednak dziwaczną fabułę...

AH: Kompletna klęska! À propos tego filmu wolę opowiedzieć panu pewną anegdotę. Pierwsza część rozgrywała się w pustym domu, w którym chronili się gangsterzy; trzeba było zaaranżować wymianę strzałów. Uznałem za zabawny pomysł, że ten opuszczony dom jest azylem wszystkich bezdomnych kotów z okolicy. Wyobraziłem sobie, że po każdym strzale setka kotów wbiegałaby albo zbiegała ze schodów; ujęcia te miały być oddzielone od akcji – i dla wygody inscenizacyjnej, i dla swobody przy montażu. Pewnego ranka przygotowaliśmy się więc do nakręcenia wszystkich tych kocich przejść; umieściłem kamerę u dołu schodów. Przybywszy do studia zauważyłem tłum ludzi. Pytam: – *Po co nam tylu statystów?* – Odpowiadają mi: – *To nie są statyści,* *to są właściciele kotów.* – Zainstalowaliśmy barierę, każdy oficjalnie zgłosił wypożyczenie kota, w końcu byliśmy gotowi. Operator włączył kamerę, rekwizytorka wystrzeliła z fuzji. I otóż wszystkie koty, bez wyjątku, przeskoczyły przez barierę, żaden nie wbiegł na schody! Rozbiegły się po całym studiu i przez kolejne godziny można było spotkać ich właścicieli buszujących wśród dekoracji: – *Minou, minou... To mój kot. Nie, to mój,* etc. Wreszcie zaczęliśmy od nowa, zamontowawszy siatkę. – *Kamera! Bang!* – Tym razem trzy koty wbiegły na schody, a wszystkie pozostałe rozpaczliwie wskoczyły na siatkę. Musiałem zrezygnować ze swego pomysłu.

FT: Film był adaptacją dwóch różnych utworów Jeffersona Farjeona, sztuki teatralnej i powieści. Czy pan sam wybrał temat?

AH: Nie, kupiła go wytwórnia i poprosiła mnie o realizację.

FT: Film jest dość krótki, trwa niewiele ponad godzinę. Pierwsza część, rozgrywająca się w domu, pochodzi niewątpliwie ze sztuki. Pamiętam jednak, że bardziej podobała mi się druga: długi pościg, z makietami samochodów i pociągów, bardzo ładne. Makiety w pana filmach zawsze wypadają ładnie.

Później nakłoniono pana do wyprodukowania filmu *Lord Camber's Ladies* (*Damy lorda Cambera*) reżyserowanego przez kogo innego, niejakiego Benna W. Levy, współscenarzystę *Szantażu.*

AH: Był taki typ filmów, w stu procentach brytyjskich, które amerykańskie wytwórnie były zobowiązane dystrybuować; nazywano je „filmami zaliczkowymi" i kręcono za małe pieniądze. Kiedy towarzystwo British International Pictures, z wytwórni d'Elstree, podjęło się nakręcenia kilku takich filmów, zgodziłem się wyprodukować jeden albo dwa. Miałem pomysł, żeby powierzyć reżyserię Bennowi W. Levy, bo był to dość znany dramaturg, a przy tym mój przyjaciel. Mieliśmy znakomitą obsadę, z Gertrude Lawrence – wielką gwiazdą tych lat, a przede wszystkim z Sir Geraldem du Maurier, najwybitniejszym wówczas aktorem londyńskim, zresztą moim zdaniem najlepszym aktorem na świecie. Niestety, pan Levy okazał się bardzo upartym dżentelmenem, nie znoszącym żadnej krytyki ani nie dopuszczającym cudzego zdania. Toteż mój piękny gest powierzenia mu filmu obrócił się przeciwko mnie.

Jako producent miałem jeszcze dwa inne projekty. Chciałem powierzyć film innemu znanemu pisarzowi, Johnowi van Drutenowi, który napisał szereg sztuk na dwie postaci. Zaproponowałem mu nakręcenie filmu na ulicach Londynu, z małą ekipą opłacaną przez cały rok. W razie deszczu mógł iść do studia; mógł przerwać, podjąć realizację od początku, zawrzeć roczny kontrakt z dwojgiem znakomitych aktorów. W gruncie rzeczy zaofiarowałem mu kamerę zamiast maszyny do pisania. A on stanowczo odmówił; nie wiem, czemu sam sobie nie zaproponowałem podobnego luksusu.

Ponadto interesowałem się historią napisaną przez hrabinę Russell. Księżniczka ucieka z dworu i przez dwa tygodnie bawi się, przeżywając przygodę z pewnym zwyczajnym obywatelem. Coś to panu przypomina?

FT: *Rzymskie wakacje...*[6]

AH: Nie zrobiłem tego. Później wplątałem się z dwoma pisarzami w scenariusz oparty na historii Bulldoga Drummonda. Powstał bardzo dobry tekst, ale producent John Maxwell...

FT:... Który zresztą, począwszy od *Ringu*, produkował wszystkie pana filmy?

AH: Tak. Otóż Maxwell przysłał mi list ze słowami: *Scenariusz jest błyskotliwy, fantastyczny, ale ja nie chcę go produkować*. Podejrzewam tu intrygę pewnego człowieka, które-

---

[6] *Rzymskie wakacje* (*Roman Holiday*, 1953), słynna w latach 50. (polska premiera 1959) komedia miłosna Williama Wylera, oparta na noweli Iana McLellana Huntera. Piękna księżniczka (Audrey Hepburn) w czasie wakacji w Rzymie ucieka na 24 godziny i zakochuje się z wzajemnością w pewnym dziennikarzu (Gregory Peck) (przyp. tłum.).

go sam wprowadziłem do wytwórni i który był naszym rzecznikiem prasowym od czasu *Ringu*; tak czy owak film nie powstał. Tak skończył się moja praca dla British International Pictures.

FT: Jest rok 1933 i nie przeżywa pan najlepszego okresu w swoim życiu. Przypuszczam, że *Waltzes from Vienna* (*Walce wiedeńskie*) to nie był pański pomysł?

AH: To był musical bez muzyki, bardzo tania produkcja. Nie miało to żadnego związku z pracą, do jakiej przywykłem. Rzeczywiście, w tym okresie moja reputacja była fatalna, na szczęście jednak nie przejmowałem się tym. Nie była to próżność; po prostu miałem wewnętrzne przekonanie, że jestem reżyserem filmowym. Nigdy nie powiedziałem sobie: „Jesteś do niczego, twoja kariera jest skończona", a przecież od zewnątrz tak to wtedy wyglądało.

Byłem bardzo rozczarowany klęską filmu *Podstępna gra*, a film *Numer 17* świadczył o dość kiepskim stanie mojego umysłu. Nie zastanawiałem się zbyt wnikliwie nad tym, co powinienem robić. Dopiero po tym okresie zacząłem być krytyczny wobec samego siebie, spojrzałem z dystansu na swoją dotychczasową pracę, a przede wszystkim postanowiłem nie wikłać się w projekty, do których nie mam wewnętrznego przekonania; tylko wtedy, kiedy już z projektem dobrze się pan czuje, końcowy produkt może być udany. To tak jak z przygotowaniem do budowy domu: trzeba sobie od razu wyobrazić całą konstrukcję. Nie mówię nawet o całej konstrukcji fabuły, mówię o pomyśle na film. Jeśli pomysł jest dobry, coś może się z tego rozwinąć. Przyszły film zawsze będzie mógł być przedmiotem dyskusji; pomysł musi być bezdyskusyjny. Mój błąd przy *Niebezpiecznej próbie* polegał na tym, że nie upewniłem się, czy dwoje głównych aktorów spodoba się w równym stopniu publiczności i krytyce; przy tego typu fabule nie mogłem sobie pozwolić na przeciętną obsadę.

W samym środku tego złego okresu, podczas zdjęć do *Walców wiedeńskich*, odwiedził mnie w studiu Michael Balcon. To przecież dzięki niemu zostałem reżyserem; przypuszczam, że w tamtym momencie był mną rozczarowany. W każdym razie spytał mnie: – *Co pan zamierza robić po tym filmie?* – Odpowiedziałem: – *Trzymam w szufladzie pewien scenariusz, napisany już jakiś czas temu.* – Spodobał mu się ten scenariusz; postanowił go kupić. Poszedłem więc do Johna Maxwella, mojego eksproducenta i odkupiłem od niego scenariusz za 250 funtów. Po czym odsprzedałem go za 500 funtów nowej wytwórni Gaumont British, której dyrektorem został właśnie Michael Balcon. Tak się jednak wstydziłem tego stuprocentowego zysku, że za całą zarobioną sumę zamówiłem u rzeźbiarza Josepha Epsteina popiersie Michaela Balcona, które następnie ofiarowałem mu.

FT: Ten scenariusz to był *Człowiek, który wiedział za dużo*, pierwsza wersja?

AH: Tak jest. Punktem wyjścia był tekst Bulldoga Drummonda, który zaadaptowaliśmy wspólnie z Charlesem Bennettem i dziennikarzem D. B. Wyndhamem-Lewisem. Michael Balcon miał więc wobec mnie podwójną zasługę: najpierw popchnął mnie w stronę reżyserii, a potem, w tym właśnie czasie, pozwolił mi zadebiutować po raz drugi. W związku z tym był naturalnie w stosunku do mnie bardzo władczy; za jakiś czas wyrazi się to w jego gniewie, kiedy wyjadę do Hollywood.

Zanim zajmiemy się *Człowiekiem, który wiedział za dużo*, chciałbym panu powiedzieć, że cokolwiek się stanie w trakcie pańskiej kariery, pański talent zawsze będzie w tym obecny. Mój upadek z pierwszej połowy lat trzydziestych był pozorny. Nakręciłem *Walce wiedeńskie,* które były bardzo złym filmem, ale przecież jeszcze przed tymi zdjęciami ukończyłem scenariusz *Człowieka, który wiedział za dużo*, w którym był talent. Mamy więc rok 1934. Robię bardzo poważny rachunek sumienia i zaczynam kręcić *Człowieka, który wiedział za dużo*.

4.

Człowiek, który wiedział za dużo. Kiedy Churchill był komendantem policji. *M – Morderca.* Jak wpadłem na pomysł z perkusistą. Upraszczać i wyjaśniać. *Trzydzieści Dziewięć Kroków.* Wpływ Buchana. Co to jest *understatement?* Stara sprośna historia. Pan Pamięć. Życie i kawałek tortu.

François Truffaut: *Człowiek, który wiedział za dużo (The Man Who Knew Too Much)* był pana największym sukcesem angielskim, a i w Ameryce cieszył się zainteresowaniem. Para angielskich turystów podróżuje po Szwajcarii z córeczką. Pewien Francuz, nim zostanie zamordowany, powierza im wiadomość o przygotowywanym zamachu na przebywającego w Londynie ambasadora obcego państwa. Żeby zapewnić sobie milczenie małżonków, szpiedzy porywają ich córkę. Po powrocie do Londynu matka, poszukująca porywaczy, podczas koncertu w Albert Hall ratuje życie ambasadora, wydając okrzyk bezpośrednio przed wymierzonym weń strzałem z rewolweru. Finał przedstawia oblężenie przez policję kryjówki szpiegów i uratowanie dziewczynki. Czytałem gdzieś, że podstawą scenariusza była prawdziwa historia, w której występował Churchill jako – podówczas – komendant policji.

Alfred Hitchcock: To prawda, ale tylko w odniesieniu do partii finałowej; rzecz działa się około 1910 roku i znana była jako „Oblężenie Sidney Street". Chodziło o to, by zmusić do wyjścia anarchistów rosyjskich, którzy ostrzeliwali się, zamknięci w budynku. Było to bardzo trudne, wezwano posiłki i Churchill osobiście przybył na miejsce, żeby nadzorować akcję. Ja z kolei miałem sporo kłopotów z cenzurą, bo angielska policja nigdy nie jest uzbrojona. W tamtym konkretnym wypadku policja – nie zdoławszy wykurzyć anarchistów – musiała wezwać na pomoc wojsko; użyto nawet artylerii, aż budynek zapalił się. Ten incydent przysporzył mi dodatkowych kłopotów w czasie zdjęć. Cenzor patrzył na ten fragment filmu złym okiem, bo uważał, że ów epizod był plamą na honorze angielskiej policji. Nie podobało mu się wkładanie broni w ręce policjantów. Zapytałem go więc: – *Jak inaczej można było zmusić szpiegów do opuszczenia domu?* – Odpowiedział mi: – *Można było użyć pompy strażackiej.* – Zebrałem więc odpowiednią dokumentację i odkryłem, że to była dawna propozycja samego Winstona Churchilla. Ostatecznie jednak cenzor zgodził się, by policjanci użyli strzelb, pod warunkiem, że to będzie stara broń, której nie noszą z sobą, ale zdobywają ją w sklepie z antykami; wszystko po to, żeby przypomnieć, że policja nie ma zwyczaju używania broni. Nie podobało mi się to jednak i wybrnąłem z sytuacji, pokazując przybycie na miejsce akcji ciężarówki z karabinami.

FT: W wersji amerykańskiej z 1956 roku film zaczyna się w Marrakeszu; początek pierwszej wersji ma miejsce w Szwajcarii...

AH: Film zaczyna się wśród śniegu w Saint-Moritz, bo tam spędziliśmy z żoną nasz miodowy miesiąc. Z okna naszego pokoju często oglądałem lodowisko i przyszedł mi wtedy do głowy pomysł rozpoczęcia filmu od obrazu łyżwiarza, który – wykonując ewolucje – kreśli na lodzie cyfry, 8, 6, 0, 2; chodzi oczywiście o szpiegowski szyfr. Zrezygnowałem jednak z tego pomysłu.

FT: Dlaczego? Nie dało się tego sfilmować?

AH: Nie łączyło się to z resztą scenariusza. W każdym razie tak od początku układał się ten film w moim umyśle: widziałem przed sobą zaśnieżone Alpy i duszne ulice Londynu; ten kontrast miał być decydujący.

FT: W pierwszej wersji *Człowieka, który wiedział za dużo* obsadził pan Pierre'a Fresnay, a w remake'u, w tej samej roli, innego znanego aktora francuskiego, Daniela Gélin. Dlaczego?

AH: Myślę, że zadecydowały jakieś względy produkcyjne; nie zależało mi specjalnie na Francuzie. Był jednak aktor, do którego udziału przywiązywałem szczególną wagę: to Peter Lorre, dla którego była to pierwsza angielska rola. Właśnie skończył grać w *M – Mordercy* Fritza Langa. Miał znakomite poczucie humoru; występował w płaszczu do samej ziemi i nazwaliśmy go Wędrowny Prochowiec.

FT: Widział pan *M – Mordercę*?

AH: Tak, ale słabo go pamiętam. Czy był tam gwiżdżący mężczyzna?

FT: No tak, właśnie Peter Lorre! Przypuszczam, że oglądał pan w tamtym czasie także inne filmy Fritza Langa: *Szpiegów, Testament doktora Mabuse...*

AH: *Doktora Mabuse* tak, ale dużo wcześniej. Przypomina pan sobie scenę u dentysty w *Człowieku, który wiedział za dużo*? Według pierwotnego pomysłu miała się rozgrywać u fryzjera; żeby ukryć mężczyzn, mieliśmy użyć zasłaniających twarze ciepłych ręczników. Tuż przed zdjęciami obejrzałem jednak film Mervyna LeRoya *Jestem zbiegiem* (*I Am a Fugitive from a Chain Gang*) z Paulem Muni; była tam podobna scena. Zamieniłem więc wszystko na gabinet dentystyczny i przy okazji wprowadziłem parę innych modyfikacji. Na przykład, na samym początku pokazywaliśmy, że bohaterka filmu, matka porwanej dziewczynki, wspaniale strzela z karabinu. Wiedząc o tym, źli mieli ją zahipnotyzować podczas sceny w kaplicy i następnie przewieźć – wciąż zahipnotyzowaną – na salę Albert Hall, żeby zastrzeliła ambasadora w ich imieniu! Zrezygnowałem jednak z tego pomysłu, sądząc, że nawet mistrzyni strzelania w stanie hipnozy nie celuje może tak bezbłędnie.

FT: Zdecydował się pan wręcz na wariant odwrotny: bohaterka nie tylko nie zabija ambasadora, ale ratuje mu życie podczas koncertu, wydając głośny okrzyk w chwili, gdy zauważa rewolwer skierowany w stronę loży honorowej... Jeśli pan pozwoli, streszczę tę sytuację, żeby odświeżyć naszą pamięć. Otóż szpiedzy postanowili zabić przedstawiciela obcego państwa w czasie koncertu w Albert Hall. Ustalili, że zabójca wystrzeli dokładnie w tym momencie wykonania kantaty, kiedy raz jeden uderza perkusista. Wcześniej przygotowywali się do zamachu, wielokrotnie przesłuchując kantatę z płyty.

A zatem koncert rozpoczyna się, wszyscy siedzą na swoich miejscach, a my czekamy z niepokojem na ten jedyny występ perkusisty...

AH: Pomysł z perkusistą przyszedł mi do głowy dzięki serii małych rysunków humorystycznych, które zajmowały cztery strony w jakimś magazynie typu „Punch". Pokazywały człowieka, który się budzi. Wstaje z łóżka, idzie do łazienki, płucze gardło, goli się, bierze prysznic, ubiera się, je śniadanie. To wszystko na małych oddzielnych rysunkach. Wreszcie wkłada kapelusz, płaszcz, bierze skórzany pokrowiec na instrument, wychodzi na ulicę, wsiada do autobusu i przybywa do Albert Hall. Wchodzi wejściem dla artystów, zdejmuje kapelusz i płaszcz, otwiera pokrowiec i wyjmuje mały flet; spotyka się z innymi muzykami i razem wychodzą na estradę. Próba instrumentów, nasz bohater zajmuje swoje miejsce. Zjawia się dyrygent, daje znak i zaczyna się symfonia. Mężczyzna siedzi, czeka, przewraca strony partytury. Wreszcie bierze swój instrument, zbliża go do warg i – na znak dyrygenta – wydmuchuje na flecie jedną nutę: „la". Wtedy chowa instrument, dyskretnie opuszcza orkiestrę, wkłada kapelusz i płaszcz, wychodzi na ulicę. Jest zmierzch. Wsiada do autobusu, wraca do domu, je kolację, wchodzi do swego pokoju, idzie do łazienki, płucze gardło, wkłada piżamę, kładzie się i gasi światło.

FT: To bardzo ładne. Zdaje mi się, że ten motyw był dość często wykorzystywany – w animacji, w komiksach...

AH: Być może; nazywało się to „Człowiek jednej nuty" i opowieść o człowieczku, który czeka na tę chwilę, kiedy ma zagrać swoją nutę, zainspirowała mój suspens z perkusją.

FT: Niedokładnie pamiętam wersję angielską, ale w amerykańskim remake'u starannie przygotował pan publiczność do sceny z perkusją. Pod koniec czołówki pokazał pan perkusistę, któremu towarzyszy napis: „Jedno uderzenie w perkusję może odmienić życie amerykańskiej rodziny". Potem w filmie szpiedzy słuchają nagrania kantaty zanim udadzą się na koncert: dwukrotnie więc każe nam pan słuchać fragmentu poprzedzającego sławne uderzenie; to bardzo precyzyjne, nawet natrętne.

AH: Zrobiłem to po to, by zapewnić publiczności pełny współudział. Wśród publiczności są prawdopodobnie ludzie, którzy nie wiedzą, co to jest perkusja; z myślą o nich dobrze jest nie tylko pokazać instrument, ale też napisać jego nazwę. Trzeba następnie, żeby widownia nie tylko rozpoznawała dźwięk perkusji, ale czekała nań. Taki trening publiczności jest podstawą suspensu.

Dwukrotne odtworzenie z płyty stosownego fragmentu kantaty ma na celu uniknięcie jakiejkolwiek dezorientacji widza, czekającego na ciąg dalszy. Często miałem okazję zdać sobie sprawę, że suspens chybia, kiedy publiczność nie dość jasno rozumie sytuację. Na przykład dwaj aktorzy są podobnie ubrani i publiczność nie rozróżnia ich; albo dekoracja jest mało wyrazista, ludzie nie rozpoznają miejsca, w którym toczy się akcja i zanim zdołają się w tym zorientować – scena kończy się, pozbawiona wszelkiej emocji. Trzeba więc stale wyjaśniać.

FT: Zdaje mi się, że chodzi nie tylko o wyjaśnianie, ale także o upraszczanie. Zastanawiam się nawet, czy nie istnieją przypadkiem dwa rodzaje artystów: „upraszczacze" i „komplikatorzy". Wśród „komplikatorów" zdarzają się najwięksi, zwłaszcza gdy idzie o literaturę; dla sukcesu spektaklu lepiej jednak być „upraszczaczem". Co pan na to?

AH: Dla widowiska to jest najważniejsze; musi pan przecież poczuć w sobie emocje, które chce pan wymóc na publiczności. Ludzie, którzy nie umieją „upraszczać", nie mogą kontrolować przydzielonego im czasu, niepokoją się „abstrakcyjnie" i ten ich pusty niepokój uniemożliwia im koncentrację na konkretnych zajęciach, tak jak zły konferansjer traci głowę, kiedy za bardzo skupia się na sobie samym.

W scenariuszu *Człowieka, który wiedział za dużo* jest istotna różnica między dwiema wersjami: w wersji angielskiej mąż zostaje zamknięty, toteż bohaterka jest sama w Albert Hall, i zostaje sama aż do końca filmu.

FT: Lepiej to wypada w drugiej wersji, ponieważ przybycie Jamesa Stewarta w czasie wykonywania kantaty wzmaga suspens; odnajduje on Doris Day, tłumaczy się przed nią mimicznie, ona zaś wyjaśnia mu sytuację: wskazuje zabójcę, a później zagrożonego ambasadora. Stewart próbuje więc coś zrobić: próbuje przedostać się korytarzami do loży ambasadora, ale po drodze zostaje zatrzymany przez policjantów; wtedy – tylko za pośrednictwem mimiki – orientujemy się, że policjanci odsyłają go do kogoś wyższego rangą i ta mimiczna gra jeszcze bardziej wzmaga suspens, nadając zarazem scenie ironicznego charakteru. Ten humor jest znacznie bardziej wyszukany niż w pana filmie angielskim i moim zdaniem doskonalszy, ponieważ staje się częścią dramatu.

AH: Tak, to prawda; w końcu jednak scena w Albert Hall jest w obu wersjach podobna, nie sądzi pan? Kantata jest ta sama...

FT: ...za drugim razem lepiej zorkiestrowana przez Bernarda Herrmanna. Odnosiłem wrażenie, że w drugiej wersji scena jest dłuższa; tak czy owak, cała trzystumetrowa szpula wypełniona jest muzyką, bez dialogów, z samymi statycznymi ujęciami. W pierwszej wersji sporo było ujęć dynamicznych; było też kilka panoram, na przykład od zbliżenia mordercy do twarzy kobiety, a następnie do ambasadora. W remake'u montaż jest bardziej zdyscyplinowany.

AH: Powiedzmy, że pierwsza wersja została zrobiona przez utalentowanego amatora, a druga – przez profesjonalistę.

FT: Wyobrażam sobie, że po sukcesie *Człowieka, który wiedział za dużo* miał pan więcej swobody przy wyborze tematu; zdecydował się pan na *Trzydzieści Dziewięć Kroków*. To historia młodego Kanadyjczyka, uciekającego z Londynu do Szkocji, aby wpaść na trop szpiegów, którzy w jego mieszkaniu zasztyletowali kobietę. Podejrzewany przez policję o to morderstwo, ścigany przez szpiegów, napotyka liczne przeszkody, wszystko jednak kończy się dobrze. Scenariusz powstał w oparciu o powieść Johna Buchana; to zdaje się pisarz, którego pan podziwia?

AH: Rzeczywiście, pozostawałem pod urokiem Buchana zanim jeszcze nakręciłem *Trzydzieści Dziewięć Kroków*. Duch *Człowieka, który wiedział za dużo* sporo mu zawdzięcza. To autor wspaniałej książki, która nigdy nie została sfilmowana: nazywa się ona *Greenmantle, Zielony płaszcz*. Powstała zdaje się pod wpływem tajemniczej postaci Lawrence'a z Arabii. Alexander Korda zakupił do niej prawa, ale jej nigdy nie zekranizował. Myślałem najpierw o tej książce, zdecydowałem się jednak na *Trzydzieści Dziewięć Kroków*, utwór o mniejszym znaczeniu, prawdopodobnie z powodu szacunku, o którym mówiliśmy z okazji Dostojewskiego. To, co najbardziej podoba mi się u Buchana, to coś głęboko brytyjskiego, co zwykliśmy określać jako *understatement*.

FT: Nie ma chyba francuskiego odpowiednika tego słowa.

AH: To coś takiego jak niedocenienie, niedowartościowanie.

FT: We francuskiej stylistyce jest figura, która nazywa się litota, zakłada ona jednak dyskrecję, raczej uskromnienie niż ironię.

AH: *Understatement* to przedstawienie dramatycznych wypadków w lekkiej tonacji. Dla mnie to coś bardzo ważnego. Napisałem scenariusz razem z Charlesem Bennettem, przypominam sobie jednak, że wypróbowywałem wtedy metodę pisania scenariusza z uwzględnieniem najściślejszych detali, ale bez jednego zdania dialogu. Wyobrażałem sobie film złożony z poszczególnych epizodów. Kiedy epizod został zredagowany, mówiłem: – *Tę scenę trzeba opowiedzieć szczególnie dobrze.* – Pragnąłem, żeby dramaturgia każdej sceny była zwarta, żeby każda z nich stanowiła osobny mały film.

Pomimo mojego podziwu dla Johna Buchana, w filmie znalazło się sporo rzeczy, których nie było w książce. Na przykład cała scena nocy, którą Robert Donat spędza u wiejskiego małżeństwa, zainspirowana została przez starą opowieść żołnierską. Jej bohaterem był burski wieśniak z Afryki Południowej, okropnie surowy, z czarną brodą, żyjący z młodą żoną, głęboko niezadowoloną i spragnioną seksu. Owa żona w dzień urodzin męża zabiła kurczaka i upiekła go. Miała nadzieję, że tym pieczonym kurczakiem sprawi mężowi wieczorem niespodziankę. Tymczasem mąż rozgniewał się, że zabiła kurczaka bez jego pozwolenia, i urodzinowy wieczór zrobił się ponury. W tym momencie do drzwi zapukał piękny cudzoziemiec, który zgubił drogę. Gospodyni zaproponowała mu kolację. Gospodarz ostrzegł go jednak, by nie jadł zbyt wiele: – *To ma nam wystarczyć na cały tydzień.* – Za to młodej kobiecie przybysz spodobał się i zaczęła się zastanawiać, jak udałoby się jej spędzić z nim noc. Mąż zamierzał położyć gościa w budzie dla psa. Żona jednak zaprotestowała i w końcu wszyscy troje położyli się w wielkim łożu. Gospodarz spał w środku, żona zaś robiła wszystko, żeby się od niego uwolnić. W pewnym momencie usłyszała hałas i zbudziła męża, mówiąc: – *Zdaje mi się, że kury uciekły.* – Mąż więc wstał, słychać było jego kroki na podwórzu. Żona przebudziła wtedy gościa, wołając doń: – *Szybko, teraz jest odpowiedni moment!* – On zatem wstał błyskawicznie i... poszedł dokończyć kurczaka.[1]

---

[1] Opowieść ta została sfilmowana w 1951 roku, jako nowela *Łakomstwo* w reżyserii Carlo Rima, część nowelowego filmu produkcji francusko-włoskiej *Siedem grzechów głównych.* (przyp. FT).

FT: To zabawne, wolę jednak scenę, która jest w filmie; jej klimat przypomina Murnaua, prawdopodobnie z powodu twarzy, dekoracji, a także – związku postaci z ziemią i religią; scena jest dość krótka, a przecież postaci mocno osadzają się w pamięci. Pamiętny jest zwłaszcza moment modlitwy. Mąż żarliwie recytuje błogosławieństwo, podczas gdy Robert Donat zauważa leżącą na stole gazetę z reprodukcją swojego zdjęcia; zwraca głowę w stronę gospodyni, ona dostrzega zdjęcie i zwraca głowę w kierunku Donata; ich spojrzenia krzyżują się. Donat widzi, że kobieta zrozumiała jego sytuację; rzuca mu surowe spojrzenie, on jej odpowiada błagalnym, i w tym momencie gospodarz, dostrzegłszy ich wymianę spojrzeń, zaczyna podejrzewać, że rodzi się między nimi miłosne wspólnictwo. Opuszcza więc pomieszczenie, by śledzić ich z zewnątrz przez okno. To piękna chwila niemego kina; pojmujemy natychmiast, że mąż jest osobą wściekłą, skąpą, zazdrosną i niewiarygodnie purytańską. Robert Donat uratuje się potem dzięki temu, że ta kobieta da mu płaszcz męża: kula rewolwerowa zatrzyma się na Biblii, schowanej w jego wewnętrznej kieszeni.[2]

AH: Tak, to była dobra scena. Inną interesującą postacią był Mister Memory, pan Pamięć. Pomysł wziął się od artysty, którego widziałem w music-hallu; nazywał się Datas, z powodu pamięci do dat. Ludzie na sali pytali go o różne wydarzenia, na przykład „Kiedy zatonął Titanic?", a on udzielał ścisłych odpowiedzi. Bywały też pytania podchwytliwe, albo odwrotnie – umówione, zadawane przez wspólnika; na pytanie „Kiedy Dobry Piątek upadł we wtorek?" odpowiedź brzmiała: „Dobry Piątek to imię konia, który biegał w Wolverhempton i po raz pierwszy upadł na przeszkodzie we wtorek 22 czerwca 1864 roku!".

---

[2] Identyczny pomysł – kuli rewolwerowej powstrzymanej przez książkę – pojawił się w *Szpiegach* (1927) Fritza Langa, tam nie chodziło jednak o Biblię (przyp. FT).

FT: Tak, Mister Memory to była wspaniała postać i bardzo podobała mi się jego śmierć. W istocie umiera on z powodu zawodowej sumienności; Robert Donat pyta go w music-hallu: – *Co to jest Trzydzieści Dziewięć Kroków?* – on zaś czuje się zmuszony powiedzieć wszystko, co wie: – *To jest organizacja szpiegowska etc.* – Toteż naturalnie szef szpiegów, siedzący w loży, zabija go strzałem z pistoletu. To pewien zabieg przynoszący widzowi ogromną satysfakcję, który często spotyka się w pana filmach: charakterystyka postaci prowadzona jest konsekwentnie do samego końca, aż do śmierci, z niezachwianą logiką, która czyni tę śmierć śmieszną i patetyczną zarazem.

AH: Istotnie bardzo to lubię; wiąże się to z ideą obowiązku. Pan Pamięć w i e, co to jest Trzydzieści Dziewięć Kroków, kiedy więc pyta się go o to, c z u j e s i ę z o b o w i ą z a n y odpowiedzieć. Z takiego samego powodu musiała umrzeć nauczycielka w *Ptakach*.

FT: Widziałem niedawno *Trzydzieści Dziewięć Kroków* w Filmotece Brukselskiej, a po powrocie do Paryża poszedłem zobaczyć remake, zrobiony w Londynie przez Ralpha Thomasa, z Kennethem More. Film jest dosyć śmieszny i fatalnie zrealizowany, ale scenariusz jest tak mocny, że publiczność patrzy z zainteresowaniem do samego końca. Montaż tego remake'u podąża na ogół za pańskimi rozwiązaniami, a jakakolwiek zmiana obraca się natychmiast przeciwko niemu. Na przykład na początku filmu, kiedy Robert Donat jest zamknięty w mieszkaniu, gdzie kobieta została zasztyletowana, widzi przez okno dwóch szpiegów przechadzających się po chodniku. Pan sfilmował tych dwóch szpiegów z punktu widzenia Donata: kamera znajdowała się w mieszkaniu, szpiedzy na chodniku byli więc od nas dosyć oddaleni. W remake'u Ralph Thomas wkleił do tej sceny dwa czy trzy ujęcia, pokazujące obu przechadzających się szpiegów z bliska, przez co scena straciła skuteczność: kiedy przyglądamy się szpiegom z bliska – przestajemy bać się o bohatera.

AH: To rzeczywiście żałosne; jest jasne, że w podobnej sytuacji nie wolno zmieniać punktu widzenia, pod żadnym pozorem.

FT: Oglądając ponownie pańskie *Trzydzieści Dziewięć Kroków*, zdałem sobie sprawę, że to mniej więcej wtedy zaczął pan w swoich scenariuszach rezygnować z prawdopodobieństwa na korzyść czystej emocji.

AH: Całkowicie się zgadzam.

FT: Na przykład kiedy Robert Donat opuszcza Londyn i wsiada do pociągu, napotyka wyłącznie rzeczy niepokojące, albo – jak kto woli – interpretuje w taki sposób rzeczywistość. Wydaje mu się, że dwaj pasażerowie siedzący naprzeciw niego śledzą go zza gazety; kiedy pociąg zatrzymuje się na jednej ze stacji, widać sztywnych jak kołki policjantów, patrzących wprost w kamerę. Wszystko oznacza niebezpieczeństwo, wszystko jest zagrożeniem; widać w tym świadome działanie, stanowiące krok w stronę stylizacji, jak w kinie amerykańskim.

AH: Tak. Wkraczamy w okres, w którym zaczyna się przywiązywać wagę do każdego szczegółu. Zacząłem sobie mówić: tutaj trzeba wykończyć, tam trzeba dopiąć tło.

W *Trzydziestu Dziewięciu Krokach* najbardziej lubię nagłość przejść. Robert Donat przychodzi na komisariat, żeby zadenuncjować człowieka z uciętym palcem i opowiedzieć, jak uniknął śmierci dzięki temu, że kula rewolwerowa zatrzymała się na Biblii; ale tam mu nie wierzą i zakładają kajdanki, nie wiadomo jak się wydostanie. Kamera przenosi się na ulicę i widać Donata wyskakującego przez okno, które rozpryskuje się na tysiąc kawałków. Od razu dołącza do przypadkowo spotkanej grupy muzyków z Armii Zbawienia. Następnie wpada w ślepą uliczkę i zostaje złapany. – *Chwała Bogu, zjawił się nasz prelegent* – mówi mu ktoś, po czym Donat zostaje wypchnięty na estradę, gdzie musi improwizować przemówienie wyborcze. Dziewczyna, którą pocałował w pociągu i która już raz na niego doniosła, wyłania się z dwoma typami żeby go zawieźć na komisariat, ale – jak się okazuje – to są przebrani za policjantów szpiedzy i Donat – połączony z dziewczyną kajdankami – ucieka wraz z nią, wykorzystując korek na drodze, utworzony przez stado baranów. Spędzają noc w hotelu, wciąż złączeni kajdankami... Właśnie ta szybkość przejść jest nadzwyczajna. Trzeba ją starannie wypracować, ale to się opłaca. Trzeba wprowadzać jeden pomysł za drugim, dla tej szybkości poświęcając wszystko inne.

FT: Ten typ kina zmierza do pozbywania się scen wyłącznie przydatnych na korzyść przyjemnych, przyjemnych do kręcenia i oglądania. Takie kino lubi publiczność, krytycy – mniej. Podobny scenariusz nie wytrzymuje bowiem ich analizy logicznej. Rzeczy, które stanowią istotę tego typu kina, poczynając od kompletnego nieliczenia się z prawdopodobieństwem – oni oceniają jako słabość.

AH: Prawdopodobieństwo nie interesuje mnie zupełnie. Nie ma nic łatwiejszego niż ono. W *Ptakach* jest scena w bistro, w której ludzie rozmawiają na temat ptaków. W tym towarzystwie przypadkiem znajduje się kobieta w berecie, która jest ornitologiem. Skąd się tam znalazła? Mogłem oczywiście nakręcić jakieś trzy sceny, które uprawdopodobniłyby jej obecność, ale nie byłoby w nich nic interesującego.

FT: A dla publiczności byłyby one stratą czasu.

AH: Nie tylko; byłyby one pustym miejscem, plamą. Bądźmy logiczni: jeśli zechciałby pan wszystko przeanalizować pod kątem wiarygodności, żaden scenariusz filmu fabularnego nie wytrzymałby takiej analizy i pozostałoby kręcenie dokumentów.

FT: To prawda; granicą prawdopodobieństwa jest dokument. Zresztą jedynymi filmami, które godzą całą światową krytykę, są zwykle utwory o naturze dokumentalnej, jak *Na-*

ga wyspa[3], które wynikają z pracy artysty, ale nie z jego wyobraźni.

AH: Żądać wiarygodności od człowieka, który opowiada historie, wydaje mi się równie absurdalne, jak żądać od malarza figuratywnego, by dokładnie odtwarzał wygląd rzeczy. Co jest szczytem malarstwa figuratywnego? Kolorowa fotografia, prawda? Zgodzi się pan? Jest wielka różnica między tworzeniem filmu fabularnego a dokumentalnego. W dokumencie to Bóg jest reżyserem, to on stworzył całą podstawę materialną. W filmie fabularnym odwrotnie: reżyser jest bogiem, to on musi stworzyć życie. Żeby zrobić film, trzeba złożyć w jedną całość całą masę wrażeń, wypowiedzi, punktów widzenia, toteż – aby uniknąć monotonii – potrzebna jest do tego całkowita wolność. Krytyk, który domaga się ode mnie wiarygodności, jest facetem bez wyobraźni.

FT: Proszę jednak zwrócić uwagę, że krytycy nie mają wyobraźni z definicji. Krytyk o zbyt dużej wyobraźni nie mógłby być obiektywny. Ten brak wyobraźni sprawia, że wolą oni utwory ascetyczne, nagie, które dają im wrażenie, że sami mogliby być ich autorami. Na przykład krytyk może sądzić, że zdołałby napisać scenariusz *Złodziei rowerów*, ale już nie filmu *Północ-północny zachód*; skąd może rodzić się opinia, że *Złodzieje rowerów* mają mnóstwo zalet, a *Północ-północny zachód* – żadnej.

AH: Istotnie, skoro już wspomina pan *Północ-północny zachód*, recenzent „New Yorkera" napisał, że to film „nieświadomie śmieszny". A przecież jego realizacja była jedną wielką zabawą; kiedy Cary Grant znalazł się w górach Ru-

---

[3] *Naga wyspa* (*Hadaka-no shima*), japoński film Kaneto Shindo z 1960 roku, opowiadający – bez jednego słowa dialogu – o codziennym trudzie chłopskiej rodziny. Dziś niemal zapomniany, lecz w okresie, w którym toczy się rozmowa – rzeczywiście uchodził za synonim wielkiej sztuki filmowej (przyp. tłum.).

shmore, radziłem, żeby schronił się w nozdrzu Lincolna, który zaraz kichnie.

Ale może dość już o krytykach. *À propos*, czym się pan zajmował, kiedy spotkaliśmy się po raz pierwszy?

FT: Byłem krytykiem filmowym! A dlaczego pan pyta?

AH: Tak mi się właśnie zdawało! Nie, wie pan, mówiąc serio, kiedy reżyser jest rozczarowany krytyką, kiedy wydaje mu się, że krytycy nie dość uważnie przeanalizowali jego film, za jedyną pociechę służy mu *box-office*. Kiedy jednak myśl o *box-office* staje mu się przewodniczką przy realizacji, popada w rutynę i stacza się. Otóż odnoszę wrażenie, że krytycy bywają odpowiedzialni za taki stan rzeczy; mogą oni bowiem doprowadzić człowieka do stanu, w którym mówi: – *Mam w nosie krytyków; moje filmy zarabiają pieniądze.*

W Hollywood jest takie słynne powiedzenie: „Powiem temu krytykowi, że czytałem jego ostry artykuł i cały czas płakałem w drodze do banku". W niektórych tygodnikach łatwo znaleźć recenzje, w których oczernianie filmu służy rozbawieniu czytelnika. W Ameryce mówi się o czymś bardzo złym: „To dobre tylko dla ptaków". Wiedziałem więc dobrze, co mnie czeka, kiedy *Ptaki* wejdą na ekrany!

FT: Napoleon mawiał, że najlepszą obroną jest atak. Powiedzenie o banku, które pan przypomniał, mogło więc pańskich krytyków rozbroić...

AH: Nie, nie, to by i tak nic nie dało. Wciąż pamiętam, jak – kiedy byłem w Londynie podczas ostatniej wojny – wszedł na ekrany film *Old Acquaintance* (*Stara znajomość*, 1944) Johna van Drutena, z Bette Davis i Claude'em Rainsem. Otóż dwie różne recenzje w dwóch londyńskich gazetach kończyły się tym samym zdaniem: „O starych znajomościach powinno się zapominać". Autorzy nie mogli się oprzeć pokusie złośliwej gry słów, nawet jeśli film się udał...

FT: Zauważyłem to we Francji w odniesieniu do wszystkich filmów, których tytuł kończy się słowem „noc"; tytuł typu *Wrota nocy* zawsze przekształci się w recenzji we *Wrota nudy*, pokusa gry słów między „nocą" a „nudą" jest zbyt wielka... [4]

Uwielbiam inne pańskie powiedzenie: „Niektóre filmy są kawałkami życia, moje są kawałkami tortu".

AH: Nigdy nie filmuję kawałków życia, uważam bowiem, że ludzie dość ich mają u siebie w domu albo na ulicy, i wolą zostawić je przed wejściem do kina. Nie potrzebują płacić za zobaczenie kawałka życia w kinie. Z drugiej strony, odrzucam też wytwory czystej fantazji, bo dla publiczności ważne jest, żeby mogła rozpoznać siebie w postaciach ekranowych. Kręcić film to dla mnie tyle, co – opowiadać historię. Ta historia może być nieprawdopodobna, ale nigdy, pod żadnym pozorem, nie może być banalna. Najlepiej, jeśli jest dramatyczna i ludzka. Dramat to życie, z którego usunięto chwile nudy.

Dalej w grę wchodzi technika; tu jestem przeciwnikiem wirtuozerii. Technika ma służyć akcji. Nie powinno się ustawiać kamery pod jakimś dziwnym kątem, żeby schlebić próżności operatora. Jedyne pytanie, jakie sobie wtedy stawiam, dotyczy tego, czy takie albo inne ustawienie kamery da scenie maksymalną siłę. Piękno obrazów, uroda ruchów, rytm, efekty – wszystko to powinno być podporządkowane akcji.

---

[4] W języku francuskim słowo „noc" wraz z rodzajnikiem określonym – *la nuit* – brzmi bardzo podobnie do słowa „nuda" – *l'ennui* (przyp. tłum.).

5.

Bałkany. Co oni mają takiego w tej Szwajcarii? *Tajny agent.* Dziecko i bomba. Wymaga się od publiczności, by nabrała ochoty na morderstwo. Wytworzyć emocję, a potem ją podtrzymać. *Młody i niewinny.* Przykład suspensu. *Starsza pani znika.* Nasi przyjaciele od „wiarygodności". Telegram od Davida O. Selznicka. Mój ostatni film angielski: *Oberża na pustkowiu.* Byłem naprawdę zrozpaczony. Charles Laughton, uroczy żartowniś. Zamknięcie okresu angielskiego.

François Truffaut: *Bałkany* (*Secret Agent,* 1936) opowiada historię Ashendena, tajnego agenta (John Gielgud), wysłanego do Szwajcarii, aby zlikwidował tam szpiega, którego rysopisu nawet nie zna. Ashenden myli się i zabija niewinnego turystę. Prawdziwy szpieg (Robert Young) umiera przypadkowo na końcu filmu, znalazłszy się w zbombardowanym pociągu. Widziałem film tylko raz i szczerze mówiąc słabo go pamiętam. To adaptacja Somerseta Maughama; sztuki czy powieści?

Alfred Hitchcock: Scenariusz oparłem na dwóch nowelach Maughama z jego tomu *Ashenden,* poświęconego różnym przygodom tego sławnego detektywa, a także na sztuce Campbella Dixona, adaptującej ten sam zbiorek. Pomieszaliśmy więc dwie historie dotyczące Ashendena, *Zdrajca* i *Łysy Meksykanin,* dla zbudowania intrygi szpiegowskiej. Sztuka dostarczyła nam dodatkowo historię miłosną. Było tam mnóstwo pomysłów, ale film nie udał się. Myślę, że wiem dlaczego: w filmie przygodowym główny bohater musi mieć cel; to jest niezbędne dla rozwoju intrygi i dla współudziału publiczności, która powinna wspierać bohatera w osiągnięciu tego celu. Tymczasem bohater *Bał-*

kanów (John Gielgud) ma zadanie do wykonania, ale to zadanie odstrasza go, toteż usiłuje go uniknąć.

FT: Zostaje zobowiązany do zabicia kogoś?

AH: Ma zabić człowieka i nie chce tego zrobić. Jest to więc cel negatywny, co sprawia, że film przygodowy nie posuwa się do przodu, kręci się w kółko. Druga słabość filmu to nadmiar ironii, ironii losu. Nie wiem, czy pan to sobie przypomina: kiedy w końcu bohater godzi się wykonać zadanie, myli się co do ofiary i zabija kogo innego; to niedobre dla publiczności.

FT: Właśnie, a potem właściwy winowajca ginie przypadkowo, wcześniej jednak zabija głównego bohatera; oto więc „Hitchcock bez happy endu"...[1]

AH: W pewnych wypadkach happy end nie jest konieczny; kiedy publiczność jest już urobiona, myśli podobnie jak autor i gotowa jest zgodzić się na nieszczęśliwe zakończenie, pod warunkiem, że we wcześniejszej części filmu ów autor zapewnił jej wystarczającą ilość satysfakcji. Jednym z ciekawych aspektów filmu był fakt, że akcja toczyła się w Szwajcarii, zadałem więc sobie pytanie: „Co oni mają takiego w tej Szwajcarii?". Mają mleczną czekoladę, Alpy, tancerzy ludowych, jeziora; zdawałem sobie sprawę, że powinienem wypełnić film tego rodzaju elementami.

FT: To dlatego umieścił pan komórkę szpiegowską w fabryce czekolady! Zgodnie z podobną logiką niektórzy francuscy dziennikarze poczuli się dotknięci, że w *Złodzieju w hotelu* hotel Carlton mieści się w Cannes, a targ kwiatowy w Nicei...

---

[1] Pomyliłem się w tym miejscu. To nie bohater filmu, Ashenden, został w finale zabity przez szpiega, ale jego wspólnik (Peter Lorre). Film kończy się w rzeczywistości happy endem, o czym i sam Alfred Hitchcock najwyraźniej zapomniał. Jego uwagi o braku happy endu wydały mi się jednak tak ciekawe, że pozostawiłem tekst bez zmian (przyp. FT).

AH: Zawsze działam w ten sposób, kiedy tylko to możliwe. Powinno to być jednak coś więcej niż zwykłe tło. Trzeba starać się wykorzystywać dramaturgicznie wszystkie te elementy lokalne: używać jezior, żeby ktoś się w nich utopił i Alp, żeby ktoś wpadł w szczelinę skalną!

FT: Bardzo cenię taki sposób pracy. Zawsze wyciąga pan jakieś dramaturgiczne konsekwencje z profesji bohaterów. W *Człowieku, który wiedział za dużo* James Stewart jest lekarzem, toteż przez cały czas trwania filmu zachowuje się jak lekarz; na przykład kiedy ma powiadomić Doris Day, że ich dziecko zostało porwane, daje jej najpierw środek uspokajający, to jest świetne. Wróćmy jednak do *Bałkanów*... Claude Chabrol i Eric Rohmer w poświęconej panu książce zauważyli tam pewną nowość, która odtąd zadomowi się w pańskiej twórczości: przedstawienie negatywnego bohatera jako osoby wytwornej, dystyngowanej, uroczej i uwodzicielskiej...

AH: Zgadza się. Wprowadzenie czarnego charakteru zawsze stwarza problemy, szczególnie w melodramacie, ponieważ melodramat jest z definicji anachroniczny i wypada go wciąż unowocześniać. Na przykład w filmie *Północ-północny zachód* zależało mi na tym, żeby czarny charakter James Mason – dla uatrakcyjnienia jego rywalizacji z Cary Grantem o względy Eve Marie Saint – był miłym i eleganckim mężczyzną. Ale równocześnie powinien wywoływać poczucie zagrożenia, a to już trudno pogodzić. Wobec tego podzieliłem tę postać na trzy osoby: jest piękny i uroczy James Mason, jego ponury sekretarz i jeszcze trzeci, blondyn od czarnej roboty, prymitywny i brutalny.

FT: A, to sprytne! To nie tylko wzmocniło rywalizację między Masonem i Grantem, ale jeszcze wprowadziło element więzi homoseksualnej, bo sekretarz Masona jest najwyraźniej zazdrosny o Eve Marie Saint.

Po *Bałkanach* (*Secret Agent*) nakręcił pan *Tajnego agenta* (*Sabotage,* 1936) według powieści Josepha Conrada *Tajny agent* (*Secret Agent*), co wywołuje częste nieporozumienia w pana filmografiach...

AH: W Stanach Zjednoczonych *Sabotage* był wyświetlany pod tytułem *The Woman Alone* (*Kobieta samotna*). Widział pan ten film?

FT: Tak, całkiem niedawno, i wyznam panu, że trochę mnie rozczarował, zwłaszcza jeśli się weźmie pod uwagę jego renomę. Ekspozycja jest znakomita. Najpierw zbliżenie słownika z definicją słowa „sabotaż", później wielki plan żarówki, plan ogólny oświetlonej ulicy, powrót do zbliżenia żarówki, która gaśnie, po czym następuje ciemność i ktoś mówi w elektrowni: – *Sabotaż!* – zbierając piasek spod maszyny. Następnie na ulicy sklepikarz sprzedaje zapałki „Lucyfer", po czym widzimy dwie przechodzące zakonnice i rozlega się diaboliczny śmiech. Potem przedstawia pan Oscara Homolkę, który wraca do domu, idzie do łazienki, myje ręce i widać, jak na dnie umywalki zbiera się trochę piasku.[2]

Najbardziej rozczarowała mnie w filmie postać detektywa.

AH: Początkowo miał go grać Robert Donat, ale Alexander Korda nie chciał go odstąpić. Już w fazie zdjęć musiałem na nowo napisać dialogi, właśnie ze względu na aktora. Jednak mój poważniejszy błąd to mały chłopiec niosący bombę. Kiedy bohater spaceruje z bombą, myśląc, że to zwykły pakunek, taka sytuacja wytwarza kolosalny suspens. Tutaj jednak, w trakcie drogi, postać chłopca stała się tak

---

[2] Ów sabotażysta, Verloc (Oscar Homolka), jest dobrodusznym kierownikiem małego kina; mieszka ze swoją młodą żoną (Sylvia Sidney) i jej młodziutkim bratem. Kino obserwuje przebrany za handlarza jarzyn piękny detektyw (John Loder), zalecający się zarazem do pani Verloc. Pewnego dnia Verloc, który czuje, że jest śledzony, powierza młodziutkiemu bratu swej żony zaniesienie pakunku na drugi koniec miasta. To bomba z opóźnionym zapłonem. Chłopiec spóźnia się; bomba wybucha w autobusie i go zabija. Młoda kobieta, wszystko zrozumiawszy, mści się za śmierć braciszka, wbijając mężowi sztylet w brzuch. Szczęśliwie, wybuch w kinie uniemożliwi odkrycie zbrodni. Detektyw pocieszy owdowiałą panią Verloc (przyp. FT).

sympatyczna, że publiczność nie mogła mi potem wybaczyć jego śmierci w wyniku eksplozji. Co należało zrobić? Należało ograniczyć się do jednoznacznej sugestii, że Oscar Homolka przyczynił się do śmierci chłopca – bez pokazywania samej zbrodni, po czym pokazać, jak żona zabija męża aby pomścić brata.

FT: Obawiam się, że i z takiego rozwiązania publiczność nie byłaby zadowolona. Śmierć dziecka w filmie to delikatna sprawa; zawsze ociera się o nadużycie, nie sądzi pan?

AH: Zgadzam się. To poważny błąd.

FT: Na początku *Tajnego agenta* można zobaczyć, jak zachowuje się dziecko, kiedy jest samo. Chłopiec robi rzeczy, które dzieci robią w ukryciu: kosztuje jedzenie, przypadkiem tłucze talerz i chowa kawałki w szufladzie. Wszystko to jednak – w myśl przywilejów dzieciństwa – czyni go w naszych oczach sympatycznym. Podobnie z postacią Verloca, być może za sprawą „okrągłości" Oscara Homolki; z jakichś powodów zaokrąglony mężczyzna wydaje nam się sympatyczny. Toteż kiedy detektyw zaczyna flirtować z panią Verloc, widz jest przeciwko niemu, po stronie Verloca.

AH: Rzeczywiście; ale to głównie z tej racji, że grający detektywa aktor John Loder nie zdołał stworzyć postaci.

FT: Zapewne; stąd zresztą jedna z wątpliwości, jakie miewam wobec niektórych pańskich scenariuszy: relacje miłosne między bohaterką a prowadzącym śledztwo policjantem wchodzą w konflikt z ładem moralnym. Rozumiem, że nie przepada pan za policją; zdarza się jednak, że w tej idylli między bohaterką a detektywem pobrzmiewa jakiś fałsz.

AH: Kiedy ja nie mam nic przeciw policji; boję się jej po prostu.

FT: Wszyscy się jej boją. Faktem jest jednak, że u pana zjawia się ona zawsze, kiedy jest już po wszystkim, niczego nie rozumie, pozwala się uprzedzić bohaterowi.

W dodatku miewam wrażenie, że pańscy bohaterowie, którzy są policjantami, są inaczej oceniani przez pana, a inaczej przez publiczność. Na przykład w filmie *W cieniu podejrzenia* policjant jest najwyraźniej dość marnym facetem, podczas gdy scenariusz wymaga, by rywalizował o względy z wujkiem Charliem; w finale mi to przeszkadza.

AH: Rozumiem, o co panu chodzi, zapewniam pana jednak, że to kwestia interpretacji; tak dzieje się istotnie w *Tajnym agencie* i we *W cieniu podejrzenia*. Postaci detektywów są tam drugoplanowe, na tyle ważne jednak, że domagają się znanych aktorów; ich nazwiska zjawiają się jednak na afiszu „po tytule", a to stwarza już problemy.

FT: Innymi słowy, te role drugoplanowe, nieraz trudniejsze do zagrania od głównych, są też trudniejsze do obsadzenia i wymagają większej uwagi?

AH: Dokładnie tak.

FT: Najpiękniejsza scena *Tajnego agenta* ma miejsce pod koniec filmu, bezpośrednio po wybuchu powodującym śmierć dziecka: to scena kolacji, podczas której Sylvia Sidney podejmuje decyzję zabicia Oscara Homolki. Jest tam mnóstwo szczegółów stanowiących aluzje do zabitego chłopca; kiedy ostatecznie żona wbija nóż w brzuch męża, ów akt staje się bardziej samobójstwem niż zbrodnią. Oscar Homolka pozwala się zabić Sylvii Sidney; ona – wbijając mu nóż – wydaje zarazem okrzyki skargi. To piękne; przypomina to śmierć z *Carmen* Prospera Mérimée...

AH: W tym tkwił cały problem: było absolutnie konieczne, żeby publiczność identyfikowała się tutaj z Sylvią Sidney, żeby cała sympatia była po stronie bohaterki. W tym wypadku więc nie należało domagać się od publiczności, by się bała, lecz by nabrała ochoty na morderstwo; to jest trudniejsze. Oto, co zrobiłem w tym celu:
Kiedy Sylvia Sidney kładzie na stole półmisek z jarzynami, widok noża rzeczywiście kusi ją, jakby ręka miała go

chwycić niezależnie od jej woli. W ujęciu widoczna jest jej ręka, potem oczy, następnie znów ręka i jeszcze raz oczy, aż do chwili, kiedy jej spojrzenie wyraża nagle świadomość, co oznacza nóż. W tym momencie umieszczam zwykły plan ogólny, pokazujący Verloca jedzącego kolację, nieuważnie, jak co wieczór. Po czym znowu wracam do ręki i noża. Można by to wszystko zrobić banalnie, domagając się od Sylvii Sidney, by poprzez mimikę twarzy pokazała publiczności, co dzieje się w jej sumieniu, ale nie lubię takich rozwiązań. W normalnym życiu ludzie nie mają uczuć wypisanych na twarzy; a ja od tego jestem reżyserem, żeby spróbować przedstawić publiczności stan duszy mojej bohaterki środkami kina.

Teraz kamera pokazuje Verloca, następnie podąża w stronę noża i znów wraca do Verloca, skupiając się na jego twarzy. Nagle orientujemy się, że bohater dostrzega nóż i zaczyna rozumieć, co on w tej chwili znaczy. Wytwarza się suspens między dwiema postaciami, dosłownie zaś – leży między nimi nóż. W tym momencie, dzięki kamerze, publiczność bierze udział w scenie; ważne jest zatem, żeby kamera nie stała się nagle zdystansowana i obiektywna, bo mogłoby to zaprzepaścić wytworzoną emocję. Verloc wstaje i okrąża stół kierując się ku kamerze, tak by wytworzyć na sali poczucie, że trzeba się cofnąć, by zrobić mu miejsce; widz powinien instynktownie przesunąć się w fotelu, by Verloc mógł przejść; kiedy już Verloc przechodzi, kamera obraca się znowu ku Sylvii Sidney, ona zaś zwraca się w stronę głównego rekwizytu: noża. W ten sposób scena, jak pan pamięta, prowadzi do samej zbrodni.

Pierwsze zadanie to wytworzyć emocję, drugie – podtrzymać ją. Kiedy konstruuje się film w taki sposób, nie jest konieczne uciekanie się do współpracy aktorów-wirtuozów, którzy osiągają efekt podwyższonego napięcia przy pomocy swoich własnych środków i którzy oddziałują bezpośrednio na publiczność siłą swoich talentów. Moim zdaniem, aktor filmowy powinien być raczej elastyczny, praktycznie zaś – nie powinien w ogóle nic robić. Powinien zachowywać się spokojnie i naturalnie, co zresztą nie jest takie proste, i godzić się na bycie używanym przez reżysera. Powinien zostawić kamerze troskę o znalezienie najlepszych akcentów i najwyrazistszych punktów kulminacyjnych.

FT: To ważny punkt: że oczekuje pan od aktora neutralności. Najwyraźniej wyjdzie to w dwóch późniejszych pańskich filmach: w *Oknie na podwórze* i *Zawrocie głowy*. W obu tych głównych rolach James Stewart nie ma nic do wyrażania; wymaga pan od niego jedynie trzystu czy czterystu spojrzeń, po których pokazuje pan to, na co on patrzy. Tyle. Był pan zadowolony z Sylvii Sidney?

AH: Nie do końca. Co prawda oświadczyłem dopiero co, że aktor filmowy nie powinien nic wyrażać, jeśli jednak chodzi o Sylvię Sidney – miałem nadzieję na twarz z odrobiną wyrazu...

FT: To bardzo piękna aktorka, trochę jednak – choć nie powinno się tego mówić o kobiecie – przypomina Petera Lorre, może przez podobieństwo oczu. Generalnie zaś, jak pan ocenia *Tajnego agenta*?

AH: Był to mały sabotaż, by odwołać się do tytułu oryginalnego. Poza kilkoma scenami, które właśnie omówiliśmy, całość wypadła dość bałaganiarsko; nie przepadam za tym filmem. Następnie nakręciłem *A Girl Was Young*...

FT: Ma pan na myśli film *Young and Innocent* (*Młody i niewinny*)?

AH: W Stanach wyświetlano go pod tytułem *Dziewczyna była młoda*. To miała być opowieść o poszukiwaniu z udziałem bardzo młodych ludzi. Historia jest opowiedziana z punktu widzenia młodej dziewczyny, która znajduje się w wyjątkowo niezręcznej sytuacji: zbrodnia, policja etc. Posługiwałem się w tym filmie młodością na rozmaite sposoby.

Bohaterem był znowu młody człowiek oskarżony o morderstwo, którego nie popełnił. Jest więc ścigany, ukrywa się, a pomaga mu – wbrew sobie – pewna młoda dziewczyna. W pewnym momencie mówi ona jednak: – *Muszę odwiedzić moją ciotkę, obiecałam jej to* – po czym prowadzi młodego człowieka do domu owej ciotki, gdzie odbywa się poranny kinderbal; właśnie organizowana jest zabawa w ciuciubabkę. Chłopiec i dziewczyna usiłują wymknąć się w chwili, kiedy ciotka ma zawiązane oczy; gdyby jednak któreś z nich zostało złapane, będzie musiało dać sobie zawiązać oczy i zostać; oto więc rodzi się suspens. Ciotka już już ma ich złapać, ale udaje im się wymknąć. Kiedy film był rozpowszechniany w Stanach, wycięto jedną scenę, tę właśnie. Było to idiotyczne, ponieważ ta akurat scena stanowiła esencję filmu.

À propos tego filmu dam panu przykład zasady suspensu. Chodzi o to, żeby dostarczyć publiczności informację, której bohaterowie jeszcze nie mają; dzięki temu publiczność wie o czymś dłużej niż bohaterowie i może z większą intensywnością zadawać sobie pytanie: „jak ta sytuacja zostanie rozwiązana?". Pod koniec filmu dziewczyna, zdecydowanie już przeświadczona o niewinności bohatera, poszukuje prawdziwego mordercy. Jedynym tropem, na jaki natrafia, jest stary włóczęga, który widział mordercę i potrafiłby go rozpoznać. Morderca ma charakterystyczny tik: mruga oczami. Dziewczyna przebiera więc włóczęgę w elegancki garnitur i prowadzi go do hotelu, gdzie odbywa się wieczór taneczny, jest mnóstwo ludzi. Włóczęga mówi do niej: – *To trochę śmieszne szukać wśród tylu ludzi jednej twarzy z tikiem nerwowym.* – Dokładnie po tym zdaniu umieszczam kamerę w najwyższej z możliwych pozycji, pod samym sufitem, skąd – na kranie – krąży ona po całej sali, przebiega wśród tancerzy, aż trafia na podium orkiestry, gdzie – wśród czarnych muzyków – znajduje się perkusista; travelling zmierza do jego zbliżenia, aż para jego oczu wypełni cały ekran; w tym momencie oczy otwierają się: widać nerwowy tik. To wszystko w jednym ujęciu.

FT: To jedna z pana zasad: od najdalej do najbliżej, od największego do najmniejszego...

AH: Właśnie. W tym momencie tnę i wracam do włóczęgi z dziewczyną, siedzących w tym samym miejscu, na drugim końcu sali. Publiczność zatem już wie i zadaje sobie teraz pytanie: – *Jak włóczęga i dziewczyna odkryją tego mężczyznę?* – Na sali znajduje się policjant, który rozpoznaje bohaterkę; to córka jego szefa. Idzie do telefonu. Muzycy mają akurat krótką przerwę na papierosa; kiedy przechodzą korytarzem, perkusista zauważa dwóch policjantów wkraczających do hotelu służbowym wejściem. Ponieważ czuje się winny, wymyka się dyskretnie, wraca na swoje miejsce, orkiestra znów zaczyna grać.

W tym momencie perkusista spostrzega, że na drugim końcu sali policjanci rozmawiają o czymś z włóczęgą i dziewczyną. Sądząc, że został rozpoznany, ze zdenerwowania zaczyna źle grać. Wpływa to na pozostałych członków orkiestry; rytm melodii zostaje zakłócony. Grają coraz gorzej. W tym momencie dziewczyna, włóczęga i policjanci zbierają się do wyjścia; przechodzą właśnie koło orkiestry. Perkusista, widząc zbliżające się ku niemu mundury, zaczyna grać tak fatalnie, że orkiestra zmuszona jest przerwać występ, tancerze też stają w miejscu, w końcu perkusista pada zemdlony na podłogę, pociągając za sobą wielki bęben, co wywołuje ogromny hałas, właśnie w chwili, kiedy nasza grupka znajduje się w drzwiach.

Skąd ten hałas? Co się stało? Dziewczyna wraz z włóczęgą podchodzą do nieruchomego perkusisty. Ustaliliśmy już na początku filmu, podczas sceny w komisariacie, że dziewczyna – jako była harcerka – jest specjalistką od „pierwszej pomocy". Mówi więc teraz: – *Spróbuję pomóc temu mężczyźnie* – po czym – kiedy pochyla się nad nim – natychmiast dostrzega nienaturalne drgania jego oczu; nie tracąc zimnej krwi prosi: – *Proszę podać mi ręcznik, żebym mogła wytrzeć mu twarz.* – Rozpoznała go oczywiście; w trakcie udzielania mu pierwszej pomocy wzywa do siebie włóczęgę. Kelner przynosi mokry ręcznik, wtedy ona wyciera twarz perkusiście i okazuje się, że to wcale nie jest Murzyn. Dziewczyna patrzy pytająco na włóczęgę, który potwierdza: – *Tak, to on.*

FT: Widziałem ten film dawno temu w Filmotece i zapamiętałem tylko tę jedną scenę. Wszyscy uważali ją za wspaniałą; entuzjazmowano się zwłaszcza travellingiem przez salę.

AH: Sam ten travelling zajął mi dwa dni pracy.

FT: Taki sam chwyt zastosował pan w *Osławionej*: kamera umieszczona nad wielkim żyrandolem, przesuwająca się ponad salą, w której odbywa się przyjęcie i skupiająca się w końcu na kluczu w ręku Ingrid Bergman.

AH: To język kamery, która zastępuje dialog. W *Osławionej* ten długi ruch kamery mówi dokładnie: w tym domu odbywa się właśnie wielkie przyjęcie, ale rozgrywa się tu także dramat; nikt nie ma wątpliwości, że centrum tego dramatu mieści się w tym oto małym przedmiocie – w kluczu.

FT: Pomówmy teraz o filmie *Starsza pani znika* (*Lady Vanishes*). W Paryżu wyświetlają go prawie zawsze, toteż zdarza mi się go oglądać dwa razy w tygodniu. Za każdym razem mówię sobie: znam już ten film na pamięć, nie będę więc śledził fabuły, skupię się na jakimś szczególe. Na przykład na pociągu: jak są zrobione przebitki?, czy w scenach w przedziale widoczne są ruchy kamery? I za każdym razem tak się wciągam w intrygę, że do dziś nie wiem, jak film jest zrobiony.[3]

---

[3] W pociągu wiozącym turystów z Bałkanów młoda Angielka Iris (Margaret Lockwood) poznaje uroczą starszą panią, miss Froy (Dame May Whitty). Owa pani znika podczas podróży w tajemniczych okolicznościach, a kiedy Iris zaczyna jej szukać – wszyscy pasażerowie zaprzeczają, że ją widzieli. Tymczasem okazuje się, że cały pociąg wypełniony jest szpiegami, a panna Froy, która jest tajnym agentem, została związana i zakneblowana. Współpasażerowie wmawiają Iris, że oszalała. Na szczęście pomaga jej w poszukiwaniach pewien młody specjalista od muzyki ludowej (Michael Redgrave). Zatrzymany na bocznym torze pociąg zostaje zaatakowany. Panna Froy odnajduje się i ucieka. Wszyscy spotykają się cali i zdrowi w Scotland Yardzie, gdzie panna Froy przekazuje zaszyfrowany komunikat, dla którego ryzykowała życie: pierwsze takty melodii... (przyp. FT).

AH: Film został nakręcony w 1938 roku w małym studiu w Islington, w mikroskopijnej hali, gdzie mieścił się tylko wagon; reszta to były makiety albo powiększone zdjęcia. Pod względem technicznym było to więc bardzo interesujące wyzwanie. Miałem tam na przykład klasyczną scenę z zatrutym napojem. Co robi się zwykle w takich wypadkach? Wprowadza się dialog: – *Proszę to wypić.* – *Nie, dziękuję.* – *Ależ zapewniam, że to pani dobrze zrobi.* – *Nie teraz, może potem...* – w końcu bohaterka bierze szklankę, przysuwa ją do ust, odstawia, znowu bierze, w ostatniej chwili coś jej się przypomina etc. Postanowiłem, że to zmienimy. Sfilmowałem część sceny poprzez stojące na pierwszym planie szklanki, tak, by publiczność stale je widziała; para bohaterów dotyka jednak szklanek dopiero na samym końcu sceny. W tym celu kazałem wyprodukować ogromne szklanki, do dziś zresztą często używam powiększonych rekwizytów. To dobry sposób, prawda? Na przykład olbrzymia ręka w *Urzeczonej*...

FT: Na końcu filmu, kiedy ręka dyrektora kliniki trzyma rewolwer na osi postaci Ingrid Bergman?

AH: Tak. Można to jednak zrobić prościej, wypełniając scenę światłem. Ale operator *Urzeczonej* – zresztą bardzo znany, George Barnes, robiliśmy razem *Rebekę* – tego nie potrafił. Twierdził, że nie może zamknąć sceny diafragmą, bo zepsułoby to obraz Ingrid. Chodziło o to, że on miał w Hollywood markę „operatora kobiet". W epoce wielkich gwiazd, kiedy zaczynały one pracę od pociągnięcia z butelki, operatorzy tego typu umieszczali przed obiektywem osłonę z gazy. Później zorientowano się, że sprzyja to obrazowi twarzy, ale nie – spojrzeniu. Zatem operator, za pomocą cygara, robił w tej gazie dwie dziurki w miejscu oczu. W ten sposób postać była zwiewna a oczy błyszczały, tyle tylko, że aktorka nie mogła poruszyć głową! Zrezygnowano więc z gazy i zaczęto stosować „płyty rozpraszające". Wtedy wyłonił się nowy problem; gwiazda skarżyła się operatorowi: – *Moi przyjaciele robią mi uwagi, że widocznie się starzeję, skoro muszę uciekać się do rozproszonego światła w zbliżeniach.* – Operator obiecywał, że temu zaradzi. Sposób był prosty: wystarczyło użyć tego samego światła rozproszonego w całym filmie i w zbliżeniach nie czuło się różnicy.

W *Urzeczonej* próbowałem uzyskać efekt zbliżenia rewolweru na tle zdjęcia Ingrid Bergman, ale rezultat był wątpliwy. Posłużyłem się więc znów olbrzymim modelem ręki i rewolwerem czterokrotnie większym od prawdziwego.

FT: Wszystko to oddaliło nas trochę od filmu *Starsza pani znika*, który miał znakomity scenariusz.

AH: Gdybyśmy jednak wrócili na chwilę do naszych przyjaciół od „wiarygodności", każdy z nich mógłby zapytać, dlaczego powierzono tak ważną informację starszej pani, którą byle kto może unieszkodliwić? Sam zadawałem sobie pytanie, dlaczego kontrwywiad nie użył na przykład gołębia pocztowego? Nie mówiąc już o przeciwnikach, którzy musieli sobie zadać mnóstwo trudu, żeby zapewnić tylu wspólników w tym samym wagonie, użyć innej kobiety przebranej w ten sam strój, odłączyć wagon...

FT: Tym bardziej, że informacja, którą przewozi starsza pani, ogranicza się do pięciu czy sześciu taktów znanej piosenki! To istotnie śmieszne, ale bardzo ładne.

AH: To po prostu czysta fantazja. Czy wie pan, że ta historia została potem nakręcona jeszcze trzy albo cztery razy?

FT: To znaczy, że zrealizowano jej remaki?

AH: Nie aż remaki; ten sam schemat fabuły powtórzono w kilku różnych wariantach. Wszystko wzięło się z legendy, osnutej na wydarzeniach, mających podobno miejsce w Paryżu, około 1880 roku. Pewna dama z córką przybywa do Paryża i zatrzymuje się w hotelu, gdzie zapada na jakąś chorobę. Zjawia się doktor, bada starszą panią, rozmawia o czymś na uboczu z właścicielem hotelu, a następnie wysyła córkę po lekarstwa, dorożką na drugi koniec Paryża. Kiedy po kilkugodzinnej nieobecności córka wraca i pyta, jak miewa się matka, właściciel hotelu dziwi się: – *O czyją matkę pani pyta? Nie znam pani, kim pani jest?* – *Przecież moja matka leży na górze w pokoju* – odpowiada córka. Prowadzą ją więc do tego pokoju, ale przebywają w nim inni goście, meble stoją w innym miejscu i inne są obicia na ścianach. W oparciu o tę historię sam zrobiłem półgodzinny film dla telewizji, a wytwórnia Ranka w 1950 roku wyprodukowała film kinowy *So Long at the Fair*, z Jean Simmons.

Niezależnie od legendy, prawdziwy wariant tej historii zdarzył się podobno w Paryżu w okresie wystawy światowej, zdaje się tej, z której okazji wybudowano wieżę Eiffla, w 1889 roku. Dwie kobiety przyjechały z Indii i lekarz zorientował się, że matka ma dżumę; pomyślał jednak, że gdyby wiadomość się rozeszła – mnóstwo ludzi w panice wróciłoby do domów.

FT: Tego typu historie bywają na ogół intrygujące na starcie, stopniowo jednak zaczynają rozczarowywać, zwłaszcza kiedy przychodzi do wyjaśnień. Finału filmu *Starsza pani znika* nie dotyczy to zupełnie; jest wspaniały.

AH: Podstawą była powieść Ethel White *The Wheel Spins* (*Koło się obraca*), według której Sydney Gilliat i Frank Launder, bardzo zdolni scenarzyści, napisali pierwszą wersję scenariusza; wprowadziłem do niej kilka zmian i dodaliśmy jeszcze cały ostatni epizod. Potem krytycy uznali całość za film Hitchcocka, co skłoniło Gilliata i Laundera do wzięcia spraw we własne ręce. Zaczęli sami produkować i reżyserować filmy. Zna pan je może?

FT: Znam trzy. Jeden, *Green for Danger*, jest raczej nieudany; lepszy jest drugi, *I See a Dark Stranger*; najlepszy jest trzeci, *The Rake's Progress*, z Rexem Harrisonem, ale to nie jest thriller.[4]

Starsza pani znika to był pana przedostatni film angielski. Myślę, że już wtedy miał pan jakieś kontakty z Hollywoodem, może nawet propozycje – po amerykańskim sukcesie pierwszej wersji *Człowieka, który wiedział za dużo?*

AH: Kiedy kręciłem film *Starsza pani znika*, dostałem od Selznicka telegram, wzywający mnie do Hollywood w celu nakręcenia obrazu o katastrofie Titanica. Zaraz po zdjęciach wybrałem się więc po raz pierwszy do Ameryki i zostałem tam dziesięć dni. To był sierpień 1938 roku. Zgodziłem się na film o Titanicu; ponieważ jednak kontrakt z Selznickiem miał obowiązywać dopiero od kwietnia 1939, zdążyłem jeszcze przedtem zrobić swój ostatni film angielski, *Oberża na pustkowiu* (*Jamaica Inn*).

FT: Nakręcił go pan dla Charlesa Laughtona jako producenta?

AH: Dla Laughtona i Ericha Pommera, oni tworzyli spółkę. Jest to, jak pan wie, adaptacja powieści Daphne du Maurier. Pierwszą wersję scenariusza napisał Clemence Dane, dość wzięty dramaturg; następnie zaangażowałem Sydneya Gilliata i drugą wersję scenariusza napisaliśmy razem. W końcu Charles Laughton, chcąc wzbogacić swoją rolę, zatrudnił jeszcze J. B. Priestleya do napisania dodatkowych dialogów. Ericha Pommera poznałem w 1924 roku w Niemczech, kiedy byłem scenarzystą i scenografem filmu

---

[4] Uzupełnienia Truffaut nie są ścisłe: zarówno film *The Rake's Progress* (1945), jak *Green for Danger* (1946) podpisał jako reżyser sam Sydney Gilliat (1908-1994); z kolei reżyserem filmu *I See a Dark Stranger* (też 1946), wyświetlanego w Polsce rok później pod tytułem *Tajemniczy nieznajomy*, był tylko Frank Launder (1907-1997). Rzeczywiście jednak razem napisali scenariusze i wyprodukowali te filmy, funkcjonowali też zwykle jako brytyjski tandem autorski. Za ich najwybitniejsze wspólne dokonanie uchodzi wcześniejszy film *Millions like Us* (1943), wyświetlany w Polsce w 1946 roku pod tytułem *A imię ich milion* (przyp. tłum.).

Blackguard; on był jego współproducentem z Michaelem Balconem. Nie widziałem go od tego czasu.

Oberża na pustkowiu była przedsięwzięciem całkowicie absurdalnym. Kiedy posłuchać samej opowieści, łatwo zauważyć, że chodzi o *whodunit*. Pod koniec XVIII wieku młoda irlandzka sierota, Mary (Maureen O'Hara) ląduje w Kornwalii, gdzie wybrała się do swojej ciotki Patience, której mąż Joss prowadzi tawernę na wybrzeżu. Wszystkie możliwe potworności odbywają się w tej tawernie, w której zbierają się łupieżcy wraków. Ludzie ci czują się całkowicie bezkarni, a nawet otrzymują tu regularne informacje o pojawianiu się wraków w okolicy. Dlaczego? Dlatego, że na czele tego interesu stoi człowiek powszechnie szanowany, sędzia pokoju.

Oto powód, dla którego film był bez sensu. Normalnie sędzia pokoju powinien się pojawić dopiero na samym końcu; elementarna ostrożność wymagałaby, żeby trzymał się na uboczu i w ogóle nie pojawiał się w tawernie. Absurdem było więc kręcenie tego filmu z Charlesem Laughtonem w roli sędziego, wodzącym rej w większości scen. Kiedy się w tym zorientowałem, byłem naprawdę zrozpaczony. Zrobiłem w końcu ten film, ale nigdy nie byłem z niego zadowolony, mimo nieoczekiwanego sukcesu komercyjnego.

FT: A producenci nie byli świadomi tego absurdu?

AH: Erich Pommer? Nie jestem pewien, czy on w ogóle rozumiał po angielsku. Natomiast Charles Laughton to był uroczy żartowniś. Kiedy zaczynaliśmy film, prosił mnie, żeby ujmować go tylko w bliskich planach, bo nie wymyślił jeszcze sposobu poruszania się na tle dekoracji. Po jakichś dziesięciu dniach podszedł do mnie z oświadczeniem, że znalazł sposób. I zaczął chodzić kołysząc się i gwiżdżąc jakiegoś niemieckiego walca, który mu się przypomniał i który podpowiedział mu rytm kroku. Mogę to panu pokazać...

FT: Bardzo ładne!

AH: Być może, ale raczej niepoważne. Nie lubię pracować w ten sposób. Laughton to nie był profesjonalista.

FT: Zanim zajmiemy się pana okresem amerykańskim, chciałbym zaproponować, żebyśmy – podobnie jak robiliśmy z zamknięciem okresu niemego – wyciągnęli kilka wniosków ogólnych na temat pana pracy w Anglii i kina angielskiego w ogólności. Z perspektywy lat wygląda na to, że pański talent mógł naprawdę rozkwitnąć dopiero w Ameryce. Wydaje mi się, że pańskim przeznaczeniem była praca w Hollywood; nie sądzi pan?

AH: Określiłbym to inaczej. Praca w Anglii rozwinęła i poszerzyła moje wrodzone zdolności, zwłaszcza instynkt idei. Ale mój warsztat ukształtował się podczas pracy nad *Lokatorem*. Po tym filmie nie zmieniłem już przekonań na temat techniki filmowej i sposobów wykorzystania kamery. Powiedzmy, że ten pierwszy okres mógłby zostać zatytułowany „odczucie kina". Drugi – to było „formowanie się idei".

FT: W okresie angielskim miał pan jednak ambicję realizowania filmów, które przypominałyby filmy amerykańskie, podczas gdy w Hollywood nie próbował pan naśladować filmów angielskich! Mam taką teorię, choć wiem, że trudno ją udowodnić, a nawet precyzyjnie wyrazić, że w Anglii jest coś zasadniczo antyfilmowego.

AH: Mówi pan poważnie? Niech pan to rozwinie.

FT: Wydaje mi się nawet, że jest jakaś zasadnicza niewspółmierność między słowami „kino" i „Anglia". Same cechy narodowości angielskiej wydają mi się z gruntu antyfilmowe, np. spokojny tryb życia, solidność, rutyna, wieś, klimat. Słynny angielski humor, z którego wywodzi się tyle uroczych komedii makabrycznych, często uniemożliwia prawdziwą emocję. Odnoszę wrażenie, że wszystko to hamowało pana powołanie, którym jest opowiadanie historii zawierających szereg szybko następujących po sobie zdarzeń, emocjonujących i wiarygodnych, choć nie pozbawionych humoru. Myślę zwłaszcza o pana skłonności do stylizacji plastycznej i o takim prowadzeniu aktorów, które wymaga od nich śladów dystansu.

W Anglii jest mnóstwo intelektualistów, zatrzęsienie wybitnych poetów, tłum bardzo dobrych powieściopisarzy, ale od siedemdziesięciu lat istnienia kina kraj ten wydał zaledwie dwóch filmowców, których twórczość wytrzymuje próbę czasu: Charlie Chaplina i Alfreda Hitchcocka. Teraz jednak kino angielskie przeżywa chyba przełom...

AH: Na początku historii kina sztuka filmowa była pogardzana przez intelektualistów – wszędzie, we Francji też, nigdzie jednak tak bardzo jak w Anglii. Żaden dobrze wychowany Brytyjczyk nie pozwoliłby się przyłapać na wchodzeniu do sali kinowej. To było niedopuszczalne. Jak pan wie, Anglicy mają mocną świadomość przynależności klasowej i kastowej. Otóż kiedy Paramount otworzył w Londynie teatr Plaza, pewne osoby z lepszego towarzystwa zaczęły bywać w kinie; zainstalowano dla nich kilka foteli na antresoli, a ceny tych miejsc były tak wysokie, że nazywano je rzędem milionerów.

Przed 1925 rokiem filmy angielskie były kiepskie, reżyserowane przez mieszczan na lokalny użytek. Dopiero w latach 1925-1926 paru studentów, głównie z Cambridge, zaczęło się interesować kinem dzięki filmom rosyjskim, a czasem też kontynentalnym, jak *Słomkowy kapelusz* René Claira. Ich entuzjazm nie posuwał się tak daleko, by sami chcieli zostać filmowcami, miłośnikami pewnych filmów kontynentalnych stali się jednak na pewno. To wtedy narodziło się London Film Society, organizujące niedzielne seanse popołudniowe dla intelektualistów.

Do dziś filmy zagraniczne bywają analizowane w niedzielnych wydaniach gazet, ale produkcja hollywoodzka odwalana jest u dołu strony. Proszę pamiętać, że brytyjscy intelektualiści zwykli spędzać wakacje na kontynencie. Często udają się do ubogich dzielnic Neapolu, by fotografować ze statywu słaniające się z głodu dzieci. Uwielbiają malowniczość tych okolic: rozwieszone w oknach pranie, przechadzające się po jezdniach osiołki. Teraz młodzi angielscy filmowcy zaczynają odkrywać społeczną stronę życia. Nie interesowałem się nią dopóki żyłem w Anglii, kiedy jednak wracałem tam z Ameryki, zacząłem zdawać sobie sprawę z tych różnic i zrozumiałem, do jakiego stopnia postawa Anglików jest wyspiarska. Poza Anglią widzenie świata jest znacznie bardziej uniwersalne; czuje się to w rozmowach z ludźmi czy w sposobie opowiadania przez nich historii. Angielski humor jest bardzo powierzchowny i ograniczony. Angielskie recenzje *Psychozy* pełne były wściekłości i jadu; nie znajdowałem w nich ani śladu poczucia humoru. Ma pan jednak rację: moje korzenie tkwią w kinie amerykańskim. Gazety specjalistyczne, które czytałem w wieku siedemnastu lat, zajmowały się filmami amerykańskimi; porównywałem wtedy zdjęcia w filmach brytyjskich i amerykańskich... Moje pragnienie pracy w kinematografii ukonkretniło się około osiemnastego roku życia. Kiedy studiowałem w szkole inżynierskiej – pociągał mnie rysunek, później fotografia. Nigdy nie przyszło mi do głowy zaoferować moje usługi rysunkowe jakiejś brytyjskiej wytwórni filmowej, kiedy jednak przeczytałem w gazecie związkowej, że amerykańska wytwórnia otwiera swoje studio, pomyślałem sobie: – *Będę robił dla nich napisy.* – Amerykanie – aktorzy, pisarze – przybyli i moja edukacja przebiegała wśród nich; była to edukacja amerykańska.

Proszę nie sądzić, że byłem fanatykiem wszystkiego, co amerykańskie, jeśli jednak chodzi o kino – uważałem ich sposób pracy za rzeczywiście profesjonalny, znacznie wyprzedzający inne kraje. Zacząłem wprawdzie pracować w kinematografii w 1921 roku w Londynie, ale pracowałem z Amerykanami; próg brytyjskiej wytwórni przestąpiłem po raz pierwszy dopiero w 1927 roku. W międzyczasie odbyłem jeszcze krótką praktykę w kinie niemieckim. Nawet kiedy Brytyjczycy zaczęli stopniowo przejmować studio w Islington – kamery były amerykańskie, projektory były amerykańskie, a taśma miała nazwę Kodak.

Po latach często zadawałem sobie pytanie: dlaczego nie zrobiłem żadnego wysiłku, żeby znaleźć się w Ameryce przed 1938 rokiem? Jeszcze teraz siebie o to pytam. Wciąż spotykałem się z Amerykanami, znałem na pamięć plan Nowego Jorku i godziny odjazdu amerykańskich pociągów, bo stale sprowadzałem stamtąd katalogi. Potrafiłem opisać cały Nowy Jork, rozmieszczenie teatrów i głównych sklepów. Kiedy rozmawiałem z Amerykanami, pytali mnie: – *Kiedy pan tam był ostatnio?* – a ja odpowiadałem: – *Nigdy!* – Nie uważa pan, że to dziwne?

FT: I tak, i nie. Przedstawię panu moje wyjaśnienie: to był nadmiar miłości, a także trochę dumy. Nie chciał pan tam jechać jako turysta, chciał pan tam pojechać jako filmowiec; nie chciał pan zabiegać o realizowanie tam filmu, chciał pan, żeby to do pana się zwrócono: *Hollywood or bust!*

AH: To prawda. Hollywood nie pociągał mnie jednak jako miejsce. Chciałem wejść do wytwórni i od razu przystąpić do pracy.

6.

Titanic tonie, zastąpiony przez *Rebekę*. Kopciuszek. Nigdy nie dostałem Oscara. *Korespondent zagraniczny*. Gary Cooper się pomylił. Co oni mają takiego w tej Holandii? Krwawy tulipan. Czy znacie MacGuffina? *Trzydzieści Dziewięć Kroków* – retrospekcja. *Pan i pani Smith*. Dlaczego oświadczyłem: „wszyscy aktorzy to bydło"? *Podejrzenie*. Szklanka mleka.

François Truffaut: Domyślam się, że przybywając do Hollywood sądził pan, że od razu nakręci film o Titanicu? Zamiast tego wyreżyserował pan *Rebekę*. Jak doszło do tej zmiany?

Alfred Hitchcock: David O. Selznick powiadomił mnie, że zmienił zdanie i kupił prawa do *Rebeki* Daphne du Maurier. Powiedziałem więc: – *W porządku, zmieniamy*.

FT: Coś mi się zdaje, że to pan sam sprowokował tę zmianę; musiał pan mieć wielką ochotę na sfilmowanie *Rebeki*?

AH: I tak, i nie. Podczas pracy nad filmem *Starsza pani znika* sam miałem okazję kupienia praw do tej książki, wydały mi się jednak za drogie.

FT: W czołówce *Rebeki*, jak zresztą w czołówkach większości pana filmów angielskich, pojawia się nazwisko Joan Harrison. Czy ona rzeczywiście współpracowała przy scenariuszu, czy w taki sposób sygnalizował pan swój własny udział?

AH: Początkowo Joan była sekretarką i w tej roli robiła notatki, kiedy z kimś pracowałem, na przykład z Charlesem

Bennettem; stopniowo jednak jej wkład był coraz większy, dodawała swoje uwagi i rzeczywiście stała się współscenarzystką.

FT: Czy jest pan zadowolony z *Rebeki*?

AH: Nie jest to „film Hitchcockowski". To rodzaj baśni; sama opowieść wywodzi się ze schyłku XIX wieku. Działało wówczas mnóstwo pisarek. Nie mam nic przeciw temu, fabuła wydaje mi się jednak dość staroświecka, brak jej humoru.

FT: Za to ma inną zaletę: prostotę. Młoda dziewczyna z towarzystwa (Joan Fontaine) poślubia pięknego lorda (Laurence Olivier), dręczonego przez wspomnienie pierwszej żony, Rebeki, zmarłej w tajemniczych okolicznościach. W wielkiej posiadłości męża, Manderley, młoda małżonka źle się czuje; w dodatku pozwala się terroryzować gospodyni, pani Danvers, przywiązanej do pamięci o zmarłej. Spóźnione śledztwo w sprawie śmierci Rebeki i pożar zamku Manderley, w którym ginie podpalaczka – pani Danvers, położą kres cierpieniom bohaterki. Czy onieśmielał pana ten amerykański debiut?

AH: Nie czułem się onieśmielony, bo film był właściwie całkowicie brytyjski; historia była angielska, aktorzy także, podobnie jak reżyser. Ciekawe skądinąd, jak nakręciłbym *Rebekę* w Anglii, z tą samą ekipą? Co działoby się wtedy w mojej głowie? Nie mam pojęcia. Bez wątpienia widać w tym filmie znaczne wpływy amerykańskie: najpierw przez Selznicka, potem przez dramaturga Roberta Sherwooda, który napisał scenariusz z mniej ograniczonej perspektywy niż ta, do której przywykliśmy w Anglii.

FT: To film w duchu tradycyjnej powieści.

AH: Tak wyszło. W samej fabule jest zresztą okropna wpadka, na którą nasi przyjaciele od wiarygodności jakoś nie zwrócili uwagi: nocna scena, w której znaleziono łódź z ciałem Rebeki, ujawnia pewną niepokojącą sprzeczność. W ów wieczór, kiedy podejrzewano, że Rebeka się utopiła, na oddalonej o dwa kilometry plaży znaleziono ciało innej kobiety, którą Laurence Olivier zidentyfikował jako swoją żonę. Dlaczego więc nikt potem nie wrócił do śledztwa w sprawie tamtej śmierci?

FT: To rzeczywiście niejasne, ale w filmie napięcie psychologiczne jest tak duże, że do podobnych scen wyjaśniających nie przywiązuje się zbyt wielkiej wagi. Ja na przykład nigdy dobrze nie zrozumiałem finałowego rozwiązania.

AH: Wyjaśnia się, że Max de Winter, czyli Olivier, nie zabił Rebeki. Popełniła ona samobójstwo, bo miała raka.

FT: To akurat zrozumiałem, bo jest o tym mowa wprost; nie wiem tylko, czy on sam, Max de Winter, czuje się winny?

AH: Nie czuje się.

FT: Aha. Czy adaptacja była wierna powieści?

AH: Nawet bardzo wierna. Selznick właśnie ukończył pracę nad *Przeminęło z wiatrem* i był na tym punkcie przeczulony. Uważał, że ludzie wściekają się, kiedy dokonuje się w powieści jakiejkolwiek zmiany.[1] Zna pan pewnie anegdotę o dwóch kozach, które zjadają taśmę filmu będącego adaptacją słynnej powieści. W pewnym momencie jedna mówi do drugiej: – *Książka była lepsza*.

FT: Tak, anegdota ta ma zresztą mnóstwo wariantów. Ale trzeba powiedzieć, że oglądana po 26 latach *Rebeka* wciąż sprawia bardzo solidne wrażenie.

AH: Broni się po latach, rzeczywiście, sam nie wiem, jak to się dzieje.

FT: Myślę, że nakręcenie tego filmu było dla pana bardzo stymulujące. Na początku *Rebeka* wydawała się panu

---

[1] David O. Selznick był głównym producentem filmu *Przeminęło z wiatrem* (*Gone with the Wind*, 1939), największego w tych latach widowiska hollywoodzkiego, będącego zarazem adptacją popularnej powieści Margaret Mitchell (przyp. tłum.).

pewnie odległą historią: brakowało suspensu, zamiast thrillera był raczej dramat psychologiczny. Poczuł się pan więc zmuszony do samodzielnego wprowadzenia suspensu do konfliktu między postaciami; odnoszę wrażenie, że pomogło to panu wzbogacić następne filmy, wypełnić je materią psychologiczną, która w *Rebece* była narzucona przez powieść.

AH: Tak, to bardzo trafne.

FT: Na przykład relacje bohaterki.... Jak ona właściwie ma na imię?

AH: Nikt się do niej nie zwraca po imieniu.

FT: No więc jej relacje z gospodynią, panią Danvers, to coś nowego w pana twórczości, co w kolejnych filmach będzie powracać, nie tylko w samej fabule, także w warstwie obrazowej: twarz nieruchoma i druga twarz, która ją terroryzuje, ofiara i kat w jednym kadrze...

AH: Rzeczywiście, dbałem o to z dużą systematycznością. Pani Danvers nigdy nie chodzi; kiedy na przykład ma wejść do pokoju, w którym znajduje się bohaterka, dziewczyna słyszy hałas i pani Danvers znajduje się od razu tuż obok, już stojąca, bez ruchu. To było przyjmowanie punktu widzenia bohaterki: ona nigdy nie wiedziała, gdzie jest pani Danvers i to właśnie było przerażające; chód pani Danvers jakoś by tę postać uczłowieczał.

FT: To ciekawe, takie rzeczy zdarzają się czasem w kreskówkach. Na marginesie: mówi pan, że brak temu filmowi poczucia humoru, kiedy się jednak pana zna, można odnieść wrażenie, że dobrze się pan bawił przy pisaniu scenariusza; to jest w końcu opowieść o dziewczynie, która wciąż popełnia gafy. Kiedyś oglądając *Rebekę* wyobrażałem sobie pana rozmowę ze scenarzystą: „Mamy scenę posiłku, to co, widelec upadnie jej na podłogę, strąci szklankę, czy może po prostu stłucze talerzyk?".

AH: Rzeczywiście, tak się to odbywało. Nieźle się bawiliśmy.

FT: Dziewczyna przypomina trochę chłopca z *Tajnego agenta*; kiedy tłucze figurkę, chowa odłamki do szuflady, zapominając, że to ona jest panią domu. Za każdym razem zresztą, kiedy mowa jest o domu w Manderley, a zwłaszcza kiedy zostaje on pokazany, odbywa się to w sposób magiczny, z dymami, nastrojową muzyką...

AH: Tak, bo jest to historia tego domu; dom jest w pewnym sensie jednym z trojga głównych bohaterów filmu.

FT: Jest to też pierwszy pana film, który można określić jako baśń.

AH: W dodatku jest to film kostiumowy.

FT: Warto się trochę zatrzymać przy tej idei baśni, bo będzie ona odtąd w pana filmach często powracać. Znaczenie posiadania kluczy do domu; szafa, której nie wolno otwierać; pokój, do którego nikt nie ma prawa wstępu...

AH: Istotnie, byliśmy tego wszystkiego świadomi. Faktem jest także, że bajki dla dzieci są często przerażające. Na przykład słynna bajka braci Grimm, którą karmi się małych Niemców, o Jasiu i Małgosi, wsadzających pewną starszą panią do pieca. Nigdy jednak nie uważałem, że moje filmy przypominają baśnie.

FT: Myślę, że to przypadek wielu pana filmów, prawdopodobnie dlatego, że często odwołuje się pan do strachu, a wszystko, co wiąże się ze strachem, odsyła do dzieciństwa, wreszcie dlatego, że baśnie dla dzieci związane są z emocjami, głównie właśnie ze strachem.

AH: Możliwe. Czy zwrócił pan uwagę, że dom w *Rebece* nie miał żadnego geograficznego usytuowania, był kompletnie odizolowany? Powtórzy się to w *Ptakach*. Z mojej strony to instynktowne: „Powinienem umieścić ten dom na uboczu, żeby mieć pewność, że nie będzie z niego ucieczki przed strachem". Dom w *Rebece* jest oddalony od wszystkiego; nie wiadomo nawet, czy jest w pobliżu jakieś miasto. Teraz, z dystansu, można też sądzić, że ta abstrakcja, którą nazwał pan stylizacją na kino amerykańskie, jest w pewnej mierze wynikiem przypadku, pochodzącego stąd, że kręciliśmy film angielski w Stanach. Wyobraźmy sobie, że kręcilibyśmy *Rebekę* w Anglii. Dom nie byłby wtedy tak całkiem odizolowany, bo mielibyśmy pokusę pokazania jakichś okolic, ścieżek, które do niego prowadzą. Sceny przybycia do domu byłyby bardziej realne, rozgrywałyby się w jakimś konkretnym miejscu.

FT: Czy angielscy krytycy robili jakieś aluzje do amerykańskości *Rebeki*?

AH: Raczej cenili film.

FT: Kiedy widzi się ten dom w całości, można odnieść wrażenie, że to makieta.

AH: Bo to była makieta. Podobnie jak droga, która wiodła do domu.

FT: Użycie makiet przypomina grawiury i wzmacnia jeszcze baśniowy aspekt filmu. W gruncie rzeczy fabuła *Rebeki* ma wiele z *Kopciuszka*.

AH: Bohaterka jest kopciuszkiem, a pani Danvers jedną z jej złych sióstr; to porównanie można odnieść w jeszcze większym stopniu do pewnej – poprzedzającej *Rebekę* – angielskiej sztuki pod tytułem *W jego domu panuje porządek*, autorstwa Pinero. W tej sztuce zła kobieta nie była gospodynią, lecz siostrą właściciela domu, czyli szwagierką kopciuszka. Można przypuszczać, że ta sztuka zainspirowała Daphne du Maurier.

FT: Mechanizm *Rebeki* jest wyjątkowo skuteczny: groza narasta wyłącznie w miarę mówienia o trupie, same zwłoki pozostają niewidoczne. Film dostał Oscara, prawda?

AH: Tak, dla najlepszego filmu roku.

FT: To jedyny Oscar, jakiego pan otrzymał?

AH: Nigdy nie dostałem Oscara.

FT: No, jednak właśnie za *Rebekę*...

AH: Tego Oscara dostał producent, Selznick; Oscara za reżyserię dostał w czasie tej samej ceremonii John Ford, za *Grona gniewu*.[2]

FT: Kontynuujmy naszą podróż amerykańską. Okropną osobliwością Hollywoodu jest ścisła specjalizacja: jedni reżyserzy kręcą filmy kategorii A, inni – kategorii B, jeszcze inni – kategorii C. Bardzo trudno o zmianę tej kategorii; wymagałoby to jakiegoś wyjątkowego sukcesu?

AH: To prawda, reżyserzy pozostają zwykle w swoich przegródkach.

FT: Oto, do czego zmierzam: Jestem zdumiony, że po takim prestiżowym sukcesie, jakim była *Rebeka*, nakręcił pan film *Korespondent zagraniczny* (*Foreign Correspondent*); uwielbiam go, ale należy on niewątpliwie do kategorii B.

AH: Łatwo to wyjaśnić. Znów chodzi o obsadę: w Europie thriller czy utwór przygodowy nie są uważane za coś niższego, w Anglii to nawet szanowane gatunki literackie. W Ameryce kontekst jest inny: powieść przygodową traktuje się jak gatunek drugiej kategorii. Kiedy ukończyłem scenariusz *Korespondenta zagranicznego*, wybrałem się do wielkiego gwiazdora Gary Coopera. Ale on nie chciał w tym wziąć udziału, bo to był thriller. To mi się często przytrafiało w czasie moich hollywoodzkich początków i zawsze kończyłem wtedy na aktorach drugorzędnych, jak tutaj Joel McCrea. Kiedy kilka lat później spotkałem Gary Coopera, on sam przyznał: – *Pomyliłem się, co?*

---

[2] Chodzi o nagrody za rok 1940. Spośród współtwórców *Rebeki* Oscara dostał także George Barnes za najlepsze zdjęcia czarno-białe (przyp. tłum.).

FT: Producentem filmu był Walter Wanger. Czy propozycja wyszła od niego?

AH: Tak. On się interesował polityką zagraniczną i kupił prawa do książki *Historia osobista* Vincenta Sheehana, dziennikarza znanego jako „specjalny wysłannik". To była książka ściśle autobiograficzna i w filmie nic z niej nie zostało; praktycznie to był scenariusz oryginalny, Charlesa Bennetta i mój.

FT: Mam streszczenie tego scenariusza: Jones jest amerykańskim dziennikarzem, którego gazeta na początku 1939 roku wysyła do Europy, żeby wybadał, czy wybuchnie wojna. W Londynie spotyka starego holenderskiego polityka, posiadacza sekretu traktatu pokojowego. Po sfingowanym zamachu, ów stary polityk zostaje porwany przez hitlerowskich szpiegów i Jones udaje się na jego poszukiwanie do Holandii, wspomagany przez młodą dziewczynę (Laraine Day), której ojciec (Herbert Marshall), prezes organizacji pacyfistycznej, okaże się faszystowskim dostojnikiem. W wyniku wypadku samolot ląduje na pełnym morzu, ojciec popełnia samobójstwo, a Jones z dziewczyną – uratowani przez załogę pewnego statku – wracają do Londynu. Tak wygląda historia.

AH: Jak pan widzi, podjąłem swój stary temat niewinnego bohatera, zamieszanego w nieoczekiwane przygody...

FT: Przypuszczam, że marzył pan o innej kobiecej gwieździe niż Laraine Day?

AH: Oczywiście, że wolałbym większe nazwiska.

FT: Ale Joel McCrea w głównej roli wypadł sympatycznie...

AH: Jest trochę bez wyrazu. Za to jest sporo pomysłów w tym filmie, nie uważa pan?

FT: Jest ich ogromnie dużo. Słyszałem, że punktem wyjścia była dla pana scena z wiatrakami: pomysł wiatraka, którego skrzydła obracają się w stronę odwrotną do kierunku wiatru, przekazując w ten sposób zaszyfrowany komunikat dla samolotu?

AH: Tak, znajdowaliśmy się w Holandii, zatem – wiatraki i parasole. Wyszliśmy więc od sceny z wiatrakami, i od drugiej – z zamachowcem, który kryje się w tłumie parasoli. Gdybym realizował film barwny, użyłbym innego pomysłu, o którym marzę od dawna: o zbrodni na polu tulipanów. Dwie postaci: zabójca, w typie Kuby Rozpruwacza, przybywa za dziewczyną. Jego cień pada na nią, ona odwraca się i krzyczy. W tym momencie panorama na nogi, które padają wśród tulipanów. Kamera zbliża się do wnętrza tulipana. Ze ścieżki dźwiękowej, z offu, dochodzą odgłosy walki. Zbliżenie płatka wypełnia cały ekran i nagle... kropla krwi na płatku. Finał sceny zbrodni!

Pod koniec *Korespondenta zagranicznego* jest ujęcie szczególnie ciekawe pod względem technicznym. Samolot schodzi nad ocean, piloci nie mogą już nic zrobić, jesteśmy w ich kabinie; kamera znajduje się tuż nad głowami obu pilotów i widać pomiędzy nimi, przez przednią szybę, przybliżający się coraz bardziej ocean. W końcu, bez żadnego cięcia, samolot wpada do wody i obaj mężczyźni zanurzają się, wszystko w jednym ujęciu.

FT: Może to była kombinacja przezroczy i prawdziwej wody?

AH: Kazałem zrobić ekran do przezroczy z mocnego papieru, a za ekranem był zbiornik z wodą. Przezrocze było wyświetlane, samolot lądował, a kiedy na filmie woda miała się zbliżać – nacisnąłem guzik i ekran rozrywał się pod ciśnieniem wody. Dzięki temu ciśnieniu masy wodnej – nie można było zauważyć rozrywającego się ekranu.

Trudny do nakręcenia był także moment, kiedy samolot rozpadał się przed samym zatonięciem i jedno ze skrzydeł odłączało się wraz ze znajdującymi się na nim ludźmi. Na dużym basenie zainstalowaliśmy tuż nad wodą szyny; samolot był zamontowany na tych szynach, uciętych w pewnym miejscu; skrzydło samolotu zjeżdżało na drugą, prostopadłą szynę. Bardzo zabawne było konstruowanie tego wszystkiego.

FT: To był wspaniały finał.

AH: W pewnym momencie musieliśmy się rozdzielić na dwie ekipy: jedna pracowała w Londynie, druga w Amsterdamie. Był 1940 rok i operator w Amsterdamie trafił na bombardowanie, stracił cały sprzęt. Musiał tam pojechać drugi raz.

FT: Podobno *Korespondent zagraniczny* bardzo podobał się doktorowi Goebbelsowi?

AH: Do mnie też to dotarło; musiał dostać kopię przez Szwajcarię. Ten film był czystą fantazją i – jak zawsze, kiedy zajmuję się fantazją – nie pozwoliłem na pokazanie brzydkiej twarzy prawdopodobieństwa. W *Korespondencie zagranicznym* mamy taką samą sytuację, jak w filmie *Starsza pani znika*, ale w męskiej wersji: chodzi o starego polityka holenderskiego, który strzeże tajemnicy...

FT: Pan Van Meer, człowiek, który zna słynną tajną klauzulę?

AH: Słynna tajna klauzula to był nasz MacGuffin. O nim powinniśmy porozmawiać!

FT: MacGuffin to po prostu pretekst, czy tak?

AH: To wybieg, wykręt, sztuczka. Opowiem całą historię MacGuffina. Jak pan wie, Kipling pisał często o Hindusach i Brytyjczykach, którzy walczyli przeciw tubylcom na granicy z Afganistanem. We wszystkich historiach szpiegowskich pisanych w tym klimacie chodziło stale o wykradzenie planów z twierdzy. To był właśnie MacGuffin. MacGuffin jest zatem nazwą, którą nadaje się akcjom tego typu: wykraść papiery, wykraść dokumenty, wykraść tajemnicę... W rzeczywistości nie ma to żadnego znaczenia i zwolennicy logiki mylą się, szukając w MacGuffinie prawdy. W mojej pracy zawsze kierowałem się zasadą, że owe „papiery" czy „dokumenty" albo „tajemnica budowy fortecy" powinny być strasznie ważne dla bohaterów filmu, ale zupełnie nieistotne dla mnie, opowiadacza. Teraz, skąd pochodzi termin? MacGuffin to nazwisko szkockie i można sobie wyobrazić taką oto rozmowę dwóch mężczyzn w pociągu. Pierwszy pyta: – *Co to za pakunek umieścił pan na półce?* – Drugi na to: – *To? A, to MacGuffin.* – Pierwszy: – *A co to jest MacGuffin?* – Drugi: – *Jest to aparat do łapania lwów w górach Adirondak.* – Pierwszy: – *Ale w Adirondak nie ma lwów.* – Drugi na to: – *W takim razie to nie jest MacGuffin.* – Oto anegdota, która uzmysłowi panu, że MacGuffin to nicość, pustka.

FT: To zabawne, bardzo ciekawe...

AH: Najciekawszy moment zdarza się za każdym razem, kiedy pracuję po raz pierwszy z nowym scenarzystą. Ma on zawsze skłonność do przywiązywania nadmiernej wagi do MacGuffina i muszę mu wyjaśniać, że nie ma to żadnego znaczenia. Weźmy przykład *Trzydzieści Dziewięć Kroków*: kogo szukają szpiedzy? Mężczyzny bez palca? A czego szuka kobieta z pierwszej sekwencji? Czy aż tak bardzo zbliżyła się do wielkiej tajemnicy, że trzeba jej było w mieszkaniu obcego człowieka wbić nóż w plecy?

Kiedy pracowaliśmy nad scenariuszem *Trzydziestu Dziewięciu Kroków*, ustaliliśmy – kompletnie bez sensu – że potrzebujemy bardzo poważnego pretekstu, ponieważ opowiadamy historię o życiu i śmierci. Kiedy Robert Donat przybywa do Szkocji i dociera do domu szpiegów, znajduje jakieś dodatkowe informacje i zaczyna jednego ze szpiegów śledzić. W pierwszej wersji naszego scenariusza, w poszukiwaniu owego szpiega Donat wspinał się na szczyt góry i patrzył, co jest po jej drugiej stronie. Widział więc ukryte hangary dla samolotów, wyżłobione w skałach. Chodziło zatem o jakieś sekrety lotnicze, schrony etc. Według tamtej naszej idei, MacGuffin stawał się więc czymś strasznie serio, i pod względem fabularnym, i plastycznym. Zaczęliśmy się jednak zastanawiać nad tym pomysłem: co mógł właściwie zrobić szpieg, zobaczywszy te hangary? Wysłać komunikat o tym, gdzie one są? I co mógłby z tym zrobić rząd wrogiego kraju?

FT: To mogłoby być interesujące dla scenariusza pod warunkiem, że wysadzi się te hangary w powietrze...

AH: Myśleliśmy o tym, ale jak bohaterowie mogliby wysadzić górę? W końcu, po zastanowieniu, wyrzuciliśmy po kolei wszystkie takie pomysły, na korzyść czegoś znacznie prostszego.

FT: Można więc powiedzieć, że MacGuffin nie tylko nie wymaga tonacji serio, ale jeszcze zyskuje na tonie ironicznym, jak melodia w *Starsza pani znika*?

AH: Istotnie. Ostatecznie MacGuffin w *Trzydziestu Dziewięciu Krokach* jest formułą matematyczną, mającą związek z budową silnika samolotowego, formułą nie istniejącą zresztą na papierze, bo szpiedzy posłużyli się pamięcią Mistera Memory i wydobyli ten sekret podczas koncertu w music-hallu.

FT: Wiąże się z tym zatem pewna zasada dramaturgiczna, że bohater musi być w niebezpieczeństwie; w toku akcji troska o to, żeby bohater przeżył, staje się tak ważna, że kompletnie zapomina się o MacGuffinie. Ale to zagrożenie musi być rzeczywiste, bo w pewnych filmach, kiedy dochodzi do końcowych wyjaśnień, kiedy więc MacGuffin odsłania się, widzowie chichoczą i gwiżdżą. Zdaje mi się jednak, że pańska sztuczka polega na odsłonięciu MacGuffina nie na samym końcu, ale po dwóch trzecich albo trzech czwartych filmu, co pozwala uniknąć finałowego wyjaśnienia?

AH: W zasadzie to jest słuszne, ale najważniejsze, czego się nauczyłem przez lata, to fakt, że MacGuffin jest zupełnie nieistotny. Toteż mój najlepszy MacGuffin – a najlepszy oznacza w takim razie: najbardziej pusty, najkompletniej bezsensowny – znalazł się w filmie *Północ-północny zachód*.

To film szpiegowski i jedyne pytanie, podsuwane przez scenariusz, brzmi: „czego szukają szpiedzy?". Otóż w scenie na lotnisku w Chicago, agent CIA wyjaśnia wszystko Cary Grantowi, kiedy ten pyta go o Jamesa Masona: – *Czym on się zajmuje?* – Agent odpowiada: – *Powiedzmy, że eksportem-importem.* – *Ale co sprzedaje?* – *Po prostu sekrety rządu.* – Jak pan widzi ograniczyliśmy tu MacGuffina do jego najczystszej istoty: do nicości.

FT: Nie może to być konkret. To oczywiście dowodzi, że pan jest w pełni świadomy tego, co pan robi. Ten rodzaj filmów, obudowanych wokół MacGuffina, skłania niektórych krytyków do opinii, że „Hitchcock nie ma nic do powiedzenia". Otóż jedyna sensowna odpowiedź brzmi: „Reżyser nie ma nic do powiedzenia, on ma wszystko do pokazania".

AH: Dokładnie.

FT: Po *Korespondencie zagranicznym* zrealizował pan w 1941 roku film wyjątkowy w pana twórczości, mianowicie swoją jedyną amerykańską komedię: *Pan i pani Smith* (*Mr. and Mrs. Smith*). To klasyczna opowieść o małżeństwie na progu rozwodu, które bada się wzajemnie i jest o siebie nawzajem zazdrosne. Wszystko kończy się pojednaniem.

AH: To był wynik mojej przyjaźni z Carole Lombard. Była wtedy żoną Clarka Gable'a i spytała mnie kiedyś: – *Nie nakręciłby pan filmu ze mną?* – Nie wiem, dlaczego się zgodziłem. Trzymałem się mniej więcej scenariusza Normana Krasny. Ponieważ nie czułem takich postaci, sfilmowałem wszystko, jak było napisane.

Kilka lat przed moim przybyciem do Hollywood zacytowano pewne moje oświadczenie: „Wszyscy aktorzy to bydło". Nie przypominam sobie dokładnie, w jakich okolicznościach mogłem to powiedzieć, ale zdarzyło się to prawdopodobnie w początkach kina mówionego w Anglii, kiedy pracowaliśmy z aktorami grającymi jednocześnie w teatrze. W dniach, kiedy mieli poranne przedstawienie, opuszczali plan bardzo wcześnie, zdawało mi się, że znacznie wcześniej niż było to konieczne i podejrzewałem ich, że chodzili się najeść. Trzeba było więc rano kręcić bardzo szybko, żeby ich zwolnić. Myślałem wówczas, że gdyby byli tak oddani pracy jak ja, zadowalaliby się kanapką w taksówce po drodze do teatru, dokąd mogli dotrzeć wystarczająco wcześnie, żeby się ucharakteryzować i wejść na scenę.

To tego typu aktorów nienawidziłem. Przypominam sobie, jak podsłuchałem rozmowę dwóch aktorek w restauracji. Jedna pyta: – *Co teraz robisz, kochanie?* – a druga odpowiada: – *Ach, robię film!* – takim tonem, jakby mówiła: *Łażę po jakichś ruderach*. Kiedy przypominam sobie takie rzeczy, myślę z wielką surowością o ludziach, którzy – przyszedłszy do naszego przemysłu z teatru albo literatury – pracują w fachu filmowym tylko i wyłącznie dla pieniędzy. Tu, w Hollywood, najbardziej nienawidzę pisarzy z Nowego Jorku, którzy podpisują konktrakt z MGM bez konkretnego przydziału, po czym pytają: „Co mam dla was napisać?". Jest paru takich dramaturgów, którzy podpisują trzymiesięczne kontrakty tylko po to, żeby spędzić zimę w Kalifornii. Ale po co właściwie o tym panu mówię?

FT: W związku z pana słynną deklaracją „Aktorzy to bydło".

AH: A, rzeczywiście! Kiedy przybyłem na plan pierwszego dnia zdjęć do *Pana i pani Smith*, zastałem przygotowaną przez Carole Lombard klatkę z trzema boksami, a w środku były trzy żywe cielaki z zawieszonymi na szyi tabliczkami z nazwiskiem: Carole Lombard, Robert Montgomery i Gene Raymond. To była jej słynna odpowiedź na moją obelgę. Sądzę jednak, że Carole Lombard w gruncie rzeczy zgadzała się ze mną co do meritum.

FT: W ten sposób doszliśmy do filmu *Podejrzenie* (*Suspicion*). W czasie naszej rozmowy o *Rebece* zapomniałem spytać, co pan myśli o Joan Fontaine. Zdaje się, że to ważna dla pana aktorka.

AH: Kiedy przygotowywaliśmy *Rebekę*, Selznick nalegał, żeby zrobić zdjęcia próbne z wieloma aktorkami, dla idealnego obsadzenia głównej bohaterki. Przypuszczam, że chciał powtórzyć kampanię reklamową, która poprzedzała obsadę roli Scarlett O'Hary.[3] Przekonał więc wszystkie wielkie gwiazdy Hollywoodu, żeby wzięły udział w zdjęciach próbnych do *Rebeki*, co dla mnie było szalenie kłopotliwe, bo z góry wiedziałem, że większość zupełnie nie nadaje się do tej roli. Widziałem wprawdzie, że Joan Fontaine ma niewielką świadomość swoich możliwości aktorskich, ale dostrzegłem w niej od razu idealną wykonawczynię postaci spokojnej i nieśmiałej. Z początku czyniła swą postać nawet zanadto nieśmiałą, czułem jednak, że całość się uda – i udała się.

FT: Jest w niej pewna fizyczna delikatność, której nie miała ani Ingrid Bergman, ani Grace Kelly.

AH: Tak mi się zdaje. Jeśli chodzi o *Podejrzenie*, proszę zauważyć, że to był mój drugi film angielski kręcony w Hollywood: angielscy aktorzy, angielska powieść, angielskie środowisko. Pracowałem z doświadczonym dramaturgiem, Samsonem Raphaelsonem, który był współtwórcą niemal wszystkich filmów dźwiękowych Lubitscha.

FT: A u jego boku – rodzinna rada ekspertów: Alma Reville i Joan Harrison?

AH: Tak jest. Powieść nosiła tytuł *Before the Fact*; jej autor, Francis Iles, naprawdę nazywał się A. B. Cox; pisywał też pod pseudonimem Anthony Berkeley. Co jakiś czas mam zresztą ochotę adaptować jego pierwszą książkę, *Malice Aforethought*, która zaczyna się tak oto: *Dopiero po*

---

[3] Chodzi o głośną kampanię producencką, poprzedzającą wybór odtwórczyni postaci – uwielbianej przez Amerykanów – głównej bohaterki powieści Margaret Mitchell *Przeminęło z wiatrem* do realizowanego w 1939 roku filmu. Wybór Vivien Leigh był zaskoczeniem, ale rola błyskawicznie uczyniła z aktorki gwiazdę (przyp. tłum.).

upływie trzch miesięcy od chwili, kiedy zdecydował się zamordować swoją żonę, doktor Bickleigh postanowił wreszcie przejść do działania. Wciąż się jednak waham, bo bohater jest w mocno dojrzałym wieku, a trudno jest znaleźć aktora do tego typu ról; może Alec Guinness...

FT: A nie James Stewart?

AH: James Stewart nigdy w życiu nie zagrałby mordercy.

FT: Krytycy znający powieść *Before the Fact* zarzucili panu kompletną zmianę fabuły. Powieść opowiada o kobiecie, do której powoli dociera, że poślubiła mordercę, i która w końcu, z miłości, pozwala mu się zabić. Pański film natomiast opowiada o kobiecie, która – odkrywszy, że jej mąż jest lekkomyślny, rozrzutny i kłamliwy – zaczyna brać go za mordercę i wyobraża sobie – niesłusznie, jak się okazuje, że chce on ją zabić. Już podczas naszej rozmowy o *Lokatorze*, wspomniał pan, że ekipa *Podejrzenia* sprzeciwiała się temu, żeby Cary Grant był winny. A jakie było pana zdanie?

AH: Nie lubię zakończenia tego filmu; chciałem zresztą nakręcić jeszcze inne, też różne od powieściowego. Miało więc być tak: w finale Cary Grant przynosi szklankę z zatrutym mlekiem, a Joan Fontaine pisze w tym czasie list do matki: *Droga mamo, jestem w nim rozpaczliwie zakochana, ale nie chcę już żyć. On mnie zabije, jestem na to przygotowana. Uważam jednak, że społeczeństwo powinno być przed nim chronione.* Cary Grant podaje więc jej szklankę mleka, a ona mówi: – *Kochanie, czy zechcesz mi wysłać ten list do mamy?* – On odpowiada: – *Proszę cię bardzo.* – Ona wypija mleko i umiera. Ściemnienie i krótka scena na koniec: Cary Grant, pogwizdując, podchodzi do skrzynki i wrzuca list do środka.

FT: Sprytne by to było. Czytałem powieść, która jest znakomita, ale uważam, że scenariusz jest równie dobry. Niesprawiedliwością byłoby uznać go za kompromis; to po prostu inna historia. Wersja filmowa: „kobieta przypuszcza, że jej mąż jest mordercą" jest mniej niezwykła od książkowej: „kobieta odkrywa, że jej mąż jest mordercą". Uważam jednak film za ciekawszy psychologicznie od powieści; charaktery są w nim bardziej zróżnicowane.

Na podstawie *Podejrzenia* można by uznać, że hollywoodzka cenzura oddramatyzowuje intrygę policyjną, „wyczyszcza" ją; to odwrotny proces do tego, który ma zwykle miejsce w przypadku adaptacji. Nie przesądzam, czy film jest piękniejszy od powieści; z całą pewnością jednak powieść, która adaptowałaby wiernie scenariusz, byłaby lepsza od *Before the Fact.*

AH: Trudno mi powiedzieć, zwłaszcza że miałem z tym filmem mnóstwo kłopotów. Po jego ukończeniu pojechałem na dwa tygodnie do Nowego Jorku, a po powrocie czekała mnie niespodzianka: producent z RKO[4] obejrzał *Podejrzenie* i – uznawszy, że mnóstwo scen zbyt jednoznacznie sugeruje, że Cary Grant jest jednak mordercą – kazał je wszystkie wyciąć. W efekcie z filmu zostało 55 minut. Na szczęście szef RKO okazał się rozsądnym człowiekiem i pozwolono mi przywrócić moją wersję.

FT: A poza tymi perypetiami, czy jest pan zadowolony z *Podejrzenia?*

AH: O tyle o ile. Elementy konstytuujące gatunek nie udały się: eleganckie salony, zbytkowne schody, luksusowe sypialnie... Ten sam problem, co z *Rebeką*: angielski pejzaż musiał być odtworzony w Ameryce. Dla tego typu historii wolałbym autentyczne wnętrza. Inna rzecz, która się nie udała, to zbyt efektowne zdjęcia. A panu podobała się scena ze szklanką mleka?

---

[4] RKO – skrót od Radio-Keith-Orpheum Corp.; wielka amerykańska kompania produkcyjna, potężna zwłaszcza w latach czterdziestych: w tym samym 1941 roku, kiedy powstało *Podejrzenie*, wyprodukowała też m. in. *Obywatela Kane* Orsona Wellesa (przyp. tłum.).

FT: Ta, w której Cary Grant wchodzi po schodach? Świetna!

AH: Wstawiłem światło do szklanki.

FT: Reflektor skierowany na mleko?

AH: Nie, światło było w mleku, wewnątrz szklanki. Bo to mleko powinno było być maksymalnie świetliste. Chodziło o to, żeby – kiedy Cary Grant wchodził po schodach – widownia patrzyła tylko na szklankę.

FT: I tak to wyszło.

7.

Nie mylić *Tajnego agenta (Sabotage)* z *Sabotażem (Saboteur)*. Masa pomysłów nie wystarcza. *W cieniu podejrzenia*. Podziękowania dla Thorntona Wildera. *Wesoła wdówka*. Bezinteresowny morderca. *Łódź ratunkowa*. Mikrokosmos wojny. Psia sfora. Powrót do Londynu. Mój mały udział w wojnie: *Bon voyage* i *Awantura malgaska*.

François Truffaut: Tak oto dotarliśmy do filmu *Sabotaż (Saboteur*, 1942), nakręconego przez pana w Hollywood i w Nowym Jorku; nie należy go mylić z pańskim angielskim filmem *Tajny agent (Sabotage*, 1936). Młody mężczyzna pracujący w fabryce broni zostaje niesłusznie oskarżony o sabotaż. Ucieka, spotyka dziewczynę, która początkowo chce go wydać w ręce policji, później decyduje się mu pomóc. Przypomina to streszczenie prawie wszystkich pańskich filmów o pościgu; wszyscy jednak wiedzą, o jaki film chodzi, gdy tylko wspomni się o zakończeniu, rozgrywającym się na szczycie Statui Wolności.

Alfred Hitchcock: Wraz z *Sabotażem* dochodzimy do grupy filmów takich jak: *Trzydzieści Dziewięć Kroków, Korespondent zagraniczny* czy *Północ-północny zachód*. Znów mamy do czynienia z MacGuffinem, kajdankami i scenariuszem zawierającym punkty zwrotne. I znowu największa trudność polega na pozyskaniu znanego aktora. Wydaje mi się, że za każdym razem, gdy kręciłem film tego rodzaju, a główny wykonawca nie był gwiazdą, wpływało to na efekt. Powód jest prosty: publiczność mniej wagi przywiązuje do problemów i dylematów postaci odgrywanej przez nieznanego jej aktora. W *Sabotażu* rolę bohatera grał bardzo zdolny aktor, Robert Cummings, należący jednak do aktorów „wagi lekkiej". Jego twarz ma zabawny wyraz i nawet kiedy jest on w naprawdę złej sytuacji, nie można tego odczytać w jego rysach. Drugi problem: zostałem wypożyczony, a raczej wynajęty przez Selznicka niezależnemu producentowi i film miał być dystrybuowany przez Universal, wytwórnię, która narzuciła mi główną aktorkę – nie była to kobieta odpowiednia dla filmu Hitchcockowskiego.

FT: Była to Priscilla Lane. Z pewnością nie można było jej zarzucić, że jest zbyt wyrafinowana! Raczej, że jest dość wulgarna.

AH: Tak, tutaj rzeczywiście nie potraktowano mnie lojalnie. Dochodzimy do trzeciego problemu: obsady czarnych charakterów. Był rok 1941, istniały wtedy w Ameryce proniemieckie stowarzyszenia nazywane *America Firsters*, do których należeli amerykańscy faszyści. To o nich myśleliśmy pisząc scenariusz. Do roli ich przywódcy chciałem zaangażować bardzo popularnego aktora, Harry'ego Careya, który zazwyczaj wcielał się w bardzo sympatyczne postaci. Kiedy się z nim skontaktowałem, jego żona wpadła w gniew: „Czuję się znieważona, że śmiał pan zaproponować mojemu mężowi taką rolę. Przecież od śmierci Willa Rogersa cała amerykańska młodzież jest zapatrzona w mojego męża!". Byłem zawiedziony utratą tego elementu przeciwwagi i ostatecznie zatrudniliśmy aktora zwyczajowo grającego złych bohaterów: Otto Krugera.

FT: Drugi czarny charakter, Fry, ten, który spada ze Statui Wolności, jest świetny. Widziałem go niedawno w *Światłach rampy* [1].

AH: Tak, to bardzo dobry aktor, Norman Lloyd.

---

[1] Chodzi o film Charlesa Chaplina *Światła rampy* (*Limelight*, 1952); Norman Lloyd gra w nim dużą rolę Bodalinka (przyp. tłum.).

FT: Producentami filmu byli J. Skirball i F. Lloyd. Czy chodzi o Franka Lloyda, dawnego reżysera?

AH: Właśnie o niego. Pracowała z nami także znana powieściopisarka Dorothy Parker. Wymyśliła kilka naprawdę dowcipnych dialogów, których publiczność chyba zbyt dobrze nie zrozumiała, zwłaszcza w scenie, w której bohaterowie chronią się w przyczepie cyrkowej. Drzwi otwiera im karzeł, więc przez chwilę nie dostrzegają nikogo na wysokości oczu. Dalej była kobieta z brodą, której na noc kazałem zakręcić brodę na wałki. Później sprzeczka między wysokim chudym mężczyzną a karłem, który kazał nazywać się „Majorem", i w końcu siostry syjamskie, z których jedna cierpiała na bezsenność, a druga nie mogła tego znieść.

FT: Ależ widzów bardzo śmieszy ta scena!

AH: Ciekawostka: kiedy Fry, prawdziwy sabotażysta, udaje się taksówką pod Statuę Wolności, spogląda przez szybę w prawo. W tym momencie robię przebitkę na wrak „Normandii", wyłożony na brzegu w nowojorskim porcie. Wracam do zbliżenia sabotażysty, który znów patrzy prosto przed siebie, z delikatnym uśmiechem satysfakcji. Z powodu tych trzech ujęć amerykańska marynarka wojenna wysyłała do Universalu listy protestacyjne, gdyż ten szczegół sugerował, że „Normandia" została zniszczona w wyniku sabotażu, co oczywiście nie świadczyło dobrze o czujności marynarki wojennej!

FT: Zauważyłem wrak, lecz nie sądziłem, że chodzi o „Normandię". Inna ciekawostka: w scenie walki na Statui Wolności, kiedy czarny charakter jest zawieszony nad przepaścią, umieszcza pan ogromne zbliżenie jego rękawa, który oddziera się na wysokości łokcia. Można powiedzieć, że jego życie zawisło na nitce... Widzimy to zbliżenie rękawa, który się pruje, a wszystko dzieje się wysoko na Statui Wolności... To kolejny przykład pańskiego zwyczaju przechodzenia od najmniejszego do największego.

AH: Oczywiście, często postępuję w ten sposób, lecz w tej akurat scenie popełniłem poważny błąd: to nie czarny charakter powinien zawisnąć nad przepaścią, lecz właśnie bohater filmu, co zwielokrotniłoby emocję widowni.

FT: Scena jest tak mocna, że publiczność i tak obawia się upadku. Poza tym bohater także się naraża, a kiedy pod koniec tej sceny Priscilla Lane podprowadza go do balustrady ciągnąc za rękę, jest to zapowiedź przedostatniego ujęcia *Północy-północnego zachodu*. W tym przyszłym filmie pomysł przeciągania ramion zostanie wzbogacony i uzupełniony o gest, który ze szczytów gór Rushmore zaprowadzi bohaterów prosto do górnej kuszetki wagonu sypialnego!

AH: W filmie *Północ-północny zachód* wyszło to lepiej, a ujęcie następujące po wagonie sypialnym stanowi najbardziej wulgarny finał, jaki kiedykolwiek nakręciłem.

FT: Pociąg wjeżdżający do tunelu?

AH: Tak.

FT: Zwłaszcza, że *Północ-północny zachód* jest filmem rodzinnym, na który zabiera się dzieci, w przeciwieństwie do *Psychozy*. W pewnym sensie można uznać *Północ-północny zachód* za remake *Sabotażu*, po szesnastu latach...

AH: Rzeczywiście, zwłaszcza, że w obu filmach przejeżdżałem przez Amerykę w sposób, w jaki przebywałem Anglię i Szkocję w filmie *Trzydzieści Dziewięć Kroków*. W *Północy-północnym zachodzie* miałem lepszego aktora, Cary'ego Granta. Miałem także góry Rushmore, które od lat chciałem wykorzystać w jakimś filmie.

FT: Można też powiedzieć, że *Trzydzieści Dziewięć Kroków* to podsumowanie pańskiego okresu angielskiego, a *Północ-północny zachód* – amerykańskiego.

AH: To prawda. Miałem wrażenie, że za bardzo obciążyłem *Sabotaż*, wprowadzając do niego zbyt wiele motywów: jest bohater, który – mimo iż skuty kajdankami – rzuca się z mostu, jest scena w domu starego ślepca, miasto-zjawa z opuszczonym placem budowy i długie ujęcie tamy przeznaczonej do zniszczenia... Być może zbyt szeroko zakreśliłem sobie granice...

FT: Nie sądzę. Przypuszczam, że kiedy opowiada się historię pary w niebezpieczeństwie, największą trudność stanowi dziewczyna: jak wprowadzić ją do scen, jak oddzielić ją od bohatera, jak doprowadzić do tego, by się odnaleźli etc.

AH: Dokładnie tak. To podstawowa trudność.

FT: To dlatego pod koniec *Sabotażu* wprowadził pan coś w rodzaju montażu równoległego. Chłopiec i dziewczyna są uwięzieni, każde osobno – on w jakiejś piwnicy, ona na szczycie wieżowca – i obojgu udaje się uciec. Ta równoległość scen dotyczących jej i jego prawdopodobnie nie służy dramatyzmowi filmu. Dużą siłę oddziaływania mają natomiast sceny, w których bohaterowie wspólnie stawiają czoła niebezpieczeństwu, jak scena w wielkiej sali balowej.

AH: Tak, w tej sali balowej zastanawiałem się, czy potrafię wywołać wrażenie, że chłopiec i dziewczyna są całkowicie osaczeni w miejscu publicznym? Załóżmy, że znalazł się pan w takiej sytuacji, podchodzi pan do kogoś i mówi: – *Jestem tu uwięziony.* – Wtedy ten ktoś panu odpowiada: – *Jest pan kompletnym wariatem.* – Wówczas zbliża się pan do jakichkolwiek drzwi albo okna, a tam czyhają już ci „źli". To niewiarygodna, fantastyczna sytuacja, z której bardzo trudno wybrnąć.

FT: To wątek, który często powraca w pańskich filmach: bohater jeszcze bardziej osamotniony w tłumie niż w odludnym miejscu. Bywa, że zostaje osaczony w kinie, teatrze, na politycznym zgromadzeniu, na aukcji, balu, imprezie charytatywnej... Wyobrażam sobie, że chodzi o urozmaicenie scenariusza, wtedy, gdy bohater od początku przebywa prawie wyłącznie sam w opuszczonych miejscach. Tego rodzaju sceny z udziałem tłumu prawdopodobnie pozwalają panu uniknąć zarzutów typu: „To idiotyczne, powinien pójść na policję..." albo: „Czemu nie zwróci się do kogoś z ulicy?...".

AH: Dokładnie. Taka scena pojawia się w filmie *Człowiek, który wiedział za dużo*, gdy James Stewart zwraca się do wszystkich policjantów, których spotyka w korytarzach Albert Hall, aby przestrzec ich, że ambasador ma zostać zamordowany. Patrząc na *Sabotaż* z perspektywy czasu, powiedziałbym, że scenariusz nie był wystarczająco rygorystyczny. Nie udało mi się zapanować nad oryginalnym projektem. Była w nim masa pomysłów, które nie zostały jednak odpowiednio wyselekcjonowane i uporządkowane. Mam wrażenie, że wszystko należało wychwycić i poddać gruntownej redakcji przed zdjęciami. To dowodzi, że do napisania scenariusza udanego filmu nie wystarczy masa pomysłów, jeśli nie są one rozwinięte z pełną świadomością formy. Oto prawdziwy problem w Ameryce: jak znaleźć autora scenariusza, odpowiedzialnego pisarza, będącego w stanie uporządkować opowieść nie gubiąc jej oryginalności?

FT: Wiem, że z wszystkich pańskich filmów najbardziej podoba się panu film *W cieniu podejrzenia* (*Shadow of a Doubt*, 1943). Tymczasem sądzę, że gdyby wskutek jakiegoś nieszczęśliwego zbiegu okoliczności wszystkie pozostałe pana filmy zaginęły, *W cieniu podejrzenia* nie dałby właściwego pojęcia o tym, czym jest *Hitchcock touch*. Tymczasem *Osławiona* (1946) pozostawiłaby najwierniejszy obraz pańskiego stylu.

AH: Nie powinienem był mówić, że *W cieniu podejrzenia* jest moim ulubionym filmem. Jeśli wyraziłem się kiedyś w ten sposób, to z poczucia, że film ten satysfakcjonuje naszych przyjaciół od wiarygodności, naszych przyjaciół logików...

FT: ...i naszych przyjaciół psychologów...

AH: ...tak, naszych przyjaciół psychologów! Dowodzi to więc mojej słabości, jeśli z jednej strony twierdzę, że nie troszczę się o prawdopodobieństwo, zaś z drugiej strony zabiegam o nie. Ostatecznie jestem tylko człowiekiem! Lecz drugim powodem jest też z pewnością przemiłe wspomnienie pracy z Thorntonem Wilderem. W Anglii zawsze udawało mi się współpracować z największymi gwiazdami i najlepszymi pisarzami. W Ameryce było inaczej i niejednokrotnie spotykałem się z odmową gwiazd i pisarzy, którzy pogardzali tym sposobem pracy, jakiego oczekuję. Dlatego z wielką przyjemnością i satysfakcją odkryłem nagle, że jeden z największych amerykańskich pisarzy był gotów pracować ze mną i traktować tę pracę poważnie.

FT: Czy to pan wybrał Thorntona Wildera, czy też ktoś panu zasugerował, by się do niego zwrócić?

AH: Wybrałem go. Lecz cofnijmy się trochę. Pewna kobieta, Margaret McDonell, szefowa działu literackiego u Selznicka, powiedziała mi któregoś dnia, że jej mąż, powieściopisarz, ma pomysł na film, lecz jeszcze nic nie zapisał. Zaprosiłem ich na obiad do Brown Derby w Beverly Hills i opowiedzieli mi historię, którą zrekonstruowaliśmy razem w trakcie posiłku. Na koniec powiedziałem im: „Teraz wróćcie do domu i napiszcie mi to na maszynie". Otrzymałem dziewięciostronicowy zarys scenariusza, który posłałem do Thorntona Wildera, a on przyjechał pracować – właśnie tutaj, do studia, w którym się znajdujemy. Pracowałem z nim codziennie rano, później pisał sam popołudniami, w małym szkolnym zeszycie. Nie lubił pracować w sposób ciągły, przeskakiwał od sceny do sceny, w rytm własnej fantazji. Zapomniałem panu powiedzieć, że wybrałem Thorntona Wildera ze względu na jego bardzo znaną, wybitną sztukę *Our Town*.

FT: Widziałem film Sama Wooda oparty na tej sztuce: *Our Little Town* (*Nasze miasto*, 1940).

AH: Po ukończeniu scenariusza Thornton Wilder dołączył do wojskowej komórki psychologicznej. Scenariusz nie był jeszcze dopracowany i chciałem, żeby ktoś rozwinął elementy komiczne jako przeciwwagę dla dramatu. Thornton Wilder polecił pisarza z MGM, Roberta Audreya, który wydał mi się zbyt poważny, skończyłem więc pracę korzystając z pomocy Sally Benson[2].

Razem z Thorntonem Wilderem działaliśmy bardzo realistycznie, zwłaszcza jeśli chodzi o miasto i dekoracje. Wybraliśmy już dom, lecz Wilder zastanawiał się, czy nie jest on zbyt duży jak na mieszkanie zwykłego urzędnika bankowego. Robiąc rekonesans odkryliśmy, że właściciel domu jest w tej samej sytuacji ekonomicznej, co nasz bohater. Usatysfakcjonowało to Wildera. Kiedy rozglądaliśmy się po mieście przed zdjęciami, ten gość, zachwycony, że jego dom będzie występował w filmie, na świeżo go pomalował. Byliśmy zmuszeni wszystko „zabrudzić", lecz po filmie oczywiście odmalowaliśmy mu dom na nowo.

FT: Z zaskoczeniem przeczytałem w czołówce *W cieniu podejrzenia* pańskie podziękowania dla Thorntona Wildera za pracę przy w filmie.

AH: Umieściłem je tam, gdyż byłem pod wrażeniem umiejętności tego pisarza.

[2] Oto zarys akcji filmu *W cieniu podejrzenia*. Poszukiwany przez dwóch mężczyzn Charlie Oakley (Joseph Cotten) chroni się u rodziny w Santa Rosa. Mieszka tam jego starsza siostra, szwagier, a przede wszystkim młoda siostrzenica, również nosząca imię Charlie (Teresa Wright), która mimo przywiązania i podziwu, jakimi darzy wuja, zaczyna podejrzewać, że to on jest tajemniczym zabójcą wdów poszukiwanym przez policję. Jej podejrzenia umacnia młody detektyw (MacDonald Carey), który dostaje się do domu pod pozorem przeprowadzania ankiety. Inny podejrzany, na wschodzie, ginie zmiażdżony przez śmigło samolotu w chwili, gdy miał być przesłuchiwany przez policję. Sprawa zostaje zamknięta, lecz wuj Charlie, świadomy, iż jego siostrzenica wie, że jest winny, dwa razy próbuje zabić ją w domu, a trzeci raz w pociągu, którym jedzie do Nowego Jorku – tym razem to on wypada z wagonu i ginie pod kołami pociągu jadącego z przeciwnej strony. W Santa Rosa wyprawia mu się uroczysty pogrzeb. Młoda Charlie jako jedyna zna tajemnicę wuja, którą podzieli się z detektywem (przyp. FT).

FT: W takim razie dlaczego nie próbował pan pozyskać go do współpracy przy następnych filmach?

AH: Wyjechał na wojnę i nie widziałem go przez długie lata.

FT: Zastanawiałem się, jak wpadł pan na pomysł zilustrowania melodii z *Wesołej wdówki* tańczącymi parami... To obraz, który wielokrotnie powraca w filmie.

AH: Proszę pamiętać, że posłużył mi za tło w czołówce.

FT: Czy jest to zapożyczenie?

AH: Nie, sam nakręciłem tę scenę. Nie pamiętam już, czy to wuj Charlie zaczyna gwizdać kilka taktów z *Wesołej wdówki*, czy też dziewczyna?

FT: Najpierw pokazuje pan tańczące pary i słyszymy *Wesołą wdówkę* w wersji orkiestrowej, następnie matka nuci pierwsze takty, później córka, aż wszyscy przy stole próbują sobie przypomnieć tytuł tego utworu. Zakłopotany Joseph Cotten mówi: – To „Modry Dunaj" – a jego siostrzenica: – *Tak, to to... Ależ nie! To „Wesoła..."* – i Cotten przewraca swoją szklankę, żeby odwrócić uwagę.

AH: Nie chce, żeby ktoś powiedział: to *Wesoła wdówka*, gdyż byłoby to zbyt bliskie prawdy. Oto jeszcze jeden przykład telepatii między wujkiem Charlie a dziewczyną!

FT: *W cieniu podejrzenia* to obok *Psychozy* jeden z rzadkich pańskich filmów, w których główny bohater jest czarnym charakterem, lecz publiczność z nim sympatyzuje, prawdopodobnie dlatego, że nie widzimy go nigdy w trakcie mordowania wdów...

AH: Prawdopodobnie. Poza tym to zabójca z ideałami. Należy do tych morderców, którzy czują w sobie powołanie do destrukcji. Być może wdowy zasługiwały na swój los, lecz to nie on powinien im wymierzać sprawiedliwość. Film zawiera jednak pewien osąd moralny, prawda? Na końcu Cotten zostaje przecież uśmiercony, choć czyni to, przypadkowo, jego siostrzenica. Okazuje się nieprawdą, że wszyscy źli są czarni, a wszyscy dobrzy biali, wszędzie można znaleźć szarych. Wuj Charlie bardzo lubił swoją siostrzenicę, ale nie aż tak, jak ona jego. Ona jednak musiała go zniszczyć, nie zapominajmy o tym, co powiedział Oscar Wilde: „Zabija się to, co się kocha".

FT: Zastanawia mnie jeszcze jeden szczegół z filmu *W cieniu podejrzenia*: w pierwszej scenie na dworcu, kiedy przyjeżdża pociąg, z którego wysiądzie wuj Charlie, widzimy bardzo gęsty, czarny dym wylatujący z komina lokomotywy i kiedy pociąg się zbliża, dym pokrywa cały peron. Miałem wrażenie, że było to celowe, gdyż pod koniec filmu, w drugiej scenie na dworcu, kiedy widzimy tył odjeżdżającego pociągu, towarzyszy mu zwykły biały dymek.

AH: Na potrzeby pierwszej sceny rzeczywiście zażyczyłem sobie dużej ilości czarnego dymu. To jeden z pomysłów, przy których zadajemy sobie wiele trudu dla mało widocznego efektu, lecz wtedy akurat dopisało nam szczęście: po prostu słońce było tak ułożone, że bardzo ładnie ocieniało cały dworzec.

TF: Czy można ten dym zrozumieć jako ostrzeżenie: oto diabeł wkracza do miasta?

AH: Tak, oczywiście. Podobnie postąpiłem w *Ptakach*: kiedy Jessica Tandy odjeżdża furgonetką po odkryciu trupa farmera, naprawdę doznaje szoku; żeby podtrzymać to uczucie, kazałem wypuścić dym z rury wydechowej i pokryć drogę pyłem. Kontrastuje to ze spokojną sceną przyjazdu: droga jest wtedy trochę mokra, a z rury wydechowej nie wydostaje się dym.

FT: Oprócz odtwórcy roli detektywa, wszyscy aktorzy w filmie *W cieniu podejrzenia* byli świetnie dobrani. Domyślam się, że usatysfakcjonowały pana role Josepha Cottena i Teresy Wright. To jeden z najlepszych filmowych portretów młodej amerykańskiej dziewczyny; była bardzo ładna, miała piękną sylwetkę i poruszała się z dużym wdziękiem.

AH: Tak, wypożyczyliśmy ją od Goldwyna, gdzie miała podpisany kontrakt. Cała ironia filmowej intrygi polegała na jej miłosnym przywiązaniu do wuja Charlie.

FT: Właśnie, à propos tego miłosnego przywiązania, w ostatniej scenie filmu widzimy dziewczynę i jej narzeczonego, policjanta, jak stoją przed drzwiami kościoła. W dali słyszymy księdza wygłaszającego mowę pochwalną na cześć wuja Charlie, coś w stylu: „Był to wyjątkowy człowiek... itd.". W tym czasie dziewczyna i policjant snują plany na przyszłość i dziewczyna mówi coś dwuznacznego, mniej więcej tak: „...tylko my znamy prawdę...".

AH: Nie przypominam sobie, jak dokładnie brzmi to zdanie, ale idea była taka, że dziewczyna pozostanie zakochana w wuju Charlie przez całe swoje życie.

FT: Niektóre z pańskich filmów to prawdziwe wyzwania. Jednym z nich jest *Łódź ratunkowa* (*Lifeboat*, 1943). Zakład szedł tutaj o nakręcenie całego filmu na łodzi ratunkowej[3]?

AH: To rzeczywiście był zakład, lecz równocześnie sprawdzian dla pewnej teorii, którą wtedy powziąłem. Wydawało mi się, że gdybyśmy poddali analizie jakikolwiek z popularnych wówczas filmów psychologicznych, okazałoby się, że cały metraż w osiemdziesięciu procentach stanowią zbliżenia i półzbliżenia. Nie była to rzecz przemyślana, lecz

[3] Statek pasażerski zostaje storpedowany. Na łodzi ratunkowej znajdują schronienie modna dziennikarka (Tallulah Bankhead), inżynier o lewicowych poglądach (John Hodiak), młoda wojskowa pielęgniarka, skrajnie prawicowy przedsiębiorca, ciężko ranny marynarz (William Bendix), czarnoskóry, religijny steward i Angielka ze zwłokami dziecka w ramionach. Intryga zaczyna się wraz z przybyciem marynarza nazisty, który jako jedyny potrafi poprowadzić łódź. Czy należy wrzucić go z powrotem do morza, czy też pozwolić mu kierować? Steruje według własnego uznania, aż w końcu, przyłapany na próbie zdrady, zostaje zlinczowany przez rozbitków, uratowanych wkrótce przez okręt aliantów (przyp. FT).

prawdopodobnie instynktowna u większości reżyserów. Potrzeba podejścia bliżej, rodzaj antycypacji późniejszej techniki telewizyjnej.

FT: To bardzo interesujące, lecz często pociągały pana podobne eksperymenty dotyczące jedności miejsca, czasu czy akcji. Notabene *Łódź ratunkowa* jest przeciwieństwem thrillera, to film aktorski. Czy to sukces filmu *W cieniu podejrzenia* popchnął pana w tym kierunku?

AH: Nie, to nie ma żadnego związku z filmem *W cieniu podejrzenia*, na *Łódź ratunkową* wpłynęła wojna. To mikrokosmos wojny.

FT: W pewnym momencie sądziłem, że morał *Łodzi ratunkowej* jest taki, iż wszyscy są winni, każdemu można coś zarzucić, krótko mówiąc, że chciał pan powiedzieć: „Nie sądźcie". Lecz chyba się pomyliłem?

AH: Idea filmu jest inna. Chcieliśmy pokazać, że w tamtej chwili istniały w świecie dwie siły: demokracje i nazizm. Lecz demokracje były zupełnie niezorganizowane, podczas gdy Niemcy dokładnie wiedzieli, do czego zmierzają. Chodziło więc o to, aby powiedzieć demokratom, że powinni koniecznie dążyć do zjednoczenia się i zorganizowania, żeby zapomnieli o dzielących ich różnicach, by skoncentrowali siły przeciwko jednemu wrogowi, silnemu zwłaszcza dzięki swej duchowej jedności i zdecydowaniu.

FT: Była to słuszna i wyrazista idea...

AH: Inżynier odgrywany przez Johna Hodiaka był właściwie komunistą, a po przeciwnej stronie miał pan biznesmena, który był faszystą. W ważnych chwilach nikt nie wiedział, co robić, nawet komunista. Film był bardzo krytykowany, w swojej rubryce słynna Dorothy Thompson dała filmowi dziesięć dni na opuszczenie miasta!

FT: Film ten nie jest wyłącznie psychologiczny, miejscami jest także moralny. Na przykład pod koniec, kiedy bohaterowie mają zlinczować Niemca, pokazuje pan grupę z oddalenia, od tyłu. Jest to obraz dość odstręczający; myślę, że celowo?

AH: Tak, są jak sfora psów.

FT: To film, który jest zarazem dramatem psychologicznym i czymś w rodzaju przypowieści moralnej. Oba te aspekty bardzo dobrze się przeplatają, nigdy sobie nie przeszkadzając.

AH: Początkowo zadałem ten temat Johnowi Steinbeckowi, lecz nie ukończył pracy. Sprowadziłem wtedy znanego pisarza, MacKinleya Cantora, który pracował dwa tygodnie... Zupełnie nie podobało mi się to, co z tego zrobił. Powiedział mi: – *Nie potrafię lepiej* – na co odparłem: – *To dziękuję panu* – i wziąłem innego pisarza, Jo Swerlinga, który pracował dla Franka Capry. Kiedy scenariusz był już ukończony i mieliśmy zaczynać film, zorientowałem się, że żadna sekwencja nie ma wyraźnego zakończenia, starałem się więc nadać każdemu epizodowi formę dramatyczną.

FT: To dlatego tak wiele uwagi przywiązywał pan do takich przedmiotów, jak maszyna do pisania czy biżuteria?

AH: Tak. Przyczyna, dla której krytycy amerykańscy tak gwałtownie zwrócili się przeciwko temu filmowi, jest taka, że pokazałem Niemca jako lepszego od innych postaci. Tymczasem w latach 1940-1941, po klęsce Francuzów, alianci byli w rozsypce. Jednak Niemiec, który początkowo podał się za zwykłego marynarza, okazał się dowódcą łodzi podwodnej, były więc wszelkie powody, by sądzić, że jest on lepiej niż inni przygotowany do przejęcia dowództwa na łodzi. Widocznie krytycy sądzili, że zły nazista nie może być dobrym marynarzem! Film odniósł jednak pewien sukces w Nowym Jorku, mimo iż nie był to raczej film komercyjny, choćby ze względu na ówczesny wyścig techniczny. Nigdy nie wyprowadziłem kamery poza łódź, nie pokazałem jej z zewnątrz, w ogóle nie było muzyki. Przestrzegałem tego rygorystycznie. Oczywiście całość została zdominowana przez postać Tallulah Bankhead.

FT: Przechodzi ona podobną przemianę, co bohaterka *Ptaków*: zaczynając od wyrafinowania i sztuczności, staje się naturalna przechodząc fizyczne próby. Bardzo spodobała mi się ta droga moralna, zaznaczona wyzbyciem się przedmiotów materialnych: maszyny do pisania, która wpada do wody i – pod koniec filmu – wygiętej w haczyk złotej bransoletki, gdy nie ma już nic do jedzenia... À propos przedmiotów, nie zapominajmy o leżącej w łodzi gazecie, którą posłużył się pan dla swojego rytualnego wejścia[4].

[4] Wiadomo, że od czasów *Lokatora* (*The Lodger*, 1926), gdzie statystował aby „zapełnić ekran", Alfred Hitchcock ma zwyczaj pojawiać się w każdym swoim filmie. W *Lokatorze* wystąpił dwa razy: za biurkiem w sali redakcyjnej i wśród gapiów przypatrujących się aresztowaniu. W *Szantażu* (*Blackmail*, 1929) czyta gazetę w metrze, w czym przeszkadza mu mały chłopiec. W *Zbrodni* (*Murder!*, 1930) i *Trzydziestu Dziewięciu Krokach* przechadza się po ulicy. W *Młodym i niewinnym* (*Young and Innocent*, 1937) jest niezdarnym fotografem przy wyjściu z trybunału. W *Starsza pani znika* (*The Lady Vanishes*, 1938) przechodzi przez peron dworca w Londynie. W *Rebece* (*Rebecca*, 1940) przechodzi za budką telefoniczną. W filmie *W cieniu podejrzenia* (*Shadow of a Doubt*, 1943) gra w brydża w pociągu. W *Urzeczonej* (*Spellbound*, 1945) wychodzi z windy, w *Osławionej* (*Notorious*, 1946) wypija kieliszek szampana. W *Akcie oskarżenia* (*The Paradine Case*, 1947) niesie wiolonczelę. W *Sznurze* (*Rope*, 1948) przechodzi przez ulicę po czołówce; w *Pod Zwrotnikiem Koziorożca* (*Under Capricorn*, 1949) słucha wykładu; w *Tremie* (*Stage Fright*, 1950) odwraca się za Jane Wyman, która mówi do siebie. W *Nieznajomych z pociągu* (*Strangers on a Train*, 1951) wnosi do pociągu kontrabas. W *Wyznaję* (*I Confess*, 1953) przechodzi przez ekran ponad schodami; w *M jak morderca* (*Dial M for Murder*, 1954) pojawia się na pamiątkowym zdjęciu z college'u. W *Oknie na podwórze* (*Rear Window*, 1954) nakręca zegar; w *Złodzieju w hotelu* (*To Catch a Thief*, 1955) siedzi w autobusie obok Cary'ego Granta. W *Człowieku, który wiedział za dużo* (*The Man Who Knew Too Much*, 1956, remake'u filmu z 1934) widać go od tyłu, jak ogląda arabskie występy akrobatyczne. W *Zawrocie głowy* (*Vertigo*, 1958) i *Północy-północnym zachodzie* (*North by Northwest*, 1959) przechodzi przez ulicę; w *Psychozie* (*Psycho*, 1960) tkwi na chodniku, w teksaskim kapeluszu; w *Ptakach* (*The Birds*, 1963) wyprowadza dwa pieski; w *Marnie* (1964) przechadza się po hotelowym korytarzu; a w *Rozdartej kurtynie* (*Torn Curtain*, 1966) trzyma na kolanach niemowlę, które brudzi mu spodnie. W *Topazie* (1969) Hitchcock jedzie na wózku inwalidzkim popychanym przez pielęgniarkę. W *Szale* (*Frenzy*, 1972) jest wśród gapiów na nadbrzeżu Tamizy w pierwszej scenie, i w końcu w *Intrydze rodzinnej* (*Family Plot*, 1976) pojawia się tylko jako cień za nieprzejrzystą witryną biura „rejestracji zgonów" (przyp. FT).

AH: To moja ulubiona rola i muszę przyznać, że rozwiązanie tego problemu kosztowało mnie wiele wysiłku i czasu. Zazwyczaj gram jakiegoś przechodnia, lecz jak wymyślić przechodniów na oceanie? Myślałem o tym, by odegrać trupa, unoszącego się na wodzie w pewnej odległości od łodzi, lecz za bardzo bałem się, że utonę. Nie mogłem zagrać jednego z dziewięciu rozbitków, gdyż te role wymagały dobrych aktorów. Ostatecznie wpadłem na znakomity pomysł. Byłem wtedy na bardzo surowej diecie, zmierzając mozolnie do celu, jakim było zrzucenie pięćdziesięciu kilo: ze stu pięćdziesięciu do stu. Postanowiłem więc uwiecznić fakt swojego wyszczuplenia, a równocześnie wygrać swój kawałek roli: pozując do zdjęć „przed" i „po" kuracji odchudzającej. Przedrukowaliśmy te zdjęcia jako reklamę prasową, wychwalającą wymyślony środek „Reduco" – a widzowie mogli zobaczyć zarówno ogłoszenie, jak i mnie samego, kiedy William Bendix rozkładał starą gazetę znalezioną w łodzi. Ta rola odniosła wielki sukces!

FT: Mam nadzieję, że to nie zaciekłość recenzji w stosunku do *Lifeboat* doprowadziła do tego, że poświęcił pan 1944 rok na nakręcenie dwóch krótkometrażowych filmów propagandowych dla brytyjskiego ministerstwa informacji?

AH: Nie! Czułem potrzebę wniesienia małego wkładu do wysiłku wojennego, gdyż byłem zbyt stary i zarazem zbyt otyły, by wziąć w wojnie czynny udział. Gdybym nic nie zrobił, wypominałbym to sobie później. Chciałem wyjechać, to było dla mnie ważne, chciałem także uchwycić wojenną atmosferę. Umówiliśmy się więc z Selznickiem, że następny film będzie adaptacją angielskiej powieści pod tytułem *Dom doktora Edwardesa* i wyjechałem do Anglii, co nie było wtedy takie proste. Poleciałem bombowcem, siedząc na podłodze, lecz w połowie drogi, nad Atlantykiem, samolot musiał zawrócić, wyruszyłem więc dwa dni później. W Londynie odnalazłem mojego przyjaciela Bernsteina, który kierował działem filmowym w brytyjskim ministerstwie informacji i w ten sposób nakręciłem dwa krótkie filmy będące pochwałą uczestników francuskiego ruchu oporu.

FT: Wydaje mi się, że widziałem jeden z tych filmów – uzupełniał on projekcję z cyklu *Dlaczego walczymy*[5], w Paryżu pod koniec 1944 roku.

AH: Bardzo możliwe, gdyż przeznaczone były do wyświetlania we Francji, wszędzie tam, skąd wycofywali się Niemcy, aby francuska publiczność zrozumiała problemy ruchu oporu. Pierwszy film nazywał się *Bon Voyage*. Chodziło o człowieka z RAF-u[6], którego polski oficer przeprowadza przez placówki ruchu oporu w całej Francji. Po powrocie do Londynu człowiek z RAF-u jest przesłuchiwany przez oficera wolnych sił francuskich, od którego dowiaduje się, że jego polski towarzysz był w rzeczywistości gestapowcem. W tym momencie oglądamy ich przeprawę jeszcze raz, tym razem z wszystkimi szczegółami, których młody człowiek z RAF-u nie mógł widzieć, na przykład porozumiewawcze znaki, jakie fałszywy oficer wymieniał z gestapowcami. W zakończeniu filmu okazuje się, że zdrajca zostaje zdemaskowany, a młody człowiek otrzymuje wiadomość, że francuska dziewczyna, którą poznał w ruchu oporu, została zabita przez tegoż fałszywego oficera.

FT: To właśnie ten film widziałem...

AH: Film powstał na czterech taśmach. Oczywiście miałem jako doradców ludzi należących do oddziałów Wolnej Francji, na przykład aktora Claude'a Dauphin, który pomagał nam przy dialogach. Układaliśmy scenariusze w moim pokoju w Claridge Hotel. Było tam wielu francuskich oficerów, między innymi pewien major czy pułkownik Forestier,

---

[5] *Dlaczego walczymy* (*Why We Fight*) – amerykański cykl siedmiu filmów dokumentalnych, zrealizowany w latach 1942-45 przez Franka Caprę i Anatola Litvaka na zamówienie dowództwa armii, w celu wytłumaczenia Amerykanom podłoża II wojny światowej i przyczyn, dla których Stany biorą w niej udział (przyp. tłum.).

[6] Royal Air Forces – angielskie lotnictwo.

który się nigdy na nic nie zgadzał. Zorientowaliśmy się, że wolni Francuzi są bardzo podzieleni między sobą i właśnie ten rodzaj konfliktów był przedmiotem drugiego filmu, *Aventure malgache* (*Awantura malgaska*, 1944). Był tam taki Francuz, zarazem aktor i adwokat, który występował pod fałszywym nazwiskiem Clarousse. Miał z sześćdziesiąt lat, lecz był bardzo żywotny, wciąż wchodził w konflikt z francuskim ruchem oporu, do tego stopnia, że jego towarzysze uwięzili go na Teneryfie! Kiedy skończyliśmy realizować tę historię, która była przecież absolutnie prawdziwa – opowiedział ją nam wszak sam Clarousse – wyłoniła się różnica zdań co do rozpowszechniania filmu. O ile pamiętam, ostatecznie nie wprowadzono go na ekrany.

8.

Powrót do Ameryki. *Urzeczona*. Współpraca z Salvadorem Dali. *Osławiona*. *Pieśń płomieni*. MacGuffin – uran. Byłem obserwowany przez FBI. „On chce się ze mną ożenić". Mój pomysł na film o kinie. *Akt oskarżenia*. Gregory Peck nie jest brytyjskim adwokatem. Ciekawe ujęcie. Diabelsko wydłużone ręce.

François Truffaut: Jest rok 1944, wrócił pan właśnie do Hollywood, aby nakręcić *Urzeczoną* (*Spellbound*). Jednym ze scenarzystów tego filmu był Angus MacPhail, Anglik, z którym współpracował pan pisząc scenariusz do *Bon Voyage*.

Alfred Hitchcock: Angus MacPhail był szefem działu scenariuszy w brytyjskiej filii wytwórni Gaumont, jednym z tych młodych intelektualistów z Cambridge, którzy jako pierwsi zainteresowali się kinem. Poznałem go przy okazji *Lokatora* – pracował dla Gaumont w tym samym czasie, co ja. Jednak po ukończeniu *Tajnego agenta* nie widziałem się z nim aż do momentu kręcenia tych dwóch krótkich filmów francuskich w Londynie; zacząłem z nim pracować nad pierwszą wersją *Urzeczonej*. Nasza praca była jednak zbyt nieuporządkowana. Kiedy wróciłem do Hollywood, zaangażowano Bena Hechta – szczęśliwy wybór, gdyż przeżywał on właśnie fascynację psychoanalizą.

FT: W poświęconej panu książce Eric Rohmer i Claude Chabrol piszą, że według pańskiego pierwotnego zamysłu w *Urzeczonej* miało być dużo więcej szaleństwa, na przykład dyrektor kliniki miał mieć wytatuowany na spodzie stopy krzyż Chrystusa, by go deptać przy każdym kroku – był to wielki mistrz czarnych mszy i tak dalej.

AH: To treść powieści *Dom doktora Edwardesa*, melodramatu, a zarazem naprawdę niesamowitej historii o szaleńcu, który przejmuje kontrolę nad domem wariatów. W książce nawet pielęgniarze są obłąkani i zachowują się w przedziwny sposób. Mój zamysł był bardziej umiarkowany, chciałem po prostu nakręcić pierwszy film psychoanalityczny. Pracowałem z Benem Hechtem, który regularnie zasięgał porad u sławnych psychoanalityków.

Kiedy dotarliśmy do sekwencji marzeń sennych, koniecznie chciałem zerwać z tradycyjnym przedstawianiem snów w kinie – przy użyciu mgły, nieostrości, trzęsącego się ekranu itd. Zwróciłem się do Selznicka, by zapewnił nam współpracę Salvadora Dali. Selznick zgodził się, ale z pewnością sądził, że zależało mi na udziale Dalego ze względu na reklamę, jaką nam zapewni. Tymczasem jedynym powodem była chęć uzyskania snów wizualnie ostrych i przejrzystych, obrazów wyrazistszych od reszty filmu. Chciałem Salvadora Dali ze względu na ostrość i wyrazistość architektury jego obrazów – Chirico jest bardzo podobny – długie cienie, niekończące się przestrzenie, zbiegające się linie perspektywy, bezkształtne twarze...

Oczywiście Dali wymyślił różne dziwne rzeczy, których nie mogliśmy zrealizować: pęka posąg, ze szpar wydostają się mrówki i wdrapują się na posąg, a następnie widzimy Ingrid Bergman pokrytą mrówkami!

Byłem zaniepokojony, bo producenci nie chcieli ponosić niektórych wydatków. Wolałbym nakręcić sny Dalego w plenerze, by wszystko ukazało się w pełnym słońcu, co zapewniłoby obrazom niesamowitą ostrość. Jednak odmówiono mi i musiałem nakręcić sen w wytwórni.

FT: Ostatecznie został tylko jeden sen, podzielony na cztery części. Oglądałem *Urzeczoną* niedawno i muszę przyznać, że nie przepadam za scenariuszem[1].

AH: Jest to jedna z opowieści o pościgu, lecz tym razem okraszona pseudopsychoanalizą.

FT: Jest dla mnie oczywiste, że wiele pańskich filmów, jak *Osławiona* czy *Zawrót głowy*, naprawdę przypomina sfilmowane sny. Gdy więc zostaje zapowiedziany film Hitchcocka podejmujący temat psychoanalizy, oczekujemy czegoś zupełnie szalonego, obłędnego, a okazuje się, że jest to jeden z najbardziej rozsądnych pana filmów, z wieloma dialogami... Krótko mówiąc, zarzucam *Urzeczonej* pewien brak fantazji w porównaniu z innymi pańskimi filmami...

AH: Prawdopodobnie dlatego, że chodziło o psychoanalizę, baliśmy się odejścia od realności i usiłowaliśmy potraktować przygodę tego człowieka w sposób logiczny.

FT: Bez wątpienia. Mimo wszystko są tam naprawdę piękne sceny, na przykład pocałunek, po którym kolejno otwiera się siedmioro drzwi, i dochodzi do pierwszego spotkania Ingrid Bergman z Gregory Peckiem: nie ulega wątpliwości, że to miłość od pierwszego wejrzenia.

[1]Constance (Ingrid Bergman) jest lekarką w zakładzie dla umysłowo chorych. Dyrektor zakładu, doktor Murchison (Leo G. Carroll) odchodzi na emeryturę i oczekuje się na przybycie jego następcy, doktora Edwardesa (Gregory Peck). Constance zakochuje się w doktorze Edwardesie, lecz szybko orientuje się, że jest on tylko chorym umysłowo, który podaje się za doktora Edwardesa. Kiedy ów chory uzmysławia sobie swoją amnezję, dochodzi do wniosku, że zabił prawdziwego doktora Edwardesa i ucieka z kliniki. Constance udaje się go odnaleźć i ukryć przed policją u jej starego profesora (Michael Czechow), który podda analizie sny chorego i ujawni jego kompleks winy. Fałszywy Edwardes zawsze obwiniał się o śmierć młodszego brata, do której doszło podczas dziecięcej zabawy, a doktor Edwardes zmarł w identyczny sposób, lecz w rzeczywistości został zamordowany przez byłego dyrektora kliniki, doktora Murchisona, który pod koniec filmu zostaje zdemaskowany (przyp. FT).

AH: Na nieszczęście właśnie w tym momencie zaczynają grać skrzypce, to okropne!

FT: Podoba mi się także sekwencja ujęć, jaka następuje po aresztowaniu Gregory Pecka: obrazy krat i liczne zbliżenia Ingrid Bergman, aż nagle wybucha ona płaczem. Natomiast cały ten fragment, kiedy znajdują oni schronienie u starego profesora nie jest zbyt interesujący... Czy razi to pana, kiedy mówię, że film rozczarowuje?

AH: Nie, nie, zgadzam się. Myślę, że wszystko jest w nim zbyt zagmatwane, a końcowe wyjaśnienia też są niejasne.

FT: Jest jeszcze jedna słaba strona, odnosząca się także do *Aktu oskarżenia*: Gregory Peck. Ingrid Bergman jest aktorką niezwykłą i stworzoną do pracy z panem, lecz Gregory Peck nie jest aktorem Hitchcockowskim; jego gra jest płytka, spojrzenie – puste. Mimo wszystko wolę *Akt oskarżenia* od *Urzeczonej*, a pan?

AH: Nie mam zdania. *Aktowi oskarżenia* również można wiele zarzucić.

FT: Czekałem z niecierpliwością aż dojdziemy do *Osławionej* (*Notorious*), bo to mój ulubiony spośród pana filmów, przynajmniej jeśli chodzi o filmy czarno-białe. *Osławiona* to kwintesencja Hitchcocka.

AH: Kiedy postanowiliśmy napisać *Osławioną* i siedliśmy do pracy z Benem Hechtem, najpierw usiłowaliśmy znaleźć MacGuffina i, co często się zdarza, początkowo błądziliśmy, wybierając zbyt skomplikowane ścieżki. Podstawa scenariusza była już uzgodniona: bohaterka, Ingrid Bergman, miała się udać do Ameryki Południowej w towarzystwie agenta FBI, Cary'ego Granta, i dostać się do domu grupy faszystów, by odkryć, czym się zajmują. W prymitywny sposób wprowadzaliśmy do tej historii członków rządu, funkcjonariuszy policji i grupy niemieckich uchodźców z Ameryki Południowej, którzy potajemnie zbroili się i ćwiczyli w obozach, chcąc stworzyć tajną armię. Nie wiedzieliśmy jednak, co począć z tą armią kiedy już powstanie, zarzuciliśmy więc to wszystko i wybraliśmy całkiem prostego, lecz konkretnego i wyraźnego MacGuffina: ukrytą w butelce wina próbkę uranu.

Na samym początku producent wręczył mi pewną staroświecką historię, opowiadanie, które ukazało się w „Saturday Evening Post" pod tytułem *Pieśń płomieni*. Była to historia młodej kobiety, która zakochała się w młodym mężczyźnie, nowojorczyku z dobrego towarzystwa. Dziewczyna ma dylemat moralny, gdyż obawia się, że pewien fakt z jej przeszłości może skompromitować ją w oczach młodzieńca i jego matki. Co to takiego? Podczas wojny służby wywiadowcze rządu zwróciły się do pewnego impresaria, aby znalazł młodą aktorkę, która wystąpiłaby w roli tajnej agentki i zgodziłaby się przespać ze szpiegiem, dla zdobycia informacji. Impresario zaproponował właśnie ją, a ona zgodziła się i zrobiła to. Teraz obawia się konsekwencji i udaje się do owego impresaria, by zwierzyć mu się ze swoich skrupułów. Pod koniec historii impresario odnajduje matkę młodego mężczyzny, opowiada jej wszystko, a matka, arystokratka, mówi: – *Zawsze chciałam, żeby mój syn poślubił wspaniałą dziewczynę, lecz nigdy nie spodziewałam się, że znajdzie sobie aż tak wspaniałą.*

Oto pomysł na film dla pani Ingrid Bergman i pana Cary'ego Granta, w reżyserii pana Alfreda Hitchcocka! Siadłem więc z panem Benem Hechtem i postanowiliśmy zachować tylko dziewczynę, która musi przespać się ze szpiegiem, aby uzyskać niezbędne informacje. Podczas rozmów z Benem Hechtem rozwijaliśmy tę historię i tym razem wprowadziłem MacGuffina w postaci uranu, czterech lub pięciu próbek o konsystencji piasku, ukrytych w butelkach z winem. Producent na to: – *Cóż to takiego, na Boga?* – Odpowiedziałem: – *To uran, który może ewentualnie posłużyć do wyprodukowania bomby atomowej.* – *Jakiej bomby atomowej?* – zapytał. Było to w 1944 roku, na rok przed Hiroszimą. Miałem tylko jedną wskazówkę. Pewien mój przyjaciel, pisarz, wspomniał mi, że gdzieś na pustyni w Nowym Meksyku uczeni pracują nad projektem do tego stopnia utajnionym, że gdy raz wejdą do fabryki, nie wolno im jej już opuścić. Wiedziałem też, że Niemcy prowadzili w Norwegii eksperymenty z ciężką wodą i w ten sposób doszedłem do MacGuffina--uranu. Producent był wstrząśnięty, historia z bombą atomową wydawała mu się zbyt absurdalna, by stać się podstawą opowieści. Powiedziałem mu: – *To nie jest podstawa opowieści, to tylko MacGuffin!* – i wytłumaczyłem, czym jest MacGuffin i jak mało znaczenia powinno mu się przypisywać. Na koniec oświadczyłem: – *Jeśli nie podoba się panu uran, weźmy sztuczne diamenty: wyobraźmy sobie, że są Niemcom niezbędne na przykład do szlifowania narzędzi. Gdyby cała historia nie wiązała się z wojną, moglibyśmy skonstruować intrygę wokół kradzieży tych diamentów, nie ma to najmniejszego znaczenia.* – Nie udało mi się przekonać producenta i dwa tygodnie później odsprzedał nas wszystkich wytwórni RKO jako pakiet: Ingrid Bergman, Cary'ego Granta, scenariusz, Bena Hechta i mnie.

Teraz muszę panu opowiedzieć finał historii MacGuffina-uranu, rozegrany cztery lata po premierze *Osławionej.* W trakcie rejsu na „Queen Elizabeth" spotkałem Josepha Hazena, który był asystentem producenta, Hala Wallisa. Powiedział mi: – *Zawsze chciałem pana zapytać, jak wpadł pan na pomysł bomby atomowej rok przed Hiroszimą? Gdy zaproponowano nam scenariusz „Osławionej", odmówiliśmy zakupienia go, sądząc, że jest to zbyt idiotyczne, żeby mogło posłużyć za podstawę filmu.*

Muszę się znowu cofnąć, żeby opowiedzieć panu epizod, który poprzedził zdjęcia do *Osławionej*. Wraz z Benem Hechtem udaliśmy się na politechnikę w Pasadenie, aby spotkać się z doktorem Millikenem, wówczas największym amerykańskim uczonym. Wprowadzono nas do jego gabinetu, w kącie stało popiersie Einsteina, było to bardzo imponujące. Nasze pierwsze pytanie brzmiało: – *Doktorze Milliken, jaką wielkość mogłaby mieć bomba atomowa?* – Popatrzył na nas: – *Chcecie, aby was aresztowano, a mnie razem z wami?* – Następnie przez godzinę opowiadał nam, dlaczego wyprodukowanie bomby atomowej jest niemożliwe, po czym zakończył: – *Gdybyśmy tylko potrafili zapanować nad wodorem, to już byłoby coś.* – Kiedy wyszliśmy, sądził, że nas przekonał, później dowiedziałem się jednak, że po tej rozmowie przez trzy miesiące byłem obserwowany przez FBI.

Wróćmy na statek, kiedy to pan Hazen powiedział mi: – *Sądziliśmy, że uran jest najbardziej idiotyczną rzeczą, jaka może posłużyć za punkt wyjścia filmu.* – Odpowiedziałem mu: – *To dowodzi, jak bardzo myliliście się sądząc, że MacGuffin jest ważny. Historia opowiedziana w „Osławionej" to po prostu mężczyzna zakochany w dziewczynie, która podczas służbowej misji spała z innym mężczyzną i została zmuszona do poślubienia go. To cała historia. Myślę, że zdaje pan sobie teraz sprawę z popełnionego błędu, z powodu którego stracił pan tyle pieniędzy, gdyż film, który kosztował dwa miliony dolarów, przyniósł osiem milionów czystego zysku?*

FT: Był to więc wielki sukces. Czy *Urzeczona* przyniosła podobny zysk?

AH: *Urzeczona* była trochę tańsza, kosztowała półtora miliona dolarów, a producent zarobił na niej siedem milionów.

FT: *Osławiona* wielokrotnie wracała na ekrany całego świata, co bardzo mnie cieszy, gdyż po dwudziestu latach film ten wciąż jest wyjątkowo nowoczesny. Zawiera niewiele scen i odznacza się niezwykłą czystością, to wzór konstrukcji scenariusza[2].

Inaczej mówiąc, w tym filmie za pomocą minimum środków osiągnął pan maksimum efektu. Wszystkie sceny suspensu skupione są wokół dwóch przedmiotów: klucza i fałszywej butelki z winem. Wątek miłosny jest najprostszy z możliwych: dwóch mężczyzn zakochanych w jednej kobiecie. Moim zdaniem, z wszystkich pańskich filmów w tym czuje się największą odpowiedniość między tym, co chciał pan osiągnąć, a tym, co widać na ekranie. Nie wiem, czy już wtedy miał pan zwyczaj starannego rozrysowywania każdego ujęcia, w każdym razie podczas oglądania ma się wrażenie precyzji i pełnej kontroli, jak w kreskówce. Największym

---

[2] Oto streszczenie *Osławionej*. Niedługo po wojnie pewien hitlerowski szpieg zostaje skazany przez amerykański trybunał. Jego córka Alicja (Ingrid Bergman), która nigdy nie była faszystką, prowadzi swobodny tryb życia. Agent rządowy Devlin (Cary Grant) proponuje jej wykonanie ryzykownego zadania. Ona zgadza się i oboje wyjeżdżają do Rio. Zakochują się w sobie, Devlin nie kryje jednak pogardy dla Alicji. Jej misja polega na tym, by nawiązać kontakt z dawnym przyjacielem ojca, Sebastianem (Claude Rains). Jego wielki dom jest kryjówką hitlerowskich szpiegów, którzy schronili się w Brazylii. Alicja wypełnia zadanie, bywa w domu Sebastiana, który szaleje za nią i chce się z nią ożenić. Dziewczyna mogłaby odmówić, lecz przyjmuje oświadczyny, traktując to jako wyzwanie, z próżną nadzieją, że do ślubu nie dopuści Devlin. Alicja zostaje więc panią domu, raczej źle widzianą przez przerażającą teściową, a tymczasem zwierzchnicy zlecają jej zdobycie klucza do piwnicy, który Sebastian trzyma cały czas przy sobie. Podczas przyjęcia wydanego po powrocie z podróży poślubnej, Alicja i Devlin wchodzą do słynnej piwnicy Sebastiana i znajdują uran ukryty w butelkach z winem.

Następnego ranka Sebastian odgaduje, że jego żona jest amerykańskim szpiegiem i z pomocą matki zaczyna powoli truć Alicję, której śmierć musi wydawać się naturalna nawet pozostałym przebywającym w domu szpiegom. Zdziwionemu brakiem wieści od Alicji Devlinowi udaje się w końcu dostać do domu Sebastiana, gdzie dziewczyna umiera, unieruchomiona w łóżku. Devlin podnosi ją, podtrzymując wyznaje jej miłość, pomaga jej przejść przez cały dom i wsiąść do samochodu, na oczach zdezorientowanego Sebastiana, który nie może nic zrobić w obecności pozostałych szpiegów – jego wspólników, którzy teraz zażądają wyjaśnień (przyp. FT).

osiągnięciem *Osławionej* jest prawdopodobnie to, że ten film osiągnął równocześnie szczyt stylizacji i szczyt prostoty.

AH: Prostoty, mówi pan... To ciekawe... Nasze starania rzeczywiście zmierzały w tym kierunku. W filmach szpiegowskich jest zazwyczaj wiele przemocy, której tutaj unikaliśmy. Posłużyliśmy się wyjątkowo prostą metodą zabójstwa, powiedziałbym nawet – pospolitą, jak z życia wziętą. Bohater grany przez Claude'a Rainsa z pomocą matki morduje Ingrid Bergman trując ją powoli arszenikiem, dokładnie tak, jak postąpiłby mąż chcąc się pozbyć swojej żony, a więc – powiedziałbym – w sposób autentyczny, tak jak wtedy, gdy usiłujemy pozbawić kogoś życia nie zostawiając śladów.

Kiedy w filmach szpiedzy chcą się kogoś pozbyć, zazwyczaj nie zawracają sobie głowy ostrożnością; zabijają go strzałem z rewolweru albo wywożą na odludzie, by tam zabić go bez świadków; lub zostawiają trupa w samochodzie, który strącają z wysokości, pozorując wypadek. Zamiast tego chciałem pokazać złych bohaterów, którzy czynią zło z rozmysłem.

FT: Rzeczywiście są bardzo zrównoważeni, ludzcy. Poza tym czujemy, że są wrażliwi – boimy się ich, lecz widzimy, że oni także się boją.

AH: Takie było założenie, konsekwentnie przestrzegane w całym filmie. Proszę sobie przypomnieć scenę, w której Ingrid Bergman spotyka się w mieście z Cary Grantem, po tym, jak wykonała pierwszą część zadania: nawiązała kontakt z Claude'em Rainsem. Siedząc obok Cary'ego Granta, mówi o Rainsie: – *On chce się ze mną ożenić.* – Posłużyłem się tutaj całkiem zwyczajnym dialogiem, wypowiedzianym z prostotą, lecz sposób, w jaki pomyślana jest ta scena, zaprzecza tej prostocie. Na ekranie są tylko dwie osoby: Cary Grant i Ingrid Bergman, a cała scena opiera się na tym zdaniu: „On chce się ze mną ożenić". Można by pomyśleć, że chodziło o wytworzenie czegoś w rodzaju emocjonalnego suspensu: czy Ingrid Bergman zgodzi się wyjść za Claude'a Rainsa, czy też nie? Otóż wcale nie o to chodziło, odpowiedź na to pytanie nie ma żadnego znaczenia, jest poza sceną. Publiczność ma po prostu sądzić, że ten ślub się odbędzie. Świadomie odsunąłem na bok to, co mogło się wydawać istotne, gdyż emocje nie wynikają z pytania: czy Ingrid Bergman poślubi Claude'a Rainsa?, lecz z faktu, że mężczyzna, z którym miała pójść do łóżka, aby zdobyć informacje, wbrew wszelkim oczekiwaniom właśnie poprosił ją o rękę.

FT: Jeśli dobrze pana rozumiem, nie jest ważna odpowiedź, jakiej Ingrid Bergman udzieli Claude'owi Rainsowi, lecz sam fakt, że on w ogóle złożył jej tę nieoczekiwaną propozycję.

AH: Otóż to.

FT: To bardzo dobry pomysł, te oświadczyny rzeczywiście robią niesamowite wrażenie, zwłaszcza, że w filmach szpiegowskich rzadko pojawia się temat małżeństwa.

Zwraca uwagę jeszcze jeden element, który powróci w *Pod Zwrotnikiem Koziorożca*: ledwie wyczuwalne przejście od upicia się do otrucia, albo od alkoholu do trucizny. W drugiej scenie spotkania w mieście, kiedy Ingrid Bergman widzi się z Cary Grantem, odczuwa już dolegliwości z powodu arszeniku. Tymczasem Cary Grant sądzi, że wróciła ona do swoich dawnych nawyków alkoholowych, traktuje ją więc z pogardą. To nieporozumienie odznacza się wielkim dramatyzmem i dla mnie jest poruszające.

AH: To było dla mnie bardzo ważne, żeby otrucie przebiegało stopniowo: żeby uczynić je tak naturalnym, jak to tylko możliwe, ani szalonym, ani melodramatycznym; chodziło o przeniesienie uczuć.

Historia, jaką opowiada *Osławiona*, to odwieczny konflikt miłości i obowiązku. Praca Cary'ego Granta wymaga, by wepchnął on Ingrid Bergman do łóżka Claude'a Rainsa. Jest to sytuacja naprawdę ironiczna i Cary Grant zachowuje przez cały film gorzki wyraz. Claude Rains jest sympatyczny, gdyż padł ofiarą własnej ufności i ponieważ kocha Ingrid Bergman głębiej niż Cary Grant. Oto elementy dramatu psychologicznego, które zostały przeniesione do filmu szpiegowskiego.

FT: Powiedzmy coś jeszcze o pięknych zdjęciach Teda Tetzlaffa.

AH: Na początku zdjęć kręciliśmy scenę, w której Ingrid Bergman i Cary Grant jadą samochodem. Ona prowadzi za szybko i jest trochę pijana. Kręciliśmy to w studiu z użyciem tylnej projekcji. Na ekranie widać było zbliżającego się policjanta na motocyklu; kiedy znikał z kadru z prawej strony, robiłem cięcie pod kątem 90 stopni i kontynuowałem scenę już w studiu, z policjantem, który zbliża się do samochodu. Kiedy już wszystko znajdowało się na swoim miejscu i Ted Tetzlaff zawiadomił: „Gotowi do zdjęć!", zasugerowałem mu: – *Czy nie sądzi pan, że byłoby dobrze umieścić z boku małe światło, zwrócone na plecy aktorów, aby uwiarygodnić światła motocykla, który jest na tylnym ekranie?* – Nigdy wcześniej tego nie robił i ponieważ nie był zadowolony, że się wtrącam, spojrzał na mnie i powiedział: – *A więc, tatusiu, interesujemy się techniką?* – Później w trakcie zdjęć miał miejsce pewien smutny incydent. Potrzebowaliśmy sfilmować fasadę jakiegoś domu w Beverly Hills, który miał udawać dom w Rio, wielki dom szpiegów. Aby wybrać ten dom, szef działu wysłał mi swojego zastępcę, który zaprowadził mnie przed budynek: – *Czy ten dom panu odpowiada, panie Hitchcock?* – Ów mały człowieczek był tym, któremu zaproponowałem swoje szkice napisów dla Famous Players-Lasky, kiedy zaczynałem, w 1920 roku.

FT: Coś podobnego! To straszne.

AH: Rozpoznałem go po chwili... To było straszne!

FT: Czy dał mu pan odczuć, że go pan rozpoznał?

AH: Nie... To tragedia tego przemysłu. Już podczas kręcenia *Trzydziestu Dziewięciu Kroków*, kiedy trzeba było zrobić dodatkowe ujęcia, producent zaproponował, by je komuś zlecić, aby nie przeciągać zdjęć. Zapytałem: – *Kto to zrobi?* – *Graham Cutts*. – *Nie, nie chcę, to niemożliwe, byłem kiedyś jego asystentem, napisałem dla niego „Woman to Woman"... nie można mu tego zrobić*. – *Być może, ale jeśli się pan nie zgodzi, nie będzie miał innego zajęcia i nie dostanie pieniędzy*. – Zostałem zmuszony, by się zgodzić... To straszne, nieprawdaż?

FT: Rzeczywiście... Ale bardzo oddaliliśmy się od *Osławionej*. Chciałbym dodać, że jednym z kluczy do sukcesu tego filmu jest perfekcyjny dobór aktorów: Cary Grant, Ingrid Bergman, Claude Rains i pani Konstantin. Myślę, że obok Roberta Walkera i Josepha Cottena, Claude Rains był pańskim najlepszym bohaterem negatywnym; był naprawdę bardzo ludzki w tej roli. Sądzę, że różnica wzrostu między nim a Ingrid Bergman była dodatkowym czynnikiem emocjonalnym: niski mężczyzna zakochany w wysokiej kobiecie...

AH: To była dobra para, ale różnica ich wzrostu okazywała się w zbliżeniach tak znaczna, że aby mieć ich oboje w kadrze musieliśmy konstruować dla Claude'a Rainsa specjalne podkładki. W pewnym momencie widzimy, jak oboje nadchodzą z daleka, a ponieważ zbliżali się w ujęciu panoramicznym, nie mogliśmy tak nagle umieścić Claude'a Rainsa na podkładce. Trzeba więc było zbudować coś w rodzaju fałszywej podłogi, która wznosiła się sukcesywnie.

FT: Takie przypadki są bardzo zabawne, zwłaszcza jeśli robi się zdjęcia w systemie Cinemascope, gdyż na potrzeby każdego ujęcia trzeba obniżać żyrandole, obrazy, kinkiety, a równocześnie podwyższać łóżka, stoły i krzesła. Dla przypadkowego gościa na planie jest to naprawdę śmieszne i mam wrażenie, że można by zrobić dobrą komedię na temat kręcenia filmu.

AH: Bardzo by mi się to podobało, sam mam pewien pomysł: całość akcji rozgrywałaby się w studiu, nie na scenie przed kamerą, lecz poza sceną, w przerwach między zdjęciami. Gwiazdy byłyby postaciami drugoplanowymi, głównymi bohaterami byliby statyści. Można by stworzyć niezwykły kontrast między banalną historią opowiedzianą w kręconym filmie, a dramatem, który rozgrywa się poza nim. Można także wyobrazić sobie, że operator i elektryk nienawidzą się – kiedy więc operator unosi się na kranie aż pod sklepienie, obaj mężczyźni mają krótką chwilę, aby się obrzucić obelgami. W tle byłyby oczywiście elementy satyryczne.

FT: We Francji powstał film tego typu: *Kochankowie z Werony* (1949) André Cayatte'a, według scenariusza Jacquesa Préverta. Filmy na temat spektakli uchodzą jednak za niekomercyjne, prawda?

AH: Nie podzielam tego poglądu. Tu, w Hollywood, nakręcono film pod tytułem *What Price Hollywood*, który okazał się wielkim sukcesem, a także *Narodziny gwiazdy* (*A Star is Born*), który był bardzo dobry...

FT: ...Tak, bardzo dobry! A także *Deszczową piosenkę* (*Singing in the Rain*), w którym jest wiele gagów dotyczących początków kina dźwiękowego.

Scenariusz *Aktu oskarżenia* podpisany jest nazwiskiem Davida O. Selznicka, a powstał na podstawie adaptacji książki Roberta Hichensa[3], dokonanej przez panią Hitchcock (Almę Reville).

---

[3] Piękna pani Paradine (Alida Valli) zostaje oskarżona o zabójstwo swojego niewidomego męża. Broni jej adwokat Keane (Gregory Peck). Choć ma za żonę ładną blondynkę, zakochuje się w klientce, która szybko przekonuje go o swojej niewinności. Krótko przed rozpoczęciem procesu Keane orientuje się, że pani Paradine była kochanką własnego stajennego (Louis Jourdan).

Rozpoczyna się proces, trudny dla Keane'a, który jest znienawidzony przez sędziego Harnfielda (Charles Laughton), gdyż żona Keane'a odrzuciła kiedyś jego względy. Nękany przez Keane'a stajenny obciąża swoją kochankę, po czym popełnia samobójstwo. Pani Paradine przyznaje się do winy i oświadcza, że Keane jest w niej zakochany, a ona nim gardzi. Keane opuszcza budynek sądu w trakcie rozprawy. Jego kariera jest złamana, wraca jednak do żony (przyp. FT).

AH: Robert Hichens napisał także *Ogród Allaha*, *Bella Donnę* i wiele innych powieści. To człowiek początku wieku. Po wybraniu tego tematu wraz z panią Hitchcock zrobiliśmy przeróbkę powieści, aby Selznick mógł wykonać wstępny kosztorys, następnie zaprosiłem do współpracy szkockiego dramaturga Jamesa Bridie, który cieszył się w Anglii wielką sławą. Miał około sześćdziesięciu lat i był bardzo niezależny. Selznick sprowadził go do Nowego Jorku, lecz ponieważ nikt nie wyszedł po niego na lotnisko, Bridie wrócił do Londynu następnym samolotem. Bardzo niezależny charakter. Pracował więc nad scenariuszem w Anglii, a potem nam go odesłał. Nie była to najlepsza metoda pracy. Następnie Selznick sam chciał dokonać adaptacji scenariusza. Taki miał wtedy zwyczaj. Pisał jakieś sceny i przynosił nam je na plan co dwa dni. Ta metoda była niemożliwa. Zobaczmy teraz, jakie są najbardziej oczywiste wady tego filmu. Po pierwsze nie sądzę, żeby Gregory Peck mógł grać brytyjskiego adwokata, gdyż brytyjski adwokat jest człowiekiem gruntownie wykształconym, należącym do wyższych sfer.

FT: Gdyby mógł pan wybrać...

AH: ...Wybrałbym Laurence'a Oliviera. Myślałem też o Ronaldzie Colmanie. Co do roli kobiecej, przez chwilę mieliśmy nadzieję na pozyskanie Grety Grabo, dla której byłby to powrót na ekrany. Lecz największym błędem w obsadzie był Louis Jourdan jako stajenny. *Akt oskarżenia* to historia upadku adwokata-dżentelmena, który zakochuje się w klientce. Ta klientka jest nie tylko morderczynią, lecz także nimfomanką i degradacja adwokata osiąga szczyt, gdy musi on skonfrontować przed sądem bohaterkę z jednym z jej kochanków, który jest stajennym. Od tego kochanka powinno się czuć prawdziwy smród obory.

Niestety, Selznick podpisał kontrakt z Alidą Valli, o której sądził, że będzie drugą Ingrid Bergman, i miał także podpisaną umowę z Louisem Jourdanem, musiałem więc wykorzystać ich w filmie. To wszystko zdecydowanie osłabiło film. Co do samego morderstwa, dokonanego przed właściwym początkiem akcji, to nigdy go do końca nie zrozumiałem. Postaci miały się minąć między dwoma pokojami, na górze lub na dole schodów, w korytarzu... Prawdę mówiąc, nie zrozumiałem topografii tego domu, ani sposobu, w jaki dokonano morderstwa. Interesowało mnie w tym filmie pokazanie takiej kobiety, jak pani Paradine, rzuconej brutalnie w ręce policji, wszystkie formalności, jakim musi się poddać, by w końcu opuścić dom pod eskortą dwóch funkcjonariuszy, mówiąc do pokojówki: – *Nie sądzę, żebym miała zdążyć na kolację.* – Spędza następną noc w celi i nigdy jej już nie opuści. Ten motyw powróci w *Pomyłce*.

Zawsze myślałem – co jest prawdopodobnie odzwierciedleniem mojego własnego lęku – o zwykłych ludziach, którym nagle odbiera się wolność, by umieścić ich w celi obok zawodowych przestępców. Często pokazuje się samo uwięzienie przestępców, lecz jeśli dotyczy to osób z klasą, wynika z tego kontrast, który niezwykle mnie intryguje.

FT: Ten kontrast został zilustrowany trafnym szczegółem: kiedy pani Paradine trafia do więzienia, strażniczka rozplata jej fryzurę i wkłada palce we włosy, by się upewnić, że ona niczego tam nie ukrywa... Wydaje mi się, że również Ann Todd nie sprawdziła się w roli małżonki adwokata.

AH: Była zbyt zimna.

FT: Ostatecznie najlepsze role w filmie to postaci drugoplanowe – sędzia, grany przez Charlesa Laughtona i jego żona, Ethel Barrymore. Mają bardzo ładną scenę pod koniec filmu, kiedy Ethel Barrymore lituje się nad Alidą Valli, która zostanie powieszona, podczas gdy Laughton okazuje się naprawdę nieubłagany.

W innym momencie Charles Laughton został wyraźnie pokazany jako lubieżnik. Przy wyjściu z jadalni spogląda na odsłonięte ramię Ann Todd. Następnie siada obok niej i chłodno, jakby nigdy nic, kładzie dłoń na jej ręce w obecności wszystkich. To jest więcej niż zuchwałość, to jest skandaliczne, a sfilmowane zostało delikatnie, jakby nigdy nic.

Druga godzina filmu w całości poświęcona jest procesowi, wyobrażam sobie, że ta druga część w sądzie szczególnie pana interesowała.

AH: Tak, bardzo, zwłaszcza że wszystkie elementy konfliktu zostały dobrze przedstawione w pierwszej części, dzięki czemu proces mógł być pasjonujący od samego początku. Jest jedno ciekawe ujęcie w tej sali sądowej. Kiedy Louis Jourdan zostaje wezwany na świadka, wchodzi do sali i musi przejść za Alidą Valli. Ona jest do niego zwrócona tyłem, lecz chciałem sprawić wrażenie, że go wyczuwa, nie – zgaduje jego obecność, ale wyczuwa go za pomocą węchu. Trzeba to więc było sfilmować na dwa razy. Kamera jest zwrócona na Alidę Valli, a ponad jej ramieniem, daleko z tyłu, Louis Jourdan wchodzi i idzie za nią, by dojść do miejsca przeznaczonego dla świadków. Najpierw sfilmowałem perspektywę pod kątem dwustu stopni, pokazując Jourdana idącego od drzwi do miejsca dla świadków, lecz bez Alidy Valli, następnie nakręciłem zbliżenie Alidy Valli przed tylnym ekranem i musiałem ją posadzić na krześle obrotowym, by zachować efekt skrętu. Pod koniec ruchu trzeba było ukryć Alidę Valli, aby kamera złapała Jourdana, który dochodzi na miejsce. To było bardzo trudne do nakręcenia, lecz bardzo interesujące.

FT: Ale najważniejszy moment procesu następuje później: to ujęcie z góry, ukazujące Gregory Pecka opuszczającego trybunał, kiedy nie może już bronić swojej klientki. Podobnie jak pan sądzę, że lepszy byłby w tej scenie Laurence Olivier… A czy myślał pan o kimś na miejsce Louis Jourdana?

AH: O Robercie Newtonie.

FT: Ach, oczywiście!… Idealny… Nieokrzesany charakter…

AH: …z diabelsko wydłużonymi rękami!

9.

Sznur: od 19.30 do 21.15. Film w jednym ujęciu. Szklane chmury. Kolor i światło. Ściany się cofały. Kolory w zasadzie nie istnieją. Trzeba stosować montaż. Co to znaczy: „unoszące się odgłosy ulicy". *Pod Zwrotnikiem Koziorożca*. Okazałem się naiwnym idiotą. Moje trzy błędy. „Cofnąć się, żeby ogarnąć całość". Było mi wstyd. „Ingrid, to tylko film!". *Trema*. Kłamliwa retrospekcja. Im bardziej udany jest czarny charakter, tym lepszy będzie film.

François Truffaut: Dochodzimy do roku 1948. To ważny etap w pańskiej karierze, gdyż został pan producentem swoich własnych filmów, realizując i produkując *Sznur* (*The Rope*), który jest także pana pierwszym filmem barwnym i ogromnym wyzwaniem technicznym. Chciałbym najpierw zapytać, czy adaptacja bardzo odbiega od sztuki Patricka Hamiltona[1]?

Alfred Hitchcock: Nie, nie bardzo. Pracowałem krótko z Hume'em Cronynem, a dialogi pochodzą częściowo ze sztuki, a częściowo od Arthura Laurentsa.

Naprawdę nie wiem, dlaczego dałem się wciągnąć w tę sztuczkę ze *Sznurem*; „sztuczka" wydaje mi się najlepszym

---

[1] Zwięzłe streszczenie akcji powinno wystarczyć, skoro Alfreda Hitchcocka zajmowała wyłącznie strona techniczna tego filmu.

Akcja w całości rozgrywa się w nowojorskim mieszkaniu, podczas letniego wieczoru. Dwaj młodzi mężczyźni, homoseksualiści, duszą przyjaciela z college'u wyłącznie z chęci dokonania morderstwa i ukrywają jego zwłoki w skrzyni, na kilka minut przed rozpoczęciem przyjęcia, na które zaprosili rodziców zmarłego i jego byłą narzeczoną. Zaprosili także swego dawnego profesora uniwersytetu (James Stewart) i by – jak sądzą – zdobyć jego podziw, stopniowo się przed nim zdradzają. Pod koniec wieczoru oburzony profesor ostatecznie wydaje swoich uczniów w ręce policji (przyp. FT).

określeniem. Czas akcji sztuki teatralnej pokrywał się z czasem rzeczywistym: ciągnął się nieprzerwanie, od podniesienia do opuszczenia kurtyny. Zadałem sobie pytanie: jakich środków technicznych mogę użyć, by sfilmować to w podobny sposób? Odpowiedź była oczywiście taka, że pod względem technicznym film również powinien być ciągły i że nie powinno się dokonywać żadnego cięcia wewnątrz historii, która zaczyna się o 19.30, a kończy o 21.15. Wtedy wpadłem na ten dość szalony pomysł, by nakręcić film w jednym ujęciu[2].

Gdy zastanawiam się nad tym teraz, dochodzę do wniosku, że było to zupełnie idiotyczne, gdyż tym samym zrywałem z całą swoją tradycją i sprzeniewierzałem się własnym teoriom o pokawałkowaniu filmu i o możliwościach, jakie daje montaż dla opowiedzenia historii w sposób czysto wizualny. Tymczasem nakręciłem film w taki sposób, jakby był on już „z góry" zmontowany, ruchy kamery i ruchy aktorów odpowiadały dokładnie mojemu zwyczajowemu sposobowi montażu, to znaczy z zachowaniem zasady zmiany proporcji obrazów w stosunku do emocjonalnego znaczenia poszczególnych momentów akcji. Oczywiście miałem wiele trudności, aby to osiągnąć, i to nie tylko związanych z kamerą, ale także na przykład ze światłem: w filmie musieliśmy ciągle zmieniać oświetlenie ze względu na zmianę światła naturalnego między 19.30 a 21.15 – akcja zaczynała się przy świetle dziennym, a kończyła po zapadnięciu zmroku. Innym utrudnieniem technicznym było przymusowe cięcie pod koniec

[2] Czytelnikom nie zaznajomionym z techniką filmową należy się wyjaśnienie, na czym polega „sztuczka" w *Sznurze*, o której mówi Alfred Hitchcock. Poszczególne sekwencje filmu są z zasady podzielone na ujęcia, z których każde trwa od pięciu do piętnastu sekund. W półtoragodzinnym filmie jest zazwyczaj około sześciuset ujęć, czasem więcej, a w wyjątkowo „pociętych" filmach Alfreda Hitchcocka często nawet tysiąc (np. w *Ptakach* jest 1360 ujęć). W *Sznurze* każde ujęcie trwa dziesięć minut, czyli cały metraż, na jaki pozwala pojedyncza taśma filmowa zakładana do kamery (Ten Minutes Take). To był pierwszy taki eksperyment w historii kina: film został nakręcony bez przerw w ujęciach (przyp. FT).

każdej porcji taśmy. Rozwiązałem to, każąc przechodzić którejś postaci przed obiektywem i dokonywałem w tym momencie zaciemnienia. Mieliśmy więc zbliżenie marynarki bohatera i na początku kolejnej taśmy również zaczynaliśmy od zbliżenia marynarki.

FT: Poza tym był to pierwszy pański film barwny, kolor stanowił więc dodatkową trudność?

AH: Tak, gdyż byłem zdecydowany ograniczyć kolor do minimum. Zbudowana przez nas dekoracja przedstawiała mieszkanie, na które składały się: hol, salon i część kuchni. Za oknem, wychodzącym na Nowy Jork, umieściliśmy tylny plan – makietę o półokrągłym kształcie, ze względu na ruch kamery. Makieta zajmowała powierzchnię trzy razy większą od powierzchni dekoracji – wymagała tego perspektywa. Między fragmentami wieżowców a ostatnim tylnym planem były sztuczne chmury z waty szklanej. Każda chmura była ruchoma i niezależna. Niektóre były przyczepione na przezroczystych sznurkach, inne zaczepione na tyczkach. Były uformowane na półokrągło. Istniał specjalny „plan zadań" dla chmur, między kolejnymi taśmami przesuwaliśmy je z lewej strony na prawą, każdą z inną prędkością. Nie przemieszczały się na naszych oczach w trakcie pojedynczych ujęć, lecz proszę sobie przypomnieć, że kamera nie obejmowała przez cały czas okna – wykorzystywaliśmy te momenty, by przesuwać chmury. Kiedy skończyły swoją wędrówkę z jednej strony okna na drugą, zdejmowaliśmy je i umieszczaliśmy nowe.

FT: A problemy z kolorem?

AH: Pod koniec zdjęć zdałem sobie sprawę, że począwszy od czwartej taśmy, to znaczy od zachodu słońca, na obrazie dominował intensywny kolor pomarańczowy. Z tego powodu musiałem nakręcić na nowo pięć ostatnich taśm… Proszę mi pozwolić na małą dygresję à propos koloru.

Przeciętny operator jest świetnym technikiem. Może sprawić, by kobieta stała się piękna, może w sposób przekonujący wytworzyć naturalne światło. Lecz w filmie barwnym pojawia się ponadto problem czysto artystycznego gustu operatora: Czy ma on zmysł koloru? Czy ma dobry gust w doborze koloru? Jeśli chodzi o operatora filmu *Sznur*, powiedział on po prostu: – *No więc – to jest zachód słońca!* – ale prawdopodobnie nie oglądał żadnego od dłuższego czasu, jeśli w ogóle widział jakiś w swoim życiu. To było jak wulgarna pocztówka, całkowicie nie do przyjęcia.

Kiedy zobaczyłem zdjęcia próbne do *Sznura*, nakręcone przez Josepha Valentine'a (który zrobił wcześniej *W cieniu podejrzenia*), pierwsze moje spostrzeżenie było takie, że dużo lepiej widzi się w kolorach niż w filmie czarno-białym i odkryłem, że w obu wypadkach stosuje się zazwyczaj te same zasady oświetlenia. Tymczasem, jak już panu mówiłem, styl oświetlenia, jaki podziwiałem u Amerykanów w 1920 roku, zmierzał do przekroczenia dwuwymiarowej natury obrazu, oddzielając aktora od tylnego planu, wydobywając go z tła za pomocą umieszczonych za nim świateł. Jednak w filmie kolorowym w ogóle nie ma już takiej potrzeby, chyba że przez przypadek aktor nosi ubranie tego samego koloru, co znajdująca się za nim dekoracja. Wszystko to wydaje się dziecinnie proste, prawda? Jednak, niestety, obowiązującą tradycję bardzo trudno przełamać. W filmie barwnym nie powinno się móc rozpoznać świateł ze studia, tymczasem jeśli ogląda pan filmy, widzi pan postacie, powiedzmy – w ciemnym korytarzu, albo w kulisach teatru, między sceną a lożami i wyczuwa pan oświetlające je reflektory pochodzące ze studia, widzi pan na ścianach cienie czarne jak węgiel, wtedy zadaje pan sobie pytanie: „Skąd biorą się te wszystkie światła?".

Myślę, że problem oświetlenia w filmach barwnych nie został jeszcze rozwiązany. W filmie *Rozdarta kurtyna* pierwszy raz spróbowałem zmienić sposób rozmieszczenia światła w kolorowych filmach, z pomocą Jacka Warrena, który pracował już ze mną przy *Rebece* i *Urzeczonej*. Jak wiadomo, kolory w zasadzie nie istnieją, w zasadzie nie ma także twarzy, dopóki nie obejmie ich światło. W końcu jedną z pierwszych rzeczy, jakich uczy się w akademiach sztuk pięknych, jest fakt, że nie istnieją linie, są tylko światła i cienie. Rysunek, jaki wykonałem pierwszego dnia w szkole artystycznej, nie był złym rysunkiem, lecz ponieważ wykonałem go za pomocą linii, był bez wątpienia niepoprawny, na co natychmiast zwrócono mi uwagę.

Po czterech czy pięciu dniach od rozpoczęcia zdjęć do *Sznura* operator zachorował i więcej go nie zobaczyliśmy. Zostałem więc sam z konsultantem Technicoloru, który z pomocą elektryka świetnie sobie poradził.

FT: Czy ruchoma kamera sprawiła panu wiele kłopotów?

AH: Technikę posługiwania się ruchomą kamerą przećwiczyliśmy już wcześniej w najdrobniejszych szczegółach. Pracowaliśmy z kamerą Dolly, a na podłodze rozmieściliśmy jako wskazówki dyskretne cyfry i całe zadanie operatora polegało na dojściu do pewnej cyfry przy określonym zdaniu dialogu, potem do innej i tak dalej. Kiedy przechodziliśmy z jednego pomieszczenia do drugiego, ściana salonu lub holu cicho cofała się na szynach; stopniowo przesuwaliśmy także meble, umieszczone na małych kółkach. Zdjęcia do tego filmu stanowiły osobny spektakl!

FT: Najbardziej niewiarygodne wydaje mi się to, że zrobił pan to wszystko w ciszy, bo przecież dźwięk nagrywany był na planie. Dla Europejczyka – wszystko jedno, czy pracuje on w Rzymie, czy w Paryżu – to niewyobrażalne...

AH: Także w Hollywood to jest niewyobrażalne! Musi pan jednak pamiętać, że skonstruowaliśmy specjalną podłogę. W pierwszej scenie dwóch młodych ludzi dusi trzeciego i ukrywa jego zwłoki w skrzyni, jest więc niewiele dialogu. Krążymy po salonie i rozpoczyna się dialog, wchodzimy do kuchni, ściany chowają się, reflektory podnoszą – to nasza pierwsza wersja pierwszego ujęcia, denerwuję się więc tak bardzo, że ledwo mogę coś zobaczyć. Jest ósma minuta nieprzerwanego ujęcia, kamera panoramuje na dwóch morderców wracających w stronę skrzyni, a tam... elektryk stojący pośrodku! Pierwsza taśma była do wyrzucenia.

FT: Zabawne byłoby zobaczyć, ile powstało nieudanych ujęć do tego filmu, a ile udanych?

AH: Najpierw dziesięć dni prób z kamerą, aktorami i oświetleniem. Następnie osiemnaście dni zdjęć i – z powodu wspomnianego pomarańczowego koloru – dziewięć dodatkowych dni zdjęciowych.

FT: Osiemnaście dni zdjęciowych, to znaczy, że było co najmniej sześć dni, kiedy cała praca była na nic i można było wyrzucić taśmy do kosza. Czy udało się panu choć raz uzyskać dwie udane taśmy jednego dnia?

AH: O nie, nie sądzę.

FT: Jest pan surowy, mówiąc o *Sznurze* jako o głupim eksperymencie; myślę, że film ten stanowi coś, co jest bardzo ważne w karierze – to marzenie, które każdy reżyser pielęgnuje w pewnym momencie swojego życia, marzenie o połączeniu zdarzeń w taki sposób, by stanowiły jeden ciąg ruchu. Sądzę jednak – a można to sprawdzić analizując przebieg kariery wszystkich wielkich filmowców – że im dłużej zastanawiamy się nad kinem, tym częściej wracamy do starego, klasycznego montażu, który funkcjonuje od czasów Griffitha. Zgodziłby się pan z tym?

AH: Tak, trzeba stosować montaż. Eksperyment ze *Sznurem* można by mi jeszcze wybaczyć; moim niewybaczalnym błędem było upieranie się, by częściowo zachować tę technikę w filmie *Pod Zwrotnikiem Koziorożca…*

FT: Zanim skończymy temat *Sznura*, chciałbym żebyśmy porozmawiali o pańskim poszukiwaniu realizmu, gdyż ścieżka dźwiękowa do tego filmu naprawdę oczarowuje swoim realizmem, na przykład w końcówce, gdy James Stewart otwiera okno, oddaje strzał w nocne niebo i słyszymy unoszące się odgłosy ulicy.

AH: Użył pan sformułowania: „słyszymy unoszące się odgłosy ulicy". Otóż ściśle rzecz biorąc było tak, że umieściłem mikrofon na zewnątrz studia, na wysokości szóstego piętra i zebrałem ludzi na dole, by zaczęli z sobą rozmawiać. Jeśli chodzi o syrenę policyjną, powiedziano mi: – *Mamy jedną w naszej fonotece.* – Zapytałem: – *Jak uzyskamy wrażenie odległości?* – *Najpierw włączymy bardzo cicho, a stopniowo będziemy załączać coraz głośniej.* – *Nie, tego nie chcę.* – Wynająłem ambulans z syreną, umieściłem mikrofon na bramie studia i wysłałem ambulans na odległość dwóch kilometrów – w ten sposób nagraliśmy dźwięk.

FT: *Sznur* był pańską pierwszą samodzielną produkcją. Czy stał się dla pana sukcesem finansowym?

AH: Tak, miał sporą widownię i dobrą prasę. Ponieważ pierwszy raz wykonywaliśmy tego typu pracę przy filmie, kosztował on mimo wszystko półtora miliona dolarów, z czego trzysta tysięcy wyniosła gaża Jamesa Stewarta. Niedawno MGM odkupiła negatyw i film na nowo wszedł do rozpowszechniania.

FT: Po *Sznurze* nakręcił pan kolejny film jako niezależny producent: *Pod Zwrotnikiem Koziorożca* (*Under Capricorn*). We Francji powstało pewne nieporozumienie dotyczące tego filmu, gdyż wielu pańskich wielbicieli uważa go za najlepszy pana utwór; tymczasem wiem, że była to katastrofa finansowa i jest to prawdopodobnie film, którego realizacji najbardziej pan żałuje. Na początku była angielska powieść. Podobała się panu?

AH: Nie, nie ceniłem jakoś szczególnie tej książki i prawdopodobnie nigdy nie wybrałbym jej jako materiału do filmu, gdybym nie sądził, że jest ona odpowiednia dla Ingrid Bergman. Ingrid była wtedy największą gwiazdą Ameryki, a ja nakręciłem z nią dwa filmy: *Urzeczoną* i *Osławioną*. Toczyła się prawdziwa walka między amerykańskimi producentami o zapewnienie sobie jej współpracy i muszę przyznać, że popełniłem wtedy błąd, uważając udział Ingrid Bergman za najważniejszą dla mnie sprawę. Było to moje zwycięstwo nad przemysłem filmowym. Moje zachowanie w tej sprawie było karygodne i niemal dziecinne. Nawet jeśli obecność Bergman miała sprawić, że film świetnie zarobi, stawał się on tym samym tak drogi, że całe przedsięwzięcie traciło sens. Nawet z czysto komercyjnego punktu widzenia powinienem był lepiej to przemyśleć; nie wydałbym wtedy na ten film ponad dwóch i pół miliona dolarów, a w tamtych czasach były to duże pieniądze.

Już w 1949 roku byłem zaszufladkowany jako specjalista od suspensu i thrillerów, tymczasem film *Pod Zwrotnikiem Koziorożca* nie należał do żadnego z tych gatunków. W „Hollywood Reporter" napisano na przykład: „Trzeba było czekać 105 minut na pierwszy dreszcz w tym filmie"[3]. Mój pierwszy błąd polegał więc na upojeniu, w jakie popadłem sądząc, że po tym, jak otrzymałem zgodę Ingrid Bergman, wszystko musi już pójść jak z płatka. Film był produkowany przez moją spółkę i oto ja, Hitchcock, były angielski reżyser, zjawiam się na powrót w Londynie, z największą ówczesną gwiazdą u boku. Wszystkie kamery są więc zwrócone na Ingrid Bergman i na mnie, kiedy wysiadamy z samolotu. Sądziłem, że to ważny moment, tymczasem właśnie w tym momencie okazałem się dziecinny i głupi.

Drugim błędem był wybór mojego przyjaciela Hume'a Cronyna do napisania wraz ze mną scenariusza. Wy-

---

[3]Australia, rok 1835. Bratanek gubernatora, Charles Adare (Michael Wilding), po przyjeździe z Anglii zostaje zaproszony na kolację do byłego skazańca, który się wzbogacił, Sama Flusky (Joseph Cotten), ożenionego z jedną z kuzynek Charlesa, lady Henriettą (Ingrid Bergman). Charles Adare odkrywa, że jego kuzynka, która wpadła w alkoholizm, jest terroryzowana przez swoją gospodynię Milly (Margaret Leighton). Próbując uzdrowić Henriettę, Charles zakochuje się w niej. Zazdrość Sama Flusky, pogłębiona przez postępowanie gospodyni, godnej Jagona, wywołuje skandal podczas oficjalnego balu. Henrietta zwierza się następnie Charlesowi, że to ona jest sprawczynią morderstwa, które wziął na siebie w przeszłości Sam i które zaprowadziło go do ciężkiego więzienia. Pod wpływem tego zwierzenia Charles Adare poświęca się i wraca do Anglii, zdemaskowawszy wcześniej Milly, która systematycznie podawała truciznę swojej pani z miłości do Sama Flusky (przyp. FT).

brałem go dlatego, że jest to człowiek, który podczas rozmowy potrafi dobrze wyrazić swoje myśli, lecz jako scenarzyście naprawdę brakowało mu doświadczenia. Trzecim błędem było zwrócenie się, również o współpracę przy scenariuszu, do Jamesa Bridie'ego, autora pseudointelektualnych sztuk teatralnych, człowieka, który nie jest nawet dobrym rzemieślnikiem. Kiedy myślałem o tym wszystkim później, zdałem sobie sprawę, że Bridie jest autorem, któremu wychodzą świetne pierwsze i drugie akty, lecz który nigdy nie potrafi dokończyć swoich sztuk. Przypominam sobie jeden z punktów scenariusza, o którym dyskutowaliśmy – mąż i żona rozstali się po potwornej awanturze i pytam się Bridie'ego: – *Jak ich pogodzimy?* – On na to: – *Żaden problem! Przeproszą się i powiedzą sobie nawzajem: Pomyliłem się i proszę o wybaczenie!*

FT: Rzeczywiście, nawet wielbiciel tego filmu musi przyznać, że ostatni kwadrans jest dość słaby i intryga rozwija się bardzo mozolnie...

AH: O tak! Zatem, jak pan widzi, próbuję przedstawić panu jasny obraz kłopotliwego położenia, w którym się wtedy znalazłem w wyniku własnego błędu. Jedno nie ulega wątpliwości: jeśli w trakcie pańskiej pracy twórczej poczuje pan, że zanurza się pan w jakąś mętną i podejrzaną aferę, niech się pan oprze na czymś, co jest prawdziwe i co zostało już wypróbowane, wszystko jedno: może to być ktoś, z kim pan już współpracował, albo gatunek czy temat, który pan zna.

FT: Co pan rozumie przez „oparcie się na czymś, co już zostało wypróbowane"? Czy chce pan powiedzieć, że gdy nie wiemy zbyt dobrze, w którym miejscu się znajdujemy, powinniśmy się odwołać do jakichś punktów, które już znamy?

AH: Do czegoś, co utrwaliło się na dobre w pańskim umyśle. Powinien pan tak postępować za każdym razem, kiedy się pan na chwilę pogubił, za każdym razem, kiedy jest pan zdekoncentrowany... *Run for cover*: „Cofnąć się, żeby ogarnąć całość". To bardzo znana metoda wśród przewodników i podróżników: kiedy zdajemy sobie sprawę, że pomyliliśmy drogę, albo gdy zabłądziliśmy w lesie, nigdy nie powinniśmy starać się odnaleźć właściwej ścieżki idąc na przełaj lub ufając własnemu instynktowi. Jedyne rozwiązanie to skrupulatnie odtworzyć przebytą drogę, aby trafić do punktu wyjścia lub do punktu, w którym zabłądziliśmy.

FT: W filmie *Pod Zwrotnikiem Koziorożca* odnajduję jednak zdradziecką gospodynię, stopniowe otruwanie, zawładnięcie przeszłością, wyznanie winy: mnóstwo elementów, które sprawdziły się już w *Rebece* i w *Osławionej*...

AH: To prawda, lecz te elementy pojawiłyby się w filmie również wtedy, gdybym zwrócił się do prawdziwego profesjonalisty, jakiegoś Bena Hechta, żeby napisał wraz ze mną scenariusz.

FT: Dialogu jest rzeczywiście za dużo, za to jest on bardzo liryczny. Mimo wszystko, jeśli nawet *Pod Zwrotnikiem Koziorożca* nie jest dobrym filmem, to na pewno jest filmem pięknym.

AH: Wolałbym, żeby odniósł sukces; bo pominąwszy nawet kwestie finansowe, włożyliśmy zbyt wiele energii w to przedsięwzięcie, by nie odczuć z pewnym wstydem faktu, że to się na nic nie zdało. Było mi wstyd także dlatego, że jako reżyser i producent przyznałem sobie bardzo dobrą pensję, podobnie jak Ingrid Bergman. Być może w ogóle nie powinienem był brać pieniędzy, lecz wydawało mi się niesprawiedliwe, że Ingrid Bergman dostaje dużą sumę, natomiast ja miałbym pracować za darmo.

FT: Dużo pan stracił na tym filmie?

AH: Tak, bardzo dużo. Teraz film należy do banków, które go sfinansowały, lecz niedługo znów będzie rozpowszechniany w różnych miejscach świata i prawdopodobnie w amerykańskiej telewizji.

FT: To film o atrakcyjnej fabule i z tego powodu można go było uważać za komercyjny, lecz z drugiej strony jest dość smutny, dość chorobliwy, wszystkim bohaterom można coś zarzucić, a całość spowija dość koszmarna atmosfera. Ma on jednak pewien aspekt, który jest jakby udoskonaleniem elementów obecnych w poprzednich pańskich filmach. Na przykład postać zdradzieckiej gospodyni, Milly – to córka pani Danvers z *Rebeki*, tylko jeszcze bardziej przerażająca.

AH: Też tak sądzę, a jednak angielscy krytycy uważali za godne pożałowania to, że wziąłem tak piękną aktorkę, jak Margaret Leighton, żeby zrobić z niej postać równie antypatyczną. Jeszcze surowiej wypowiedziała się pewna dziennikarka z Londynu podczas konferencji prasowej: „Nie rozumiem, dlaczego przywiózł pan z Ameryki pana Josepha Cottena, skoro mamy tu w kraju bardzo dobrego aktora, Kierona Moore'a".

FT: Och nie! Aktorzy są w tym filmie świetni i bardzo dobrze obsadzeni.

AH: Nie jestem pewien. *Pod Zwrotnikiem Koziorożca* to jeszcze jedna opowieść o damie i o stajennym. Ingrid zakochała się w stajennym – Josephie Cottenie – i kiedy został on zesłany do Australii na przymusowe roboty, pojechała za nim. Ważnym elementem było więc poniżenie lady Henrietty, jej poniżenie z miłości. To dlatego Joseph Cotten nie był jednak odpowiedni, potrzebny byłby Burt Lancaster.

FT: To problem kontrastu, podobnie jak w *Akcie oskarżenia*. Nawet jeśli ten film jest fiaskiem, to nie można stawiać go na równi z *Oberżą na pustkowiu*. Kiedy się go ogląda, czuje się, że musiał pan w ten film wierzyć podczas realizacji i że musiała się panu podobać ta historia, jak ta z *Zawrotu głowy*.

AH: To prawda, podobała mi się ta historia, ale nie aż tak jak tamta z *Zawrotu głowy*. Szukałem opowieści dla Ingrid

Bergman i sądziłem, że ją znalazłem. Gdybym dobrze się zastanowił, nie nakręciłbym nigdy filmu kostiumowego; proszę zauważyć, że nie zrobiłem już żadnego od tamtej pory. Poza tym brakowało w tym filmie poczucia humoru. Gdybym dzisiaj miał kręcić film rozgrywający się w Australii, pokazałbym policjanta, który wskakuje kangurowi do torby, wołając do niego: – *Niech pan goni ten samochód!*

FT: Innym interesującym aspektem tego filmu jest technika: kilkakrotnie próbował pan powtórzyć eksperyment ze *Sznura*, kręcąc ujęcia mające od sześciu do ośmiu minut, z dodatkowym utrudnieniem, jakie stanowiło przejście z parteru na pierwsze piętro.

AH: Tak naprawdę nie stanowiło to dodatkowego utrudnienia, lecz płynność ujęć była może błędem, gdyż podkreślała fakt, iż nie mamy do czynienia z thrillerem. Z powodu tych długich ujęć Ingrid Bergman obraziła się na mnie następnego wieczoru po zakończeniu zdjęć. Ponieważ ja nigdy się nie obrażam i nie znoszę kłótni, opuściłem pomieszczenie za jej plecami i dwadzieścia minut później powiadomiono mnie przez telefon, że kontynuowała swoje skargi nie zauważając, że już mnie tam nie było.

FT: Pamiętam, że rozmawiałem z nią o tym filmie w Paryżu, zachowała koszmarne wspomnienie wielkich fragmentów dekoracji, które znikały, gdy przechodziła w toku długich ujęć...

AH: Nie lubiła tego sposobu pracy, a ponieważ nie znoszę kłótni, mówiłem jej: – *Ingrid, to tylko film!* – Chciała kręcić wyłącznie arcydzieła, lecz kto może wiedzieć z góry, czy film będzie arcydziełem? Kiedy była zadowolona z jakiegoś filmu, który właśnie skończyła, mawiała: – *Co mogę jeszcze po tym zrobić?* – Nigdy nie mogła sobie wyobrazić czegoś wystarczająco wielkiego, może poza *Joanną d'Arc*, co było właśnie głupotą.

Chęć zrobienia czegoś wielkiego, a potem, jeśli odniesie pan sukces, czegoś jeszcze większego, upodobni pana do małego chłopca, który nadmuchuje balon, a ten pęka mu nagle przed nosem. Nigdy nie postępuję w ten sposób. Mówiłem sobie: „Teraz zrobię taki mały filmik, *Psychozę*", nigdy nie pomyślałem: „Teraz nakręcę film, który przyniesie piętnaście milionów dolarów", nie przyszłoby mi to do głowy. Mówiłem więc do Bergman: – *Po tym będzie pani mogła zagrać wyłącznie małą rolę sekretarki i może wyjdzie z tego wielki film opowiadający historię małej seketarki.* – Ale nie, ona chciała grać Joannę d'Arc!

Nawet teraz wciąż się kłócimy, gdyż mimo swojej piękności, pod pretekstem, że ma ponad czterdzieści pięć lat, chce grać tylko matki; więc co będzie grała w wieku osiemdziesięciu dwóch lat?

FT: ...Babcie!

Uważam za zupełnie logiczne, że nakręcił pan *Pod Zwrotnikiem Koziorożca*. Tymczasem pański następny film, *Trema* (*Stage Fright*), również nakręcony w Londynie, niewiele dodał do pana sławy. Jest to rzeczywiście skromny angielski kryminał w tradycji Agathy Christie, typowy *whodunit*, czyli coś, co pan odrzuca.

AH: Zgoda, lecz był w nim element, który mnie interesował: możliwość nakręcenia historii o teatrze. Podobał mi się konkretnie taki pomysł: młoda dziewczyna, która chce zostać aktorką, musi się przebrać i zagrać swoją pierwszą rolę w prawdziwym życiu, prowadząc policyjne śledztwo. Teraz zastanawia się pan, dlaczego wybrałem tę historię? Książka ukazała się niewiele wcześniej i wielu krytyków recenzując ją pisało: „Ta powieść byłaby dobrym scenariuszem dla Hitchcocka". A ja, jak idiota, potraktowałem to dosłownie!

Przyznam się panu: zrobiłem w tej historii coś, na co nigdy nie powinienem był sobie pozwolić... retrospekcję, która była kłamstwem.

FT: Często to panu zarzucano, francuscy krytycy także.

AH: W filmach bez problemu akceptujemy fakt, że ktoś opowiada fałszywą historię. Bez trudności akceptujemy również to, że postać opowiada jakieś minione wydarzenie i że ilustruje je retrospekcja, tak jakby to wydarzenie rozgrywało się na naszych oczach. W takim razie dlaczego nie moglibyśmy również przedstawić kłamstwa wewnątrz retrospekcji?

FT: W pańskim filmie to nie jest takie proste: Richard Todd, ścigany przez policję, wsiada do samochodu Jane Wyman, która rusza z wielką prędkością. Mówi: – *Nie widać już policji; chciałabym wiedzieć, co się stało.* – Richard Todd zaczyna jej więc opowiadać, a jego opowieść zamienia się w retrospekcję. Mówi on, a my to oglądamy, że był właśnie u siebie, kiedy wpadła do niego oszołomiona Marlena Dietrich w białej sukni poplamionej krwią i opowiedziała mu, co się stało; jest to więc wyjątkowo niebezpośredni sposób narracji, gdyż Todd opowiada Jane Wyman, co opowiedziała mu Marlena Dietrich. (Zabiła swojego męża, po czym przyszła poprosić Todda, by pomógł jej usunąć dowód winy. Zgodził się, a ponieważ pokazał się na miejscu zbrodni, obawia się, że ściągnął na siebie podejrzenie). Dowiemy się później, pod koniec filmu, że Todd skłamał Marlenie Dietrich, podobnie jak Jane Wyman i policji, bowiem to on jest mordercą. Właściwie można powiedzieć, że skłamał trzy razy, gdyż ta retrospekcja była podzielona na trzy części.

AH: To prawda, to wszystko było bardzo niebezpośrednie...

FT: Mimo to uważam, że trzy pierwsze taśmy filmu są najlepsze.

AH: Nie wiem, mnie bardzo bawiła scena balu charytatywnego w ogrodzie.

FT: Jest zabawna, to prawda, lecz niezbyt podobała mi się postać grana przez Alastaira Sima, czyli uroczy ojciec Jane Wyman; nie podobał mi się ani bohater, ani aktor.

AH: To znów kwestia kręcenia filmów w Anglii. Mówią tam panu: „To jeden z naszych najlepszych aktorów, musi pan mieć go w swoim filmie". To lokalny i narodowy prze-sąd, wyspiarska mentalność. Poza tym miałem w tym filmie ogromne problemy z Jane Wyman.

FT: Sądziłem, że wybrał ją pan ze względu na to, iż przy-pominała pańską córkę, Patricię Hitchcock. Miałem zresztą wrażenie, że oglądam film w pewnym sensie ojcowski, ro-dzinny.

AH: Nie do końca! Jane sprawiała mi wiele kłopotów. Trzeba było, aby jej przebranie pokojówki oszpecało ją, upodobniała się przecież do niezbyt atrakcyjnej służącej, której miejsce miała zająć. Za każdym razem, gdy wchodzi-ła do garderoby, porównywała się z Marleną Dietrich i za-czynała płakać. Nie mogła się poddać charakteryzacji, a Dietrich była naprawdę piękna. Więc każdego dnia, stop-niowo, Jane Wyman potajemnie poprawiała swój wygląd, w rezultacie jej rola nie była przekonująca.

FT: Starając się któregoś dnia spojrzeć na ten film pań-skimi oczami, pomyślałem, że nie jesteśmy zbytnio zainte-resowani tą historią, gdyż tak naprawdę żadna z postaci nie znajduje się w niebezpieczeństwie.

AH: Spostrzegłem to, zanim skończyliśmy film, ale było już za późno, żeby coś na to poradzić. Dlaczego żadna z po-staci nie jest tak naprawdę zagrożona? Gdyż opowiadamy historię, w której to czarne charaktery się boją. To poważna słabość filmu, gdyż łamie on zasadę: im bardziej udany jest czarny charakter, tym lepszy będzie film. To jest naczelna za-sada, tymczasem w tym filmie czarny charakter nie udał się.

FT: Świetna formuła: im bardziej udany jest czarny cha-rakter, tym lepszy będzie film. To dlatego *Osławiona* jest tak dobrym filmem, a także *W cieniu podejrzenia* i *Nieznajomi z pociągu*! Claude Rains, Joseph Cotten i Robert Walker to pana najbardziej udane czarne charaktery.

10.

Nieznajomi z pociągu albo efektowny *come back*. Miałem monopol na suspens. Czołgający się człowieczek. Prawdziwa dziwka. *Wyznaję*. Za mało humoru. Czy jestem wyrafinowanym barbarzyńcą? Tajemnica spowiedzi. Doświadczenie to za mało. Mój strach przed policją. Historia trójkąta.

François Truffaut: Jest rok 1950 i znowu znajduje się pan w sytuacji nie do pozazdroszczenia, prawie jak w 1933 roku po *Walcach wiedeńskich* a przed podniesieniem się z upadku za pomocą *Człowieka, który wiedział za dużo*. Pod *Zwrotnikiem Koziorożca* i *Trema* stały się dwiema kolejnymi klęskami komercyjnymi; ale *come back* i tym razem będzie efektowny: okażą się nim *Nieznajomi z pociągu (Strangers on a Train)*.

Alfred Hitchcock: I tym razem był to wynik strategii „cofnąć się, żeby ogarnąć całość". Nikt mi tego nie proponował, sam wybrałem powieść; to był materiał wymarzony dla mnie.

FT: To powieść Patricii Highsmith; znam ją, jest dobra, ale chyba trudna do adaptowania.

AH: Rzeczywiście, i tym samym wyłania się nowy temat: nigdy nie współpracowało mi się dobrze z pisarzem, będącym – tak jak ja – specjalistą od thrillera czy suspensu.

FT: W tym wypadku chodzi o Raymonda Chandlera?

AH: Tak, nie układało nam się. Siedziałem obok niego i – kiedy wpadałem na jakiś pomysł – mówiłem: – *Może tak byśmy zrobili?* – On odpowiadał zawsze: – *Skoro ma pan już rozwiązanie, do czego ja jestem panu potrzebny?* – Nie byłem zadowolony z jego pracy i ostatecznie zaangażowałem Czenzi Ormonde, asystentkę Bena Hechta. Kiedy skończyliśmy scenariusz, szef Warnera szukał kogoś do napisania dialogów i mało kto chciał się tego podjąć. Wszyscy mówili, że to słabe.

FT: Wcale mnie to nie dziwi. Ilekroć wracałem do tego filmu, odnosiłem wrażenie, że gdybym czytał scenariusz, nie doceniłbym go. Trzeba dopiero zobaczyć film. Myślę, że gdyby ktoś inny sfilmował scenariusz, nie wyszłoby z niego nic dobrego. Gdyby było inaczej, jak można by wyjaśnić, że tylu twórców thrillerów – przekonanych, że idą w ślady Hitchcocka – ponosi porażkę? [1]

AH: To prawda. Moja siła polegała na tym, że miałem monopol na tę formę wyrazu. Nikt inny nie próbował zgłębić jej reguł.

FT: Jakich reguł?

AH: Reguł suspensu. Toteż w gruncie rzeczy zajmowałem się tym sam jeden. Selznick powiedział, że byłem jedynym reżyserem, do którego miał całkowite zaufanie; a przecież

[1] Młody mistrz tenisa, Guy (Farley Granger), zostaje zaczepiony w pociągu przez nieznanego fana, Bruna (Robert Walker). Bruno wie wszystko na temat Guya i proponuje mu przyjacielską wymianę zbrodni. On sam zobowiązuje się usunąć żonę Guya (która nie chce mu dać rozwodu), oczekując, że w zamian Guy zamorduje jego ojca, nie akceptującego trybu życia Bruna. Guy stanowczo odmawia i rozstaje się z Brunem, ten jednak realizuje pierwszą część swojego planu: w parku rozrywki dusi znienawidzoną żonę Guya.

Guy, przesłuchiwany przez policję, nie potrafi dostarczyć wiarygodnego alibi i zaczyna być śledzony, ale z racji jego popularności i związku z córką senatora – odbywa się to stosunkowo dyskretnie. Bruno daje jasno do zrozumienia, że liczy na rewanż Guya. Guy wykręca się jak długo może, w końcu jednak Bruno – wściekły z powodu niewykonania drugiej części umowy – postanawia zgubić Guya, porzucając na miejscu zbrodni należącą doń zapalniczkę. Tenisista musi więc wygrać mecz w trzech setach, żeby prosto z kortu udać się do parku rozrywki i ubiec Bruna. Finał ukazuje śmierć Bruna, zmiażdżonego przez karuzelę i ostateczne uniewinnienie Guya (przyp. FT).

wtedy, kiedy mnie zatrudniał, skarżył się na moją pracę. Mówił, że mój sposób reżyserowania przypomina trudny rebus. Wie pan dlaczego? Bo kręciłem wyłącznie maleńkie kawałeczki filmu. Nie można ich było złożyć bez mojego udziału i nie dało się zmontować filmu inaczej, niż to miałem obmyślone podczas zdjęć. Selznick zaś wywodził się ze szkoły, która radziła zbierać materiał, żeby potem bawić się nim w nieskończoność w sali montażowej. Tymczasem przy moim trybie pracy wytwórnia nie mogła zanadto wtrącać się do filmu. To dzięki temu wygrałem proces w sprawie *Podejrzenia*.

FT: Wszystko to widać w pana filmach: widać, że każde ujęcie mogło zostać nakręcone tylko w ten a nie inny sposób, pod tym a nie innym kątem i mogło trwać dokładnie tyle, ile trwało. Wyjątkiem są może sceny sądowe, czy w ogóle sceny z dużą ilością osób.

AH: To niestety nieuniknione. W *Nieznajomych z pociągu* zdarzyło mi się to z meczem tenisowym: nakręciłem za dużo materiału, a kiedy ma pan za dużo materiału, nie może go pan sam obrobić, oddaje go pan montażyście i nie kontroluje pan tego, co on odrzucił. To ryzykowne.

FT: Powszechnie podziwiana jest ekspozycja *Nieznajomych z pociągu*: travelling wzdłuż stóp w jednym kierunku, travelling wzdłuż stóp – w drugim, a następnie ujęcia szyn. Schodzące się i rozchodzące się szyny mają w sobie coś symbolicznego, jak strzałki oznaczające kierunek na początku *Wyznaję*; lubi pan zaczynać filmy od tego typu efektów...

AH: Takie strzałki oznaczające kierunek istnieją w Quebecu: wskazują kierunek ruchu na ulicach jednokierunkowych. W *Nieznajomych z pociągu* obrazy szyn były logiczną kontynuacją motywu stóp; praktycznie nie można było tego pociągnąć inaczej.

FT: Tak? Dlaczego?

AH: Kamera prawie dotykała szyn, ponieważ nie mogłem jej unieść, nie chciałem tego aż do momentu, kiedy stopy

Farleya Grangera i Roberta Walkera zetkną się z sobą w przedziale.

FT: No tak: to przypadkowe zetknięcie się stóp rozpocznie ich relację; trzeba było przeciągnąć aż do tego momentu chwyt niepokazywania ich twarzy. A równocześnie te szyny podpowiadają myśl o rozchodzeniu się dróg.

AH: Naturalnie. Czyż nie jest to fascynujący obraz? Chce się go długo oglądać.

FT: Często w pana filmach bohater udaje się w jakieś miejsce i czeka tam na niego niespodzianka. Mam wrażenie, że zawsze wtedy – nie mówię jeszcze o *Psychozie* – tworzy pan mały suspens-pułapkę, aby w chwilę później zaskoczenie było całkowite.

AH: Możliwe, że tak jest. Mógłby pan dać jakiś przykład?

FT: W *Nieznajomych z pociągu* Guy (Farley Granger) obiecał Brunowi (Robert Walker), że zabije jego ojca, ale wcale nie zamierza tego uczynić, przeciwnie – chce ostrzec ojca Bruna. Guy dostaje się zatem nocą do ich domu i chce wejść na piętro, do pokoju ojca Bruna. Gdyby wchodził spokojnie po schodach, widz próbowałby się domyślić, co będzie dalej i być może zdołałby zgadnąć, że Guy nie ojca znajdzie w tym pokoju, ale samego Bruna? Tymczasem nie da się tego zgadnąć, nie można nawet próbować, ponieważ przygotował pan mały suspens związany z wielkim psem, który czeka na środku schodów i wymusza inne pytanie: czy Guy zdoła przejść obok psa nie narażając się na pogryzienie? Tak to wygląda?

AH: Dokładnie tak. W scenie, którą pan przypomniał, mamy więc najpierw suspens związany z zagrażającym psem, a później efekt zaskoczenia, kiedy w pokoju odkrywamy nie ojca, ale samego Bruna. Nawiasem mówiąc, przypominam sobie, że mieliśmy z psem wielki kłopot, bo uparł się on lizać rękę Farleya Grangera.

FT: Zwraca też uwagę w tym filmie manipulowanie czasem. Mam przede wszystkim na myśli ekstatyczne napięcie podczas meczu tenisowego, który Farley Granger powinien za wszelką cenę wygrać możliwie szybko, co jest zmontowane z panicznym usiłowaniem odzyskania przez Roberta Walkera zapalniczki z inicjałami Farleya Grangera (G. H. jak Guy Haines), która wpadła mu do kanału. W obu tych scenach wyciska pan czas, jak wyciska się cytrynę. Potem, kiedy Bruno przybywa na wyspę, pan ten czas zwalnia: póki jest dzień, Walker nie może podrzucić na trawnik kompromitującej zapalniczki, pyta więc kogoś z obsługi lunaparku: – *O której godzinie robi się tu ciemno?* – Czas realny odzyskuje więc swoje prawa, bo Walker zmuszony jest czekać, aż zapadnie wieczór. Ta gra z czasem jest fascynująca.

Natomiast finałowa sekwencja na karuzeli nie zachwyca mnie; domyślam się, że potrzebował pan w tym miejscu doprowadzenia emocji do zenitu?

AH: Rzeczywiście nie bardzo się ona udała; ale po tylu mocnych scenach musiałem tam umieścić – jakby powiedział muzyk – jakąś kodę. Do dziś jednak tracę oddech, kiedy przypominam sobie realizację tej sceny. Ten mały człowieczek z obsługi, który – czołgając się pod pomostem – wyłączył rozpędzoną karuzelę, naprawdę ryzykował życiem. Gdyby podniósł głowę o pięć milimetrów wyżej, zginąłby i nigdy bym sobie tego nie wybaczył. Nigdy więcej czegoś takiego nie zrobię.

FT: A kiedy karuzela się załamuje?

AH: To już była makieta. Największą trudność przy tej scenie stanowiło zsynchronizowanie reprojekcji, bo przy każdym ujęciu trzeba je było ustawiać pod innym kątem; ponieważ zaś mieliśmy tam mnóstwo ujęć kręconych z różnych punktów widzenia, trzeba było tracić sporo czasu na uzgadnianie ram kadru w kamerze z ramami tylnej projekcji. Scena załamania się karuzeli była kręcona przy użyciu makiety, powiększonej na reprojekcji, oraz z udziałem prawdziwych osób umieszczonych przed ekranem.

FT: Sytuacja w *Nieznajomych z pociągu* bardzo przypomina podobną z filmu *Miejsce w słońcu* (*A Place in the Sun*)[2]; do tego stopnia, że nieraz się zastanawiałem, czy powieść Patricii Highsmith nie wynikła z inspiracji *Amerykańską tragedią* Theodore'a Dreisera?

AH: To nie jest wykluczone. Myślę jednak, że słabość *Nieznajomych z pociągu* miała dwie przyczyny: brak siły aktorskiej dwóch głównych wykonawców i brak precyzji ostatecznej wersji scenariusza. Gdyby dialog był lepiej skonstruowany, otrzymalibyśmy bardziej przekonującą charakterystykę postaci. Widzi pan, największy problem z filmami tego typu polega na tym, że główni bohaterowie stają się często zwykłymi figurami.

FT: Jak w matematyce? To wielki dylemat przy każdym filmie: czy wybrać mocną sytuację z jasno określonymi postaciami, czy subtelne postaci w niejasnej sytuacji. Zdaje mi się, że pan zawsze wybiera to pierwsze rozwiązanie, toteż i *Nieznajomi z pociągu* przypominają wykres graficzny. Na tym poziomie realizacji jednak – stylizacja jest tak urzekająca, że potrafi zafascynować nawet szeroką publiczność.

AH: Tak, byłem bardzo zadowolony z formy, jaką przybrał film, także z postaci drugoplanowych. Bardzo lubię tę zamordowaną kobietę, prawdziwą dziwkę, pracującą w sklepie z płytami, a także matkę Bruna, co najmniej równie szaloną jak jej syn.

---

[2] Film George'a Stevensa z 1951 roku (laureat 6 Oscarów), będący adaptacją słynnej powieści Theodore'a Dreisera *Tragedia amerykańska* (1925), jednego z najwybitniejszych utworów amerykańskiego realizmu krytycznego (przyp. tłum.).

FT: Jedyny zarzut, jaki można by postawić *Nieznajomym z pociągu*, dotyczy wykonawczyni głównej roli kobiecej – Ruth Roman.

AH: To była gwiazda Warner Brothers i byłem zmuszony ją obsadzić, nie mając w ekipie żadnych innych aktorów z tej wytwórni. Równie niezadowolony byłem jednak z Farleya Grangera; to dobry aktor, wolałem jednak Williama Holdena, bo to mocniejsza osobowość. W historii tego typu im mężczyzna jest silniejszy, tym silniejsza jest sytuacja.

FT: Granger, który był znakomity w *Sznurze*, nie jest zbyt sympatyczny w *Nieznajomych z pociągu*. Myślałem, że to zamierzone: że kieruje pan na niego surowe spojrzenie, bo to arywista i playboy. W porównaniu z nim Robert Walker ma w sobie oczywiście więcej poezji i staje się prawdziwie uroczy. Czuje się w tym filmie, że negatywny bohater jest panu bliższy.

AH: Naturalnie, bez wątpienia.

FT: W pana filmach, a w *Nieznajomych z pociągu* jest to szczególnie widoczne, zdarzają się często nie tylko nieprawdopodobieństwa i zdumiewające zbiegi okoliczności, ale wręcz rzeczy niczym nie usprawiedliwione, które jednak na ekranie przeobrażają się w mocne punkty, dzięki pańskiemu autorytetowi, i samej logice spektaklu.

AH: Logika spektaklu, o której pan mówi, to po prostu prawidła suspensu. Tutaj ma pan jedną z tych historii, które wywołują odwieczną pretensję: „Dlaczego on nie poszedł opowiedzieć wszystkiego na policję?". Proszę jednak zwrócić uwagę, że dostarczono tu mocnych powodów, dla których bohater nie mógł pójść na policję.

FT: Oczywiście. Podobnie jak *W cieniu podejrzenia*, także i konstrukcja tego filmu jest konsekwentnie oparta na cyfrze „dwa", i tutaj także obaj bohaterowie mogliby nosić to samo imię, Guy albo Bruno, bo to najwyraźniej jedna postać podzielona na dwie.

AH: To Bruno zamordował żonę Guya, ale dla Guya to tak, jakby on sam ją zabił. Natomiast Bruno to jawny psychopata.

FT: Nie był pan chyba zadowolony z *Wyznaję* (*I Confess*), którego scenariusz jest kuzynem *Nieznajomych z pociągu*. Prawie wszystkie pana filmy opowiadają historię zamiany morderstw. Na ekranie pojawia się zarówno ten, kto popełnił zbrodnię, jak i ten, kto mógłby ją popełnić. Wiem, że był pan bardzo zdumiony, kiedy francuscy dziennikarze uświadomili to panu w 1955 roku i przypuszczam, że to zdumienie było szczere, ale przecież jest oczywiste, że niemal wszystkie pana filmy opowiadają tę samą historię. Zaskakujące, że ten sam temat przedostał się do *Wyznaję* za pośrednictwem adaptacji kiepskiej francuskiej sztuki z 1902 roku, *Nasze dwa sumienia* Paula Anthelme; aż dziwne, że ona do pana trafiła...

AH: Sprzedał mi ją Louis Verneuil.

FT: Zapewne wcześniej ją panu opowiedział?

AH: Tak jest.

FT: Czyli sądził, że pana zainteresuje?

AH: Tak przypuszczam.

FT: Louis Verneuil mógł panu opowiedzieć jedną ze swoich własnych sztuk, albo jakąś cudzą, bo znał ich setki. Zdumiewające, że opowiedział panu właśnie tę, starą i zapomnianą historię, której istota tak bardzo przypomina pozostałe pana filmy.

AH: Tak mi właśnie powiedział: – *Mam historię, która może pana zainteresować.* – Większość materiału, który otrzymuję, wynika generalnie z błędnych założeń impresariów. Powiadają do mnie: – *Mamy temat wymarzony dla pana* – po czym okazuje się zwykle, że jest to jakaś opowieść o gangsterach, albo *whodunit*, czyli rzeczy, których nie tykam. Tymczasem Verneuil przyniósł mi tę sztukę i kupiłem ją natychmiast!

FT: Miał pan pewnie trudności ze scenariuszem *Wyznaję*, z racji przemieszania elementów skandalicznych z religijnymi.[3]

AH: Dużo trudności; i obawiam się, że efekt był ciężkawy. Tej historii brakuje humoru i finezji. Nie chcę powiedzieć, że trzeba tam było wtłaczać humor na siłę, ale mogłem użyć go w inscenizacji, jak w *Psychozie*: tam poważna historia opowiedziana została w sposób ironiczny.

FT: To ciekawy przypadek, który często bywał powodem nieporozumień z krytykami: oni doskonale chwytają intencje, kiedy treść jest humorystyczna; gubią się jednak, kiedy treść jest serio, a humorystyczne jest samo spojrzenie autora. To samo było z *Ptakami*: ironiczne spojrzenie na poważną intrygę.

AH: Zdanie, które najczęściej przychodzi do głowy przy pisaniu scenariusza, brzmi: „Czy nie byłoby zabawne, gdyby zbrodnia wyglądała właśnie tak?".

FT: W ten sposób może pan przedstawiać poważne idee unikając napuszenia czy złego smaku. Oczywiście, przyjemność, która wynika z filmowania rzeczy przerażających, może osiągać formę sadyzmu intelektualnego, myślę jednak, że może to być także bardzo zdrowe.[4]

[3] Niemiecki emigrant Otto Keller (Otto E. Hasse), zakrystian kościoła w Quebecu, zamordował adwokata Vilette'a, który przyłapał go na kradzieży. Natychmiast po popełnieniu zbrodni, Keller wyznaje ją podczas spowiedzi ojcu Loganowi (Montgomery Clift). Ponieważ Keller w chwili zbrodni przebrany był w sutannę, podejrzenia obracają się przeciw ojcu Loganowi, który nie może dostarczyć alibi i który był rzeczywiście szantażowany przez Vilette'a, z powodu dawnej historii miłosnej, poprzedzającej jego wyświęcenie. Zobowiązany tajemnicą spowiedzi, bez jednego słowa pozwala się oskarżyć i skazać. Zostanie jednak – pomimo wrogości tłumu – uniewinniony „z powodu wątpliwości"; ale w finale Otto Keller wyjawi swą winę i umrze w ramionach ojca Logana, który udzieli mu ostatnich sakramentów (przyp. FT).

[4] Oto deklaracja, jaką Alfred Hitchcock złożył podczas konferencji prasowej w Hollywood w 1947 roku: „Jestem gotów wywołać u publiczności zbawienny wstrząs moralny. Cywilizacja stała się tak opiekuńcza, że sami nie za-

AH: Też tak sądzę. Jednym z dowodów miłości, jakie matka daje swojemu dziecku, jest straszenie go przy pomocy gestów i min. Dziecko boi się i śmieje się równocześnie, macha rączkami i – odkąd umie mówić – prosi: – *Jeszcze!* – Pewna angielska dziennikarka napisała, że *Psychoza* była filmem wyrafinowanego barbarzyńcy; coś w tym jest, prawda?

FT: To niezła definicja.

AH: Gdybyśmy chcieli zrobić z *Psychozy* film całkiem poważny, pokazalibyśmy przypadek kliniczny, nie trzeba byłoby wprowadzać tajemnicy czy suspensu. Ułożyłoby się to wtedy w udokumentowaną opowieść i – jak już mówiliśmy – dzięki dużej wiarygodności doszlibyśmy do nakręcenia dokumentu. Toteż w filmach z tajemnicą i suspensem nie można obyć się bez humoru; myślę więc, że *Wyznaję* i *Pomyłka* to filmy cierpiące na brak humoru. Powinienem jak najczęściej zadawać sobie pytanie: „Jak powinienem użyć swego poczucia humoru dla rozwinięcia poważnego tematu?". Myślę, że niektóre moje filmy angielskie były zbyt lekkie, a pewne moje filmy amerykańskie – zbyt ciężkie, ale te proporcje są trudne do wyważenia. Zwykle człowiek zdaje sobie z nich sprawę, kiedy jest już po wszystkim. Czy sądzi pan, że ciężkość filmu *Wyznaję* mogła wynikać z mojego wychowania u jezuitów?

FT: Nie sądzę. Wiązałbym ją raczej z atmosferą Kanady, do której dołączył niemiecki ton wnoszony przez parę uchodźców, Kellera i jego żonę...

AH: Istotnie, tego typu niedogodność pojawia się często, kiedy historia dzieje się w społecznościach mieszanych: Anglicy i Amerykanie, albo – jak tu – Amerykanie i francuscy Kanadyjczycy. Podobnie bywa z filmami kręconymi za gra-

pewnimy sobie tak łatwo gęsiej skórki. Żeby więc wyrwać nas z odrętwienia i przywrócić moralną równowagę, trzeba wywołać ten wstrząs sztucznie. Kino wydaje mi się najlepszym środkiem do osiągnięcia takiego rezultatu" (przyp. FT).

nicą, jeśli aktorzy mówią po angielsku; nigdy się do tego nie przyzwyczaiłem.

Skądinąd, nie chciałem, żeby to Anne Baxter grała główną rolę kobiecą; chciałem Anitę Björk[5], która grała *Pannę Julię*. Przybyła ona nawet do Ameryki, ale z kochankiem i pozamałżeńskim dzieckiem, więc szefowie Warner Bros przestraszyli się, zwłaszcza że niedawno inna Szwedka wywołała skandal; chodziło oczywiście o historię Bergman--Rossellini. Toteż Anitę Björk odesłano z powrotem do fiordów, ja zaś dowiedziałem się przez telefon, że Warnerzy wybrali Anne Baxter, którą miałem spotkać po raz pierwszy w jadalni hotelu Château-de-Frontenac w Quebecu. Proszę teraz porównać Anitę Björk z Anne Baxter i odpowiedzieć mi, czy nie była to pechowa zamiana?

FT: Bez wątpienia, za to Montgomery Clift jest świetny. Przez cały film, od początku do końca, zachowuje ten sam wyraz: jest to absolutna godność, z lekką domieszką zdziwienia. Tematem filmu jest znowu zamiana winy, odświeżona tu jednak przez ideę wyznania jej, pojmowanego na sposób religijny. Od momentu, kiedy Montgomery Clift odbiera podczas spowiedzi wyznanie winy Otta Hasse, to on w gruncie rzeczy staje się winny i w efekcie zostaje uznany za zbrodniarza.

AH: To ma decydujące znaczenie. Jakikolwiek ksiądz przyjmujący spowiedź od jakiegokolwiek mordercy staje się wspólnikiem zbrodni „po fakcie".

FT: Myślę jednak, że publiczność tego tak nie odbiera. Publiczność cały czas ma nadzieję, że Clift zacznie mówić, co stanowi odwrotne odczytanie. Jestem pewien, że nie chciał pan wywołać tej nadziei...

---

[5] Wybitna szwedzka aktorka (ur. 1923), która zdobyła międzynarodową sławę dzięki tytułowej roli w głośnej adaptacji dramatu Strindberga *Panna Julia*, zrealizowanej w 1951 roku (więc na rok przed *Wyznaję*) przez Alfa Sjöberga (przyp. tłum.).

AH: Zgadzam się z panem. Nie tylko zresztą publiczność, także wielu krytyków uznawało, że ksiądz dochowujący tajemnicy spowiedzi za cenę ryzyka życia, jest śmieszny.

FT: Zastanawiam się, czy sam ten fakt wydawał się im szokujący, czy raczej straszna zbieżność, jaka pojawia się na początku fabuły?

AH: Ma pan na myśli fakt, że zabójca pojawia się na miejscu zbrodni przebrany w sutannę?

FT: Nie, myślę raczej o zbieżności związanej z osobą ofiary, Vilette'em: zabójca, który wyznał swoją zbrodnię księdzu, zabił w istocie szantażystę, który tego samego księdza prześladował. Cóż za zbieg okoliczności!

AH: Tak, rzeczywiście.

FT: Myślę, że to ta zbieżność przeszkadza naszym przyjaciołom od wiarygodności; nie chodzi nawet o niewiarygodność, ale o sytuację wyjątkową; o nadmiar wyjątkowości...

AH: Można by to opatrzyć etykietką: „przestarzałe". Chciałbym w związku z tym zadać panu pytanie: dlaczego opowiadanie intrygi stało się przestarzałe? Zdaje się, że we francuskich filmach w ogóle nie ma już intrygi?

FT: To nie jest ścisłe, istnieje jednak rzeczywiście taka tendencja, która wiąże się z przemianą publiczności, z wpływem telewizji, z rosnącą rolą materiału dokumentalnego i dziennikarskiego w dziedzinie spektaklu; wszystko to oddala ludzi od fikcji i czyni ich nieufnymi wobec starych schematów.

AH: Innymi słowy, środki komunikowania tak bardzo się rozwinęły, że mamy skłonność do unikania intrygi? To możliwe, sam zresztą temu ulegam i dziś chętniej buduję film na pewnej sytuacji niż na historii.

FT: Chciałbym jednak, żebyśmy wrócili jeszcze do *Wyznaję*. Ustaliliśmy więc, że publiczność niecierpliwi się w toku intrygi, oczekując, że Montgomery Clift zacznie mówić. Nie uważa pan, że to jest błąd scenariusza?

AH: To jest najwidoczniej błąd, ponieważ niemożliwe jest, żeby on przemówił; cały film staje się więc kompromisem, ponieważ opiera się na idei niemożliwej do zaakceptowania dla publiczności. Prowadzi nas to do nowego uogólnienia: niedobrze jest mieć w filmie postać albo sytuację, których autentyczność można zweryfikować, albo które są zgodne z naszym własnym doświadczeniem. Wprowadza je pan do filmu i jest pan ich pewny, bo może pan powiedzieć: „To jest prawda, sam to widziałem". Tymczasem publiczność albo krytycy mogą nie chcieć tego zaakceptować. Wiąże się to ze znaną regułą: prawda przekracza fikcję. Na przykład, kiedyś na Fifth Avenue poznałem pewnego niesamowitego skąpca, pustelnika, nie odważyłbym się jednak wstawić takiej postaci do filmu, bo choćbym nie wiem jak przekonywał: – *Ależ ja znam tę postać* – publiczność odpowiadałaby: – *Nie wierzymy panu.*

FT: Doświadczenie rzeczy widzianych może być pomocne jedynie przy sugerowaniu czegoś innego, zbliżonego, o czym myślimy, że będzie łatwiejsze do sfilmowania...

AH: Tak jest. W przypadku *Wyznaję* my, katolicy, wiemy, że ksiądz nie może wyjawić tajemnicy spowiedzi, ale protestanci, ateiści, agnostycy myślą: „To śmieszne – milczeć. Żaden człowiek nie poświęciłby życia dla czegoś takiego".

FT: W samej koncepcji filmu jest więc błąd?

AH: Rzeczywiście, nie należało go realizować.

FT: Są w nim jednak piękne rzeczy. Clift przez cały czas filmu chodzi; jego stały ruch do przodu jest całkowicie zgodny z formą filmu i zgodność ta ucieleśnia ideę prawości. Jest tam specyficznie Hitchcockowska scena śniadania, podczas którego żona Otto Kellera nalewa kawę każdemu z księży i za każdym razem zatrzymuje się za Montgomery Cliftem, by przeniknąć jego intencje. Niezależnie więc od pozbawionej znaczenia rozmowy księży, coś istotnego rozgrywa się między Cliftem a tą kobietą i wszystko to rozumiemy dzięki samemu obrazowi. Nie znam żadnego innego reżysera, który potrafiłby czy nawet chciał coś takiego zrobić.

AH: Chce pan powiedzieć, że dialog mówi jedno, a obraz drugie? To jest podstawowa zasada reżyserii. Myślę zresztą, że tak dzieje się i w życiu. Ludzie nie ujawniają swoich najskrytszych myśli, sami też próbują odczytywać spojrzenia rozmówców, w efekcie rozmawiają zwykle o banałach, próbując równocześnie odgadnąć coś głębszego, co kryje się pod spodem.

FT: Z tego właśnie powodu uważam pana za filmowca głęboko realistycznego.

I jeszcze coś: odnoszę wrażenie, że Otto Keller waha się jedynie do momentu, w którym prosi żonę, by nie prała zakrwawionej sutanny; od tej chwili rezygnuje już ze swojej naiwnej religijności i stara się ostatecznie skompromitować tego, który jest jego dobroczyńcą i zarazem spowiednikiem, staje się więc prawdziwie diabelski?

AH: Tak mi się zdaje. Wcześniej działał w dobrej wierze.

FT: Bardzo interesująca jest też postać prokuratora, którego gra Brian Aherne. Kiedy widzimy go po raz pierwszy, próbuje on utrzymać w równowadze nóż i widelec na szklance. Za drugim razem leży na ziemi i próbuje utrzymać w równowadze szklankę wody na czole. Oba te szczegóły wiążą się z generalną ideą równowagi i myślę, że zdecydował się pan na nie, by pokazać, że w tej postaci sprawiedliwość jest jedynie salonową grą, zabawą światowca.

AH: No tak, bo tak jest! Już w *Zbrodni* pokazałem, że podczas przerwy w procesie adwokat i prokurator razem jedzą obiad. W *Akcie oskarżenia,* po skazaniu Alidy Valli na śmierć przez powieszenie, sędzia je spokojnie w domu posiłek wraz z żoną i ma się ochotę zapytać go: – *Wysoki sądzie, co pan czuje, kiedy wraca pan wieczorem do domu po skazaniu kobiety* *na śmierć?* – A Charles Laughton swoją obojętną postawą wydaje się odpowiadać: – *Nie czuję absolutnie nic.* – Mamy jeszcze dwóch inspektorów w *Szantażu*, którzy – zamknąwszy więźniarkę w celi – idą umyć ręce jak dwaj urzędnicy w biurze. Podobnie zresztą jest ze mną, kiedy kręcę jakąś przerażającą scenę w *Psychozie* czy *Ptakach*; nie sądzi pan chyba, że po powrocie do domu przez całą noc prześladują mnie koszmary? To jest moja praca, staram się ją wykonywać jak najlepiej i tyle. Kiedy jest już po wszystkim, nawet mnie to śmieszy, podczas zdjęć jednak zachowuję postawę serio. Zawsze wyobrażam sobie siebie na miejscu ofiary. Wracamy tym samym do mojego strachu przed policją. Zawsze przeżywam emocje osoby, która zostaje zatrzymana, przewożona na komisariat i przez kraty przygląda się ludziom wchodzącym akurat do teatru albo wychodzącym z kawiarni, cieszącym się normalnym życiem. Właśnie w tym momencie kierowca i siedzący obok niego kolega opowiadają sobie dowcipy; to dla mnie straszne.

FT: W obu scenach balansowania, które przytoczyłem, urzekł mnie fakt, że są tak dobrze połączone z wyobrażeniem wagi, będącej symbolem sprawiedliwości; dowodzi to, jak bardzo przemyślane są pana filmy...

AH: Bardzo wypracowane, tak...

FT: Nie sądzę, by podobne rzeczy pojawiały się w pana filmach przypadkowo, albo że podpowiada je panu instynkt. Oto inny przykład: kiedy Montgomery Clift opuszcza salę rozpraw, zostaje otoczony przez wrogi tłum i czuje się atmosferę linczu; tuż za Cliftem, obok pięknej żony Otto Kellera, widać grubą, dość odrażającą kobietę, która je jabłko i której spojrzenie wyraża nieżyczliwą ciekawość...

AH: Owszem, umieściłem tam tę kobietę specjalnie. Dałem jej do ręki jabłko i wytłumaczyłem, jak ma je jeść.

FT: No tak, ale publiczność nie zauważa takich rzeczy, bo patrzy się na postaci, które się już zna. Jest to więc z pana strony wymaganie nie tyle wobec publiczności, ile wobec samego siebie i wobec filmu.

AH: Ale widzi pan, trzeba robić takie rzeczy... Chodzi zawsze o wypełnianie tła; ludzie często mówią, że trzeba obejrzeć film kilkakrotnie, żeby dostrzec wszystkie szczegóły. Większość rzeczy, które umieszczamy w filmie, umyka, przecież jednak odgrywają one swoją rolę, kiedy się do filmu po latach wraca; dzięki nim – pozostaje on solidny i trwały.

FT: Kiedy Montgomery Clift zostaje uniewinniony przez trybunał, pojawia się pewien element scenariusza obecny w większości pana filmów: bohater zostaje oczyszczony wobec prawa, jako człowiek nadal jednak pozostaje w stanie oskarżenia: ktoś z trybunału zaskarża wyrok uniewinniający. Coś podobnego pojawi się w *Zawrocie głowy*.

AH: Tak zdarza się często podczas procesów, kiedy sprawa nie jest dość oczywista, żeby skazać oskarżonego. W szkockim prawie istnieje dodatkowa formuła werdyktu „Nie udowodniono".

FT: We Francji mówi się: „Uniewinniony z powodu wątpliwości".

AH: Był taki znany proces około 1890 roku, o którym często myślałem jako temacie na film. Teraz, kiedy jest *Jules i Jim*, nie odważyłbym się tego robić, bo to jest także historia trójkąta, zresztą – historia prawdziwa. Stary mąż i młoda żona byli z pozoru bardzo zadowoleni, że zamieszkał u nich pastor ze wsi. Mąż wychodził do pracy, a pastor zasiadał do czytania poezji, pieszcząc głowę żony, ułożoną na swoich kolanach. Myślałem o nakręceniu gwałtownej sceny miłosnej między pastorem a młodą żoną, toczącej się na oczach męża, siedzącego w bujanym fotelu z fajką w zębach; ponieważ palił z wyraźną przyjemnością, wyciągałby fajkę z ust i wkładał ją na powrót w rytmie aktu seksualnego tamtych obojga. A teraz opowiem panu dalszy ciąg ich historii.

Pewnego dnia, pod nieobecność pastora, mąż zwrócił się do żony: – *Ja też mam na to ochotę*. – Żona na to: – *Nie ma mowy, zgodziłeś się już na pastora, nie ma powrotu do przeszłości*. – Wkrótce potem mąż, pan Bartlett, zmarł, otruty chloroformem. Pani Bartlett i pastor Dyson zostali zatrzymani jako podejrzani o morderstwo. Dyson opowiedział, jak pani Bartlett, która była młodą i piękną, lecz bardzo niską kobietą, wysłała go po dwie butelki chloroformu. Znaleziono puste butelki. Oględziny wykazały, że pan Bartlett zmarł pochylony i że jego żołądek uległ wypaleniu, kiedy znajdował się w tej pozycji. Dowodziło to, że pan Bartlett nie mógł wchłonąć chloroformu w pozycji wyprostowanej; to jedno zdołano udowodnić podczas procesu. Eksperci medyczni próbowali sformułować różne hipotezy na temat sposobu, w jaki zmarł pan Bartlett, nie doszli jednak do jasnej konkluzji. Ustalono, że było niemożliwe, by wlano panu Bartlettowi chloroform w usta podczas snu, bo proces połykania wymaga świadomego udziału człowieka. Zresztą gdyby chloroform wlany został podczas snu, przedostałby się do płuc, czego nie stwierdzono. Z całą pewnością też nie był to przypadek samobójstwa. Oto, jaki zapadł wyrok, który stał się dla mnie inspiracją przy realizacji *Wyznaję*: *Choć żywimy bardzo poważne podejrzenia w stosunku do pani Bartlett, nie udało się udowodnić, jak użyto chloroformu; zatem: niewinna.*

Trzeba dodać, że młoda kobieta cieszyła się najwyraźniej sympatią przysięgłych, ponieważ na ich ławie rozległy się owacje. Tego samego wieczoru adwokat pani Bartlett poszedł do teatru i jego pojawienie się także wywołało oklaski. Sprawa ma ciekawe postscriptum. Wśród wielu poświęconych jej opracowań znajduje się artykuł pewnego bardzo znanego brytyjskiego patologa, który napisał: *Teraz, kiedy pani Bartlett ostatecznie odzyskała wolność, przydałoby się – dla dobra wiedzy – dowiedzieć się od niej, jak to zrobiła.*

FT: Jak pan tłumaczy sympatię przysięgłych i opinii publicznej dla pani Bartlett?

AH: Najprawdopodobniej nie ona wybrała sobie męża. O ile pamiętam, pani Bartlett była córką z nieprawego łoża pewnego wysoko postawionego angielskiego męża stanu. Kiedy doprowadzono do jej ślubu, miała zaledwie piętnaście czy szesnaście lat i zaraz wysłano ją do Belgii dla dokończenia edukacji, oddzielono ją więc od męża. Wyznam panu jednak, że gdybym robił o tym wszystkim film, to dla tej jednej sceny: zadowolony z siebie mąż, trzymający w ręku fajkę!

11.

M jak morderstwo. System trójwymiarowy. Teatralna koncentracja. *Okno na podwórze.* Efekt Kuleszowa. Wszyscy jesteśmy podglądaczami. Śmierć pieska. Dźwięk taki jak inne. Pocałunek-zaskoczenie i pocałunek--suspens. „Sprawa Patricka Mahona" i „sprawa Crippena". *Złodziej w hotelu.* Seks na ekranie. Brytyjki. *Kłopoty z Harrym.* Komizm niedocenienia. *Człowiek, który wiedział za dużo.* Nóż w plecy. Dźwięk talerzy.

François Truffaut: Mamy rok 1953, realizuje pan film *M jak morderstwo (Dial M for Murder)...*

Alfred Hitchcock: ...z którym możemy szybko się rozprawić; nie ma o czym mówić.

FT: Proszę mi wybaczyć, ale jestem odmiennego zdania, nawet jeśli to jedynie film okolicznościowy.

AH: Raz jeszcze zastosowałem zasadę „cofnąć się, żeby ogarnąć całość". Miałem kontrakt z Warnerem i pracowałem nad scenariuszem pod tytułem *Bramble Bush*; była to historia człowieka, który ukradł czyjś paszport, nie wiedząc o tym, że właściciel skradzionego paszportu jest poszukiwany za morderstwo. Jakoś nie szła mi ta praca. Akurat dowiedziałem się, że wytwórnia Warnera kupiła prawa do sztuki, która odniosła sukces na Broadwayu, *Dial M for Murder*, powiedziałem więc: – *Wezmę to* – czując, że ten projekt pójdzie mi lepiej.[1]

[1] Spłukany były mistrz tenisa (Ray Milland), obawiając się, że jego bogata żona (Grace Kelly) może go opuścić dla amerykańskiego pisarza (Robert Cummings), zamierza ją zgładzić dla zdobycia spadku. Posługując się szantażem, przekonuje znajomego rzezimieszka (Anthony Dawson), by udusił jego żonę w domu, kiedy on sam odwiedzi klub w towarzystwie rywala. Zbrodnia okaże się jednak daleka od doskonałości, bo żona, broniąca się jak diablica, zabije agresora. Mąż chętnie posłałby ją na stryczek, ale dodatkowe śledztwo pogrąży go (przyp. FT).

FT: Szybko pan to nakręcił?

AH: W trzydzieści sześć dni.

FT: Film jest ciekawy także z tego powodu, że został zrealizowany w systemie trójwymiarowym, lansowanym wówczas przez Polaroid.

AH: Wrażenie trójwymiarowości osiągało się przy ujęciach z żabiej perspektywy, kazałem więc skonstruować specjalne wgłębienie, żeby kamera mogła często znajdować się na poziomie podłogi. Poza tak nakręconymi scenami, mało było efektów opartych na trójwymiarowości.

FT: Jeszcze efekt z żyrandolem, z wazonem na kwiaty i zwłaszcza z nożyczkami.

AH: Owszem, kiedy Grace Kelly szuka środka obrony przed napastnikiem; potem jeszcze efekt z kluczem do zamka, i to wszystko.

FT: A poza tym, czy film był wierny w stosunku do sztuki?

AH: Tak, dzięki pewnej teorii na temat filmów kręconych według sztuk teatralnych, którą stosowałem jeszcze w czasach kina niemego. Wielu filmowców bierze sztukę teatralną, zakładając: „Zrobię z tego film", po czym skupia się na takim „rozwijaniu" fabuły, które pomaga zrezygnować z jedności miejsca, czyli porzucić dekoracje.

FT: We Francji nazywamy to „przewietrzaniem" sztuki.

AH: Oto na czym to z grubsza polega: powiedzmy, że w sztuce bohater przyjeżdża skądś taksówką. Otóż w filmie reżyserzy pokazują w tym momencie przybycie taksówki, osoby wychodzące z niej, opłatę za kurs, wchodzenie po schodach, dzwonienie do drzwi, wchodzenie do pokoju. Dopiero teraz następuje scena, która jest w sztuce i – jeśli bohater opowiada o swojej podróży – filmowcy wykorzystują z kolei okazję do pokazania jej w retrospekcjach. Zapominają tym samym, że podstawowa jakość sztuki opierała się na koncentracji.

FT: To rzeczywiście jest najtrudniejsze w takich wypadkach dla autora filmowego: koncentracja akcji w jednym miejscu. Zbyt często, przenosząc sztukę na ekran, rozbija się jej jedność.

AH: To pospolity błąd. Taki film trwa zwykle tyle, ile sztuka, plus jeszcze kilka taśm zupełnie zbędnych, dodanych sztucznie. Toteż kiedy kręciłem *M jak morderstwo,* nie opuszczałem dekoracji, poza paroma absolutnymi wyjątkami, kiedy na przykład inspektor musiał coś sprawdzić. Zamówiłem nawet autentyczną podłogę, żeby można było słyszeć odgłosy kroków, jak w teatrze.

FT: To dlatego szczególnie dbał pan o autentyzm ścieżek dźwiękowych takich filmów, jak *Junona i paw* oraz *Sznur.*

AH: Zapewne tak.

FT: To także z tego powodu przywołał pan proces sądowy za pomocą kilku ujęć Grace Kelly na neutralnym tle, z błyszczącymi za nią barwnymi światłami, zamiast wprowadzić dekorację trybunału?

AH: Tak było bardziej swojsko, i pozwalało to zachować jedność emocji. Gdybym zbudował salę sądową, publiczność chrząknęłaby i pomyślała: „Czyli zaczyna się drugi film".

Jeśli zaś chodzi o kolor, zrobiłem tam ciekawy eksperyment dotyczący stroju Grace Kelly. Na początku filmu ubrałem ją w kolory wesołe i żywe, potem zaś, w miarę jak intryga stawała się coraz „ciemniejsza", także i jej suknie stopniowo smutniały.

FT: Zanim porzucimy film *M jak morderstwo,* który potraktowaliśmy jako mniej ważny, chciałbym mimo wszystko wyraźnie zaznaczyć, że to jeden z tych pana filmów, które oglądam szczególnie często, za każdym razem z przyjemnością. Z pozoru to film oparty na dialogach, a tymczasem perfekcja montażu, rytmu, prowadzenia piątki aktorów – wyczuwalna jest w każdej frazie. Może się wydawać, że to, co się panu tutaj udało, jest łatwe; tymczasem trudno jest zmusić widza do nieustannego słuchania dialogu.

AH: Wykonałem najlepiej jak umiałem swoją pracę, polegającą na użyciu środków filmowych do opowiedzenia sztuki teatralnej. Cała akcja filmu *M jak morderstwo* toczy się w salonie, nie ma to jednak żadnego znaczenia. Równie chętnie nakręciłbym cały film w kabinie telefonicznej. Wyobraźmy sobie w takiej kabinie parę zakochanych. Ich ręce dotykają się, ich usta się łączą, nacisk ich ciał sprawia, że słuchawka przypadkiem sama się włącza. Teraz, bez wiedzy obojga, telefonistka podsłuchuje ich intymną rozmowę. Dramat doznaje przyspieszenia. Dla publiczności przyglądanie się tym obrazom jest jak czytanie pierwszych akapitów powieści albo jak słuchanie początku sztuki teatralnej. Zatem scena w kabinie telefonicznej daje nam, filmowcom, podobną wolność, jak biała kartka papieru powieściopisarzom.

FT: Z całej pana twórczości najbardziej lubię dwa filmy: *Osławioną*, którą już omówiliśmy, i *Okno na podwórze* (*Rear Window*). Nie udało mi się zdobyć noweli Cornella Woolricha, która *Oknu na podwórze* dostarczyła intrygi.

AH: Bohaterem był inwalida, który pozostawał zawsze w tym samym pokoju. Zdaje mi się, że opiekował się nim pielęgniarz, ale nie przez cały czas. Opowieść dotyczyła tego wszystkiego, na co ów bohater patrzył przez okno, źródeł posądzenia o zbrodnię, w końcu – zagrożenia, jakie pojawiało się ze strony mordercy. O ile dobrze pamiętam, w finale noweli morderca – czując się zdemaskowany – chciał zastrzelić bohatera z rewolweru, z okna po drugiej stronie podwórza. Inwalida zdołał jednak umieścić na oknie popiersie Beethovena; to w Beethovena zatem trafiała kula.

FT: Przypuszczam, że na początku pociągało pana samo wyzwanie techniczne: jedna wielka dekoracja i cały film oglądany oczami tej samej postaci...[2]

AH: Absolutnie tak. Pojawiła się przecież szansa stworzenia czystego kina. Był więc unieruchomiony mężczyzna, który patrzył na to, co dzieje się na zewnątrz – to pierwszy element filmu. Drugi element – to, na co on patrzy; trzeci – jego reakcja. Układa się to w najczystszy wyraz idei kina. Zna pan pewnie ten fragment książki Pudowkina o sztuce montażu, w którym referuje on słynne doświadczenie swego mistrza, Lwa Kuleszowa? Wielkie zbliżenie Iwana Mozżuchina zmontowane zostało najpierw z obrazem martwego dziecka: na twarzy Mozżuchina widoczne jest współczucie. Kiedy w to miejsce wmontować obraz talerza z jedzeniem – ta sama twarz wyraża głód. W taki właśnie sposób używaliśmy zbliżenia Jamesa Stewarta. Patrzy przez okno i widzi na przykład pieska, opuszczanego na podwórze w koszu; wracamy do Stewarta, uśmiecha się. Teraz zamiast pieska widzimy dziewczynę w negliżu, tańczącą przy otwartym oknie; po nim to samo zbliżenie Jamesa Stewarta nabiera wyrazu starego lubieżnika!

FT: Ponieważ postawę Jamesa Stewarta można określić jako czystą ciekawość...

AH: Dopowiedzmy: on jest *voyeurem,* podglądaczem. Przypomina mi to pewną recenzję. Panna Lejeune napisała w „London Observerze", że *Okno na podwórze* to „okropny film", ponieważ jego bohater przez cały czas wygląda przez okno. Myślę jednak, że ona nie powinna była pisać, że to

[2] Fotoreporter (James Stewart), unieruchomiony z powodu nogi w gipsie, z bezczynności obserwuje zachowanie sąsiadów z naprzeciwka. Wkrótce dochodzi do przekonania, że pewien mężczyzna zabił swoją żonę; dzieli się tymi podejrzeniami ze swoją przyjaciółką (Grace Kelly), a także kolegą detektywem (Wendell Corey). Rozwój wydarzeń potwierdza te przypuszczenia i ostatecznie morderca (Raymond Burr) przechodzi przez podwórze i wyrzuca przez okno naszego bohatera, co kończy się... złamaniem przez niego drugiej nogi (przyp. FT).

okropne. Owszem, ten człowiek jest podglądaczem, ale czyż my wszyscy nie jesteśmy podglądaczami?

FT: Wszyscy jesteśmy podglądaczami, o czym najłatwiej się przekonujemy, kiedy oglądamy film o sprawach intymnych. Zresztą James Stewart przy swoim oknie znajduje się w sytuacji widza filmowego.

AH: Zaręczam panu, że dziewięć osób na dziesięć, kiedy widzi w oknie po drugiej stronie podwórza kobietę, rozbierającą się przed położeniem się do łóżka, czy nawet tylko mężczyznę, układającego coś w pokoju, nie odmówi sobie przyjemności podglądania. Mogłyby odwrócić wzrok, mówiąc sobie: – *To nie moja sprawa* – mogłyby spuścić zasłony, ale nie, nie zrobią tego, będą patrzeć.

FT: Na początku więc interesowało pana samo wyzwanie techniczne, sądzę jednak, że w toku pracy nad scenariuszem coraz ważniejsza stawała się opowiadana historia; w końcu to, co widać po drugiej stronie podwórza, staje się coraz bardziej świadomie – wizją świata?

AH: Po drugiej stronie podwórza ma pan wszystkie rodzaje kondycji ludzkiej, mały katalog zachowań. Trzeba było tak to skomponować; inaczej film nie byłby interesujący. Na tej ścianie naprzeciwko widoczna jest pewna ilość małych historii; to lustro, albo – jak pan mówi – świat.

FT: I te wszystkie historie mają jeden punkt wspólny: miłość. Problem Jamesa Stewarta polega na tym, że nie ma on ochoty poślubić Grace Kelly, a wszystkie zdarzenia, które ogląda w oknach naprzeciw, ilustrują właśnie problem miłości i małżeństwa. Jest więc samotna kobieta bez mężczyzny; są młodzi małżonkowie, którzy kochają się przez cały dzień; kompozytor – kawaler, który się upija; tancerka, którą nachodzą mężczyźni; bezdzietna para, która przenosi swoje uczucie na pieska, i przede wszystkim to małżeństwo, którego kłótnie stają się coraz gwałtowniejsze, aż do tajemniczego zniknięcia żony.

AH: Odnajdzie pan tu tę samą symetrię, co w filmie *W cieniu podejrzenia*. W parze Stewart–Kelly on jest unieruchomiony przez swoją nogę w gipsie, ona porusza się swobodnie, podczas gdy po drugiej stronie podwórza chora kobieta jest przykuta do łóżka, zaś mąż krąży do woli. Jest też pewna rzecz, która sprawiła mi w tym filmie przykrość: to muzyka. Zna pan Franza Waxmana?

FT: On robił muzykę do jakichś filmów z Humphreyem Bogartem?

AH: Także do *Rebeki*. W jednym z mieszkań po drugiej stronie podwórza był upijający się muzyk; otóż chciałem, żeby było słychać, jak on komponuje piosenkę: żeby przez cały film słychać było kolejne fazy tej kompozycji, aż do sceny finałowej, w której puszczono by ją już z płyty, z całą aranżacją. To nie wyszło. Powinienem zwrócić się z prośbą o współpracę do kompozytora przebojów. Byłem bardzo rozczarowany.

FT: Przecież jednak istotna część tej idei pozostała w filmie: samotna kobieta rezygnuje z samobójstwa słysząc muzykę ukończoną przez kompozytora; myślę, że w tym samym momencie, też dzięki muzyce, James Stewart zaczyna rozumieć, że jest zakochany w Grace Kelly. Inna scena, bardzo mocna, przedstawia reakcję bezdzietnej pary na śmierć ich pieska: kobieta zaczyna krzyczeć, wszyscy zbiegają się do okien, zapłakana kobieta woła wtedy: – *Powinniśmy się wzajemnie bardziej kochać, my sąsiedzi*. – To niewspółmierna reakcja; jakby chodziło o śmierć dziecka, prawda?

AH: Naturalnie. Piesek jest ich jedynym dzieckiem. Pod koniec sceny można zauważyć, że wszyscy zbiegli się do okien, z wyjątkiem domniemanego mordercy, który pali w ciemności.

FT: To także jedyny moment w filmie, kiedy reżyseria zmienia punkt widzenia; opuszczamy mieszkanie Stewarta, kamera zostaje umieszczona na podwórzu i staje się obiektywna.

AH: Ten jeden jedyny raz.

FT: W związku z tym myślę o jednej z zasad pana pracy. Pokazuje pan całość dekoracji wyłącznie w najbardziej dramatycznym momencie sceny. W *Akcie oskarżenia*, kiedy Gregory Peck odchodzi, upokorzony, widać go z bardzo daleka i w tym momencie dostrzegamy po raz pierwszy cały sąd, w którym jesteśmy przecież od pięćdziesięciu minut. W *Oknie na podwórze* pokazuje pan podwórze w całości tylko podczas tego krzyku kobiety po śmierci pieska, kiedy wszyscy lokatorzy stają w oknach, żeby zobaczyć, co się stało.

AH: To jest zawsze sprawa rozmiaru obrazu w zależności od celu dramaturgicznego i emocjonalnego, rzecz więc nie tylko w sposobie pokazywania dekoracji. Realizowałem kiedyś godzinne widowisko telewizyjne, w którym miałem pokazać człowieka wchodzącego do komisariatu, żeby oddać się w ręce sprawiedliwości. Na początku sceny sfilmowałem z dość bliska człowieka, który wchodzi, i zamykające się za nim drzwi; skierował się w stronę biura, ale nie pokazałem całej dekoracji. Ktoś mnie zagadnął: – *Nie chciałby pan tu całego komisariatu, żeby ludzie zorientowali się, że jesteśmy na policji?* – Odpowiedziałem: – *Po co? Na początku sceny widać sierżanta z trzema belkami na naszywce, to powinno podpowiedzieć, że jesteśmy na komisariacie. Plan ogólny może być użyteczny w momencie bardziej dramatycznym; po co go marnować już teraz?*

FT: Ciekawe jest to pojęcie „marnowania" i zostawiania obrazów w rezerwie. Z innej beczki: kiedy w finale *Okna na podwórze* morderca wchodzi do pokoju Jamesa Stewarta, pyta go: – *Czego pan ode mnie chce?* – James Stewart nie znajduje odpowiedzi: jego działanie nie ma uzasadnienia, bo podejmuje je z czystej ciekawości.

AH: To prawda, toteż to, co mu się przydarzy, w gruncie rzeczy wyjdzie mu na dobre.

FT: Ale będzie się bronił przy pomocy flesza, świecąc nim mordercy prosto w twarz...

AH: Użycie flesza wynikło tu ze starej zasady z *Tajnego agenta*: w Szwajcarii mają Alpy, jeziora i czekoladę. Tutaj mamy fotoreportera, który obserwuje drugą stronę podwórza za pomocą swoich przyrządów fotograficznych, kiedy więc musi się bronić, używa w tym celu owych profesjonalnych narzędzi. Zawsze staram się używać elementów związanych z postacią i miejscem; kiedy tego nie robię, czuję, że czegoś zaniedbuję.

FT: Jeśli patrzeć z tej perspektywy – wspaniała jest ekspozycja filmu. Zaczynamy od uśpionego podwórza, prześlizgujemy się przez spoconą twarz Jamesa Stewarta, chwilę zatrzymujemy się nad jego nogą w gipsie, potem nad stołem, na którym widoczny jest strzaskany aparat fotograficzny i stos magazynów, oraz na ścianie, gdzie widać zdjęcia przewracających się samochodów wyścigowych. Ten pierwszy ruch kamery informuje nas, gdzie jesteśmy, kto jest bohaterem, jaki jest jego zawód, i co mu się przydarzyło.

AH: To zwyczajne użycie środków kina dla opowiedzenia historii. Wydaje mi się to bardziej interesujące niż gdyby ktoś spytał Stewarta: – *Jak pan złamał tę nogę?* – a Stewart odpowiadał: – *Fotografowałem wyścigi samochodowe, raptem koło jednego z aut urwało się i trafiło we mnie.* – Prawda? To byłaby banalna scena. Grzechem głównym scenarzysty jest moim zdaniem omijanie trudności za pomocą wybiegu: – *Wyjaśnimy to linijką dialogu.* – Dialog powinien być jednym z wielu dźwięków, dźwiękiem takim jak inne, dźwiękiem wydostającym się z ust postaci, których działania i spojrzenia opowiadają właściwą historię.

FT: Zauważyłem, że unika pan wstępów do scen miłosnych. Tutaj James Stewart jest sam w domu, nagle wchodzi w kadr twarz Grace Kelly i zaczyna się seria pocałunków. Dlaczego tak?

AH: Bo chcę od razu wejść w ważny moment, nie tracąc czasu. Tutaj mamy pocałunek-zaskoczenie. Kiedy indziej lepszy byłby pewnie pocałunek-suspens, ale to coś zupełnie odmiennego.

FT: W *Oknie na podwórze*, a także w *Złodzieju w hotelu*, pocałunek jest podrabiany. Nie ma prawdziwego pocałunku, tylko nałożenie na siebie dwóch twarzy, zdaje się, że metodą laboratoryjną.

AH: To absolutnie nie są laboratoryjne sztuczki; to są pulsacje, jakie otrzymuje się dzięki wprawieniu w specjalny ruch dolly.[3]

FT: *Okno na podwórze* to chyba – obok *Osławionej* – najlepszy pański scenariusz, pod każdym względem: konstrukcji, spójności, bogactwa szczegółów...

AH: Myślę, że w tym okresie życia miałem wyjątkowo dobrze naładowane baterie. John Michael Hayes był pisarzem radiowym, specjalizował się więc w dialogach. Miałem pewne kłopoty z motywem zbrodni; zainspirowały mnie dwie głośne afery sądowe z Wielkiej Brytanii: „sprawa Patricka Mahona" i „sprawa Crippena". W „sprawie Mahona" mężczyzna zamordował dziewczynę w domku campingowym, na wybrzeżu Południowej Anglii. Poćwiartował ciało i wyrzucał potem kawałek po kawałku z okna pociągu. Nie wiedział jednak, co zrobić z głową. Stąd pomysł, by szukać głowy ofiary w *Oknie na podwórze*. Sam Patrick Mahon umieścił głowę w kominku i wzniecił ogień, by ją spalić. Wtedy wydarzyło się coś, co wydaje się niemożliwe, ale jest absolutną prawdą: w tym momencie rozpętała się burza, jak w teatrze. Były błyski, grzmoty i głowę w kominku otoczyły płomienie; prawdopodobnie z powodu ciepła oczy otworzyły się i wydawało się, że patrzą na Patricka Mahona. W samym środku burzy facet uciekł z krzykiem na plażę i wrócił

---

[3] Ruchoma platforma; urządzenie umożliwiające wykonywanie zdjęć filmowych w ruchu (przyp. tłum.).

do siebie dopiero po kilku godzinach. Wtedy ogień dał już radę głowie.

Kilka lat później spotkałem jednego z czterech najsławniejszych inspektorów Scotland Yardu, który opowiedział mi ciąg dalszy. To on prowadził śledztwo w sprawie Patricka Mahona, zaaresztował go, po czym usiłował znaleźć tę słynną głowę. Już wiemy, że nie mógł jej znaleźć. Znalazł ślady, poszlaki, ale głowy nie było. Wiedział, że została spalona, chciał jednak mieć wskazówkę, o której godzinie się to odbyło i jak długo trwało. Udał się więc do rzeźnika, kupił głowę barana i spalił ją w tym samym miejscu. Jak więc pan widzi, w podobnych przypadkach okaleczeń największym problemem dla policji jest znalezienie głowy.

Teraz „sprawa Crippena". Doktor Crippen mieszkał w Londynie, zamordował swoją żonę i pociął ją na małe kawałeczki. Kiedy zorientowano się, że jego żona zniknęła, morderca tłumaczył się jak zwykle w takich okolicznościach: – *Wyjechała w podróż*. – Ale doktor Crippen popełnił poważny błąd: jego sekretarka zaczęła nosić część biżuterii żony i pojawiły się plotki na ten temat wśród sąsiadów. Sprawą zainteresował się Scotland Yard i inspektor Dew przyszedł przesłuchać doktora Crippena. Ten przedstawił w pełni wiarygodne powody zniknięcia żony; przeniosła się do Kalifornii. Inspektor Dew prawie już zamknął śledztwo, ale kiedy wrócił do doktora Crippena dla dopełnienia ostatnich formalności, okazało się, że ten wyjechał ze swoją sekretarką. Wznowiono więc oczywiście śledztwo i rozesłano listy gończe za tą parą.

Akurat w tym czasie wprowadzono radiotelefony na statkach. Znajdujemy się więc na statku Montrose płynącym z Antwerpii do Montrealu i muszę pana prosić o zgodę na zmianę perspektywy narracyjnej, ponieważ chcę przedstawić punkt widzenia kapitana statku. Kapitan zwrócił uwagę na niejakiego pana Robinsona podróżującego z synem. Dostrzegł też, że ojciec żywi do syna wyjątkowe uczucie. Zatem, jako podglądacz – powinienem był umieścić go w *Oknie na podwórze* – zauważył, że kapelusz młodego Robinsona, kupiony w Antwerpii, był wypchany papierem, żeby lepiej układał się na głowie. Spostrzegł również, że spodnie syna zapięte były agrafką. Według opisu zamieszczonego w liście gończym, doktor Crippen nosił sztuczną szczękę a na nosie miał wyraźny ślad po złotych okularach. Kapitan zauważył znak na nosie pana Robinsona, pozostała szczęka. Zaprosił więc wieczorem pana Robinsona do swojego stołu i opowiedział mu szereg wesołych anegdot, by przyjrzeć się jego – odsłoniętym przy śmiechu – zębom. Były sztuczne! Wtedy kapitan przesłał na ląd komunikat stwierdzający, że jego zdaniem poszukiwana para jest na jego statku. Wysławszy wiadomość, kapitan przechadzał się po pokładzie, kiedy dało się słyszeć lekki trzask anteny radiowej. Pan Robinson zaczepił wtedy kapitana: – *To cudowny wynalazek, taki radiotelefon, nie sądzi pan?* – Otrzymawszy komunikat, inspektor Dew wsiadł na najszybszy statek linii Canadian Pacific i przybył Rzeką Świętego Wawrzyńca do miejsca zwanego Point Father. W stosownej porze wszedł na pokład Montrose i – znalazłszy się przed panem Robinsonem – rzekł do niego: – *Witam pana, doktorze Crippen.* – I wyprowadził oboje. Jego powieszono, ją zwolniono.

FT: To zatem ta historia z biżuterią zainspirowała scenę z Grace Kelly?

AH: Tak jest, scenę z obrączką. Gdyby kobieta rzeczywiście udała się w podróż, zabrałaby z sobą obrączkę.

FT: Wspaniałe jest w filmie zwielokrotnione wykorzystanie tego pomysłu. Grace Kelly pragnęłaby poślubić Jamesa Stewarta, który tego nie chce. Wchodzi do mieszkania zabójcy, żeby zdobyć dowód przeciwko niemu, i znajduje obrączkę żony. Wkłada sobie obrączkę na palec i odwraca rękę w stronę okna, żeby Stewart mógł dojrzeć obrączkę przez lornetkę. Dla Grace Kelly to podwójne zwycięstwo: udaje się jej zarówno misja śledcza, jak matrymonialna. Ma teraz „obrączkę na palcu".

AH: Dokładnie tak. To ironia sytuacji.

FT: Kiedy widziałem *Okno na podwórze* po raz pierwszy, byłem dziennikarzem i napisałem, że to film bardzo czarny, szalenie pesymistyczny, a nawet złośliwy. Teraz absolutnie mi się taki nie wydaje, dostrzegam w nim wręcz pewną dobrotliwość spojrzenia. James Stewart widzi przez swoje okno nie tyle okropieństwa, ile spektakl słabości ludzkich. Zgadza się pan?

AH: Absolutnie tak.

FT: Dzięki *Złodziejowi w hotelu* (*To Catch a Thief*) miał pan po raz pierwszy okazję nakręcenia wszystkich plenerów we Francji. Czym był ten film dla pana?

AH: Bardzo lekką historią.

FT: W typie Arsena Lupin... John Robie (Cary Grant), alias „Kot", jest byłym włamywaczem-dżentelmenem, Amerykaninem przebywającym na Lazurowym Wybrzeżu. Seria dokonanych w okolicy włamań i kradzieży biżuterii przypomina jego charakterystyczny styl działania, podejrzenia padają więc na niego. Aby oczyścić się z zarzutów, prowadzi swoje prywatne śledztwo, demaskując w jego wyniku fałszywego „Kota", który okazał się „Kotką" (Brigitte Auber) i znajdując na swojej drodze miłość (Grace Kelly).

AH: To nie była historia serio. Jedyna interesująca rzecz, jaką mogę powiedzieć na jej temat, dotyczy prób pozbycia się błękitnego koloru nieba w scenach nocnych. Nie znoszę błękitnego nieba. Użyłem więc zielonego filtru, nie wystarczyło to jednak do uzyskania efektu prawdziwej nocy, kiedy niebo jest ciemnoniebieskie albo szaroniebieskie.

FT: Scenariusz opierał się na częstym u pana motywie zamiany winy; wyjątkowe w nim było tylko to, że czarny charakter okazywał się kobietą?

AH: Grała ją Brigitte Auber. Pokazano mi film Juliena Duviviera *Pod niebem Paryża* (1951), w którym zagrała dziewczynę z prowincji przybywającą do miasta. Wybrałem ją, bo robiła wrażenie na tyle sprawnej fizycznie, by móc wspinać się po murach okradanych domów; nie miałem pojęcia, że poza aktorstwem Brigitte Auber zajmowała się akrobacją, był to więc szczęśliwy zbieg okoliczności.

FT: To z powodu *Złodzieja w hotelu* dziennikarze zajęli się pana koncepcją bohaterki filmowej; miał pan wtedy okazję wielokrotnie oświadczyć, że interesuje pana Grace Kelly, bo wyraża ona seksualność „nie wprost"?

AH: Kiedy zajmuję się tematem seksu na ekranie, nigdy nie zapominam, że i w tym wypadku wszystkim rządzi suspens. Kiedy seks jest zbyt nachalny i oczywisty – nie ma suspensu. Co każe mi wybierać wyrafinowane blondynki? Zawsze szukam kobiet światowych, prawdziwych dam, które dopiero w sypialni stają się dziwkami. Biedna Marilyn Monroe miała seks wypisany w każdym miejscu swojego ciała, podobnie jak Brigitte Bardot; nie jest to zbyt wyszukane.

FT: Wynika stąd, że zależy panu przede wszystkim na uprawdopodobnieniu pewnego paradoksu: z pozoru – wielka rezerwa, w intymnym kontakcie – wielki temperament?

AH: Zgadza się. Zdaje mi się, że najbardziej interesujące pod względem seksualnym są Brytyjki. Myślę w ogóle, że Angielki, Niemki, Skandynawki są ciekawsze od kobiet typu południowego, Włoszek czy Francuzek. Seks nie powinien się afiszować. Młoda Angielka o wyglądzie nauczycielki jest w stanie wsiąść z panem do taksówki i ku pańskiemu zaskoczeniu rozpiąć panu rozporek.

FT: Doskonale rozumiem pański punkt widzenia, nie jestem jednak pewien, czy pana gust pokrywa się z gustem większości. Zdaje mi się, że męska publiczność uwielbia raczej zmysłowe kobiety; widać to na przykładzie aktorek, które zostają gwiazdami, nawet jeśli grywają zwykle w złych filmach, jak Jane Russell, Marilyn Monroe, Sophia Loren czy Brigitte Bardot; innymi słowy, masowa publiczność wyżej ceni seks oczywisty, czy – jak pan mówi – „wypisany na ciele".

AH: Możliwe, sam pan jednak potwierdza, że grywają one zwykle w złych filmach. Dlaczego? Bo z ich udziałem nie można wywołać niespodzianki, nie ma więc dobrych scen, nie ma o d k r y c i a seksu. Proszę przyjrzeć się początkowi *Złodzieja w hotelu*. Sfotografowałem Grace Kelly bierną, zimną, widoczną zwykle z profilu, więc klasycznie piękną, lodowatą. Ale co ona robi, kiedy krąży po hotelowych korytarzach i kiedy Cary Grant odprowadza ją do drzwi pokoju? Wpija się nagle ustami w jego usta.

FT: Rzeczywiście, to kompletnie nieoczekiwane. Utrzymuję jednak mimo wszystko, że narzuca pan widzom swoją teorię lodowatego seksu – wbrew nim; publiczność lubi oglądać dziewczyny łatwe na pierwszy rzut oka.

AH: Może; kiedy jednak film się kończy, publiczność jest zadowolona.

FT: Pamiętam o tym, zaryzykuję jednak pewną hipotezę: ta strona pana filmów zadowala bardziej publiczność żeńską niż męską.

AH: Bardzo możliwe, odpowiem jednak na to, że w małżeństwie to kobieta wybiera film do oglądania, co więcej, to ona głównie decyduje potem, czy film był dobry, czy zły. Kobiety mogą wytrzymać wulgarność na ekranie pod warunkiem, że nie jest ona wyrażana przez osoby ich płci.

Przyjemność mojej pracy z Grace Kelly na tym między innymi polegała, że – od *M jak morderstwo* po *Złodzieja w hotelu* – powierzałem jej coraz ciekawsze role. Jeśli chodzi o *Złodzieja w hotelu,* który był komedią nieco nostalgiczną, czułem, że happy end nie powinien być jednoznaczny; nakręciłem więc tę scenę pod drzewem, kiedy Grace Kelly chwyta Cary Granta za rękaw. Cary Grant daje się przekonać, zapewne więc poślubi Grace Kelly, zamieszkają jednak z teściową. Tym samym, jest to zakończenie tragiczne.

FT: Następnie nakręcił pan *Kłopoty z Harrym (The Trouble with Harry)*, film niecodzienny. W Paryżu pojawił się w małej salce na Champs-Elysées, gdzie przewidziano dlań chyba tygodniowy żywot, tymczasem miał pełną widownię przez ponad sześć miesięcy. Nie wiem, czy bardziej się spodobał paryżanom, czy angielskim albo amerykańskim turystom, w każdym razie w innych krajach nie odniósł zbyt wielkiego sukcesu.[4]

AH: Istotnie. To film, którego temat sam wybrałem i który nakręciłem w poczuciu swobody, a kiedy został ukończony – nikt nie wiedział, co z nim robić. Uznano go za osobliwość, dla mnie jednak nie było w nim nic osobliwego. Była to wierna adaptacja angielskiej powieści Johna Trevora Story'ego, na mój gust – ogromnie zabawnej. Na przykład, kiedy stary Edmund Gwenn ciągnie za pierwszym razem trupa, spotyka go w lesie stara panna i pyta: – *Ma pan jakieś kłopoty, kapitanie?* – Strasznie mnie śmieszyło to zdanie; streszcza ono ducha całej historii.

FT: Czuję, że ma pan duży sentyment do tego filmu.

AH: Odpowiadał on mojej potrzebie walki z tradycją, ze schematami. Realizując *Kłopoty z Harrym,* wydobyłem melodramat z mroku nocy na światło dnia. To tak, jakbym pokazał zbrodnię na brzegu szemrzącego strumyka i wsączył

[4] Idylliczna wioska w stanie Vermont w piękny jesienny dzień. Trzy wystrzały. Trup Harry'ego. Stary kapitan (Edmund Gwenn), który uważa, że to był wypadek na polowaniu i czuje się zań odpowiedzialny, kilkakrotnie zakopuje, odkopuje i przenosi zwłoki, na temat tożsamości których dyskutują bez przekonania stara panna, krótkowzroczny lekarz i malarz abstrakcjonista (John Forsythe). Okazuje się, że Harry był przez krótki czas mężem Jennifer (Shirley MacLaine), nic nowego stąd jednak nie wynika. W końcu wychodzi na jaw, że Harry zmarł na zawał; już wydawało się, że cała przygoda okaże się bez znaczenia, wyniknie z niej jednak nowe małżeństwo: malarza abstrakcjonisty i lubiącej konkret Jennifer (przyp. FT).

kroplę krwi do jego źródlanej wody. Z tych kontrastów wynika kontrapunkt, i może nawet pewne wywyższenie codzienności.

FT: Rzeczywiście, nawet kiedy pan filmuje jakieś przerażające rzeczy, które mogłyby okazać się wstrętne i odrażające, robi pan to w taki sposób, że nie wydają się one brzydkie. Stają się nawet piękne.

W zakończeniu filmu milioner daje każdej postaci okazję do spełnienia jednego życzenia, poproszenia o jakiś prezent; nie wiemy, o co poprosili Shirley MacLaine i John Forsythe, domyślamy się jednak, że jest to coś wyjątkowego; w końcu okazuje się, że to „łóżko dwuosobowe". Pewnie nie było tego w książce?

AH: Nie, wymyślił to John Michael Hayes.

FT: Tworzy to pewien rodzaj suspensu i sprawia, że ogląda się z zaciekawieniem ostatnią część filmu, która w zasadzie zawiera niewiele suspensu.

AH: To odpowiednik kody z innych moich filmów; coś podobnego pojawia się w finale *Łodzi ratunkowej* czy *Sznura*.

Kłopoty z Harrym to był debiut filmowy Shirley MacLaine; była świetna, myślę, że i potem jej się udało. Natomiast John Forsythe zdobył popularność w telewizji, był też gwiazdą jednego z moich pierwszych godzinnych filmów telewizyjnych.

FT: Cały humor filmu opiera się na jednym mechanizmie, na czymś w rodzaju przesadnej flegmy; mówi się o trupie, jakby chodziło o paczkę papierosów.

AH: To jest zasada. Nic mnie bardziej nie śmieszy niż komizm niedocenienia.

FT: Rozmawialiśmy już o *Człowieku, który wiedział za dużo*, o różnicy między wersją angielską a amerykańską.[5] Niewątpliwie najistotniejszą różnicę zapewnia obecność Jame-

[5] Por. zakończenie rozdziału 3 (przyp. FT).

sa Stewarta w drugiej wersji; to wielki aktor, którego zawsze świetnie pan wykorzystuje. Można by sądzić, że Cary Grant i James Stewart są wymienialni, tymczasem każdego z nich prowadzi pan inaczej. Przy Cary Grancie jest u pana zawsze więcej humoru, przy Stewarcie – więcej emocji.

AH: To absolutna prawda; ale też i w życiu oni się różnią. Nawet jeśli coś wydaje się podobne, nigdy nie jest podobne do końca. Gdyby Cary Grant zastąpił Jamesa Stewarta w *Człowieku, który wiedział za dużo,* nie miałby tej naturalnej szczerości, która była tu konieczna. Gdybym jednak robił ten film z nim – także i postać musiałaby być inna.

FT: Pewnie miał pan cenzuralne trudności z drugą wersją scenariusza, spowodowane wprowadzeniem do fabuły nowych krajów? Historia nie zaczyna się teraz w Szwajcarii, jak w pierwszej wersji, ale w Maroku; jest lekka sugestia, że ambasador, który ma zostać zamordowany, reprezentuje jedną z demokracji ludowych?

AH: Oczywiście nie chciałem przywoływać żadnego konkretnego kraju. Wiadomo tylko, że mordując ambasadora – szpiedzy chcą przyczynić kłopotów rządowi angielskiemu. Mnie osobiście sprawił kłopot wybór wykonawcy roli ambasadora; nie jest dobrze zdawać się w tych kwestiach na specjalistów od castingu. Podejrzewam, że kiedy się ich prosi o znalezienie kogoś do roli windziarza, zaglądają oni do grubego zeszytu pod literę W, znajdują słowo „winda" i wzywają wszystkich aktorów, którzy kiedykolwiek grali chłopca od windy.

FT: Chyba tak to mniej więcej się odbywa...

AH: Tak to się odbywa. Kiedy więc znalazłem się w Londynie żeby znaleźć odtwórcę roli ambasadora, spotkałem się z całym szeregiem miłych, niskich, brodatych starszych panów. Pytałem każdego: – *Kogo pan grywał?* – Jeden mi mówi: – *Właśnie grałem premiera w takim a takim filmie.* – Drugi mówi: – *Właśnie grałem attaché ambasady w jeszcze* *innym filmie* – itd. Mówię w końcu do moich asystentów: – *Bardzo proszę, żebyście przestali mi przysyłać ambasadorów. Zróbcie raczej kwerendę w gazetach i przyślijcie mi fotografie ambasadorów, będących obecnie na placówkach w Londynie.* – Zobaczyłem zdjęcia i okazało się, że żaden z nich nie nosił brody!

FT: Ten, którego pan wybrał, jest bardzo odpowiedni: kompletnie łysy, z niewinnym spojrzeniem dziecka.

AH: To był słynny aktor teatralny z Kopenhagi.

FT: Wróćmy do początku filmu, który rozgrywa się w Marrakeszu. W wersji z 1934 roku Pierre Fresnay ginął od kuli rewolwerowej; tutaj Daniel Gélin ucieka przez bazar z wbitym w plecy sztyletem.

AH: À propos tego wbitego w plecy sztyletu, powiem panu, że w drugiej wersji *Człowieka, który wiedział za dużo* wykorzystałem tylko część swojego starego pomysłu. Chciałem w londyńskim porcie sfilmować statek przybywający z Indii, z załogą złożoną w trzech czwartych z hinduskich marynarzy. Chciałem pokazać hinduskiego marynarza śledzonego przez policję, któremu udaje się wsiąść do autobusu i który wysiada w niedzielę rano przed katedrą świętego Pawła. Wyobraźmy go sobie u góry katedry, w korytarzu nazywanym „Galerią Marmurową". Hinduski marynarz biegnie z jednej strony, policja z drugiej i właśnie w chwili, kiedy policjanci mają go złapać, on skacze w dół i upada przed ołtarzem. Cała kongregacja wstaje, chór przestaje śpiewać, msza zostaje przerwana. Ludzie podbiegają do marynarza, który rzucił się z góry, okrążają jego ciało i wtedy okazuje się, że ma on wbity w plecy nóż. Następnie ktoś dotyka jego twarzy i wówczas pojawiają się na niej białe smugi: to wcale nie był Hindus!

FT: Ten ostatni pomysł, z białymi smugami na twarzy, pojawia się w filmie: w scenie śmierci Daniela Gélin...

AH: Tak, ale to jedynie cząstka tamtego pomysłu: jak człowiek ścigany przez policję, skoczywszy w dół, by umknąć przed tym pościgiem, mógł zostać zasztyletowany w trakcie skoku?

FT: To rzeczywiście ekscytujące, podobnie jak sam pomysł pomalowania twarzy. Przypominam sobie pewien dziwny szczegół tej sceny: kiedy James Stewart przeciąga ręką po ciemnej twarzy Daniela Gélin, w pewnym miejscu obrazu widać niebieską plamę, piękną, ale trudną do wyjaśnienia.

AH: Ta niebieska plama jest częścią innego pomysłu, też może nie dość wypracowanego. W Marrakeszu, w toku sceny na bazarze, doszło do zderzenia uciekającego przed pogonią Daniela Gélin z mężczyznami barwiącymi wełnę; biegnąc, Daniel Gélin otarł się o niebieską farbę, jego sandały w nią wpadły, i w ten sposób przez resztę ucieczki zostawiał za sobą niebieskie ślady. To był wariant starej zasady, że uciekinier zostawia za sobą ślady krwi, tutaj jednak czerwień została zastąpiona przez błękit farby.

FT: To także wariant bajki o Tomciu Paluchu, który zostawiał za sobą białe kamyczki.

Wcześniej zbadaliśmy już różnice między dwiema scenami w Albert Hall, tą z 1934 i tą z 1956 roku. Ta druga jest dużo bardziej udana.

AH: Tak, zdaje mi się, że omawialiśmy scenę koncertu w Albert Hall z pierwszej wersji. Chciałbym tylko dodać, że – aby taka scena osiągnęła maksimum siły – ideałem byłoby, gdyby wszyscy widzowie umieli czytać nuty.[6]

FT: Nie wydaje mi się to konieczne...

AH: Użyłem tylu chwytów związanych z talerzami, że nie miałem powodów obawiać się, że ujdą one uwadze... Kiedy

---

[6] Przypomnijmy w tym momencie, że szpieg, którego zadaniem było zgładzenie ambasadora podczas koncertu w Albert Hall, otrzymał rozkaz naciśnięcia spustu rewolweru w momencie, kiedy rozlegnie się jedyny – przewidziany w partyturze – dźwięk talerzy (przyp. FT).

jednak kamera prześlizguje się po nutach perkusisty, przypomina pan sobie?

FT: Tak, travelling na wysokości nut?

AH: Właśnie podczas tego travellingu kamera przebiega przez puste fragmenty i zbliża się do jedynej nuty, którą powinien wygrać na talerzach perkusista. Suspens byłby skuteczniejszy, gdyby publiczność potrafiła odczytać partyturę.

FT: To prawda, to byłby ideał. W pierwszej wersji nie pokazał pan twarzy perkusisty; w drugiej wersji naprawił pan ten błąd. Nie wiem, czy to był z pana strony świadomy wybór, ale wybrał pan to tej roli mężczyznę, który trochę pana przypomina.

AH: Nie sądzę, żebym był tak szybki.

FT: Ależ on jest absolutnie bierny!

AH: Jego pasywność ma tu zasadniczą naturę; on nie wie, że jest narzędziem śmierci. Nie wiedząc o tym, jest prawdziwym mordercą.

12.

Pomyłka. Absolutny autentyzm. Zaklasyfikujmy ten film... *Zawrót gło-wy*. Stała rozterka: zaskoczenie czy suspens? Czysta nekrofilia. Kaprysy Kim Novak. Dwa chybione projekty: *Wrak Mary Deare* i *Piórko fla-minga*. Pomysł suspensu politycznego. *Północ-północny zachód*. Jak u Griffitha. Niezbędność dokumentacji. Jak używać czasu i przestrzeni. Moje zamiłowanie do absurdu. Trup wypada... znikąd.

François Truffaut: Następnie nakręcił pan film *Pomyłka* (*The Wrong Man*), który był dość wiernym zapisem rzeczywistego zdarzenia...

Alfred Hitchcock: Scenariusz oparty został na historii, o której przeczytałem w „Life Magazine". Zdarzyło się w 1952 roku, że pewien muzyk ze Stork Clubu w Nowym Jorku, wróciwszy do domu około drugiej w nocy, został zatrzymany przez dwóch mężczyzn, którzy włóczyli go potem po różnych miejscach i pokazywali rozmaitym ludziom, pytając: – *To ten? Czy to ten człowiek?* – Okazało się, że podejrzewano go o napad. Był kompletnie niewinny; przeżył proces, a jego żona wpadła w obłęd i pewnie nadal pozostaje w zakładzie dla umysłowo chorych. Podczas procesu jeden z ławników był do tego stopnia przekonany o winie oskarżonego, że – kiedy adwokat przesłuchiwał któregoś ze świadków oskarżenia – przerwał i zapytał: – *Wysoki sądzie, czy naprawdę musimy wysłuchiwać tego wszystkiego?* – Ze względów proceduralnych proces został przerwany; podczas oczekiwania na nowy – złapany został prawdziwy winowajca. Wydawało mi się, że powstanie z tego materiału ciekawy film, jeśli wszystkie wydarzenia pokazane zostaną z punktu widzenia tego niewinnego człowieka, jego niezasłużonych cierpień. Wszyscy byli dla niego przez cały czas bardzo mili; kiedy krzyczał: – *Jestem niewinny!* – odpowiadali mu: – *Ależ tak, oczywiście, wiemy o tym.* – Coś zupełnie okropnego.

FT: Rozumiem, co pana w tej historii uwiodło: żywa, konkretna ilustracja pańskiego ulubionego tematu – człowieka oskarżonego o przestępstwo popełnione przez kogo innego, przy czym wszystkie skierowane przeciw niemu podejrzenia mają racjonalne uzasadnienie, wywołane zbiegiem okoliczności codziennego życia. Ciekaw jestem, do jakiego stopnia pana film jest autentyczny; albo inaczej – czy i dlaczego musiał pan odejść od prawdziwego przebiegu wypadków?

AH: Prawie w ogóle nie oddaliłem się od prawdy, kręcąc ten film, i wiele się dzięki temu nauczyłem. Dla uzyskania pełnego autentyzmu wszystkie okoliczności zostały wiernie odtworzone z udziałem bohaterów wydarzeń; w miarę możliwości obsadziłem aktorów mało znanych, a w niektórych epizodach – rzeczywistych uczestników zdarzeń. Wszystko – w autentycznych miejscach. W więzieniu obserwowaliśmy, jak oskarżeni składają pościel i ubranie, po czym wybraliśmy pustą celę dla Henry'ego Fondy i kazaliśmy mu powtarzać czynności podpatrzone u innych więźniów. Podobnie działo się z akcją w szpitalu psychiatrycznym, którego lekarze grali samych siebie.

A oto przykład, czego się nauczyłem, kręcąc film rekonstruujący autentyczne wydarzenia. Prawdziwy winowajca został schwytany w trakcie nowego włamania, dzięki odwadze właścicielki sklepu delikatesowego. Wyobrażałem sobie, że tak zrobię tę scenę: mężczyzna wchodzi do sklepu, wyjmuje rewolwer i żąda wydania zawartości kasy. Właścicielce udaje się włączyć alarm; wywiązuje się walka, w trakcie której bandyta zostaje obezwładniony. A oto jak przebiegało to naprawdę i – wobec tego – jak przedstawiłem to w filmie: mężczyzna wchodzi do sklepu i prosi właścicielkę o dwie kiełbasy i kilka plasterków szynki;

kiedy ona przechodzi za ladę, on kieruje w jej stronę rewolwer, wydobyty z kieszeni płaszcza. Ale w tym właśnie momencie kobieta trzyma w ręce wielki nóż do krojenia szynki; bez namysłu przykłada mu ostrze noża do brzucha, a równocześnie tupie głośno w podłogę. On kompletnie głupieje: – *Spokojnie, proszę pani, spokojnie, niech pani zachowa zimną krew.* – Ale kobieta jest zdumiewająco spokojna, nie rusza się ani o milimetr, nie mówi słowa; mężczyzna jest tak zbity z tropu, że nie próbuje nawet działać. Nagle z piwnicy wychodzi właściciel sklepu, zaniepokojony tupaniem żony; w mgnieniu oka orientuje się w sytuacji i – chwytając napastnika za ramiona – obezwładnia go w rogu sklepu, pod półką z konserwami, podczas gdy żona telefonuje na policję. Facet zdobył się tylko na błagalne skomlenie: – *Proszę mnie puścić, mam żonę i dzieci.* – Zachwycił mnie ten tekst; w życiu nie odważyłbym się na umieszczenie w scenariuszu tak banalnego zdania.

FT: No tak, ale w innych scenach musiał pan pewnie uatrakcyjniać prawdziwy przebieg wypadków?

AH: Naturalnie, na tym polegał problem. Na przykład, żeby udramatyzować znalezienie prawdziwego winowajcy, pokazałem zbliżenie Henry'ego Fondy szepczącego modlitwy przed świętym obrazkiem, po czym nałożyłem na nie twarz rzeczywistego przęstępcy.

Chciałem osiągnąć odwrotność filmów w rodzaju *Bumerangu* czy *Dzwonić Northside 777*[1], w których podążamy śladem policjanta albo dziennikarza, pracującego nad uwolnieniem osoby niewinnie oskarżonej. Mój film przekazywał punkt widzenia osoby uwięzionej. Działo się tak od samego początku: kiedy Henry Fonda zostaje zatrzy-

---

[1] *Bumerang* (*Boomerang*, 1947) Elii Kazana i *Dzwonić Northside 777* (*Call Northside 777*, 1948) Henry'ego Hathawaya – dwa filmy, stanowiące klasyczne przykłady tzw. „dokumentu policyjnego", realistycznej odmiany „czarnego filmu" z drugiej połowy lat czterdziestych (przyp. tłum.).

many, siedzi w samochodzie między dwoma inspektorami; widać zbliżenie jego twarzy, po czym on patrzy w lewo i widać z jego perspektywy profil pierwszego strażnika, patrzy w prawo – drugi stróż zapala papierosa; patrzy przed siebie – i we wstecznym lusterku widzi badawcze spojrzenie kierowcy. Samochód rusza i bohater rzuca jeszcze okiem na swój dom; na rogu ulicy widzi kawiarnię, do której zwykł chodzić i przed którą bawią się dziewczynki; w stojącym przed kawiarnią aucie młoda kobieta włącza radio. Na zewnątrz życie toczy się, jak gdyby nic się nie stało, wszystko przebiega normalnie, ale on jest w policyjnym samochodzie, uwięziony.

Cała inscenizacja jest subiektywna: kiedy bohaterowi nakładają kajdanki, widzimy jego oczami przegub wartownika; w czasie drogi z komisariatu do więzienia wstydzi się, patrzy więc pod nogi i nie widzimy jego strażników; od czasu do czasu kajdanki otwierają się i prowadzi go jakiś nowy przegub; w efekcie – w czasie tej drogi widoczne są tylko buty, chodniki, podłogi, dolne części drzwi.

FT: Doceniam to wszystko, coś mi się jednak wydaje, że z perspektywy lat nie do końca jest pan zadowolony z ostatecznego kształtu *Pomyłki*?

AH: Muszę przyznać, że moja stanowcza troska o to, by wiernie podążać za historią prototypową, stała się powodem istotnych słabości konstrukcyjnych. Po pierwsze, skoro historia mężczyzny została na dłuższy czas przerwana – w celu opowiedzenia historii jego żony, popadającej w szaleństwo – powrót do jego procesu stracił swą dramatyczną siłę. Po drugie, proces zakończył się zbyt gwałtownie. Owszem, w życiu tak się dzieje, tu jednak przydałaby się licencja dramaturgiczna.

FT: Moim zdaniem pański styl, doprowadzony do perfekcji w dziedzinie fabuły, jest sprzeczny z estetyką czystego dokumentu. Ta sprzeczność odczuwalna jest w toku całego filmu. Twarze, spojrzenia, gesty – wszystko jest u pana stylizowane, a to się kłóci z obrazem rzeczywistości. Udramatyzował pan realne wydarzenia i to odjęło im całą realność. Nie sądzi Pan, że sprzeczność *Pomyłki* na tym właśnie polega?

AH: Musi pan jednak pamiętać, że *Pomyłka* została zrealizowana jako film komercyjny.

FT: Naturalnie, odważę się jednak na stwierdzenie, że ten film stałby się bardziej komercyjny, gdyby zrobiłby go inny reżyser, mniej zdolny i precyzyjny, nie pamiętający o prawach związanych z udziałem publiczności. Byłby to wtedy inny film, zrealizowany w neutralnym stylu, jak dokument. Mam nadzieję, że mówiąc to – nie robię panu przykrości?

AH: Nie, nie, ma pan sporo racji, sprawa jest jednak bardziej skomplikowana. Kiedy opowiada pan historię tak bardzo obciążoną realnym ludzkim cierpieniem – może należy zrezygnować z aktorów?

FT: Dlaczego? Henry Fonda jest tu znakomity; wypada prawdziwiej niż jakikolwiek wykonawca, którego znalazłby pan na ulicy. To reżyseria jest tu wątpliwa. Próbuje pan wymusić na widzu identyfikację z Henry Fondą, ale kiedy on wchodzi do celi, pokazuje pan, jak ściany obracają się przed kamerą, a to jest sprzeczne z realizmem. Gdyby Fonda siedział zwyczajnie na taborecie, wierzylibyśmy mu bardziej.

AH: Ale to byłoby chyba mniej interesujące?

FT: Szczerze mówiąc, nie jestem pewien; zdarzenie z kroniki kryminalnej ma swoją własną siłę. Może trzeba to było nakręcić w sposób bardziej neutralny, z kamerą na wysokości oczu, jak dokument, a nawet jak reportaż?

AH: No nie, czy pan chce, żebym pracował dla kin studyjnych?

FT: Oczywiście, że nie, proszę wybaczyć, że tak męczę. W konstrukcję *Okna na podwórze* świetnie udało się panu włączyć te wszystkie konkrety, podpatrzone w „sprawie Patricka Mahona" i w „sprawie Crippena", myślę jednak, że stuprocentowa rzeczywistość to nie jest wymarzony dla pana materiał.

AH: Och, z tym się zgadzam, to nie był film dla mnie. Przemysł filmowy przechodził zły okres, a ponieważ byłem związany z wytwórnią Warnera, nakręciłem dla nich ten film za darmo.

FT: Proszę zwrócić uwagę, że atakuję ten film, który zresztą bardzo lubię, przyjmując pański punkt widzenia. Przecież przekonał mnie pan wcześniej, że najlepszymi „filmami Hitchcockowskimi" są te, które odniosły największy sukces. To naturalne: pańska praca spełnia się w narzucaniu reakcji publiczności. Przepadam za niektórymi scenami z *Pomyłki*, zwłaszcza za drugą sceną w biurze adwokata, kiedy rozmawia on z małżonkami. W pierwszej scenie u adwokata Henry Fonda był zbyt przygnębiony, a Vera Miles – tak gadatliwa, że adwokata to drażni. W tej drugiej scenie Henry Fonda broni się bardziej energicznie, adwokat jest bardziej optymistyczny, ale tym razem Vera Miles jest kompletnie przygaszona, jakby nie słuchała, co się do niej mówi. Henry Fonda nie zauważa zmiany, jaka zachodzi w żonie, widzi ją przecież codziennie, ale na twarzy siedzącego za biurkiem adwokata maluje się coraz większe zdziwienie. Wstaje, przechodzi przez pokój, zatrzymuje się za Fondą i Verą Miles, i z wyrazu twarzy można odczytać cały bieg jego myśli: adwokat nie ma wątpliwości, że żona klienta wpada w szaleństwo, a widz jest mu skłonny przyznać rację. To właśnie ukryta treść sceny, podczas gdy dialog jest całkowicie błahy. Mamy więc do czynienia ze wspaniałym kawałkiem czystego kina, ze sceną specyficznie Hitchcockowską, ale to jest przecież typowe kino fikcji, które nie ma nic wspólnego z dokumentalną rekonstrukcją kroniki kryminalnej.

AH: Ma pan rację, zaklasyfikujmy ten film jako marny film Hitchcockowski.

FT: Aż tak, to chyba nie... Wolałbym, żeby pan go bronił.

AH: Nie da rady, moje uczucia dla niego nie są wystarczająco mocne. Owszem, dobrze wyczuwałem początek filmu z powodu mojego własnego strachu przed policją; podobał mi się też moment, kiedy złapany został prawdziwy winowajca, a Fonda w tej samej chwili modlił się, odpowiadała mi ta ironiczna zbieżność; a także chwila, gdy obaj mężczyźni mijają się na końcu, na korytarzu komisariatu.

FT: *Zawrót głowy* (*Vertigo*) został nakręcony według powieści Boileau–Narcejaca *D'entre les morts* (*Między umarłymi*), napisanej specjalnie dla pana.

AH: Ale książka ukazała się, zanim kupiliśmy do niej prawa...

FT: Tak, ale jednak powstała specjalnie po to, żeby pan zrobił z niej film.

AH: Tak pan sądzi? A gdybym nie kupił praw?

FT: I tak ktoś by je kupił we Francji, z powodu sukcesu *Widma*.[2] Boileau i Narcejac napisali cztery czy pięć powieści opartych na tej samej zasadzie konstrukcyjnej, i kiedy się dowiedzieli, że pan chce kupić prawa do *Widma*, zabrali się do roboty i napisali powieść *D'entre les morts* (inny tytuł: *Les sueurs froides*, czyli *Zimne poty*), do której prawa Paramount

---

[2] *Widmo* (*Les Diaboliques*) – film kryminalny Henri-Georgesa Clouzota, nakręcony w 1954 roku według powieści Pierre'a Boileau i Thomasa Narcejaca *Celle qui nétait plus* (*Ta, której już nie było*), którego ogromny sukces (nie tylko komercyjny – także Nagroda Delluca dla najlepszego francuskiego filmu roku) opierał się przede wszystkim na zupełnie zaskakującym zakończeniu, przez cały czas realizacji utrzymywanym w całkowitej tajemnicy (przyp. tłum.).

natychmiast kupił z myślą o panu.[3] Co pana zainteresowało w tej historii?

AH: Wysiłki podjęte przez Jamesa Stewarta dla stworzenia na nowo kobiety, na podobieństwo poprzedniej, umarłej. Historia ma dwie części. Pierwsza część kończy się wraz ze śmiercią Madeleine, która spada z wysokiej wieży; druga część zaczyna się, kiedy bohater spotyka kolejną kobietę, ciemnorudą Judy, przypominającą Madeleine. W książce bohater poznaje na początku tej drugiej części Judy i zmusza ją do upodobnienia się do Madeleine. Dopiero na samym końcu dowiadujemy się wraz z nim, że to jest ta sama kobieta. To finałowa niespodzianka. W filmie ułożyłem to inaczej. Kiedy zaczyna się część druga, po spotkaniu Stewarta z Judy, postanowiłem odsłonić prawdę, ale tylko przed widzem: Judy nie jest dziewczyną podobną do Madeleine, to Madeleine we własnej osobie. Cała ekipa była przeciwna tej zmianie; wszyscy uważali, że niespodzianka powinna pojawić się dopiero na końcu. Ja jednak wyobrazi-

---

[3] Scottie (James Stewart), były inspektor policji, zdymisjonowany z powodu skłonności do zawrotów głowy, zostaje nakłoniony przez jednego ze swych starych przyjaciół do śledzenia jego pięknej żony Madeleine (Kim Novak), której dziwne zachowanie przypomina manię samobójczą. Bohater zaczyna śledzić kobietę, wyławia ją z wody po najwyraźniej samobójczym skoku, zakochuje się w niej, nie jest jednak w stanie – z powodu zawrotów głowy – zapobiec jej śmiertelnemu skokowi z dzwonnicy. Czując się odpowiedzialny za jej śmierć, popada w depresję, powraca jednak do normalnego życia – aż do dnia, kiedy spotyka na ulicy sobowtóra Madeleine. Dziewczyna twierdzi, że ma na imię Judy, widz jednak dowiaduje się, że to Madeleine. W rzeczywistości nie była ona żoną, ale kochanką przyjaciela Scottiego; to jego legalna żona – już po zamordowaniu – została zrzucona z dzwonnicy. Diaboliczni kochankowie uknuli ten spisek, żeby pozbyć się niechcianej żony – przewidując, że Scottie, z powodu swej przypadłości, nie zdoła dobiec za Madeleine na sam szczyt dzwonnicy. Kiedy Scottie orientuje się w końcu, że Judy to Madeleine, zaciąga ją siłą na dzwonnicę przemagając zawroty głowy i tym razem staje się świadkiem jej prawdziwego upadku z góry; wraca stamtąd – niekoniecznie szczęśliwy, ale przynajmniej uwolniony (przyp. FT).

łem sobie, że jestem małym chłopcem, słuchającym tej opowieści u matki na kolanach. Kiedy matka przerywa opowiadanie, dziecko pyta: – *Mamo, co było dalej?* – Zorientowałem się, że w drugiej części powieści Boileau i Narcejaca, kiedy bohater spotyka rudą dziewczynę, wszystko dzieje się tak, jakby nie miało już być dalszego ciągu. Dzięki mojemu rozwiązaniu, mały chłopiec już wie, że Madeleine i Judy są jedną i tą samą osobą, i teraz może spytać matki: – *A James Stewart o tym nie wie?* – *Nie wie.*

Wracamy tym samym do stałej rozterki: zaskoczenie czy suspens? Dalej mamy taką samą akcję jak w książce: przez pewien czas Stewart wierzy, że Judy to Madeleine, później godzi się z inną wersją, pod warunkiem jednak, że Judy zacznie upodabniać się do Madeleine. Ale publiczność otrzymała już informację. Zatem oparliśmy suspens na innym pytaniu: jak zareaguje James Stewart, kiedy odkryje, że to rzeczywiście Madeleine, która go przez cały czas okłamywała? Oto podstawa naszego zainteresowania. Dodam, że pojawia się w tej części także inna zagadka, związana z oporem Judy przeciw upodobnieniu się do Madeleine. W powieści mieliśmy dziewczynę, która nie chce poddać się przemianie, i tyle. W filmie mamy kobietę, która zdaje sobie sprawę, że ten mężczyzna zaczyna ją demaskować. To lepsze dla intrygi. A jest tu jeszcze jeden aspekt, który nazwałbym „seksem psychologicznym": to dążenie mężczyzny do wcielenia w życie pewnego niemożliwego wyobrażenia seksualnego. Powiedzmy wprost: ten mężczyzna marzy o kochaniu się z umarłą; to czysta nekrofilia.

FT: Rzeczywiście, najbardziej lubię sceny, w których James Stewart prowadzi Judy do domu mody, żeby kupić jej kostium identyczny z tym, jaki nosiła Madeleine, albo troszczy się o wybór jej butów, jak maniak...

AH: To zasadniczy problem tego filmu. Wszystkie wysiłki Jamesa Stewarta w kierunku odtworzenia kobiety są tak przedstawiane pod względem filmowym, jak gdyby on próbował ją rozebrać zamiast ubrać. Dla mnie najważniejsza jest scena, w której dziewczyna pojawia się po raz pierwszy po przefarbowaniu włosów na blond. James Stewart nie jest całkiem zadowolony, bo nie uczesała włosów w kok. Co to znaczy? To znaczy, że ona stoi już przed nim prawie naga, ale wzbrania się jeszcze przed zrzuceniem majteczek. Dopiero na jego błagalne spojrzenie, mówi: – *Zgoda, niech będzie* – i wraca do łazienki. James Stewart czeka na nią. Czeka, aż wróci całkiem naga, gotowa do miłości.

FT: Nie myślałem o tym w ten sposób, ale istotnie, zbliżenie Jamesa Stewarta, czekającego na jej wyjście z łazienki, jest wspaniałe. On ma prawie łzy w oczach.

AH: Czy przypomina pan sobie, jak w pierwszej części filmu, kiedy James Stewart śledzi Madeleine na cmentarzu, ona przedstawiona jest w sposób dość tajemniczy, ponieważ filmowaliśmy ją przez zamglone filtry? Otrzymaliśmy w ten sposób efekt zieleni poprzez odblaski słońca. Później, kiedy Stewart spotyka Judy, wybrałem na jej mieszkanie Hotel Empire na Post Street, ponieważ na fasadzie tego hotelu jest zielony neon, migoczący bez przerwy. To pozwoliło mi wywołać ten sam efekt tajemnicy w scenie wyjścia dziewczyny z łazienki; jest oświetlona przez zielony neon, jakby istotnie wracała ze świata zmarłych. Potem przechodzimy do patrzącego na nią Stewarta, i znów do dziewczyny, tym razem filmowanej normalnie, bo Stewart wrócił do rzeczywistości. W każdym razie, James Stewart poczuł przez chwilę, że Judy to Madeleine, i to go oszołomiło – aż do momentu, kiedy zobaczył medalion, który go ostatecznie przekonał. Zrozumiał wóczas, że zabawiono się jego kosztem.

FT: Cały ten erotyczny aspekt filmu jest pasjonujący. Myślę o jeszcze innej, wcześniejszej scenie, następującej po tym, jak James Stewart wyłowił z wody Kim Novak, która próbowała się utopić. Znajdujemy ją u niego, przebraną, leżącą w łóżku, odzyskującą przytomność. To znaczy, że on musiał ją wcześniej rozebrać, że widział ją nagą, ale w dialogu nie ma do tego żadnego nawiązania. Wspaniały jest dalszy ciąg sceny, kiedy Kim Novak krąży po mieszkaniu w szlafroku Stewarta, kiedy widzimy jej nagie stopy na dywanie, kiedy siada przy kominku, a James Stewart chodzi za nią jak cień. Jest w *Zawrocie głowy* pewna powolność, pewien kontemplacyjny rytm, którego nie ma w innych pana filmach, zwykle opartych na szybkości.

AH: Zgadza się, ale ten rytm jest całkowicie naturalny, ponieważ opowiadamy całą historię z punktu widzenia bardzo wrażliwego mężczyzny. Czy podobał się panu efekt deformacji, kiedy Stewart patrzy na schody dzwonnicy? Wie pan, jak to było zrobione?

FT: To była chyba jazda kamery połączona z transfokacją, tak?

AH: Tak jest. Już podczas kręcenia *Rebeki,* przed zemdleniem Joan Fontaine, chciałem zobrazować jej szczególne doznanie, jakby wszystko oddalało się od niej, nim upadnie. Całe życie pamiętam pewien młodzieńczy wieczór, na balu szkoły sztuk pięknych w Albert Hall w Londynie; okropnie się wtedy upiłem i miałem to właśnie wrażenie: że wszystko się ode mnie oddala. Chciałem uzyskać ten efekt w *Rebece*, ale wtedy się nie udało: punkt widzenia powinien pozostać niezmienny, perspektywa powinna się wydłużać. Myślałem o tym przez piętnaście lat. Kiedy powróciłem do tego efektu w *Zawrocie głowy*, rozwiązaliśmy problem używając jednocześnie dolly i zoomu. Spytałem, ile to będzie kosztowało. *– Pięćdziesiąt tysięcy dolarów* – odpowiedziano. *– Dlaczego aż tak dużo? – Ponieważ musimy umieścić kamerę u szczytu schodów i skonstruować całe rusztowanie dla podniesienia jej, utrzymać ją w powietrzu, zamontować przeciwwagę* – itd. Odpowiedziałem na to: *– W tej scenie nie ma postaci, to tylko punkt widzenia. Możemy więc zbudować makietę klatki schodowej, ułożyć ją poziomo na podłodze i zrobić całe ujęcie na płasko.* A to już kosztowało tylko dziewiętnaście tysięcy dolarów.

FT: No, jednak! Czuję, że bardzo pan lubi *Zawrót głowy*?

AH: Przeszkadza mi tylko pewna luka w opowiadaniu. Skąd mąż, który zrzucił ciało żony ze szczytu dzwonnicy, mógł mieć pewność, że James Stewart nie zdoła wdrapać się na schody? Bo miał napady zawrotów głowy? To mimo wszystko nie jest gwarancja.

FT: Rzeczywiście, ale jednak pan na to przystał... Zdaje mi się, że film nie był ani sukcesem, ani klęską?

AH: Zwrócił koszty.

FT: Dla pana to właściwie klęska?

AH: Właściwie tak. Jak pan wie, my reżyserzy mamy taką słabość, że kiedy jakiś nasz film źle idzie, oskarżamy o to dystrybutora. Zatem, zgodnie ze zwyczajem, zwalmy wszystko na dystrybucję: „nie umieli sprzedać". A wie pan, że przygotowywałem *Zawrót głowy* z myślą o Verze Miles? Zrobiliśmy już końcowe próby i wszystkie kostiumy szyte były na nią.

FT: I co, Paramount jej nie chciał?

AH: Paramount się zgodził. Po prostu zaszła w ciążę, przed samym objęciem roli, która uczyniłaby z niej gwiazdę. Wybiło to ją z rytmu, później przestałem się nią interesować.

FT: Wiem, że we wszystkich wywiadach skarżył się pan na Kim Novak, uważam jednak, że jest w tym filmie znakomita. Świetnie przystawała do roli, ze względu na swoją pasywność i ukryte okrucieństwo.

AH: Panna Novak zjawiła się na planie z głową pełną pomysłów, które, niestety, nie przypadły mi do gustu. Nigdy nie sprzeciwiam się aktorom w trakcie zdjęć, żeby nie mieszać do tego elektryków. Udałem się więc do garderoby panny Novak i wyjaśniłem jej, jakie suknie i jakie fryzury ma nosić: te, które były przewidziane od miesięcy. Wyjaśniłem jej, że bardziej niż życzenia aktora interesuje mnie końcowy efekt obrazowy, to, jak aktor wygląda na ekranie.

FT: Wspomnienia tych trudności czynią pana niesprawiedliwym, chcę pana bowiem zapewnić, że wszystkim ludziom, którzy podziwiają *Zawrót głowy*, podoba się Kim Novak w tym filmie. Niecodziennie ogląda się na ekranie tak zmysłową amerykańską aktorkę. Kiedy zjawia się na ulicy jako Judy, ze swoją rudą fryzurą i tandetnym makijażem, jest wręcz dziko podniecająca, może dlatego, że pod sweterkiem najwyraźniej nie nosi stanika...

AH: Istotnie nie nosi, czym się zresztą nieustannie przechwala.

FT: Zanim nakręcił pan *Północ-północny zachód*, przygotowywał pan film o zatopieniu statku, a później porzucił pan ten projekt?

AH: To był *The Wreck of the Mary Deare* (*Wrak Mary Deare*). Zacząłem pracować nad tym projektem z Ernestem Lehmanem i obaj doszliśmy do wniosku, że nie jest to dobry pomysł. Nad takimi tematami trudno zapanować. Jest taka sławna legenda pod tytułem *Tajemnica Marie-Céleste*. Zna ją pan? Podobno działo się to w połowie dziewiętnastego wieku. Znaleziono na Atlantyku normalnie płynący statek, bez jednego człowieka na pokładzie, nawet śladu... Morze było spokojne. Ludzie weszli na ten statek i stwierdzili, że łodzie ratunkowe poznikały, że piec jest jeszcze ciepły, że zostały resztki posiłku, ale nie było żadnego śladu życia.

Dlaczego takiej historii nie można nakręcić? Bo ona jest już na starcie za mocna. Początek kryje w sobie taką tajemnicę, że jakiekolwiek jej wyjaśnienie wyda się sztuczne, nigdy nie osiągnie siły tego początku...

FT: Tak, rozumiem, co pan chce powiedzieć.

AH: A zatem pewien prozaik, Hammond Innes, napisał powieść *Wrak Mary Deare*. Statek towarowy przepływa kanał La Manche z jednym człowiekiem na pokładzie, ładującym węgiel. Dwaj marynarze docierają do statku i wchodzą na pokład. Krótko mówiąc, jest tu rzecz niezwykła: tajemniczy statek z jednoosobową załogą. Gdyby jednak zacząć wszystko wyjaśniać, sprawa stanie się dość banalna i publiczność zechce zapytać, dlaczego nie pokazano jej wydarzeń poprzedzających początek filmu. Rozpocząć historię od tej tajemnicy – znaczyłoby otworzyć całość najmocniejszą sceną. Miałem podpisany kontrakt na ten film z Metro-Goldwyn-Mayer i powiedziałem im: – *Ta historia nie wyjdzie, zajmijmy się czymś innym.* – Skierowaliśmy się więc, zaczynając od zera, w stronę filmu *Północ-północny zachód*. Kiedy zaczyna się pracę nad jakimś projektem i on nie wychodzi, cała mądrość polega na tym, żeby umieć z niego zrezygnować.

FT: Zdarzało się to panu chyba częściej? Podobnie było przecież z filmem afrykańskim...

AH: Kupiłem wtedy prawa do powieści *Piórko flaminga*, autorstwa holenderskiego dyplomaty z Afryki Południowej, Laurensa Van der Posta. Była to tajemnicza historia, rozgrywająca się współcześnie w Afryce Południowej. Mnóstwo postaci było w nią włączonych, a na końcu tłum tubylców odbywał jakieś potajemne szkolenie pod kierunkiem rosyjskich agentów. Wybrałem się do Afryki Południowej, żeby zbadać warunki do zdjęć i zorientowałem się, że nie uda się pozyskać pięćdziesięciu tysięcy tubylców. Zapytałem: – *Jak więc nakręcono „Skarby króla Salomona"?*[4] – Odpowiedzieli mi: – *Wystarczyło do nich kilkuset tubylców.* – Potem nawet dowiedziałem się, że kostiumy sprowadzono z Hollywood. Nalegałem jednak: – *Ale ja potrzebowałbym pięćdziesięciu tysięcy, dlaczego to jest niemożliwe?* – Odpowiedzieli mi: – *Tubylcy mają inne prace, na przykład na plantacjach ananasów, nie można przerywać tych prac dla filmu.* – Następnie przyjrzałem się krajobrazowi Doliny Tysiąca Wzgórz i pomyśla-

---

[4] Tytuł oryginalny: *King Solomon's Mines* – słynny amerykański film przygodowy z 1950 roku w reżyserii Comptona Bennetta i Andrew Martona, nakręcony w znacznej części w afrykańskiej dżungli (przyp. tłum.).

łem sobie: – *Ależ o sto kilometrów od Los Angeles jest to samo.* – W efekcie byłem tak rozczarowany, że zarzuciłem cały pomysł.

FT: A polityczny aspekt filmu nie przeszkadzał panu trochę?

AH: To też, swoją drogą.

FT: Przecież zwykle unika pan polityki w swoich filmach...

AH: Bo publiczności nie interesuje polityka w kinie. Jak inaczej wytłumaczyć fakt, że prawie wszystkie filmy o tematyce politycznej, o żelaznej kurtynie i tak dalej, były komercyjnymi klęskami?

FT: Może tym, że to były jedynie naiwne filmy propagandowe?

AH: Ale nakręcono też przecież rzeczy wartościowe, choćby o Berlinie Wschodnim i Zachodnim. Carol Reed zrobił *Człowieka pomiędzy* (*The Man Between*, 1953), Elia Kazan – *Człowieka na linie* (*The Man on a Tight Rope*, 1953), Fox nakręcił z Gregory Peckiem film o synu przemysłowca złapanym przez wschodnich Niemców[5], do tego jeszcze *Big Lift* z Montgomery Cliftem[6]. Żaden z tych filmów nie odniósł sukcesu.

FT: Można także podejrzewać, że publiczność nie lubi mieszania realności z fikcją. Nie udał się dotąd żaden film oparty na dokumentach...

AH: Ja jednak mam pomysł na dobry suspens polityczny związany z zimną wojną. Pewien Amerykanin zostaje zrzucony na spadochronie nad dzisiejszą Rosją, ale przypadkiem

---

[5] Chodzi o film *Night People* (1954) w reżyserii Nunnally Johnsona, z amerykańskiej zimnowojennej serii lat 50. (przyp. tłum.).

[6] *The Big Lift* (1950), reż. George Seaton; akcja tego szpiegowskiego filmu toczy się także w NRD (przyp. tłum.).

facet pilnujący go w samolocie skacze razem z nim, i dwaj mężczyźni złączeni są jednym spadochronem. Ten pierwszy ma niepodważalne papiery, bezbłędnie mówi po rosyjsku i można go wziąć za Rosjanina. Ma jednak na karku rodaka, który po rosyjsku nie zna ani słowa i nie ma papierów; od tej chwili każda sekunda fabuły zawiera suspens.

FT: Wyobrażam sobie, że jakimś wyjściem dla tego bohatera jest przedstawiać swego partnera jako niemego od urodzenia młodszego brata?

AH: Przez chwilę to może być wyjście. Ciekawa jest językowa strona filmu: dialogi powinny się toczyć w bezbłędnym rosyjskim, a ten drugi bohater powinien bezustannie pytać po angielsku: – *Co oni powiedzieli? O co chodzi?* – Ta drugoplanowa postać prowadziłaby więc narrację.

FT: Rzeczywiście, bardzo sprytne!

AH: Ale nigdy nie pozwolą mi tego nakręcić!

FT: Przy wielu okazjach pojawiał się już w naszej rozmowie film *Północ-północny zachód* (*North by Northwest*) i zgodził się pan z interpretacją, że ten film jest w jakimś stopniu skrótem pana twórczości amerykańskiej, tak jak *Trzydzieści Dziewięć Kroków* to był skrót angielskiego etapu pana dzieła. O ile w ogóle pańskie filmy przygodowe z trudem poddają się streszczeniu – o tyle w tym wypadku jest to wręcz niewykonalne...[7]

---

[7] Oto więc nie tyle streszczenie *Północy-północnego zachodu*, co główna oś fabuły: amerykański kontrwywiad zmuszony jest wymyślić agenta, który nie istnieje. Ów agent ma, owszem, nazwisko – Kaplan – wynajęty apartament hotelowy, garnitury, ale fizycznie go nie ma. Kiedy więc – w wyniku nieporozumienia – pracownik reklamy Cary Grant zostaje wzięty przez grupę szpiegów za owego poszukiwanego Kaplana, nie jest w stanie udowodnić tej pomyłki ani im, ani policji. Prowadzi to do mnóstwa najróżniejszych przygód, raz niebezpiecznych, raz zabawnych, aż w końcu bohater znajduje szczęście w ramionach Eve Marie-Saint, uwodzicielskiej wywiadowczyni działającej na dwa fronty (przyp. FT).

AH: Opowiem panu pewien zabawny incydent: w początkowej części filmu bohaterowi przytrafiają się w błyskawicznym tempie zupełnie zdumiewające rzeczy, których on absolutnie nie rozumie. Otóż pewnego dnia Cary Grant przychodzi do mnie i powiada: – *Uważam, że ten scenariusz jest okropny: nakręciliśmy jedną trzecią filmu, mnóstwo rzeczy się wydarzyło, a ja kompletnie nie rozumiem, o co chodzi.*

FT: Nie zrozumiał scenariusza?

AH: Nie zdawał sobie sprawy, że skarży się – posługując się dialogiem z filmu.

FT: À propos, właśnie chciałem pana zapytać, czy zdarza się panu umieścić w filmie zupełnie zbędną scenę dialogową, z założeniem, że ludzie jej nie usłyszą?

AH: A po co, na miłość boską?

FT: Albo po to, żeby pozwolić publiczności odpocząć między dwoma momentami napięcia, albo żeby ułatwić zrozumienie sytuacji tym widzom, którzy spóźnili się i nie widzieli początku.

AH: A tak, ten drugi powód jest istotny i cofa nas do czasów Griffitha. Miał on zwyczaj umieszczania dość długiego napisu narracyjnego, po jednej trzeciej filmu mniej więcej, żeby streścić wszystko co działo się od początku – na użytek widzów, którzy się spóźnili.

FT: Czy za odpowiednik takiego streszczenia można uznać scenę na lotnisku, gdzieś po dwóch trzecich filmu, w trakcie której Cary Grant opowiada Leo Carrollowi, czyli szefowi kontrwywiadu, o wszystkim, co mu się przytrafiło od początku?

AH: Dokładnie tak. Scena ta nie tylko zresztą streszcza i porządkuje akcję dla publiczności; pełni jeszcze drugą funkcję: kiedy Cary Grant kończy opowiadać, szef kontrwywiadu odsłania przed nim drugą stronę tajemnicy, wyjaśniając tym samym, dlaczego policja nie może mu pomóc.

FT: Tego jednak nie słyszymy, ponieważ zagłusza pan dialog warkotem silnika samolotu?

AH: Nie musimy słyszeć, bo już wiemy o co chodzi. Przypomina pan sobie dużą scenę dyskusji członków ekipy kontrwywiadu, podczas której decydują oni, że nie pomogą Cary Grantowi, bo mogliby w ten sposób wzbudzić podejrzenia szpiegów?

FT: Przypominam sobie; ale użycie warkotu samolotu daje tu jeszcze inny efekt: tracimy mianowicie poczucie trwania: szef kontrwywiadu opowiada Cary Grantowi w trzydzieści sekund coś, czego opowiedzenie w rzeczywistości musiałoby mu zająć co najmniej trzy minuty.

AH: Tak jest, to fragment gry z czasem. Nic w tym filmie nie zostało pozostawione przypadkowi i dlatego musiałem w pewnej chwili podnieść głos. Nigdy wcześniej nie pracowałem dla MGM i po ukończeniu montażu wywierano na mnie silny nacisk, żebym wyciął pewien epizod z końcowej części filmu. Odmówiłem.

FT: O który epizod chodziło?

AH: Bezpośrednio po scenie w kawiarni, z której można było oglądać górę Rushmore. Jak pan pamięta, Eva Marie-Saint strzelała do Cary Granta, a w rzeczywistości – udawała, że strzela, żeby uratować mu życie. W następnej scenie spotykają się w lesie: to o tę scenę chodziło...

FT: Kiedy dwa samochody się łączą? Ależ ta scena jest niezbędna!

AH: Niezbędna, bo oni oboje spotykają się wtedy po raz pierwszy od chwili, kiedy Cary Grant dowiedział się, że Eva Marie-Saint była kochanką Jamesa Masona i to w tej scenie orientujemy się, że ona w rzeczywistości pracuje dla rządu. Mój kontrakt został sporządzony przez moich agentów i dopiero podczas realizacji zorientowałem się, że jeden z nich – choć wcale o to nie prosiłem – umieścił tam klauzulę, zapewniającą mi pełną kontrolę artystyczną nad filmem, włącznie z kosztami i czasem trwania całości. Dzięki temu mogłem bardzo grzecznie odpowiedzieć ludziom z MGM: – *Ogromnie mi przykro, ale ten epizod zostanie w filmie.*

FT: Zdaje mi się, że użył pan w tym filmie mnóstwa niewidocznych trików; są tu różne makiety, zastawki...

AH: Wszystko, co się dzieje w siedzibie Narodów Zjednoczonych, zostało bardzo wiernie odtworzone w studiu. Dag Hammarskjöld[8] zabronił – po doświadczeniu z filmem *The Glass Wall*[9] – kręcenia filmów fabularnych w budynku ONZ. Mimo to wybraliśmy się przed siedzibę Narodów Zjednoczonych i – podczas gdy strażnicy sprawdzali nasz materiał – sfilmowaliśmy ukrytą kamerą scenę wejścia Cary Granta do budynku. Odmówiono nam zgody na ujęcia budynku z zewnątrz, bez aktorów, które moglibyśmy wykorzystać do tylnej projekcji. Użyliśmy więc podstępu: ukryliśmy kamerę z tyłu ciężarówki i uzyskaliśmy wystarczający materiał do reprojekcji. Następnie wybrałem się do środka wspólnie z fotografem i – przechadzając się z nim razem jak turysta – wydawałem mu polecenia: – *Niech pan sfotografuje jeszcze to, teraz balkon* – itd. Te kolorowe fotografie pozwoliły nam na zrobienie wiernych dekoracji w studiu. Scena, w której funkcjonariusz ONZ zostaje zasztyletowany na oczach Cary Granta, odbywa się w poczekalni delegatów, ale – dla ochrony prestiżu Organizacji Narodów Zjednoczonych – w dialogu określana jest jako „hol dla publiczności"; usprawiedliwia to fakt, że obcy człowiek mógł się tam przedostać z nożem, tym niemniej lokal jest autentyczny. Sprawa autentyczności dekoracji i mebli zawsze bardzo mnie zajmuje i kiedy nie można robić zdjęć w miejscach rzeczywi-

---

[8] Dag Hammarskjöld (1905-1961), szwedzki dyplomata, w latach 1953--1961 sekretarz generalny Organizacji Narodów Zjednoczonych, w 1961 pośmiertnie – laureat pokojowej Nagrody Nobla (przyp. tłum.).

[9] *The Glass Wall* (1953), dramat polityczny w reż. Maxwella Shane'a; Vittorio Gassman gra w nim przybywającego do Nowego Jorku nielegalnego emigranta, umykającego przed deportacją (przyp. tłum.).

stych – zamawiam bardzo dokładną dokumentację fotograficzną. Kiedy przygotowywaliśmy *Zawrót głowy*, w którym James Stewart gra bardzo wykształconego detektywa na emeryturze, wysłałem do San Francisco fotografa ze zleceniem: – *Niech pan pozna różnych detektywów na emeryturze, zwłaszcza tych, którzy ukończyli dobre uczelnie i niech pan sfotografuje ich mieszkania*. – A znowu na użytek *Ptaków* każdy mieszkaniec Bodega Bay – mężczyzna, kobieta, starzec, dziecko – został sfotografowany na potrzeby kostiumologów. Restauracja jest wierną kopią tamtejszej restauracji. Mieszkanie nauczycielki jest kombinacją mieszkania prawdziwej nauczycielki z San Francisco i mieszkania nauczycielki z Bodega Bay, ponieważ – jak pan może pamięta – filmowa nauczycielka przyjechała do pracy w Bodega Bay z San Francisco. Dom farmera, któremu ptaki wydziobały oczy, jest wierną kopią domu rzeczywiście istniejącego w tej miejscowości: takie samo wejście, taki sam korytarz, taki sam pokój, taka sama kuchnia, a z okienka na korytarzu roztacza się taki sam widok na góry. Kryjówka Jamesa Masona, pokazywana pod koniec *Północy-północnego zachodu*, to dom Franka Lloyda Wrighta, odtworzony w makiecie, kiedy widać go z daleka; kiedy jednak Cary Grant zbliża się i okrąża go – widać zrekonstruowane fragmenty naturalnej wielkości.

FT: Chciałbym, żebyśmy porozmawiali trochę o słynnej scenie na pustyni, kiedy Cary Grant kryje się przed atakującym go samolotem. Ta niema scena zaczyna się na długo przed pojawieniem się samolotu i trwa siedem minut, co jest prawdziwym wyczynem. Scena koncertu w Albert Hall z *Człowieka, który wiedział za dużo* trwa dziesięć minut, ale jest podtrzymywana przez kantatę i przez oczekiwanie na wydarzenie, o którym zostaliśmy uprzedzeni. Stara tradycja gatunku podpowiadała montaż przyspieszony, następstwo coraz krótszych ujęć, tymczasem u pana wszystkie ujęcia mają podobną długość.

AH: Tak, bo w tym wypadku nie chodziło o panowanie nad czasem, ale nad przestrzenią. Czas trwania ujęć służy do zaznaczania różnych dystansów, jakie musi pokonywać Cary Grant żeby się ukryć, a zwłaszcza uświadamianiu, że nie ma jak się schować. Scena tego typu nie może być całkowicie subiektywna, bo wszystko przebiega wtedy zbyt szybko. Koniecznie trzeba pokazać nadlatujący samolot, nawet zanim zobaczy go Cary Grant; gdyby ujęcie było za krótkie, samolot nie zostawałby w kadrze wystarczająco długo i widz mógłby się nie zorientować, co się dzieje.

Podobnie dzieje się w *Ptakach*, kiedy Tippi Hedren ma być dziobnięta w czoło przez mewę, w scenie na łódce; rzeczywisty przylot mewy byłby tak szybki, że widz mógłby pomyśleć, że to jakiś przypadkowy kawałek papieru musnął twarz bohaterki. Gdyby scena była subiektywna, trzeba by pokazać dziewczynę w łódce, później to, na co ona patrzy, na przykład przystań, a nagle coś uderza ją w głowę; to też byłoby za szybko. Jedynym sensownym środkiem jest więc złamanie zasady punktu widzenia; trzeba porzucić punkt widzenia subiektywny dla obiektywnego, czyli pokazać mewę zanim uderzy dziewczynę, żeby publiczność była świadoma wszystkich okoliczności. Podobnie było z samolotem w *Północy-północnym zachodzie*; trzeba było za każdym nawrotem samolotu przygotować publiczność na niebezpieczeństwo.

FT: Wydaje mi się, że użycie przyspieszonego montażu dla zrytmizowania scen o szybkiej akcji stanowi w wielu filmach ucieczkę przed trudnością, albo nawet nadrabianie w sali montażowej wcześniejszych braków. Bywa, że reżyser nie nakręcił dość materiału, więc montażysta radzi sobie, wstawiając do sceny kolejne duble w coraz krótszych wariantach; widuje się takie rzeczy na przykład w scenach wypadków samochodowych. Ale taki brak zawsze przeszkadza w odbiorze...

AH: Chce pan powiedzieć, że wszystko przebiega zbyt szybko i nie mamy czasu zorientować się, co się dzieje?

FT: Tak jest, w większości filmów.

AH: Właśnie w ostatnim filmie telewizyjnym mam scenę wypadku, która jest punktem wyjścia całej serii zdarzeń. Umieściłem w filmie pięć ujęć ludzi przyglądających się wypadkowi, potem sam wypadek, a następnie odgłos wypadku, który słyszą, też pięć razy. Dalej pokazuję sam koniec wypadku: moment, kiedy motocyklista upada na ziemię, motocykl się przewraca, a samochód ucieka. W takich przypadkach trzeba zatrzymywać czas, rozciągać długość ujęcia.

FT: Otóż to. Wracam do sceny z samolotem na pustyni. Uwodzicielska siła tej sceny opiera się na jej bezinteresowności. Ta scena pozbawiona jest wszelkiego prawdopodobieństwa i nic nie znaczy; kino tak uprawiane staje się sztuką abstrakcyjną, jak muzyka. Jest to doskonale widoczne w początkowym dialogu, kiedy napotkany wieśniak, przed wejściem do autobusu, mówi do Cary Granta o widocznym – na razie w oddali – samolocie: – *Niech pan patrzy, rozpyla, a przecież nie ma nic do rozpylania.* – Samolot niczego nie rozpyla i ci, którzy zarzucają panu brak uzasadnienia, nie mają racji; ten brak uzasadnienia jest pana religią: to zamiłowanie do czystej fantazji opartej na absurdzie.

AH: To zamiłowanie do absurdu praktykuję istotnie na sposób religijny.

FT: Tego typu pomysł, jak samolot na pustyni, nie mógł zrodzić się w głowie scenarzysty, bo nie posuwa on akcji do przodu; to pomysł reżysera filmowego.

AH: Powiem więc panu, jak powstał. Chciałem zrobić coś na przekór kliszy: „człowiek, który udaje się na miejsce, gdzie prawdopodobnie ma zostać zabity". Co normalnie robi się w takich wypadkach? Czarna noc na jakimś miejskim skrzyżowaniu. Ofiara czeka, widoczna w świetle latarni. Bruk mokry po niedawnym deszczu. Zbliżenie czarnego kota przebiegającego ukradkiem wzdłuż muru. Ujęcie okna, w którym miga czyjaś twarz, wyglądająca z ukrycia zza firanki. Powolny najazd na czarną limuzynę etc. Zadałem sobie pytanie: co można by przeciwstawić takiej scenie? Ujęcie pustyni w pełnym słońcu, żadnej muzyki, żadnego czarnego kota, żadnej tajemniczej twarzy za firanką!

Wciąż à propos *Północy-północnego zachodu* i mojej religii bezinteresowności, opowiem panu jeszcze scenę, której nie udało mi się włączyć, ale nad którą pracowałem. Znów na zasadzie czekolady w Szwajcarii i wiatraków w Holandii, przypominam sobie, że znajdowaliśmy się na północny zachód od Nowego Jorku i że jednym z etapów trasy było Detroit, gdzie znajduje się fabryka samochodów Forda. Czy widział pan kiedyś taśmę montażu samochodów?

FT: Nie! Nigdy w życiu!

AH: To coś fantastycznego! Chciałem nakręcić długą scenę dialogu między Cary Grantem a majstrem przy takiej taśmie. Idą wzdłuż niej, rozmawiając o kimś trzecim, kto ma być może coś wspólnego z fabryką. Za nimi, kawałek po kawałku, konstruowany jest samochód, już nawet ktoś wlewa do niego benzynę; na koniec rozmowy zwracają obaj uwagę na ten samochód, który powstał na pozór z niczego, jakby z samych śrub i mówią: – *To jednak niesamowite*! – Nagle otwierają drzwi samochodu i wypada z niego trup.

FT: Wspaniały pomysł!

AH: Skąd wziął się trup? Nie z samochodu: przecież to była przed chwilą sama nakrętka! Trup wypadł znikąd, rozumie pan? W dodatku to jest prawdopodobnie trup faceta, o którym rozmawiali.

FT: Oto bezinteresowność w stanie czystym! Trudno się chyba rezygnuje z takiego pomysłu. Porzucił go pan z powodu długości sceny?

AH: Z długością sceny jakoś bym sobie dał radę, nie udało się jednak włączyć tego pomysłu do fabuły. Nawet bezinteresownej sceny nie można wstawić do filmu z totalną bezinteresownością.

13.

Mam bardzo rozsądne sny. Nocne pomysły. Skąd wziął się długi pocałunek w *Osławionej*. Przykład czystego ekshibicjonizmu. Nigdy nie marnować przestrzeni. Ludzie, którzy kompletnie nie rozumieją „obrazowości". Zbliżenie w ruchu. *Psychoza*. Biustonosz Janet Leigh. „Czerwony śledź". Panowanie nad widownią. Zabicie Arbogasta. Przeniesienie starej matki. Zasztyletowanie Janet Leigh. Wypchane ptaki. Stworzyłem zbiorową emocję. *Psychoza* należy do nas, filmowców. Trzynaście milionów dolarów zysku. W Tajlandii stoi człowiek.

François Truffaut: Powiedział mi pan dziś rano, że wywołanie tylu wspomnień w ciągu ostatnich dni wytrąciło pana z równowagi i miał pan tej nocy niepokojący sen. Skądinąd – mówiliśmy już o tym – pewne pana filmy, jak *Osławiona, Zawrót głowy, Psychoza*, przypominają marzenia senne. Czy często ma pan sny?

Alfred Hitchcock: Niezbyt często, czasami. Mam bardzo rozsądne sny. W jednym z nich znalazłem się na Bulwarze Zachodzącego Słońca, pod drzewami, i czekałem na żółtą taksówkę, żeby pojechać na obiad. Ale nie było żółtej taksówki, bo wszystkie przejeżdżające samochody pochodziły z 1916 roku. Powiedziałem więc sobie: „Nie ma sensu tracić czasu czekając na żółtą taksówkę, bo ten sen dzieje się najwyraźniej w 1916 roku". Poszedłem do restauracji piechotą.

FT: To naprawdę sen, czy pomysł na gag filmowy?

AH: Nie, nie, to sen.

FT: To prawie sen historyczny! Zgadza się pan, że aspekt oniryczny w pańskich filmach jest istotny?

AH: To są raczej marzenia dzienne.

FT: Może to jest u pana podświadome i raz jeszcze prowadzi nas do baśni. Filmując samotnego człowieka, otoczonego przez wrogie zjawiska, wkracza pan – nawet niechcący – w domenę snu, a jest to zarazem domena samotności i niebezpieczeństw.

AH: To prawdopodobnie ja wewnątrz mnie samego.

FT: Zapewne, ponieważ logika pana filmów, nie zawsze – jak widzieliśmy – zadowalająca krytyków, to po części logika snu. Takie filmy, jak *Nieznajomi z pociągu* czy *Północ-północny zachód*, to ciągi osobliwych form, jak w koszmarze sennym.

AH: Wynika to stąd, że ja nigdy nie zajmuję się czymś przeciętnym, codziennym, zwyczajnym.

FT: Absolutnie tak. Trudno wyobrazić sobie film Hitchcocka, w którym śmierć nie miałaby nic do roboty. Jestem też przekonany, że pan głęboko odczuwa to, co przedstawia pan w filmach, na przykład strach.

AH: O tak! Jestem człowiekiem szalenie bojaźliwym. Robię wszystko, co możliwe, żeby uniknąć wszelkich trudności i komplikacji. Lubię, żeby wszystko wokół mnie było przejrzyste, bezchmurne, spokojne. Porządek na biurku daje mi wewnętrzny spokój. Po kąpieli wszystkie przedmioty w łazience układam na swoim miejscu. Nie lubię zostawiać po sobie śladów. To zamiłowanie do porządku idzie u mnie w parze z niechęcią do wszelkiej komplikacji.

FT: Dlatego tak starannie się pan zabezpiecza. Ewentualne trudności z inscenizacją rozwiązuje pan jeszcze przed fazą zdjęć – dzięki rysunkom; unika pan nudy i rozczarowań. Jacques Becker powiedział o panu: „Z wszystkich reżyserów świata Alfred Hitchcock ma najmniej niespodzianek podczas projekcji".

AH: To jest prawda; zawsze zresztą marzyłem o tym, żeby w ogóle nie chodzić na projekcje! Chcę panu opowiedzieć jeszcze jedną historyjkę związaną ze snami. Był sobie raz pewien scenarzysta, któremu najlepsze pomysły przychodziły do głowy w nocy, a kiedy budził się rano – nie mógł ich sobie przypomnieć; wreszcie powiedział sobie: „Położę przy łóżku kartkę papieru i ołówek; kiedy zjawi się pomysł – zapiszę go". Facet idzie więc spać i oczywiście budzi się w środku nocy ze wspaniałym pomysłem; szybko zapisuje go i bardzo zadowolony zasypia ponownie. Rano budzi się i zapomina, że zapisał pomysł. Nagle, w trakcie golenia, przypomina sobie: „Znów miałem kapitalny pomysł w nocy i już go nie pamiętam. To okropne! Ach nie, nie zapomniałem go! Miałem przecież ołówek i papier". Wpada więc do sypialni, łapie kartkę i czyta: *Chłopiec zakochuje się w dziewczynie.*

FT: To bardzo dobre, szalenie zabawne...

AH: Przede wszystkim bardzo prawdziwe, ponieważ pomysły, które w nocy wydają nam się wspaniałe, zwykle rankiem okazują się do niczego.

FT: Dyskusja na temat snów w związku z pana filmami nie miałaby chyba większego sensu; przypuszczam, że nie jest to coś, co pana interesuje...

AH: W każdym razie pewne jest, że nigdy nie miewam snów erotycznych!

FT: Przecież jednak miłość i erotyka zajmują istotne miejsce w pana twórczości. Za mało dotąd mówiliśmy o miłości w pana filmach. A tymczasem, począwszy od *Osławionej*, jest pan uważany nie tylko za specjalistę od suspensu, ale także za specjalistę od miłości fizycznej na ekranie.

AH: Istotnie, sceny miłosne w *Osławionej* zawierały aspekt fizyczny; prawdopodobnie myśli pan przede wszystkim o długiej scenie pocałunku Ingrid Bergman i Cary Granta...

FT: Tak. O ile sobie przypominam, reklama tego filmu głosiła, że to „najdłuższy pocałunek w historii kina".

AH: Aktorzy byli oczywiście wściekli. Czuli się fatalnie; mało brakowało, żeby się na siebie obrazili. Oświadczyłem im: – *Nic mnie nie obchodzi, czy to się wam podoba, czy nie. Interesuje mnie wyłącznie efekt ekranowy.*

FT: Przypuszczam, że czytelnicy będą się zastanawiać, dlaczego dwoje aktorów tak źle się czuło podczas kręcenia tej sceny. Sprecyzujmy więc, że filmował pan ich oboje w zbliżeniu i że musieli przejść przez całą dekorację w tej pozycji. Dla nich trudność polegała na tym, że musieli się tak przesuwać, przyklejeni do siebie. Na ekranie jednak tylko ich twarze miały być widoczne. Tak to było?

AH: Dokładnie tak. Scena była wymyślona po to, żeby pokazać ich wzajemne pożądanie; zależało mi przede wszystkim na tym, żeby nie unicestwić dramatycznej atmosfery. Gdybym ich nagle rozdzielił, cała emocja by znikła. Stąd konieczność tych dodatkowych działań: musieli całując się podążać w stronę dzwoniącego telefonu, nadal trwać w uścisku przez cały czas trwania rozmowy, a potem jeszcze w tej pozycji przesuwać się w kierunku drzwi. Czułem, że było absolutnie niezbędne nierozdzielanie ich przez cały czas tego namiętnego uścisku; czułem też, że kamera – reprezentująca publiczność – powinna być potraktowana jak trzecia postać, włączona do pocałunku. Zapewniłem więc publiczności przywilej całowania się z Cary Grantem i Ingrid Bergman. Było to coś w rodzaju tymczasowego trójkąta miłosnego.

Ta moja bezwzględna potrzeba nieprzerywania emocji miłosnej wynikła z pewnego wspomnienia; odsyła nas ono wiele lat wstecz, do Francji. Jechałem pociągiem z Boulogne do Paryża, powoli przejeżdżaliśmy przez Etaples. Było niedzielne popołudnie; widziałem przez szybę wielki fabryczny budynek z czerwonej cegły i młodą parę stojącą przy murze; dziewczyna i chłopiec trzymali się pod rękę, a chłopiec w tym czasie siusiał; dziewczyna ani na chwilę nie wypuściła jego ramienia; przypatrywała się temu, co robi chłopiec, przenosiła spojrzenie na przejeżdżający pociąg, po czym znowu przyglądała się czynności chłopca. Poczułem, że to jest prawdziwa „miłość przy pracy", „miłość w działaniu".

FT: Kochamy się, więc nie rozstajemy się ani na chwilę.

AH: Otóż to. Zawsze pamiętam ten obraz i z tego powodu miałem pełną świadomość, co chcę osiągnąć w scenie pocałunku w *Osławionej*.

FT: To bardzo interesujące i może wobec tego powinniśmy porozmawiać o kłopotach aktorów przy kręceniu podobnych, żenujących dla nich scen. Mam wrażenie, że wielu filmowców reżyseruje takie sceny z myślą o tym, jak wyglądają na tle całej dekoracji, zamiast pamiętać o przestrzeni, jaką rzeczywiście zajmą na ekranie. Myślę o tym często, także podczas oglądania pana filmów, i dochodzę do wniosku, że czyste kino zaczyna się wtedy, kiedy ustawiane ujęcie wydaje się całej ekipie absurdalne.

AH: Coś podobnego! Bardzo ciekawe...

FT: Weźmy inny przykład: pocałunek Cary Granta i Evy Marie-Saint w przedziale, w filmie *Północ-północny zachód*. Stoją pod ścianą, całują się, a ich ciała – skłaniając się ku sobie – przesuwają się jednocześnie w stronę drzwi. Na ekranie wypada to świetnie, ale podczas zdjęć – musiało wyglądać idiotycznie.

AH: Tak, obracali się pod ścianą. Zawsze kieruję się tą samą zasadą: nie rozłączać pary. Myślę, że w dziedzinie scen miłosnych wiele jest jeszcze do zrobienia. Generalnie chodzi o to, żeby mężczyznę i kobietę do siebie przykleić, ale ciekawe byłoby spróbować czegoś odwrotnego: umieścić każde z nich w przeciwnych końcach pokoju. To jednak niemożliwe, bo żeby z takiego usytuowania przestrzennego wydobyć scenę miłosną – musieliby się sobie wzajemnie pokazać i mielibyśmy czysty ekshibicjonizm. Mężczyzna powinien rozpiąć rozporek, kobieta – podnieść spódnicę, a dialog powinien oczywiście toczyć się na kontrapunkcie: rozmawialiby o tym, że jest deszcz albo ładna pogoda, albo zastanawialiby się, co zjedzą na kolację; tak jest zresztą w *Osławionej*, gdzie bohaterowie – całując się – rozmawiają o jedzeniu kurczaka i o tym, kto zmyje naczynia.

FT: Chciałbym, żebyśmy się cofnęli i wrócili do tego momentu rozmowy, kiedy mówił pan o realności kadru i o wrażeniu, jakie odnosi się na planie. Przerwałem panu wtedy...

AH: No cóż, zgadzam się z panem. Wielu reżyserów świetnie panuje nad planem i przywiązuje wagę do atmosfery zdjęć, tymczasem powinni oni myśleć o jednym: co będzie widać na ekranie. Jak pan wie, sam nigdy nie patrzę w wizjer kamery, ale operator zawsze doskonale wie, że ja nie potrzebuję powietrza ani przestrzeni wokół postaci, za to trzeba wiernie odtworzyć przygotowane przez nas rysunki. Nie wolno ulec przestrzeni wyłaniającej się przed kamerą; lepiej wyobrażać sobie, że – dla uzyskania ostatecznego obrazu – bierzemy nożyczki i odcinamy odrośla, wszystko co zbędne.

Z drugiej strony, nie powinniśmy tej przestrzeni marnować, bo zawsze można jej użyć dla dramaturgii. Na przykład w *Ptakach*, kiedy ptaki atakują zabarykadowany dom a Melania – cofając się – wchodzi na kanapę, utrzymałem kamerę w pewnej odległości od niej, żeby posłużyć się przestrzenią dla zasugerowania pustki, nicości, przed którą ona się cofa. Następnie zrobiłem drugi wariant: zbliżyłem się do niej i umieściłem kamerę dość wysoko, żeby dać wrażenie, że ten lęk narasta w niej samej. A potem był jeszcze trzeci ruch: w górę i dookoła. Ale najważniejsza była ta wielka przestrzeń na początku. Gdybym zaczął od pokazania dziewczyny z bliska, mielibyśmy wrażenie, że ona cofa się przed niebezpieczeństwem, które widzi, ale którego nie widzimy my. Ja tymczasem chciałem pokazać coś odwrotnego:

że ona cofa się przed nieistniejącym niebezpieczeństwem, stąd użycie całej przestrzeni przed nią. Współcześni reżyserzy, których praca polega na prostym ustawieniu aktorów pośrodku scenografii i umieszczeniu kamery w pewnej odległości od nich, aby widać było, że postaci siedzą, stoją albo leżą – utrudniają zrozumienie; ich praca nie jest czysta, nic nie wyraża.

FT: Jest więc pewna zasada, którą każdy reżyser powinien przyjąć: że – dla uzyskania realizmu wewnątrz kadru – trzeba zaakceptować możliwie największą nierealność otaczającej przestrzeni; na przykład zbliżenie pocałunku dwojga bohaterów stojących w objęciu – można uzyskać każąc im uklęknąć na stole w kuchni.

AH: Na przykład. Może się też zdarzyć, że coś szczególnego trzeba będzie zrobić z tym stołem: powiedzmy, podnieść go o 18 centymetrów, żeby zmieścił się w kadrze. Chce pan pokazać mężczyznę, który stoi za stołem? Proszę bardzo; ale im bardziej będziemy się do tego mężczyzny zbliżać, tym wyżej trzeba będzie podnosić stół, jeśli zechcemy go utrzymać w obrazie. Tymczasem reżyserzy nie miewają na ogół takich pomysłów i po to, żeby zostawić stół, umieszczają kamerę za daleko; wydaje im się, że na ekranie wszystko powinno wyglądać tak samo, jak w dekoracjach.

Poruszył pan tutaj bardzo ważną kwestię, może nawet fundamentalną. Ustalenie ostatecznego kształtu obrazu na ekranie, dla wyrażenia jakiejś idei, nigdy nie powinno być krępowane przez rzeczywistość. Nigdy, w żadnym wypadku! Technika filmowa pozwala na uzyskanie wszystkiego, czego się pragnie, na realizację każdego obrazu, jaki się wymyśliło, nie ma więc żadnego powodu, żeby z tego wymyślonego obrazu rezygnować, albo żeby szukać kompromisu między obrazem wymyślonym a tym ostatecznym. Jeśli nie wszystkie filmy spełniają to założenie, dzieje się tak dlatego, że w naszym zawodzie jest zbyt wielu ludzi, którzy kompletnie nie rozumieją „obrazowości".

FT: Termin „obrazowość" bardzo dobrze odpowiada tej dyskusji. Powiedzmy, że zadanie reżysera, który chce oddać wrażenie przemocy, nie polega na filmowaniu przemocy, ale na filmowaniu czegokolwiek w taki sposób, żeby to dawało wrażenie przemocy. Myślę na przykład o jednej z pierwszych scen filmu *Północ-północny zachód*, w salonie, kiedy źli zaczynają znęcać się nad Cary Grantem. Gdybyśmy zobaczyli tę scenę w zwolnionym tempie na stole montażowym, przekonalibyśmy się, że ci źli nic w gruncie rzeczy Cary Grantowi nie robią. A przecież na ekranie, w ciemnej sali kinowej, samo następstwo krótkich mignięć obrazów i drobnych przesunięć kamery – daje wrażenie niesłychanej brutalności.

AH: Jeszcze lepszy przykład znajdziemy w *Oknie na podwórze*, w scenie wejścia do pokoju mężczyzny, który wyrzuci Jamesa Stewarta przez okno. Na początku sfilmowałem wszystko jak leci, w sposób realistyczny; wyszło to kiepsko, nie robiło żadnego wrażenia. Nakręciłem więc zbliżenie ręki w ruchu, zbliżenie twarzy Stewarta, zbliżenie nóg, zbliżenie mordercy, po czym wszystko to zrytmizowałem; wtedy wreszcie uzyskałem zamierzony efekt.

Teraz szukajmy analogii w życiu. Jeśli znajduje się pan tuż przed pociągiem, który na pana najeżdża, doznaje pan kolosalnej emocji. Jeśli jednak przygląda się pan temu samemu pociągowi z kilometrowego dystansu, niewiele to pana obchodzi. Jeśli więc chce pan pokazać dwóch walczących z sobą mężczyzn, proste sfotografowanie tej walki nie może dać ciekawego rezultatu. Sama fotografowana rzeczywistość staje się na ogół odrealniona. Jedynym rozwiązaniem jest wejść w środek tej walki, żeby pozwolić publiczności poczuć ją; dopiero wtedy uzyska pan prawdziwą realność.

FT: Wydaje mi się, że w tego typu scenach, w których chodzi o uzyskanie wrażenia realności poprzez nierealność na planie, istnieje pewna reguła: trzeba przemieszczać dekoracje znajdujące się za aktorami.

AH: To jest możliwe, ale nie stanowi jednak reguły; zależy to od rodzaju ruchów, jakie wykonują aktorzy. Sam byłbym bardzo zadowolony, gdyby wrażenie ruchu tworzyło się z ciągu nieruchomych ujęć. W *Tajnym agencie* na przykład, kiedy chłopak jest w autobusie i kładzie obok siebie bombę, za każdym razem, kiedy pokazywałem bombę – filmowałem ją pod innym kątem, żeby nadać tej bombie żywotność, żeby ją „uruchomić". Gdybym pokazywał ją wciąż tak samo, publiczność przyzwyczaiłaby się do tego pakunku: – „No cóż, to w końcu tylko paczka" – ja jednak chciałem jej podpowiedzieć: – *Nie, nie, uwaga, miejcie się na baczności!*

FT: Wróćmy jednak do przykładu z pociągiem: kiedy pokazuje go pan od zewnątrz, kamera pozostaje przywiązana do pociągu, uzależniona od niego, a nie – ustawiona w plenerze, gdzieś w polu. Mam oczywiście na myśli *Północ-północny zachód*.

AH: Kamera umieszczona na polu, filmująca przejeżdżający pociąg, dałaby nam jedynie słynny punkt widzenia krowy oglądającej przejeżdżający pociąg. Rzeczywiście, starałem się o to, żeby publiczność znajdowała się w pociągu, z pociągiem, i wszystkie jego plany ogólne były filmowane jakby z okna, zza kolejnego zakrętu torów. Mieliśmy trzy kamery na platformie, dołączonej do pociągu Twenty Century Ltd. i w trakcie kręcenia przemierzyliśmy dokładną trasę pociągu, nawet w jego stałych godzinach. Jedna z kamer miała filmować plany ogólne pociągu na zakrętach, dwie pozostałe – widziane z pociągu pejzaże.

FT: Pańska technika jest całkowicie podporządkowana skuteczności dramaturgicznej; to jest w pewnym sensie technika towarzyszenia postaciom.

AH: Istotnie; skoro jednak mówimy generalnie o ruchach kamery i o montażu, powiem o pewnej zasadzie, która wydaje mi się zasadnicza: kiedy postać, która siedziała, wstaje, żeby przejść się po pokoju, zawsze unikam zmiany kąta widzenia czy cofania kamery. Zawsze zaczynam ruch od zbliżenia, tego samego, które stosowałem do pokazywania postaci siedzącej. W większości filmów, kiedy pokazuje się dwie dyskutujące z sobą postaci, ma pan zbliżenie jednej, zbliżenie drugiej, zbliżenie jednej, zbliżenie drugiej, i nagle plan ogólny, żeby pozwolić jednej z postaci wstać i przechadzać się. Uważam to za niewłaściwe.

FT: Też tak uważam, ponieważ w tym wypadku technika wyprzedza akcję zamiast jej towarzyszyć: publiczność może zgadnąć, że jedna z postaci za chwilę wstanie... Innymi słowy, nie powinno się nigdy zmieniać miejsca kamery dla uprzedzenia tego, co nastąpi...

AH: Właśnie, to przecież osłabia emocję, czyli w efekcie – szkodzi. Jeśli postać rusza się, my zaś chcemy nadal pokazywać emocje malujące się na jej twarzy – potrzebne jest zbliżenie w ruchu.

FT: Zanim przejdziemy do *Psychozy*, chciałbym pana spytać, czy ma pan jakąś teorię dotyczącą pierwszych scen w swoich filmach. Czasem zaczyna pan od gwałtownej akcji, kiedy indziej – od prostej wskazówki, w jakim miejscu się znajdujemy...

AH: To zależy od celu, jaki chcę osiągnąć. *Ptaki* zaczynają się od opisu normalnego życia w San Francisco. Czasem zaczynam od napisu informującego, że znajdujemy się w Phoenix albo w San Francisco, ale to mnie trochę krępuje, jako zbyt łatwe. Często miewam ochotę na bardziej finezyjne przedstawianie miejsc, nawet tych powszechnie znanych. W końcu nie ma żadnego problemu ze „sprzedaniem" Paryża za pomocą wieży Eiffla w tle, czy Londynu za pośrednictwem Big Bena.

FT: Jeżeli nie zaczyna pan od gwałtownej akcji, stosuje pan prawie zawsze taką samą ekspozycję, od dalekiej perspektywy do bliskiej: miasto, pewien budynek w tym mieście, pe-

wien pokój w tym budynku... Tak zaczyna się *Psychoza*
(*Psycho*)[1]...

AH: W obrazie otwierającym *Psychozę* chciałem umieścić
nie tylko nazwę miasta, Phoenix, ale także dzień i godzinę
rozpoczęcia akcji – wszystko to w bardzo istotnym celu: była
godzina 14.43 i to był jedyny moment dnia, kiedy ta biedna
dziewczyna, Marion, mogła pójść do łóżka z Samem, swoim
kochankiem. Godzinowa wskazówka podpowiada, że bohaterka musi zrezygnować z obiadu, żeby móc się kochać.

FT: Widz od razu zostaje poinformowany, że cały ich
związek toczy się w ukryciu.

[1] Młoda kobieta, Marion (Janet Leigh), będąca kochanką Sama (John
Gavin), w chwili słabości ucieka samochodem z Phoenix, wywożąc czterdzieści tysięcy dolarów, które na życzenie szefa powinna była zdeponować
w banku. Zatrzymuje się nocą w mało uczęszczanym motelu. Młody właściciel motelu, Norman Bates (Anthony Perkins), zwierza się jej: żyje tu
na odludziu ze starą matką, którą uwielbia, choć trudno z nią wytrzymać;
Marion słyszała ją zresztą przed chwilą, krzyczącą na syna. Przed pójściem
spać Marion bierze prysznic; wtedy pojawia się nagle stara kobieta i zabija
ją serią ciosów nożem, po czym znika. Wyłania się Norman, krzycząc: „Mamo, o Boże, tyle krwi!". Kiedy przygląda się zakrwawionemu wnętrzu, wydaje się naprawdę przerażony. Skrupulatnie przywraca apartament do
pierwotnego stanu, czyści łazienkę, ściera wszelkie ślady zbrodni, a ciało
Marion, wraz z jej bagażem (a także ukrytymi pieniędzmi) umieszcza w ba-
gażniku jej samochodu, po czym topi samochód w pobliskim stawie.
Zaczynają się poszukiwania zaginionej Marion; szukają jej: siostra Leila (Vera Miles), Sam, a także detektyw z firmy ubezpieczeniowej, Arbogast (Martin Balsam), który ma za zadanie odzyskanie pieniędzy. Arbogast
zjawia się w motelu, gdzie Norman przyjmuje go, ale – speszony pytaniami
– oficjalnie zakazuje mu widzenia się z matką. Arbogast zawiadamia
o wszystkim telefonicznie Leilę i Sama, po czym wraca potajemnie do motelu, żeby spotkać się jednak ze starszą panią. Wchodzi więc na pierwsze
piętro, gdzie, na schodach, zostaje przyjęty ciosami noża i przenosi się
na tamten świat. W trzeciej części filmu widzimy, jak Leila i Sam dowiadu-
ją się od szeryfa, że matka Normana Batesa nie żyje, od ośmiu lat pocho-
wana jest na cmentarzu. Oboje udają się do motelu, gdzie Leila, przeszu-
kująca dom, cudem unika śmierci. Zdemaskowany, pozbawiony peruki,
Norman okazuje się po trosze sobą, a po trosze swoją zmarłą matką; oby-
dwie osobowości koegzystują w nim (przyp. FT).

AH: I tym samym upoważniony do stania się podglądaczem.

FT: Francuski krytyk, Jean Douchet, napisał dowcipne
zdanie: *W pierwszej scenie „Psychozy" John Gavin pokazuje
nagi tors, a Janet Leigh nosi biustonosz, w związku z czym scena ta może zadowolić zaledwie połowę publiczności.*

AH: To prawda, że Janet Leigh nie powinna była nosić tego biustonosza. Scena ta nie wydaje mi się specjalnie nie-
moralna, w ogóle zresztą nie dostarczyła mi żadnych szcze-
gólnych wrażeń, ponieważ – jak pan wie – jestem w tej
dziedzinie abstynentem; nie mam jednak żadnych wątpliwości, że scena byłaby ciekawsza, gdyby to naga pierś dziewczyny ocierała się o pierś mężczyzny.

FT: Wiem, że próbował pan w *Psychozie* skierować uwagę
publiczności na fałszywe tropy; sądzę też, że dodatkową ko-
rzyścią z tego erotycznego początku było zwrócenie uwagi
widzów na erotyczny aspekt fabuły. Kiedy znajdziemy się
następnie w motelu, z powodu tej pierwszej sceny pokazują-
cej Janet Leigh w biustonoszu, będzie nam się zdawać,
że Anthony'emu Perkinsowi chodzi tylko o podglądanie.
Skądinąd, jeśli się nie mylę, jest to jedyna scena w biustonoszu – na przestrzeni pana pięćdziesięciu filmów.

AH: Odczułem potrzebę nakręcenia pierwszej takiej sceny, ponieważ publiczność się zmienia. Klasyczna scena czystego pocałunku byłaby wyśmiana przez dzisiejszych młodych widzów; uznaliby ją za idiotyczną. Wiem, że oni sami
zachowują się w takich sytuacjach jak John Gavin i Janet
Leigh, trzeba więc im pokazywać to, jak sami się zachowują. Z drugiej strony, chciałem oddać w tej scenie wizualne
wrażenie rozpaczy i samotności.

FT: Istotnie, wydawało mi się, że w *Psychozie* uwzględnił
pan tę przemianę publiczności w toku ostatniej dekady
i że film pełen jest rzeczy, których nie było w pana wcześniejszych utworach.

AH: Absolutnie tak; jeszcze więcej podobnych przykładów – głównie z zakresu techniki – znaleźć można w *Ptakach*.

FT: Czytałem powieść Roberta Blocha *Psychoza* i wydała mi się ona okropnie sztuczna. Są tam zdania w rodzaju: *Norman usiadł obok starej matki i podjęli rozmowę.* Bardzo mi przeszkadzała ta konwencja narracyjna. Film jest opowiedziany w sposób dużo uczciwszy; dostrzega się to zwłaszcza przy ponownym obejrzeniu. Co właściwie spodobało się panu w książce?

AH: Przypuszczam, że jedyna rzecz, która mi się w niej podobała, i która zadecydowała o tym, że podjąłem się tej adaptacji, to była nagłość morderstwa pod prysznicem; ta scena była tak nieoczekiwana, że zainteresowałem się całą ksiażką.

FT: Ta zbrodnia przypominała gwałt. Zdaje mi się, że powieść została zainspirowana przez autentyczne wydarzenie?

AH: Przez historię faceta, który trzymał w domu trupa swojej matki, gdzieś w stanie Wisconsin.

FT: W *Psychozie* posługuje się pan atrakcyjnymi atrybutami grozy, których wcześniej pan unikał: nastrój tajemnicy, upiorna atmosfera, stary dom...

AH: Tajemnicza atmosfera wynikła w znacznym stopniu z przypadku. Na przykład w Północnej Kalifornii znajdzie pan mnóstwo samotnych domów przypominajacych ten z *Psychozy*; nazywa się to „gotykiem kalifornijskim", a ponieważ jest to okropnie brzydkie, bywa też nazywane „piernikiem kalifornijskim". Nie przystępowałem do pracy z zamiarem uzyskania nastroju starych horrorów wytwórni Universal; chciałem po prostu być autentyczny. W każdym razie filmowy dom jest wierną kopią domu rzeczywistego, podobnie jak motel – prawdziwego motelu. Wybrałem ten dom i ten motel, bo zdałem sobie sprawę, że gdybym sfilmował tę historię w jakichś tandetnych, prowizorycznych budynkach, nie uzyskałbym takiego efektu; szukałem architektury zgodnej z nastrojem filmu.

FT: W dodatku jest to architektura przyjemna dla oka; dom jest pionowy, motel – poziomy.

AH: Tak jest, o taką kompozycję mi chodziło: jeden blok pionowy, drugi – poziomy.

FT: W *Psychozie* nie ma ani jednej sympatycznej postaci, z którą publiczność mogłaby się identyfikować.

AH: Nie było to konieczne. Myślę co prawda, że publiczność żałowała Janet Leigh w chwili jej śmierci. Istotnie jednak, pierwsza część tej historii jest dokładnie tym, co w Hollywood nazywają „czerwonym śledziem"; chodzi o odwrócenie uwagi widza, aby tym bardziej wzmocnić wrażenie wywołane przez zbrodnię, która powinna być całkowitą niespodzianką. Zależało mi więc na tym, aby cały początek – sprawa kradzieży pieniędzy i ucieczka Janet Leigh – był stosunkowo długi, po to, by publiczność skupiła się na pytaniu: „złapią ją, czy nie?". Przypomina pan sobie, z jaką natarczywością podkreślam sumę czterdziestu tysięcy dolarów? Przez cały okres produkcji filmu, aż do końca zdjęć, pracowałem nad zwiększeniem ważności tych pieniędzy.

Jak pan wie, publiczność zawsze lubi zgadywać, co będzie dalej. Trzeba więc nie tylko zdawać sobie z tego sprawę, ale całkowicie kierować myślami widza. Im więcej dodamy szczegółów do samochodowej podróży dziewczyny, tym bardziej widz będzie zajęty jej ucieczką; to po to przywiązywaliśmy taką wagę do policjanta na motocyklu i do kupna nowego samochodu. Później, w scenie w motelu, Anthony Perkins opowiada Janet Leigh swoje życie, wymieniają różne uwagi, ale i ta rozmowa toczy się wokół problemów dziewczyny. Przypuszczamy, że zdecydowała się wrócić do Phoenix i oddać pieniądze. Prawdopodobnie ta część publiczności, która lubi zgadywać, myśli: „Aha! Ten młody człowiek próbuje ją odwieść od tego pomysłu!". W ten sposób zwodzi się publiczność, robi się wszystko, żeby nie była w stanie wpaść na to, co się zdarzy.

Mógłbym się założyć, że w normalnym filmie Janet Leigh dostałaby inną rolę, na przykład poszukującej siostry, ponieważ nie ma zwyczaju zabijania gwiazdy po jednej trzeciej filmu. Ja nie zawahałem się przed zabiciem gwiazdy, bo dzięki temu zbrodnia stała się jeszcze bardziej nieoczekiwana. To zresztą z tego względu zależało mi potem, żeby nie wpuszczano widzów po rozpoczęciu filmu, ponieważ spóźnialscy mogliby czekać na pojawienie się Janet Leigh, nie przypuszczając, że jej rola już się skończyła. Ten film ma bardzo ciekawą konstrukcję i stanowił dla mnie najbardziej pasjonujące doświadczenie w zakresie gry z publicznością. W *Psychozie* panowałem nad widownią, tak jakbym grał na organach.

FT: Uwielbiam ten film, uważam jednak, że zawiera on pewien pusty moment: chodzi mi o dwie sceny u szeryfa, po drugiej zbrodni.

AH: Pojawienie się szeryfa wynika z potrzeby, o której często mówiliśmy, z zastanawiania się widza nad dalszym ciągiem: „Dlaczego oni nie idą na policję?". Generalnie w takich sytuacjach odpowiadam: „Nie idą na policję, ponieważ chodzenie na policję jest bez sensu". Sami zobaczcie, macie przykład tego, co się dzieje, kiedy idzie się na policję.

FT: Później jednak zainteresowanie widza powraca. W ogóle wydaje mi się, że opinie i sympatie widza często zmieniają się w trakcie filmu. Na początku mamy nadzieję, że Janet Leigh nie da się złapać. Zbrodnia zaskakuje nas, ale jak długo Anthony Perkins myli tropy – jesteśmy po jego stronie, pragniemy, by nic mu się nie stało. Potem, kiedy dowiadujemy się od szeryfa, że matka Perkinsa od ośmiu lat nie żyje, nastawiamy się nagle przeciw Perkinsowi, ale z czystej ciekawości.

AH: Wszystko to odsyła nas do pojęcia widza-podglądacza. Poruszaliśmy już tę kwestię omawiając *M jak morderstwo*.

FT: Istotnie. Kiedy Ray Milland spóźniał się z telefonem do żony i wyglądało na to, że zbrodniarz opuści mieszkanie nie zabiwszy Grace Kelly, widz myślał: „Może on jeszcze trochę poczeka?".

AH: To wynika z generalnej zasady. Omawialiśmy ją w związku ze złodziejem, który przeszukuje szuflady: publiczność zawsze jest po jego stronie. Podobnie, kiedy Perkins obserwuje pogrążający się w stawie samochód i w pewnej chwili ten samochód nie może się zanurzyć do końca, widz mówi sobie – pomimo że w środku jest przecież trup: „Żeby się jednak zanurzył cały!". To naturalny instynkt.

FT: Normalnie jednak w pana filmach widz jest w czystszej sytuacji, bo drży o człowieka niesłusznie podejrzanego. Tymczasem w *Psychozie* najpierw drżymy o złodziejkę, potem o mordercę, a w końcu, kiedy dowiadujemy się, że ten morderca ukrywa tajemnicę, życzymy mu, żeby wpadł, bo chcemy się dowiedzieć, na czym ta tajemnica polega!

AH: Czy identyfikujemy się z nim aż do tego momentu?

FT: Nie jest to może pełna identyfikacja, widząc jednak, z jaką starannością Perkins usuwa wszystkie ślady zbrodni – jesteśmy skłonni mu sprzyjać. Przypomina to podziw dla każdego, kto dobrze wykonuje swoją pracę.

Zdaje mi się, że Saul Bass wykonał nie tylko napisy czołowe, ale także niektóre rysunki do filmu?[2]

AH: Tylko do jednej sceny, w dodatku nie mogłem ich użyć. Saul Bass miał opracować tylko czołówkę, ale – ponieważ film zainteresował go – poprosiłem, żeby narysował jeszcze jedną scenę: tę z detektywem Arbogastem, wcho-

---

[2] Saul Bass (1920-1996), wybitny grafik amerykański, także reżyser filmów animowanych. Począwszy od *Czarnej Carmen* (1954) Otto Premingera, odmienił kształt graficzny czołówek filmowych. Do najsłynniejszych jego czołówek należały właśnie te, które zaprojektował do filmów Hitchcocka: *Zawrót głowy* i *Psychoza* (przyp. tłum.).

dzącym po schodach, zanim zostaje zabity. Akurat na czas tych zdjęć rozchorowałem się i musiałem przez dwa dni zostać w łóżku, poprosiłem więc operatora i asystenta, żeby użyli rysunków Bassa przy kręceniu tej sceny. Nie chodziło o sam moment zbrodni, ale o to, co ją poprzedza, wchodzenie po schodach. Było więc ujęcie ręki detektywa przesuwającej się po poręczy i travelling przez barierki schodów, pokazujący nogi Arbogasta. Kiedy obejrzałem materiały, zdałem sobie sprawę, że to nie wyszło. To było ciekawe doświadczenie; wchodzenie po schodach, ujmowane w ten sposób, nie dawało wrażenia niewinności, ale przeciwnie – sugerowało winę. Te ujęcia byłyby na miejscu, gdyby chodziło o wspinającego się po schodach mordercę, tymczasem sens sceny był odwrotny.

Pewnie przypomina pan sobie, jak starannie przygotowaliśmy publiczność do tej sceny: zapewniliśmy ją, że w domu mieszka tajemnicza kobieta; pokazaliśmy, że poprzednio owa tajemnicza kobieta wyszła z domu i zasztyletowała pod prysznicem naszą bohaterkę. Te elementy budowały suspens w scenie wchodzenia detektywa po schodach. W efekcie trzeba było tu zmierzać do maksymalnej prostoty: wystarczyło pokazać, w sposób możliwie najprostszy, schody i mężczyznę, który się po nich wspina.

FT: Przypuszczam, że zobaczywszy scenę źle nakręconą, próbował pan uratować sytuację – nadając detektywowi Arbogastowi odpowiedni wyraz. We francuskim jest taki zwrot „przychodzi jak kwiat", czyli „jest gotów dać się zerwać".

AH: To nie miała być nawet gotowość, raczej wręcz – oddanie. Użyłem więc jednego ujęcia Arbogasta wchodzącego po schodach, a kiedy zbliżał się do ostatniego stopnia, umieściłem kamerę u góry, z dwóch względów: po pierwsze, żeby móc sfilmować matkę przodem, bo gdybym ją pokazał od tyłu – wywołałbym wrażenie, że chcę ukryć jej twarz i publiczność zaczęłaby coś podejrzewać. Perspektywa, którą przyjąłem, wykluczyła przypuszczenie, że chcę uniknąć pokazania matki. Drugim i zasadniczym powodem umieszczenia kamery tak wysoko była chęć uzyskania kontrastu między planem ogólnym schodów a bliskim planem bohatera, kiedy nóż zostaje w niego wbity. Na to nakłada się kontrast muzyki: kiedy kamera jest wysoko mamy skrzypce, nagle – wraz ze zbliżeniem – instrumenty dęte. W ujęciu z góry miałem zbliżającą się matkę i wyłaniający się nóż. Na cięciu dawałem ruch noża i przechodziłem do zbliżenia Arbogasta. Nakleiliśmy mu na czole plastikową tubkę z hemoglobiną. W chwili, gdy nóż zbliżał się do jego twarzy, pociągałem gwałtownie za nitkę i hemoglobina wylewała się; wyglądało to, jakby jego twarz zalewała się krwią. W końcu spadał ze schodów, tyłem.

FT: Ten upadek tyłem bardzo mnie zaintrygował. W rzeczywistości on nie upada. Nie widać jego nóg, ma się jednak wrażenie, że schodzi tyłem, muskając każdy stopień koniuszkami stóp, trochę jak tancerz...

AH: Trafne wrażenie, ale czy zgadł pan, jak udało się ten efekt uzyskać?

FT: Zupełnie nie. Przypuszczam, że był to jakiś rodzaj wydłużenia akcji, ale nie mam pojęcia, jak pan to zrobił.

AH: Metodą trików. Najpierw sfilmowałem kamerą dolly schodzenie po schodach, bez postaci. Następnie umieściłem Arbogasta na specjalnym krześle; siedział na nim przed tylnym ekranem, na którym wyświetlaliśmy to schodzenie po schodach. Po czym poruszaliśmy krzesłem, a Arbogastowi wystarczyło wykonanie kilku gestów, jakby łapał powietrze ramionami.

FT: Świetnie się to udało. Później jeszcze raz umieszcza pan kamerę tak wysoko, żeby pokazać Perkinsa znoszącego matkę do piwnicy.

AH: Tak, uniosłem kamerę w górę już od momentu, kiedy Perkins wchodzi po schodach. Wchodzi do pokoju, po czym już nie widać go, tylko słychać: – *Muszę mamę znieść do piwnicy, bo przyjdą nas śledzić.* – Po czym widzimy

Perkinsa, jak znosi po schodach matkę. Nie mogłem przerwać tego ujęcia, bo publiczność mogłaby nabrać podejrzeń: dlaczego kamera nagle się wycofuje? Zrobiłem to więc tak: kamera zawieszona u góry obserwuje Perkinsa wchodzącego po schodach. Kiedy Perkins wchodzi do pokoju i znika z kadru – kamera wciąż pracuje bez cięcia, ale unosi się pod sam sufit, a równocześnie obraca się wokół własnej osi i spogląda w dół schodów, żeby zaś publiczność nie podawała w wątpliwość tego ruchu – zabawiamy ją, pozwalając podsłuchiwać kłótnię między matką a synem. Publiczność taką uwagę zwraca na rozmowę, że nie zastanawia się nad ruchem kamery, dzięki czemu możemy teraz przyglądać się pionowo z góry, jak Perkins znosi matkę – i publiczność się temu nie dziwi. Pasjonujące było dla mnie to wykorzystywanie kamery do zwodzenia publiczności.

FT: Równie udana jest scena zasztyletowania Janet Leigh.

AH: Kręcenie jej trwało cały tydzień; dla uzyskania tych 45 sekund filmu użyłem siedemdziesięciu ustawień kamery. Na moje zamówienie sporządzono specjalnie do tej sceny wspaniały sztuczny tułów, z krwią tryskającą po uderzeniu noża, ale w końcu go nie wykorzystałem. Zdecydowałem się na nagą modelkę, która dublowała Janet Leigh. Janet pokazała tylko ręce, ramiona i głowę; reszta należała do modelki. Oczywiście nóż nie dotyka nigdy ciała, wszystko to jest zrobione w montażu. Nie widać żadnych intymnych części kobiecego ciała, bo niektóre ujęcia sfilmowaliśmy w zwolnionym tempie, żeby uniknąć pokazywania piersi. Te sfilmowane w zwolnionym tempie ujęcia nie zostały potem przyspieszone, bo w montażu robią wrażenie, jakby były nakręcone z normalną szybkością.

FT: To niesłychanie gwałtowna scena.

AH: To najgwałtowniejsza scena filmu, a potem, w miarę trwania, film staje się coraz mniej gwałtowny, bo wspomnienie tej pierwszej zbrodni wystarczy, by nasycić niepokojem późniejsze momenty suspensu.

FT: To bardzo odkrywczy pomysł. Od samej zbrodni wolę jednak, ze względu na muzyczność, scenę sprzątania, kiedy Perkins, za pomocą szczotki i ścierki, zaciera wszystkie ślady. Całą konstrukcję filmu można opisać jako wspinanie się po schodach anormalności: najpierw scena cudzołóstwa, potem kradzież, zbrodnia, druga zbrodnia, na koniec – psychopatia; z każdym etapem pokonujemy kolejny stopień schodów. Tak to pan zamierzył?

AH: Tak, z tym że dla mnie Janet Leigh gra zwyczajną mieszczkę.

FT: Ale ta mieszczka prowadzi nas w stronę anormalności, w stronę Perkinsa i jego wypchanych ptaków.

AH: Wypchane ptaki bardzo mnie interesowały, jako coś w rodzaju symbolu. Naturalnie Perkins interesuje się wypchanymi ptakami, ponieważ sam wypchał własną matkę. Ale jest tu jeszcze inne znaczenie, związane na przykład z sową; te ptaki należą do sfery nocy, wtedy czatują, co sprzyja masochizmowi Perkinsa. On zna dobrze ptaki i czuje się przez nie obserwowany. Jego poczucie winy przegląda się w spojrzeniu ptaków, które go pilnują; a ponieważ lubi czynność preparowania, jego własna matka jest też wypełniona słomą.

FT: Czy można uznać *Psychozę* za film eksperymentalny?

AH: W pewnym sensie. Największą satysfakcję sprawił mi fakt, że film oddziałał na publiczność; na tym mi najbardziej zależało. Ani temat, ani postacie *Psychozy* nie były dla mnie ważne; ważne było, żeby połączenie wszystkich cząstek filmu – zdjęć, ścieżki dźwiękowej, czystej techniki – kazało publiczności zawyć ze zgrozy. To jest najpiękniejsze w naszym zawodzie: możemy używać sztuki kina do tworzenia zbiorowej emocji. Z *Psychozą* to się udało. To nie żadne przesłanie zaintrygowało publiczność. To nie świetne kreacje aktorskie ją oczarowały. Nie tytuł głośnej powieści przyciągnął ją do kin. Publiczność poruszyło czyste kino.

FT: To prawda...

AH: Toteż moja duma z *Psychozy* polega na tym, że ten film należy do nas, filmowców, do pana i do mnie, bardziej niż wszystkie inne filmy, które nakręciłem. Z nikim nie udałoby mi się poważnie dyskutować na jego temat, tak jak to robimy w tym momencie. Ludzie powiedzieliby: „Po co to było robić? Temat straszny, bohaterowie byle jacy, żadnych ciekawych postaci". Oczywiście, ale sposób opowiedzenia tej historii skłonił publiczność do reakcji emocjonalnej.

FT: Emocjonalnej, tak. Fizycznej.

AH: Emocjonalnej. Wszystko mi jedno, czy uważa się ten film za mały czy wielki. Nie przystąpiłem do jego realizacji z myślą o stworzeniu ważnego dzieła. Miałem nadzieję, że dobrze się zabawię próbując nowego doświadczenia. Film kosztował zaledwie osiemset tysięcy dolarów i nowe doświadczenie łączyło się z pytaniem: „Czy mogę zrobić pełnometrażowy film kinowy w tych samych warunkach, co telewizyjny?". Wziąłem ekipę telewizyjną, żeby nakręcić film szybko. Zwalniałem rytm zdjęć jedynie podczas kręcenia sceny zbrodni pod prysznicem, sceny sprzątania po niej i jeszcze jednej czy dwóch, wyznaczających upływ czasu. Reszta była kręcona jak film telewizyjny.

FT: Wiem, że pan sam wyprodukował *Psychozę*. Czy film odniósł wielki sukces?

AH: *Psychoza* kosztowała osiemset tysięcy dolarów, a do tej chwili przyniosła prawie trzynaście milionów dolarów zysku.

FT: To wspaniałe! To jak na razie pana największy sukces.

AH: Tak jest. Życzę panu, żeby pan odniósł podobny, światowy! To dziedzina, w której nasza praca przynosi zadowolenie z technicznego punktu widzenia, nie tylko literackiego. W tego typu filmie najważniejszą pracę wykonuje kamera. Oczywiście, recenzje nie będą wtedy najlepsze, ponieważ krytycy interesują się literacką stroną filmu. Trzeba konstruować swój film tak, jak Szekspir budował swoje sztuki – dla publiczności.

FT: *Psychoza* jest tym bardziej uniwersalna, że to w pięćdziesięciu procentach film niemy; zawiera dwa albo trzy akty bez jednego dialogu. Łatwo go było dubbingować albo robić napisy...

AH: Istotnie. Nie wiem, czy pan słyszał, że w Tajlandii nie stosuje się ani napisów, ani dubbingu; po prostu usuwa się dźwięk, a obok ekranu stoi człowiek i wygłasza wszystkie kwestie filmu, zmieniając głos.

14.

Ptaki. Stara ornitoloźka. Wydziobane oczy. Ludzie, którzy próbują zgadnąć. Złota klatka Melanie Daniels. Zdałem się na improwizację. Wyjście ze szkoły. Dźwięki elektroniczne. Furgonetka, która doznaje emocji. Przypisuje mi się sporo kawałów. Gag ze starszą panią. Zawsze się bałem, że ktoś mnie uderzy.

François Truffaut: Kiedy pan przeczytał nowelę Daphne Du Maurier *Ptaki*? Zanim została wydana, czy już potem?

Alfred Hitchcock: Przeczytałem ją w jednym z tomików serii „Alfred Hitchcock przedstawia"! Potem dowiedziałem się, że próbowano już adaptować *The Birds* w radiu i w telewizji, ale nie doszło to do skutku.

FT: Czy przed podjęciem decyzji próbował się pan upewnić, że problemy techniczne z ptakami są do pokonania?

AH: Zupełnie nie. Nawet o tym nie pomyślałem. Przeczytałem nowelę i powiedziałem sobie: „Oto numer, który trzeba wykonać, wykonajmy go więc". Nie robiłbym tego filmu, gdyby chodziło w nim o sępy czy inne ptaki drapieżne; spodobało mi się to właśnie, że bohaterami są tu ptaki najnormalniejsze w świecie. Rozumie pan, co mam na myśli?

FT: Rozumiem tym bardziej, że mieści się to w pana zasadzie „od najmniejszego do największego", zarówno w sensie plastycznym, jak intelektualnym. Po pokazaniu miłych ptaszków, które wydziobują ludziom oczy, powinien pan jeszcze opowiedzieć historię kwiatów, których zapach zatruwa...

AH: Nie, nie! Trzeba pokazać kwiaty, które zjadają ludzi.

FT: Po 1945 roku, mówiąc o końcu świata, myśli się oczywiście o bombie atomowej. Zastąpienie bomby przez tysiące ptaków jest zaskakujące...

AH: Oto dlaczego sceptycyzm wobec możliwości katastrofy zostaje wyrażony przez starą ornitolożkę. To konserwatystka, która nie chce uwierzyć, że ptaki mogą zrobić coś złego.

FT: Miał pan rację, że nie umotywował pan w żaden sposób agresji ptaków. Film jest dzięki temu czystą spekulacją, fantazją.

AH: Tak właśnie to sobie wyobrażałem.

FT: Przypuszczam, że pomysł ptaków napadających na ludzi Daphne Du Maurier zaczerpnęła z jakichś wydarzeń rzeczywistych?

AH: Tak, to się zdarza od czasu do czasu i wynika z choroby ptaków, konkretnie – wścieklizny, ale umieszczenie tego w filmie byłoby zbyt straszne, nie uważa pan?

FT: Zbyt straszne, bez wątpienia, a w każdym razie mniej piękne.[1]

[1] Melanie Daniels (Tippi Hedren), nieco snobistyczna młoda kobieta z wyższych sfer San Francisco, udaje się do Bodega Bay, żeby zawieźć dwie papużki-nierozłączki jako prezent urodzinowy dla nie znanej sobie siostrzyczki Mitcha (Rod Taylor), sarkastycznego adwokata, który wydał się jej pociągający. Zaraz po przyjeździe zostaje raniona w czoło przez mewę i dzięki temu – zaproszona na następną dobę przez Mitcha, którego matka (Jessica Tandy) wydaje się władcza, zazdrosna i fałszywa. To prawdopodobnie ona winna jest zerwaniu zaręczyn Mitcha z nauczycielką (Suzanne Pleshette). Nazajutrz, w czasie urodzinowego pikniku, mewy atakują dzieci, a wieczorem tego samego dnia nawiedzają dom wróble, przedostając się przez kominek. Następnego dnia kruki atakują dzieci wychodzące ze szkoły, po czym opanowują miasteczko mewy, wywołując pożar. Podczas wszystkich tych wydarzeń Melanie stara się być użyteczna, opiekuje się siostrzyczką Mitcha, zostaje zaakceptowana przez jego matkę – o co szczególnie się stara – wreszcie zbliża się z samym Mitchem. Wczesnym rankiem jednak, na poddaszu, staje się ofiarą ostatniej, najokrutniejszej napaści mew, co wywołuje jej atak nerwowy. Wykorzystując chwilowe zawieszenie broni, Mitch razem z rodziną i Melanie odjeżdżają samochodem z domu, ptaki jednak pozostają – nieruchome, wszechobecne, groźne (przyp. FT).

AH: W czasie zdjęć w Bodega Bay przeczytałem w wychodzącej w San Francisco gazecie wzmiankę o krukach atakujących młode owieczki; działo się to niedaleko naszego miejsca akcji. Spotkałem miejscowego chłopa, który wyjaśnił mi, że kruki – zlatując na owieczki – atakują oczy; podpowiedziało mi to scenę śmierci farmera: jego trup ma wydziobane oczy.

Film zaczyna się zatem w San Francisco sceną z parą głównych bohaterów, po czym przenoszę ich oboje do Bodega Bay. Zbudowaliśmy tam dom i gospodarstwo, wzorując się wiernie na istniejących zabudowaniach. Była to stara rosyjska farma, założona w 1849 roku, bo w tamtych czasach żyli na tym wybrzeżu Rosjanie; o osiem mil od Bodegi znajduje się miasteczko Sewastopol. Kiedy Rosjanie zajmowali Alaskę, docierali aż tam, żeby łowić foki.

FT: Typ kina, który pan uprawia, jest niewdzięczny: ludzie czerpią zeń przyjemność, zarazem jednak lubią udowadniać, że nie są naiwni, i to im tę przyjemność psuje.

AH: Oczywiście. Idą do kina, siadają w fotelach i mówią: – *Proszę mi coś pokazać.* – A potem chcą uprzedzać zdarzenia: – *Zgadnę, co teraz będzie.* – Muszę więc podjąć wyzwanie: – *Tak wam się zdaje? No to zobaczymy!* – W *Ptakach* starałem się, żeby publiczność ani razu nie zgadła, co się wydarzy w następnej scenie.

FT: Nie wydaje mi się, żeby *Ptaki* tak bardzo skłaniały do odgadywania dalszego ciągu. Przypuszcza się tylko, że ataki ptaków będą się stawały coraz poważniejsze. W pierwszej części to jest normalny film psychologiczny i tylko ostatnie ujęcie każdej sceny przypomina o zagrożeniu ze strony ptaków.

AH: Musiałem tak postępować, bo publiczność jest przecież nastawiona przez reklamy, recenzje, rozchodzące się pogłoski... Nie chcę, żeby niecierpliwiła się, czekając na ptaki, bo nie przyglądałaby się wtedy z dostateczną uwagą samym postaciom. Te aluzje na końcu każdej sceny pełnią więc funkcję mojego komentarza: „Cierpliwości! Zaraz będą". Zapewne, różne niuanse pozostaną niezauważone, są jednak konieczne, bo wzbogacają i wzmacniają całość. Na początku filmu mamy więc Roda Taylora w sklepie z ptakami. Łapie kanarka, który uciekł, wkłada go na powrót do klatki i śmiejąc się mówi do Tippi: – *Umieszczam panią z powrotem w złotej klatce, Melanie Daniels.* – Dodałem to zdanie podczas zdjęć, bo chciałem, żeby objaśniło dodatkowo postać dziewczyny, bogatej i rozpieszczonej. Także później, w scenie ataku mew na miasteczko, kiedy Melanie Daniels chowa się w oszklonej budce telefonicznej, chciałem pokazać, że ona jest jak ptak w klatce. Nie jest to już jednak złota klatka, ale klatka nieszczęścia, co podpowiada także początek jej próby ognia. Jesteśmy świadkami odwrócenia starego konfliktu między ptakami a ludźmi; tym razem ptaki są na zewnątrz, a człowiek jest w klatce. Kiedy jednak kręciłem tę scenę, nie oczekiwałem, że publiczność zrozumie ją tak jak ja.

FT: Nawet jeśli ta metafora nie przyjdzie nikomu do głowy – scena jest mocna. Do tej samej grupy pomysłów zaliczam rozmowę w sklepie z ptakami, dotyczącą poszukiwania papużek-nierozłączek; później, po tej scenie z „ptakami miłości"[2], pojawi się w filmie scena z ptakami nienawiści. To jest bardzo ironiczny odsyłacz.

AH: Ironiczny, ale i konieczny: przecież miłość wytrzymuje tę próbę, prawda? W finale siostrzyczka pyta, zanim wsiądzie do samochodu: – *Czy mogę zabrać papużki-nierozłączki?* – Wynika stąd, że także i coś dobrego przyniosła ta para ptaków.

FT: Wszystkie aluzje do papużek-nierozłączek pojawiają się w obrębie sceny przypominającej, że bohatera dotyczą jeszcze inne relacje miłosne: z matką, ale także z nauczycielką; to jest zawsze dwuznaczne.

[2] W języku angielskim papużki-nierozłączki noszą miano *love birds*; tak też – jak o „ptakach miłości" – mówi się o nich w filmie (przyp. tłum.).

AH: Tak, i to dowodzi, że słowo „miłość" jest podejrzane!

FT: Opowieść jest tak skonstruowana, że zachowuje, jak grecka tragedia, klasyczne reguły trzech jedności: miejsca, czasu i akcji. Akcja toczy się w Bodega Bay w ciągu dwóch dni, ptaki są coraz liczniejsze i coraz bardziej wrogie. Scenariusz jest od początku bezbłędny, choć był zdaje się trudny do napisania?

AH: Chętnie panu opowiem o uczuciach, jakich doznawałem... Zawsze się chwalę, że podczas zdjęć nigdy nie zaglądam do scenariusza. Znam cały film na pamięć. Zawsze bałem się improwizacji na planie, bo jeśli nawet znajduje się wtedy czas na pomysły, trudno znaleźć czas na sprawdzenie jakości tych pomysłów. Zbyt wielu jest robotników, elektryków, maszynistów, ja zaś jestem uczulony na niepotrzebne wydatki. Nie potrafiłbym naśladować tych reżyserów, którzy każą czekać całej ekipie, aż sami – usiadłszy na krześle – coś wymyślą. Nie wyobrażam sobie siebie w takiej sytuacji.

Tym razem jednak byłem bardzo podniecony, co dziwne, bo podczas zdjęć bywam raczej jowialny. Wieczorem, kiedy wracałem do siebie, do żony, byłem jeszcze cały rozemocjonowany, wytrącony z równowagi. Zdarzyło się coś zupełnie dla mnie nowego: zabrałem się do studiowania na nowo scenariusza w trakcie zdjęć i znalazłem w nim błędy. Ten kryzys wywołał we mnie coś nowego, co łączyło się z procesem twórczym.

Zdałem się na improwizację. Na przykład cała scena oblężenia domu przez ptaki, których nie widzimy, została zaimprowizowana na planie. Prawie nigdy mi się to nie zdarzało, ale nie wahając się długo – szybko narysowałem kolejne ruchy postaci w pokoju. Zdecydowałem, że matka i córka będą szukać schronienia. Tylko że tam nie ma gdzie się schronić. Wymyśliłem jednak dla nich gwałtowne ruchy w różnych sprzecznych kierunkach, żeby wyglądały jak szukające ratunku zwierzęta, jak chowające się po kątach szczury. Natomiast Melanie Daniels sfilmowałem z pewnej odległości, bo chciałem pokazać, że ona cofa się... przed niczym. Jest osaczona, przy samej ścianie, oddala się coraz bardziej, sama jednak nie wie, od czego właściwie się oddala.

Wszystko to przyszło mi szybko i łatwo, dzięki stanowi emocjonalnemu, w jakim się znajdowałem. Zacząłem podawać w wątpliwość inne sceny filmu. Po pierwszym ataku w pokoju, kiedy wróble przedostały się przez kominek, w domu zjawia się szeryf i sprzecza się z Mitchem; szeryf jest sceptykiem, który nie wierzy w to, co widzi: – *Wróble przez kominek? Zaatakowały was? Naprawdę pan w to wierzy?* – Przyjrzałem się tej scenie i powiedziałem sobie: „To bzdura! Ta scena jest anachroniczna" – i zmieniłem ją w całości. Postanowiłem pokazać matkę – widzianą oczami Melanie. Scena zaczyna się z udziałem całej grupy: szeryf, Mitch, matka, Melanie na drugim planie. Cały dalszy ciąg sceny opiera się na przejściu z zewnętrznego punktu widzenia na wewnętrzny. Szeryf mówi: – *Tak, to wróbel.* – Z grupy nieruchomych twarzy wydobywamy twarz matki, która oddziela się i staje się formą ruchomą; przykuca, żeby posprzątać, i ten ruch ku dołowi skupia całą uwagę na postaci matki. Teraz więc wracamy do Melanie i *mise en scène* przyjmuje jej punkt widzenia. Melanie przygląda się matce. Kamera pokazuje teraz matkę, krążącą po pokoju w różnych pozycjach, żeby zebrać stłuczone przedmioty i filiżanki; wspina się, żeby wyprostować przekrzywiony portret i zza ramy wypada martwy ptak. Wcięte ujęcia Melanie, obserwującej każdy ruch matki, ukazują jej delikatną ewolucję. Wszystkie jej gesty i mimika wyrażają rosnący niepokój o matkę, o jej dziwne zachowanie. Całe to widzenie rzeczywistości należy wyłącznie do Melanie; z tego powodu podchodzi ona do Mitcha, żeby mu powiedzieć: – *Myślę, że zostanę na noc.* – Żeby dojść do Mitcha, musi przejść przez pokój, ale utrzymuję ją w zbliżeniu przez całą tę drogę, bo jej niepokój i zainteresowanie wymagają zachowania tego samego planu. Gdybym dokonał cięcia i oddalił się z kamerą, niepokój Melanie wydałby się mniejszy. Rozmiar obrazu jest bardzo ważny pod względem emocjonalnym, zwłaszcza kiedy używa się tego obrazu dla wywołania identyfikacji widza. Melanie reprezentuje publiczność, mówi w jej imieniu: „Spójrz, matka Mitcha traci psychiczną równowagę".

Inny przykład improwizacji stanowi scena, w której matka przyjeżdża na farmę, wchodzi do domu i woła farmera, po czym spostrzega spustoszony pokój i zwłoki gospodarza. Podczas realizacji powiedziałem sobie: „To nielogiczne: ona woła farmera, on nie odpowiada; w takiej sytuacji kobieta nie upiera się i raczej skłonna jest wyjść". Ja jednak potrzebowałem, żeby została w tym domu. Wyobraziłem więc sobie, że zauważa nagle na tle ściany pięć stłuczonych filiżanek, trzymających się na samych uszkach.

FT: Rozumiemy znaczenie tych stłuczonych filiżanek równocześnie z matką Mitcha, bo w poprzedniej scenie widzieliśmy ją, jak zbiera stłuczone filiżanki po pierwszym ataku ptaków. To pomysł bardzo skuteczny od strony wizualnej.

Przedstawił mi pan improwizowane sceny *Ptaków*. A czy któreś sceny, nakręcone zgodnie ze scenariuszem, usunął pan potem w montażu?

AH: Tylko jedną czy dwie, rozgrywające się zaraz po odkryciu przez matkę trupa farmera. Po pierwsze, była scena miłosna, rozgrywająca się w chwili, kiedy matka odprowadzała dziewczynkę do szkoły. Melanie zarzuca sobie futro na ramiona i przygląda się Mitchowi, który pali martwe ptaki. Zbliża się do niego i wygląda to tak, jakby się koło niego kręciła. Kiedy Mitch kończy palić ptaki, podchodzi do niej, i czytamy z jego twarzy, że pragnie być przy niej. Nagle robi pół obrotu i wchodzi do domu. Coś nie tak? Melanie jest wyraźnie rozczarowana i ja filmuję to, żeby pokazać, że ona naprawdę interesuje się Mitchem i żeby podkreślić fakt, że on nagle zmienił zdanie. Wtedy on wychodzi z domu i mówi: – *Musiałem zmienić koszulę, tamta śmierdziała martwymi ptakami.* – Dalszy ciąg sceny toczył się w stylu komedii na temat: dlaczego ptaki to robią? Oboje wygłaszali różne żartobliwe hipotezy, na przykład, że szef ptaków, który był księdzem, wygłosił do nich kazanie: „Ptaki całego świata, łączcie się! Macie do stracenia najwyżej swoje pióra".

FT: Dobry pomysł...

AH: ...toteż scena ciągnęła się jeszcze, stawała się coraz poważniejsza i kończyła się pocałunkiem. Następnie powracaliśmy do matki, która przyjeżdżała z farmy, poruszona. Chciałem pokazać parę całującą się od nowa i lekki grymas niesmaku na twarzy matki. Nie jesteśmy wprawdzie pewni, czy widziała pocałunek, czy nie, ale jej późniejsze zachowanie każe przypuszczać, że widziała.

Toteż, w tej wcześniejszej wersji filmu, następująca potem rozmowa w pokoju między Melanie a matką brzmiała trochę inaczej; musiałem ją zmienić, skoro zrezygnowałem ze sceny miłosnej. Chodziło mi w tej scenie o podkreślenie, że ta kobieta, Jessica Tandy, nawet w stanie tak głębokiego rozemocjonowania, po zobaczeniu farmera z wydziobanymi oczami, nadal była przede wszystkim zaborczą matką, u której miłość do syna była uczuciem dominującym.

FT: Dlaczego więc usunął pan ten fragment?

AH: Bo poczułem, że scena miłosna zwalnia rytm opowiadania. Obawiałem się, że fama wokół filmu wywoła niecierpliwość publiczności: „Dobrze, dobrze, dość już tego, proszę nam pokazać ptaki". Z tego samego powodu po pierwszym ataku mewy raniącej Melanie w czoło pilnowałem, żeby umieścić martwą mewę pod drzwiami nauczycielki, a później jeszcze kilka mew na drutach telefonicznych w scenie wieczornego powrotu dziewczyny do domu – wszystko to, jakbym mówił do publiczności: „Nie niecierpliwcie się, ptaki się zjawią, już są blisko". Przypuszczałem, że pozostawienie długiej sceny miłosnej może ludzi zdenerwować.

FT: W takim razie jest jeszcze inna scena, dość długa, która już podczas pierwszego oglądania nie wydała mi się zbyt ważna: myślę o scenie w kawiarni, po pierwszych atakach ptaków...

AH: Rzeczywiście, nie jest ona bezwzględnie konieczna, zdawało mi się jednak, że po ataku mew na dzieci w czasie pikniku, po przedostaniu się wróbli przez kominek, po wydziobaniu oczu farmerowi i ataku kruków przy wyjściu dzieci ze szkoły – publiczność powinna chwilę odpocząć, nim horror powróci. W tej scenie w kawiarni jest odprężenie, trochę humoru, jest pijak wzorowany na postaciach Seana O'Caseya, jest przede wszystkim stara ornitolożka – i jeśli nawet zgadzam się z panem, że scena trochę się dłuży, to jednak zawsze uważam, że długość sceny jest uzależniona wyłącznie od zainteresowania publiczności. Jeśli publiczność jest zaciekawiona – scena zawsze wyda się krótka; jeśli pan nudzi – scena zawsze będzie za długa.

FT: Kiedy wprowadza pan oczywistą scenę suspensu, milczącego oczekiwania, inscenizuje ją pan z dostojeństwem i mistrzostwem, posługując się sobie tylko właściwym stylem montażu, nieprzewidywalnym i zawsze skutecznym, który jest pana tajemnicą zawodową... Myślę na przykład o scenie poprzedzającej wyjście ze szkoły...

AH: Przeanalizujmy więc tę scenę, kiedy Melanie Daniels siedzi przed szkołą, a za nią zbierają się kruki. Zaniepokojona, wchodzi do szkoły, żeby uprzedzić nauczycielkę. Kamera wchodzi wraz z nią, po czym nauczycielka mówi do uczniów: – *Teraz wyjdziecie, a kiedy poproszę was, żebyście biegli, zaczniecie biec.* – Prowadzę tę scenę aż do drzwi, potem tnę, żeby pokazać kruki w całym stadzie, i pokazuję je tak przez trzydzieści sekund bez przerwy, choć nic się wtedy nie dzieje. Widz musi się więc zapytać: „Ale gdzie są dzieci, co się z nimi dzieje?". Najpierw zaczynamy wtedy słyszeć odgłosy kroków biegnących dzieci, wszystkie ptaki unoszą się i widzimy, jak przelatują nad dachem szkoły, zanim zaczną atakować dzieci.

Gdybym chciał według klasycznej formuły uzyskać suspens w tej scenie, musiałbym ją podzielić; najpierw pokazalibyśmy dzieci wychodzące z klasy, później przeszlibyśmy do czekających w milczeniu kruków, potem dzieci schodzące po schodach, potem kruki przygotowujące się do lotu, znów dzieci wychodzące ze szkoły, znowu unoszące się ptaki, biegnące dzieci i wreszcie dzieci atakowane; dziś jednak taki sposób postępowania wydaje mi się przestarzały. Z tego samego powodu, kiedy Melanie czeka przed szkołą paląc papierosa, kamera pokazuje ją przez czterdzieści sekund; dziewczyna rozgląda się wokół siebie, dostrzega jednego kruka, pali papierosa, ale kiedy znowu odwraca wzrok w to samo miejsce, widzi już całe stado kruków.

FT: Scena pożaru w miasteczku jest zaskakująca dzięki nieoczekiwanemu punktowi widzenia, z bardzo wysoka. To w pewnym sensie punkt widzenia mew!

AH: Umieściłem kamerę tak wysoko z trzech powodów. Najważniejszy jest pierwszy: chciałem pokazać początek zlatywania mew na miasteczko. Po drugie, chciałem pokazać w tym samym ujęciu topografię zatoki Bodega, z miasteczkiem z tyłu, morzem, wybrzeżem i garażem w płomieniach. Po trzecie, chciałem ukryć nużące czynności gaszenia pożaru. Zawsze jest łatwiej pokazać coś szybko, jeśli pokazuje się to z oddalenia.

To jest zresztą zasada obowiązująca za każdym razem, ilekroć ma pan do sfilmowania jakąś akcję nudną czy krępującą, czy po prostu – kiedy chce pan uniknąć pokazywania szczegółów. Kiedy na przykład strażak zostaje zraniony przez mewę, wszyscy śpieszą mu na ratunek, a my przyglądamy się temu z daleka, z wnętrza bistra i z punktu widzenia Melanie Daniels. W rzeczywistości ludzie, którzy ratowali strażaka, musieli podnieść go dużo szybciej, ja jednak potrzebowałem dłuższej chwili dla wytworzenia suspensu w związku z wylewaniem się benzyny na szosę. W innym wypadku byłoby może odwrotnie i przyglądalibyśmy się z odległości jakiejś powolnej akcji, aby wywołać wrażenie, że trwa krócej.

FT: Przypomina to rozwiązywanie problemów z czasem za pomocą gry z przestrzenią.

AH: Tak, mówiliśmy już o tym. Reżyseria filmowa polega albo na kurczeniu czasu, albo na rozciąganiu go, zależnie od potrzeb.

FT: Powróćmy do sceny z mewą przelatującą przez cały ekran, by w końcu uderzyć strażaka w głowę. Jak się panu udało wyreżyserować to tak precyzyjnie?

AH: To była oczywiście żywa mewa, wypuszczona z wysokiej platformy, poza kadrem, wytresowana w przelatywaniu z jednego miejsca na drugie tuż nad głową człowieka. A mężczyzna to był kaskader, który zareagował przesadnie, by przekonać nas, że mewa go naprawdę uderzyła.

FT: Na tej samej zasadzie, co udawanie ciosów w scenach bójek?

AH: Tak. Nie przypuszcza pan chyba, że miałem jakiś powód, by kazać ptakom zabić nauczycielkę?

FT: Nie jesteśmy świadkami jej śmierci, przybywamy później. Szczerze mówiąc, nie zadałem sobie tego pytania. A miał pan jakiś powód?

AH: Uznałem – zważywszy na to, co ptaki zrobiły mieszkańcom – że ona była skazana. Poświęciła się zresztą, dla ocalenia siostry mężczyzny, którego kochała; stąd jej gest finałowy. W pierwszej wersji scenariusza zostawała w domu aż do końca filmu; to ona wychodziła na poddasze, wytrzymywała ostatni atak, i to ją, zranioną, prowadzono do samochodu. Nie mogłem jednak tak tego zostawić, bo miałem przecież główną bohaterkę, Tippi Hedren; to ona powinna przejść przez całe to doświadczenie, a więc też znieść jego ostatnią fazę.

FT: Rozmowa o *Ptakach* byłaby niekompletna, gdybyśmy nie porozmawiali o ścieżce dźwiękowej. Nie ma tu muzyki, ale głosy ptaków są tak skomponowane, jakby stanowiły prawdziwą partyturę. Myślę na przykład o czysto dźwiękowej scenie, kiedy mewy atakują dom.

AH: Kiedy realizowałem tę scenę, z udziałem zamkniętych w domu, przerażonych postaci, cała trudność polegała na wydobyciu z aktorów reakcji – na nic, bo nie mieliśmy jeszcze tych wszystkich trzepotów skrzydeł i krzyków mew.

Ściągnąłem więc na plan mały bęben, mikrofon i megafon; za każdym razem, kiedy aktorzy mieli odgrywać przerażenie, wzmocniony warkot bębna pomagał im w reakcji. Na koniec poprosiłem Bernarda Herrmanna[3] o nadzór nad dźwiękiem całego filmu. Kiedy słucha się muzyków, gdy komponują albo gdy zajmują się aranżacją, albo nawet kiedy już pracują z orkiestrą, można zauważyć, że wytwarzają nie tyle muzykę, ile – dźwięki. Tym właśnie posłużyliśmy się w *Ptakach*. Natomiast muzyki jako takiej – nie ma w tym filmie.

FT: Kiedy matka znajduje zwłoki farmera, otwiera usta, ale nie słychać krzyku... Czy zrobił pan tak specjalnie, żeby podkreślić znaczenie dźwięku?

AH: Ścieżka dźwiękowa ma w tym momencie zasadnicze znaczenie. Słychać odgłosy kroków matki, przebiegającej przez korytarz, a na ten odgłos nałożone jest echo. Istotne jest tu rozróżnienie między odgłosem kroków wewnątrz domu, a na zewnątrz niego. Pokazałem matkę z oddalenia, a do zbliżenia doszedłem dopiero, gdy stanęła unieruchomiona, sparaliżowana przez strach. Cisza. Potem, kiedy matka wycofuje się, odgłos jej kroków jest proporcjonalny do rozmiarów obrazu, wzmaga się aż do chwili, kiedy wchodzi ona do furgonetki, w tym momencie słychać jakby odgłos agonii – to zdeformowany hałas silnika furgonetki. Naprawdę sporo eksperymentowaliśmy z tymi wszystkimi autentycznymi dźwiękami, które poddawaliśmy następnie stylizacji, żeby wydobyć z nich jak najwięcej dramatyzmu. Nie wiem, czy pan sobie przypomina, że furgonetka wznieca kurz tylko w drodze powrotnej? Żeby uzyskać ten efekt, kazałem polać drogę wodą w scenie przyjazdu na farmę.

[3] Bernard Herrmann (1911-1975) skomponował muzykę (i dyrygował jej wykonaniem) do wszystkich filmów Alfreda Hitchcocka, od *Kłopotów z Harrym* (1955) do *Rozdartej kurtyny* (1966), przy której poróżnili się. Warto zauważyć, że wcześniej był kompozytorem muzyki do dwóch pierwszych filmów Orsona Wellesa: *Obywatel Kane* (1941) i *Wspaniałość Ambersonów* (1942) (przyp. tłum.).

FT: Pamiętam dobrze, nie tylko kurz zresztą, także dym wydobywający się z rury wydechowej.

AH: Zrobiłem tak, bo furgonetka jest widziana z dość dużej odległości, jedzie bardzo szybko i chciałem, żeby ten obraz wyrażał wściekłość matki. W poprzedniej scenie pokazaliśmy kobietę w stanie gwałtownej emocji. Ta kobieta wsiadła do furgonetki, powinienem zatem pokazać teraz furgonetkę, która doznaje emocji. Nie tylko obraz, także dźwięk powinien podtrzymywać tę emocję; toteż dźwięk, który słyszymy, nie jest zwykłym hałasem silnika; to coś w rodzaju krzyku, jaki wydaje z siebie furgonetka.

FT: Zawsze wiele pan pracował nad dźwiękiem w swoich filmach, właśnie nad jego dramaturgią; często słychać u pana odgłosy, które nie odpowiadają ściśle obrazowi, ale przywołują na przykład którąś z poprzednich scen. Można by podać tysiące przykładów...

AH: Kiedy kończę montaż filmu, dyktuję sekretarce prawdziwy scenariusz dźwięków. Oglądamy film akt po akcie i dyktuję po kolei wszystko, co chciałbym usłyszeć. Dotychczas to były tylko dźwięki naturalne, teraz jednak, dzięki dźwiękowi elektronicznemu, nie muszę już ograniczać się do samego określania dźwięków, mogę też opisywać dokładnie ich styl i jakość. Na przykład w scenie, kiedy Melanie – zamknięta na poddaszu – atakowana jest przez ptaki, mieliśmy dużo dźwięków naturalnych, ruchów skrzydeł, stylizowaliśmy je jednak, żeby uzyskać jak największą intensywność. Chodziło raczej o uzyskanie groźnej fali wibracji, niż o jeden poziom dźwięku; zależało mi na upodobnieniu ich do z niczym nieporównywalnego dźwięku skrzydeł. Naturalnie, przyjąłem założenie, że ptaki w tej scenie w ogóle nie krzyczą.

Żeby opisać ten hałas, trzeba wyobrazić sobie jego dialogowy odpowiednik. W scenie na poddaszu chciałem uzyskać dźwięk, który oznaczałby taką oto wypowiedź ptaków do Melanie: „Wreszcie cię mamy. Nacieramy na ciebie. Nie musimy nawet wydawać okrzyku triumfu, popełnimy z b r o d -

nię w ciszy". Oto, co mówią ptaki do Melanie Daniels i co uzyskałem od specjalistów od dźwięku elektronicznego. W scenie finałowej, kiedy Rod Taylor otwiera drzwi domu i widzi po raz pierwszy ptaki, wypełniające cały krajobraz aż po horyzont, zamówiłem ciszę, ale nie byle jaką ciszę; ciszę elektroniczną o takim natężeniu monotonii, które można porównać do odgłosu morza dochodzącego z bardzo daleka. Dźwięk tej sztucznej ciszy mówiłby, gdyby go przełożyć na wypowiedź ptaków: „Nie jesteśmy jeszcze gotowe do ataku, ale przygotowujemy się. Jesteśmy jak silnik pracujący na wolnych obrotach. Wkrótce ruszymy". To właśnie należy odczytać z łagodnych dźwięków, ale ten szmer jest tak delikatny, że nie mamy pewności, czy słyszymy go naprawdę, czy go sobie tylko wyobrażamy.

FT: Czytałem w jakiejś gazecie, że kiedyś, dla kawału, Peter Lorre wręczył panu w prezencie pięćdziesiąt kanarków, kiedy wsiadał pan na statek, i że pan się potem zemścił, wysyłając mu w odpowiedzi pięćdziesiąt nocnych telegramów, informujących o stanie zdrowia każdego kanarka po kolei. Myślę o tej historii z okazji *Ptaków*. Ten kawał jest autentyczny, czy prasa go wymyśliła?

AH: To nie jest prawdziwa historia. Przypisuje mi się sporo kawałów, których nigdy nie zrobiłem, choć istotnie robiłem ich niemało. Kiedyś na przykład, z okazji urodzin mojej żony, mieliśmy kolację na dwanaście osób w ogródku restauracji. Zaangażowałem pewną niemłodą arystokratkę o niezmiernie wykwintnym wyglądzie, wtajemniczyłem ją w żart i posadziłem na honorowym miejscu. Po czym zupełnie przestałem się nią zajmować. Goście zjawiali się po kolei, spoglądali na koniec stołu, gdzie starsza dama siedziała osamotniona i każdy pytał: – *Kim jest ta stara arystokratka?* – Odpowiadałem, że nie mam pojęcia. Także moja żona poszła spytać kelnerów: – *A co mówiła ta pani, czy nikt z nią nie rozmawiał?* – Na to kelnerzy, którym wyjaśniłem wcześniej kawał, odrzekli: – *Ta dama oświadczyła, że została zaproszona na przyjęcie przez pana Hitchcocka.* – Kiedy goście interweniowali, upierałem się: – *Ależ ja naprawdę nie wiem, kto to jest.* – Wszyscy na nią patrzyli i każdy się zastanawiał: – *Ale kto to jest? Trzeba się w końcu dowiedzieć...* – Byliśmy w środku kolacji, kiedy pewien pisarz uderzył nagle w stół i stwierdził: – *To jest gag!* – W tym momencie wszystkie spojrzenia skierowały się ku starej arystokratce, a pisarz spojrzał na innego z gości, młodego człowieka, którego ktoś przyprowadził, i rzekł do niego: – *Pan zresztą także jest gagiem!*

Nieraz miałem ochotę wrócić do tego kawału i doprowadzić go jeszcze dalej. Zaangażowałbym na kolację jakąś panią w tym typie i przedstawiłbym ją jako swoją ciotkę. Fałszywa ciotka pytałaby mnie: – *Czy mogłabym dostać szklaneczkę?* – a ja odpowiadałbym, tak żeby wszyscy słyszeli: – *Nie, nie, wiesz dobrze, że alkohol ci szkodzi.* – Ciotka oddaliłaby się wówczas ze smutnym wyrazem twarzy i usiadłaby sama w kątku. Wszyscy goście źle by się czuli, speszeni tą sytuacją. W pewnej chwili ciotka wróciłaby do mnie z błagalnym spojrzeniem, a ja powiedziałbym stanowczo: – *Nie, nie, nie patrz na mnie w ten sposób, wszyscy są oburzeni twoją postawą!* – Ludzie poczuliby, że tego już za wiele, nie wiedzieliby, gdzie podziać oczy, a moja fałszywa ciotka zaczęłaby cichutko płakać. Wreszcie powiedziałbym do niej: – *Słuchaj, zepsułaś wszystkim wieczór, wracaj do swego pokoju.* – Nigdy jednak nie zdecydowałem się na zrobienie tego kawału; zawsze się bałem, że ktoś mnie uderzy.

15.

Marnie. Miłość fetyszystyczna. Trzy porzucone scenariusze: *Trójka za-kładników*, *Marie-Rose* i *R. R. R. R. Rozdarta kurtyna*. Złośliwy autokar. Scena w fabryce. Nigdy się nie powtórzyłem. Wznosząca się krzywa. Filmy sytuacji i filmy postaci. Jedyna gazeta, którą czytam, to londyński „Times". Mam umysł ściśle wizualny. Czy jest pan reżyserem katolickim? Moja miłość do kina. Dwadzieścia cztery godziny z życia miasta.

François Truffaut: Przejdźmy do filmu *Marnie*. Słyszało się o nim na długo przed realizacją, w związku z przewidywanym powrotem na ekran Grace Kelly. Co pana zainteresowało w powieści Winstona Grahama?

Alfred Hitchcock: Przede wszystkim pomysł pokazania miłości fetyszystycznej. Pewien mężczyzna chce się przespać ze złodziejką właśnie dlatego, że ona jest złodziejką, jak inni chcą się przespać z Chinką albo Murzynką. Niestety, ta miłość fetyszystyczna nie została ukazana na ekranie tak dobrze, jak wcześniej uczynili to Jimmy Stewart i Kim Novak w *Zawrocie głowy*. Mówiąc brutalnie, należało pokazać Seana Connery, jak przyłapuje złodziejkę przy kasie pancernej i natychmiast nabiera ochoty rzucić się na nią i zgwałcić na miejscu.

FT: Co właściwie tak podnieca bohatera *Marnie*? Że ta złodziejka jest na jego łasce, bo zna jej tajemnicę i od niego zależy wezwanie policji, czy całkiem po prostu – fakt spania ze złodziejką wydaje mu się ekscytujący?

AH: Jedno łączy się z drugim, oczywiście.

FT: Widzę jednak w filmie pewną sprzeczność. Sean Connery jest w porządku, ma w sobie coś zwierzęcego, co bardzo dobrze służy seksualnemu aspektowi opowieści, ale scenariusz tak naprawdę tego aspektu nie dotyka. Mark Rutland przedstawiony jest widzom jako typ opiekuna. Dopiero przyglądając się uważnie jego twarzy można odgadnąć pańskie pragnienie przesunięcia historii w bardziej oryginalną stronę.[1]

AH: Zgoda, proszę jednak zwrócić uwagę, że od początku pokazałem zainteresowanie, jakim Mark obdarza Marnie. Kiedy dowiaduje się, że to ona uciekła z kasą, mówi: – *Aha, ta dziewczyna z pięknymi nogami!* – Gdybym – jak w moim starym angielskim filmie *Zbrodnia* – użył monologu wewnętrznego, usłyszelibyśmy w tym miejscu Seana Connery, jak mówi do siebie: – *Życzyłbym sobie, żeby szybko popełniła jakąś nową kradzież, złapałbym ją wtedy na gorącym uczynku i wreszcie zdobył!* – Tą drogą uzyskałbym podwójny suspens. Pokazywałbym Marnie wyłącznie z punktu

[1] Marnie jest złodziejką. Za każdym razem, kiedy oddala się z kasą – zmienia tożsamość i zatrudnia się w nowym miejscu. Mark Rutland (Sean Connery) rozpoznaje ją, ale nie daje nic poznać po sobie i angażuje ją jako księgową. Zaleca się do niej bez większego efektu, ona zaś znika wkrótce, unosząc z sobą zawartość kasy pancernej firmy Rutlandów. Mark zauważa kradzież, uzupełnia pieniądze w kasie, wpada na ślad Marnie, sprowadza ją do Filadelfii, po czym – zamiast odstawić ją na policję – poślubia ją! Ona zaś nie ma wyboru... Podróż poślubna statkiem okazuje się klęską: Marnie jest absolutnie oziębła; kiedy Mark zdobywa ją siłą – usiłuje nawet popełnić samobójstwo.

Bojąca się koloru czerwonego, nawiedzana przez koszmarne sny, Marnie jest neurotyczką; kleptomania kompensuje jej oziębłość. Odkrywszy, że okłamywała go, podając się za sierotę, Mark – przy pomocy agencji detektywistycznej – wpada na ślad matki Marnie. Kiedy Marnie usiłuje ponownie opróżnić kasę Rutlandów, Mark przyłapuje ją i wiezie do Baltimore, aby wydobyć od jej matki tajemnicę jej neurozy. Sekret rzeczywiście okazuje się potworny: w wieku pięciu lat Marnie popełniła zbrodnię, mordując pogrzebaczem pijanego marynarza, brutalnie odnoszącego się do jej matki-prostytutki. Teraz, odkrywszy tę tajemnicę, Marnie – z pomocą Marka – niewątpliwie zdoła wyzdrowieć (przyp. FT).

widzenia Marka i przedstawiałbym satysfakcję, z jaką on przygląda się jej kradzieżom.

Myślałem o zrealizowaniu całej historii w taki sposób: pokazałbym mężczyznę nie tylko podglądającego, ale wręcz kontemplującego z ukrycia prawdziwą kradzież. Potem śledziłby on Marnie-złodziejkę, przyłapywałby ją niby to przypadkiem i posiadłby ją, udając poszkodowanego. Nie można byłoby jednak pokazać czegoś takiego; publiczność odrzuciłaby to, mówiąc: „Nie, nie, to bez sensu"...

FT: Szkoda; taka konstrukcja byłaby pasjonująca. Bardzo lubię *Marnie*, czuję jednak, że to film trudny do zniesienia dla publiczności, ze względu na ponury, przytłaczający klimat, trochę jak w koszmarze sennym.

AH: W Stanach Zjednoczonych był pokazywany na podwójnych seansach, razem z *Ptakami*, i w takiej kompozycji miał powodzenie.

FT: Odnoszę wrażenie, że film byłby lepiej wyważony, gdyby trwał trzy godziny. Nie ma w tej opowieści żadnego nadmiaru; przeciwnie, o wielu rzeczach chcemy dowiedzieć się więcej.

AH: To prawda. Upraszczałem na siłę wszystko, co dotyczy psychoanalizy. Jak pan wie, w powieści Marnie – na życzenie męża – zgadza się chodzić co tydzień do psychoanalityka. Jej wysiłki, zmierzające do ukrycia prawdziwej pasji i przeszłości, złożyły się w książce na bardzo dobre sceny, zabawne i tragiczne zarazem. Musieliśmy skrócić to wszystko do jednej sceny, w trakcie której mąż sam prowadzi seans psychoanalityczny.

FT: Tak, w nocy po jednym z koszmarów Marnie... To jedna z najlepszych scen filmu.

AH: Nie znoszę w *Marnie* postaci drugoplanowych, na przykład ojca Marka. Miałem wrażenie, że nie znam tych ludzi. Sean Connery też zresztą nie był zbyt przekonujący jako przedstawiciel filadelfijskich wyższych sfer. W gruncie rzeczy, gdybyśmy sprowadzili historię Marnie do jej najbardziej trywialnej istoty, otrzymalibyśmy coś w rodzaju „Księcia i żebraczki". W historiach tego typu mężczyzna powinien być wyjątkowo elegancki.

FT: Kimś takim był Laurence Olivier w *Rebece*?

AH: Dokładnie. W ten sposób idea miłości fetyszystycznej stałaby się przejrzystsza. Ten sam problem miałem z *Aktem oskarżenia*.

FT: Przywiązuje pan dużą wagę do motywu, który Claude Chabrol nazwał „pokusą upadku", a pan nazywa „poniżeniem z miłości". Mam nadzieję, że uda się panu kiedyś opowiedzieć taką historię po swojemu...

AH: Nie wydaje mi się, ponieważ historie tego typu związane są ze świadomością pewnej warstwy społecznej, jaka istniała trzydzieści lat temu. Dziś księżniczka może poślubić fotografa i nikogo to nie dziwi.

FT: W pierwotnym projekcie adaptacji był pomysł, który wydał mi się pasjonujący, pan go jednak porzucił. Zamierzał pan pokazać scenę miłosną, w toku której Marnie pozbywałaby się swojej oziębłości, ale scena ta miała się odbywać na widoku publicznym...

AH: Tak, rzeczywiście, przypominam sobie. W tym projekcie Marnie jechała do swojej matki i zastawała mieszkanie pełne sąsiadów: matka właśnie zmarła. Po czym następowała wielka scena miłosna, przerwana przybyciem policjantów, którzy aresztowali Marnie. Zrezygnowałem z tego z powodu kliszy, której trudno by było uniknąć; np. mężczyzna mówiący do kobiety odprowadzanej przez policjantów: – *Idź, będę na ciebie czekał...*

FT: Wolał pan pozbyć się policji i zasugerować, że Mark wynagrodził wszystkie ofiary kradzieży Marnie, by dziewczyna czuła się bezpieczna. W efekcie odnoszę wrażenie, że publiczność nie obawia się, że Marnie grozi aresztowanie; w żadnej scenie nie czuje się, by była ona poszukiwana czy w jakikolwiek sposób zagrożona. Podobny efekt pojawił się wcześniej w *Urzeczonej*. Miesza pan z sobą dwie tajemnice odmiennej natury: a) problem moralny, czy raczej psychoanalityczny: co takiego zrobił bohater (Gregory Peck) lub bohaterka (Tippi Hedren) w dzieciństwie? i b) problem materialny: czy policja ją złapie, czy nie?

AH: Proszę mi wybaczyć, ale zagrożenie więzieniem wydaje mi się również motywem moralnym.

FT: Bez wątpienia, nie można jednak mieszać śledztwa policyjnego z badaniem psychoanalitycznym. Jako widz przestaję rozumieć, czego mam życzyć bohaterce: znalezienia tajemnicy jej neurozy czy wymknięcia się policji. W dodatku trudno jest prowadzić te dwie akcje z tą samą prędkością: śledztwo policyjne wymaga szybkiego tempa, badanie psychoanalityczne musi być powolniejsze.

AH: To trafna uwaga i istotnie miałem problemy z konstrukcją *Marnie*, z powodu długiego okresu pomiędzy zatrudnieniem bohaterki w firmie Rutlanda a jej kradzieżą. Między tymi dwoma momentami Mark próbuje ją uwieść, ale to – jako sprężyna akcji – nie wystarczy. Często stajemy przed podobnym problemem, czujemy, że coś wymaga przygotowania, ale to przygotowanie staje się nudne, bo unika się – żeby nie przedłużać akcji – dodawania różnych zabawnych szczegółów. Zetknąłem się z tym przy *Oknie na podwórze*, gdzie upłynęło dużo czasu, zanim James Stewart zaczął podejrzliwie obserwować mężczyznę z mieszkania naprzeciwko.

FT: Tak, cały pierwszy dzień stanowił ekspozycję, ale ona była bardzo ciekawa.

AH: Bo przyjemnie było patrzeć na Grace Kelly i był dobry dialog.

FT: Po *Marnie* prasa donosiła po kolei o trzech projektach, które pan odkładał albo porzucał: *Trójka zakładników* według powieści Johna Buchana, *Marie-Rose* według sztuki

Sir Jamesa Barrie oraz scenariusz oryginalny pod tytułem *R. R. R. R.*

AH: Rzeczywiście, pracowałem nad tymi trzema projektami. Zacznijmy od *Trójki zakładników*: to powieść sytuacyjna, napisana w 1922 roku, typowa dla Buchana, podobna do jego książki *Trzydzieści Dziewięć Kroków*, według której nakręciłem film; nawet główny bohater jest ten sam, Richard Hannay. Trzon akcji wygląda tak: rząd jest na tropie szajki nieprzyjaciół imperium brytyjskiego (w domyśle: „bolszewików"). Szpiedzy – wiedząc, że zbliża się chwila ich aresztowania – porywają trójkę dzieci, których rodzice należą do najważniejszych osobistości kraju. Misja Richarda Hannaya polega na znalezieniu trojga zakładników i zwróceniu ich rodzinom.

Przed opuszczeniem Londynu Richard Hannay, w poszukiwaniu pierwszego tropu, spotyka się z Mediną, dżentelmenem w nieco wschodnim typie, ale bardzo eleganckim, smakoszem win, zaufanym premiera; człowiek ten zaprasza go do siebie i oferuje pomoc. Stopniowo Richard Hannay orientuje się, że Medina swoim potokiem słów usiłuje go zahipnotyzować; udaje więc, że jest zahipnotyzowany. Kilka dni później znów zjawia się u Mediny, ten zaś, aby przekonać obecnego tam wspólnika, że ma władzę nad Hannayem, wydaje mu rozkazy typu: – *Hannay, chodź teraz na czterech łapach jak pies –* albo: – *Podejdź do stołu i przynieś mi w zębach popielniczkę. –* Można by z tego zrobić scenę pełną suspensu, a zarazem zabawną, bo Hannay zachowuje przez cały czas pełną świadomość. Tą drogą Hannay otrzymuje wskazówki, które pomagają mu znaleźć pierwszego zakładnika, osiemnastolatka uwięzionego na norweskiej wyspie, potem drugiego: dziewczynę w podejrzanej londyńskiej knajpie, wreszcie trzeciego, już nie pamiętam gdzie. Każda osoba z tej trójki zakładników została wcześniej rzeczywiście zahipnotyzowana.

Zrezygnowałem z tego projektu, kiedy poczułem, że nie da się wystarczająco wiarygodnie pokazać na ekranie hipnozy. To jest stan zbyt oddalony od doświadczeń publiczności, toteż natrafiamy tu na podobną niemożność, co przy filmowaniu „magików-iluzjonistów". Publiczność widziała już w filmach tyle trików, że próbuje odruchowo odgadnąć sztuczkę zastosowaną przez filmowca: „Aha, zatrzymali tu taśmę i pozwolili kobiecie wyjść ze skrzyni!". To samo byłoby z hipnozą; nie ma zresztą wizualnej różnicy między człowiekiem rzeczywiście zahipnotyzowanym a tym, który udaje jedynie ten stan.

FT: Już w pierwszej wersji *Człowieka, który wiedział za dużo* porzucił pan pomysł porwania za pomocą hipnozy.

AH: Można dodać, że ten pierwszy scenariusz *Człowieka, który wiedział za dużo* był wprawdzie oparty na historii Bulldoga Drummonda, ale źródłem inspiracji była moja lektura Buchana.

Drugim projektem, z którym nie rozstałem się jeszcze definitywnie, jest *Marie-Rose*, coś w rodzaju science-fiction. Jeszcze kilka lat temu można było myśleć, że ta historia jest zbyt irracjonalna dla publiczności, ale od tego czasu niektóre programy telewizyjne oswoiły ludzi z tym typem opowieści. Sztuka zaczyna się od przybycia młodego żołnierza do pustego domu; znajduje tam guwernantkę, oboje rozmawiają o przeszłości i żołnierz oświadcza jej, że należy do rodziny, która tu mieszkała. W tym momencie zaczyna się retrospekcja, przenosząca nas o trzydzieści lat wstecz. Widzimy codzienne życie pewnej rodziny i młodego porucznika marynarki, który zjawia się tu, aby prosić rodziców o rękę ich córki Marie-Rose.

W pewnej chwili ojciec i matka wymieniają spojrzenia i kiedy Marie-Rose opuszcza pokój, opowiadają młodemu człowiekowi: – *Kiedy Marie-Rose miała dziesięć lat, spędzaliśmy wakacje na jednej z szkockich wysp i zniknęła wtedy na cztery dni. Po powrocie zupełnie nie miała świadomości swego zniknięcia, nie czuła w ogóle upływu czasu. Nigdy potem o tym nie rozmawialiśmy i niech pan też nie robi do tego żadnej aluzji, kiedy pan ją poślubi.* –Następnie mijają cztery lata i Marie-Rose, która ma dwuipółroczne dziecko, mówi do swego męża: – *Chciałabym, żebyśmy wreszcie wybrali się gdzieś w miodowy miesiąc, wróciłabym chętnie na wyspę, na której byłam jako mała dziewczynka.* – Mąż jest mocno wzburzony, ale godzi się.

Akt drugi dzieje się na wyspie; młody przewoźnik, student uniwersytetu w Aberdeen, przygotowujący się do zostania księdzem, przywozi młodą parę i wprowadza ją w lokalny folklor; zauważa przy tym, że kiedyś na tej wyspie zaginął mały chłopiec, a innym razem także dziewczynka, na cztery dni. W czasie wycieczki na ryby, podczas gdy przewoźnik pokazuje mężowi, jak smaży się pstrągi na skałach, Marie-Rose słyszy nagle nadprzyrodzone „głosy", które unoszą się jak w *Syrenach* Debussy'ego; oddala się na skały i znika wśród wiejącego wiatru. Kiedy wiatr ustaje, mąż rozpoczyna gorączkowe poszukiwania Marie-Rose, woła ją ze strachem, ale bez skutku; koniec aktu.

Akt trzeci wprowadza nas do rodziny, dwadzieścia pięć lat później. O Marie-Rose wszyscy już zapomnieli, rodzice są bardzo starzy, mężowi urósł brzuch. Dzwoni telefon. To dawny przewoźnik, który teraz jest księdzem, zawiadamia, że właśnie odnalazł na wyspie Marie-Rose, niezmienioną. Kobieta wraca więc do rodziny, okropnie speszona tym, że wszyscy tak się postarzeli, a kiedy chce zobaczyć syna, mówią jej: – *Kiedy miał szesnaście lat, uciekł z domu, chciał zostać marynarzem.* – Zszokowana tą wiadomością, dostaje ataku serca i umiera. Po czym wracamy do teraźniejszości, do żołnierza w pustym domu. Marie-Rose pojawia się w drzwiach, jak duch. Rozmawiają z sobą jak gdyby nigdy nic i scena staje się dość patetyczna. Ona mówi, że czeka tu od dawna; on pyta: – *Na co czekasz?* – ona mówi, że zapomniała. On bierze ją na kolana, ona wstaje, odwraca się i znowu słychać „głosy", dochodzące przez okno. Dostrzegamy mocne światło, w kierunku którego Marie-Rose odchodzi...

FT: Całkiem niezłe.

AH: Ale to raczej pan powinien zrobić z tego film, bo to nie jest naprawdę „Hitchcockowskie". Mnie na przykład przeszkadza duch. Gdybym robił ten film, ubrałbym dziewczynę w szarą suknię, a w jej rąbku umieściłbym neon, żeby światło odbijało się tylko na bohaterce. Kiedy by się przemieszczała, jej sylwetka nie rzucałaby żadnego cienia na ścianach, tylko niebieskawe światło. Trzeba by dać wrażenie, że filmuje się nie ciało, lecz „obecność"; czasem pojawiałaby się w obrazie bardzo mała, kiedy indziej bardzo duża, a i wówczas bardziej jako „wrażenie" niż jako „solidny blok". Chodziłoby o to, żeby stracić poczucie realnej przestrzeni i realnego czasu, na korzyść obcowania z czymś kompletnie efemerycznym.

FT: Bardzo piękny temat, i bardzo smutny.

AH: Bardzo smutny, tak, bo spoza tego wszystkiego wyłania się z wolna pewna idea: że gdyby nasi zmarli powrócili, kompletnie nie wiedzielibyśmy, co z nimi robić!

FT: Trzeci projekt to scenariusz oryginalny, który zamówił pan u pary scenarzystów włoskich, Age i Scarpellego[2].

AH: Z tym rozstałem się całkiem niedawno, za to ostatecznie. To historia Włocha, który wyemigrował do Stanów; zaczął jako windziarz w wielkim hotelu i stopniowo, dzięki pracowitości, doszedł do pozycji dyrektora tego hotelu. Sprowadza z Sycylii swoją rodzinę, ale to sami złodzieje i z trudem udaje mu się odwieść ich od kradzieży wystawionej w hotelu kolekcji medali. Zrezygnowałem z kręcenia tego filmu, bo wydał mi się pozbawiony formy, a Włosi – jak pan wie – są w sprawach konstrukcji dość niedbali.

---

[2] Age (właśc. Agenore Incrocci) i Furio Scarpelli, duet włoskich scenarzystów, równolatków (obaj urodzili się w 1919 roku), którzy wspólnie – poczynając od końca lat 40. do początku 80. – napisali ponad sto scenariuszy; najbardziej znane – do komedii z Totò, do *Wielkiej wojny* (1959) M. Monicellego, *W imieniu narodu włoskiego* (1970) D. Risiego, *Byliśmy tacy zakochani* (1974) E. Scoli (przyp. tłum.).

FT: W związku z tym wszystkim, porzuciwszy każdy projekt po kolei, nakręcił pan film *Rozdarta kurtyna* (*Torn Curtain*). Skąd wziął się pomysł tego filmu?[3]

AH: Inspiracją była autentyczne zdarzenie: zniknięcie dwóch angielskich dyplomatów, Burgessa i Macleana, którzy porzuciwszy swój kraj wyjechali do Rosji. Zadałem sobie pytanie, co o tym wszystkim myślała pani Maclean.

Z tego powodu cała część wstępna – około jednej trzeciej filmu – jest niemal w całości przedstawiona z punktu widzenia dziewczyny, aż do dramatycznej konfrontacji między nią a mężczyzną, w pokoju hotelowym w Berlinie. Następnie przyjmuję punkt widzenia Paula Newmana i ukazuję zbrodnię, w której wbrew własnej woli musi on wziąć udział, później jego wysiłki, aby dotrzeć do profesora Lindta i wydrzeć mu sekret, zanim zbrodnia zostanie wykryta. Wreszcie ostatnią część stanowi ucieczka pary. W ten sposób film dzieli się wyraźnie na trzy części. Opowieść rozwijała się dość naturalnie, bo respektowałem logikę jej topografii; żeby upewnić się co do jej wiarygodności, przed przystąpieniem do pracy nad scenariuszem odbyłem taką samą drogę jak bohaterowie. Pojechałem do Kopenhagi, potem rumuńskimi liniami lotniczymi udałem się do Berlina Wschodniego, stamtąd do Lipska, znów do Berlina Wschodniego i na koniec do Szwecji.

FT: Podział fabuły na trzy części jest rzeczywiście bardzo przejrzysty, przyznam się panu jednak, że zdecydowanie wolę ostatnie dwie trzecie filmu. Pierwsza część mało mnie porusza, odnoszę bowiem wrażenie, że publiczność wszystko

---

[3] Aby wydrzeć profesorowi Lindtowi z Lipska tajną formułę naukową, pewien fizyk atomowy (Paul Newman) udaje zdradę USA i przedostaje się do Berlina Wschodniego. Pierwsza nieprzewidziana okoliczność: jego narzeczona (Julie Andrews) jedzie tam za nim; druga: bohater musi wziąć udział w zabójstwie swojego ochroniarza, który dowiedział się prawdy. W końcu jednak udaje mu się zdobyć tajną formułę i wydostać z Niemiec Wschodnich razem z narzeczoną, po obfitującym w zasadzki pościgu (przyp. FT).

odgaduje, nie tylko przed Julie Andrews, ale nawet zanim otrzyma informacje, które bohaterka już posiada.

AH: Muszę się z panem zgodzić. Począwszy od momentu, kiedy Newman mówi do Julie Andrews: – *Wracasz do Nowego Jorku, a ja jadę do Szwecji* – publiczność nie może już w to wierzyć, bo dałem wcześniej wskazówki dotyczące dziwnego zachowania młodego naukowca. Przecież wszystko to powinno być jasno określone, choćby ze względu na widzów, którzy zobaczą film drugi raz i zechcą się przekonać, czy ich nie oszukiwaliśmy.

Oczywiście, kiedy dziewczyna dowiaduje się, że jej narzeczony zarezerwował bilet do Berlina Wschodniego i mówi: – *Ależ to jest za żelazną kurtyną!* – widzowie wiedzą już więcej, nie sądzę jednak, żeby to przeszkadzało, bo w tym momencie zastanawiają się przede wszystkim, jak dziewczyna zareaguje.

FT: Aż do tego momentu zgadzam się. Mój sprzeciw wywołuje etap następny: długi okres, podczas którego dziewczyna sądzi, że jej narzeczony jest zdrajcą, podczas gdy każdy widz już wie, że to nieprawda.

AH: Zapewne, wolałem jednak zacząć opowieść od „tajemnicy", żeby uniknąć początku filmu, który nieraz stosowałem i który stał się już kliszą: mężczyzna, któremu powierzona zostaje misja. Nie chciałem tego ponawiać. Ma pan taką scenę w każdym Bondzie; zawsze tam ktoś mówi: „Drogi 007, pojedzie pan tam i tam, zrobi pan to i to...". Zgoda, w końcu i ja zrobiłem taką scenę, ale pojawia się ona niespodzianie w środku filmu: to dyskusja z chłopem o traktorze, tuż przed morderstwem.

FT: Zabicie Gromka to oczywiście najmocniejsza, najbardziej pasjonująca scena. Jest okrutna i zarazem bardzo realistyczna, pozbawiona muzyki.

AH: Tą bardzo długą sceną zbrodni chciałem przede wszystkim przeciwstawić się kliszy. Normalnie w filmie morderstwo trwa krótko: cios noża albo strzał z rewolweru, zbrodniarz nie ma nawet czasu upewnić się, czy jego ofiara już nie żyje. Pomyślałem więc, że przyszła pora na pokazanie, jak trudno, jak strasznie i jak długo zabija się człowieka. Dzięki obecności taksówkarza przed gospodarstwem publiczność przyjmuje, że zbrodnia powinna odbyć się w ciszy, toteż strzał nie wchodzi w grę. Zgodnie z naszą starą zasadą, zbrodnia powinna być dokonana przy użyciu środków podpowiadanych przez miejsce akcji i jej uczestników. Jesteśmy w gospodarstwie wiejskim i zabija gospodyni, używamy więc narzędzi gospodarskich: kociołka z zupą, noża kuchennego, łopaty i na koniec piecyka gazowego!

FT: A dla pełni realizmu ostrze noża łamie się na gardle Gromka! Wiele jest efektownych rozwiązań w tej scenie zbrodni: krótkie zbliżenia ręki Gromka, uderzającej w marynarkę Newmana, ciosy łopaty wymierzane przez gospodynię w nogi Gromka, a potem palce Gromka bijące powietrze przed ostatecznym unieruchomieniem, kiedy jego głowa znajdzie się w piekarniku. Zauważyłem dwie istotne zmiany w stosunku do scenariusza: usunięcie sceny w fabryce, na trasie między Berlinem a Lipskiem, i uproszczenie sekwencji z autokarem; ta ostatnia jest w scenariuszu długa i wypełniona niezwykłymi szczegółami.

AH: Musiałem skrócić epizod z autokarem, żeby utrzymać napięcie. Chodzi o scenę, w której czas zostaje ściśnięty, tworząc złudzenie długiej drogi. Reżyserowałem całą tę sekwencję wyobrażając sobie, że autokar jest postacią. Jest to więc przypadek grzecznego autokaru, który pomaga naszej parze w ucieczce. Ale pięćset metrów dalej pojawia się inny, złośliwy autokar, który może spowodować, że ten pierwszy zrezygnuje ze swojej grzeczności. Nie jestem jednak zadowolony z jakości technicznej „tylnych projekcji" w tej scenie. Ze względów oszczędnościowych zatrudniłem niemieckiego operatora, a należało sprowadzić ekipę amerykańską.

FT: Czy nie można było materiału do tylnych projekcji nakręcić na amerykańskich szosach?

AH: Nie, z powodu wjazdu do miasta w finale sekwencji, kiedy widać tramwaje i inne miejscowe akcesoria... A poza tą wpadką, jak pan ocenia zdjęcia?

FT: Są bardzo w porządku!

AH: Dla mnie to była radykalna zmiana. Światło było kierowane na wielkie białe powierzchnie i wszystko filmowaliśmy poprzez szarą gazę. Aktorzy pytali: gdzie są reflektory? Byliśmy blisko ideału, którym jest filmowanie przy świetle naturalnym.

FT: A słynna scena w fabryce? Zrezygnował pan z niej jeszcze przed zdjęciami, czy już w fazie montażu?[4]

AH: W montażu. Nakręciłem ją, udała się znakomicie. Usunąłem ją w ostatniej fazie montażu z powodu długości, a także dlatego, że nie byłem zadowolony ze sposobu, w jaki zagrał ją Paul Newman. Jak pan wie, Paul Newman jest aktorem „metody", niechętnie więc przystaje na neutralne spojrzenia, które pozwalają zmontować scenę. Zamiast patrzeć całkiem po prostu na brata Gromka, na nóż i na kawałek kiszki, odegrał scenę w stylu „metody", z maksymalną emocją i ciągle odwracając głowę. W montażu jakoś sobie z tym poradziłem, ostatecznie jednak usunąłem tę scenę, mimo entuzjazmu, jaki wywoływała w ekipie. Poza kwestią

[4] Scena ta mieściła się w scenariuszu po zamordowaniu Gromka, w fabryce zwiedzanej przez bohatera podczas postoju, w drodze z Berlina Wschodniego do Lipska. W stołówce pracowniczej profesor Armstrong (Paul Newman) odkrywał ze zdumieniem majstra, do złudzenia przypominającego Gromka. Był to rodzony brat Gromka, który podszedł do Armstronga i przedstawił mu się; następnie ten Gromek II chwytał nóż kuchenny (podobny do tego, którego ostrze złamało się na gardle brata w poprzedniej scenie) i odcinał wielki kawał kiszki, by wręczyć go przerażonemu Armstrongowi, ze słowami: – *To kiszka, mój brat za tym przepada. Czy będzie pan tak miły i da mu ją w Lipsku?* (przyp. FT).

długości filmu, zadecydowało wspomnienie kłopotów, jakie miałem z *Bałkanami*.

W *Bałkanach*, które kręciłem w Anglii trzydzieści lat temu, miałem bardzo dobre sceny, ale mimo to film zrobił klapę. Zadecydował o tym fakt, że główny bohater zmuszony był do popełnienia zbrodni, która napawała go wstrętem; publiczność nie mogła się identyfikować z postacią tak pełną goryczy. Realizując *Rozdartą kurtynę* obawiałem się, że ponownie wpadnę w tę pułapkę; obawa ta dotyczyła zwłaszcza sceny w fabryce. Skądinąd byłem zadowolony z aktora, który grał Gromka. Do roli brata zmieniłem go bardzo: miał siwe włosy, okulary i utykał. Do tego stopnia, że na planie wszyscy mówili: – *Ale on zupełnie nie jest podobny do tamtego!* – Oczekiwali, że pojawi się bliźniak tego zamordowanego. Wytłumaczyłem im: – *Nie bądźcie głupi! Jeżeli z Gromka II zrobimy sobowtóra Gromka I, publiczność pomyśli po prostu, że to ten sam.* – Jak widać, ludzie przywiązani są do stereotypów. Ale scena była bardzo dobra. Poślę ją panu do Paryża.

FT: Naprawdę?

AH: Tak, ten wycięty fragment filmu. Ofiarowuję go panu.

FT: To wspaniałe! Bardzo dziękuję! Obejrzę go, a potem dam Henri Langlois, dla Filmoteki Francuskiej.

Mister Hitchcock, odnoszę wrażenie, że od początku kariery kierowało panem pragnienie filmowania wyłącznie tego, co jest dla pana inspirujące od strony wizualnej i interesujące od strony dramaturgicznej. W trakcie naszych rozmów używał pan co jakiś czas dwóch niesłychanie charakterystycznych zwrotów: „naładować emocją" i „wypełnić tło". Aby usunąć ze scenariuszy to wszystko, co nazywa pan „dziurami dramaturgicznymi" albo „plamami nudy", działając tak, jakby pan wielokrotnie filtrował napój aby go całkowicie oczyścić, dochodzi pan zawsze do sobie tylko właściwej materii dramaturgicznej. Aby udoskonalić tę materię, zmusza ją pan – świadomie albo nie – do wyrażania pańskich osobistych idei, które pojawiają się jako dodatek do akcji. Czy pan sam postrzega ten proces podobnie?

AH: Tak to jest, każdy korzysta z własnego doświadczenia. Wiem, że dla pana i także dla pewnych krytyków – wszystkie moje filmy są do siebie podobne; dla mnie jednak, o dziwo, każdy z nich jest czymś kompletnie nowym.

FT: To naturalne, za każdym razem szukał pan nowych doświadczeń. Wydaje mi się jednak, że zawsze był pan wierny pewnej idei kina, nawet zanim udało się panu ją zrealizować; czasem zresztą ta idea znajdowała wyraz dopiero poprzez filmy.

AH: Tak, rozumiem. Nieświadomie zdarza mi się czasem cofać, może w ramach zasady „cofnąć się, żeby ogarnąć całość". Mam jednak nadzieję, że nigdy nie upadłem tak nisko, aby powiedzieć: „Teraz powtórzę to, co już zrobiłem w tamtym filmie".

FT: A nie, nigdy w życiu! Sądzę jednak, że tych rzadkich przypadków, kiedy kręcił pan filmy nie należące do gatunku Hitchcockowskiego, jak *Walce wiedeńskie* albo *Pan i pani Smith*, nie uznawał pan za ciekawe doświadczenie, ale za stratę czasu.

AH: Co do tego zgadzam się całkowicie.

FT: Zatem pana rozwój polega na nieustannym udoskonalaniu tego, co zarysowało się w poprzednim filmie, a kiedy jest pan zadowolony z rezultatu – przystępuje pan do nowego ćwiczenia?

AH: Tak jest. Odczuwam potrzebę zmiany, rozwijania się, i nie wiem jeszcze, czy uda mi się zrealizować wszystko, co zamierzam.

Teraz na przykład podoba mi się taki typ scenariusza, który można opowiedzieć w prosty sposób od początku do końca, w syntetycznym skrócie. Lubię wyobrażać sobie dziewczynę, która zobaczyła właśnie jakiś film i wraca do domu, zadowolona. Matka pyta jej: – *Jaki był film?* – a ona odpowiada: – *Bardzo dobry.* – Matka pyta: – *A o czym?* – a dziewczyna odpowiada: – *No więc tak, pewna młoda dziewczyna...* – Kończy opowiadać matce fabułę filmu, a ja czuję, że byłbym zadowolony, gdybym sam zrobił taki film. To jest cały cykl.

FT: Tak, to ważna uwaga: trzeba domknąć cykl. Zwykle, kiedy się debiutuje w tym zawodzie, ma się wrażenie, że ukończony film ma niewiele wspólnego z tym, co zamierzaliśmy zrobić na początku. Tymczasem, kiedy pierwsi widzowie naszego filmu używają tych samych określeń, które sami stosowaliśmy przed jego realizacją, czujemy, że mimo pewnych strat, istota została ocalona, a na tę istotę składają się te najgłębsze powody, dla których chcieliśmy zrobić ten właśnie film, a nie żaden inny.

AH: Tak, dokładnie. Często trapi mnie taki oto dylemat: „Czy powinienem być konsekwentny i trzymać się wznoszącej się krzywej opowiadania, czy może jednak powinienem więcej eksperymentować, korzystając z narracyjnej wolności?".

FT: Co do mnie uważam, że ma pan rację trzymając się wznoszącej się krzywej. To się panu udaje...

AH: Mnie osobiście przeszkadzało trochę w pana filmie *Jules i Jim*, że ta krzywa nie unosi się automatycznie i w sposób konieczny... W pewnym momencie bohater wyskakuje przez okno, opowiadanie zostaje zatrzymane, na ekranie pojawia się napis: „Jakiś czas później" i akcja zostaje podjęta w sali kinowej, gdzie wyświetlana jest kronika. Kronika pokazuje palenie książek, ktoś na sali mówi do sąsiada: – *Patrz, to nasz kumpel!* – Przy wyjściu z kina znów widzimy ich obu i historia zaczyna się od nowa. Teraz, kiedy to opowiadam, wydaje mi się to na swój sposób słuszne i udane, ale gdyby mi zależało na suspensie, nie mógłbym sobie na coś takiego pozwolić.

FT: Jestem tego samego zdania. Tu nie chodzi nawet o sam suspens. Nie można wszystkiego poświęcać dla postaci; w każdym filmie jest moment, kiedy historia musi stać się najważniejsza. Nie można całkiem zapominać o tej krzywej, ma pan rację.

AH: Rozumiem pański podział na filmy sytuacji i filmy postaci, zastanawiam się jednak czasami, czy zdołałbym osiągnąć suspens w ramach filmu rozluźnionego, swobodnego, nie napiętego tak bardzo...

FT: To mogłoby być niebezpieczne, ale warto byłoby spróbować... Zdaje mi się zresztą, że zdarzały się już panu podobne eksperymenty...

AH: Fabuła *Marnie* jest mniej spójna, trochę unoszą ją same postaci, ale wciąż jest tam ta rosnąca krzywa zainteresowania, związana z zasadniczym pytaniem: kiedy sekret dziewczyny zostanie odkryty? A zaraz za tym idzie drugie pytanie: dlaczego ta dziewczyna nie chce spać ze swoim mężem? Z tego tworzy się coś w rodzaju zagadki psychologicznej.

FT: Filmuje pan wyłącznie rzeczy wyjątkowe, ale to są równocześnie pańskie osobiste problemy, coś w rodzaju obsesji. Nie chcę przez to powiedzieć, że pańskie życie to zbrodnia i seks, wyobrażam sobie jednak, że czytanie gazety rozpoczyna pan od kroniki wypadków.

AH: I otóż myli się pan, nie czytam kronik wypadków w gazetach. Zresztą jedyna gazeta, którą czytam, to londyński „Times", bo to dziennik bardzo suchy, surowy, za to wypełniony dowcipnymi szczegółami. W zeszłym roku był w „Timesie" kryminalny artykulik pod tytułem *Uwięziona ryba*. Chodziło o kogoś, kto wysłał do więzienia kobiecego w Londynie paczkę z małym akwarium; tytuł brzmiał jednak *Uwięziona ryba*. Takich właśnie rzeczy szukam w gazecie.

FT: A co pan czyta poza „Timesem": tygodniki, powieści?

AH: Nigdy nie czytam powieści ani żadnej literatury pięknej; czytam współczesne biografie i książki podróżnicze. Nie mogę czytać fikcji literackiej, bo instynktownie zadaję sobie pytanie: „czy można by z tego zrobić film?". Nie interesuje mnie styl literacki, poza Somersetem Maughamem, którego prostotę podziwiam. Nie lubię literatury, której siła uwodzicielska opiera się na stylu. Mam umysł ściśle wizualny i kiedy czytam szczegółowy opis, niecierpliwię się, bo mógłbym pokazać to samo szybciej i skuteczniej za pomocą kamery.

FT: Czy zna pan jedyny film wyreżyserowany przez Charlesa Laughtona, *Noc myśliwego*?

AH: *Noc myśliwego*? Nie, nie widziałem.

FT: Jest w nim pewien piękny pomysł, o którym często myślę w związku z pana filmami. Bohater grany przez Roberta Mitchuma jest kaznodzieją pewnej tajnej sekty; opiera kazania na koncepcie walki między swoimi dwiema rękami: na prawej ręce napisane jest „Dobro", a na lewej – „Zło". To udany chwyt, bo pojedynek tych dwóch rąk ma w sobie coś patetycznego. Przypomina mi to pana filmy, które pokazują walkę Dobra ze Złem w bardzo zróżnicowanych i sugestywnych formach, ale zawsze prowadzących do skrajnej prostoty, jak ten pojedynek rąk. Zgadza się pan?

AH: To na pewno prawda, moglibyśmy więc zamienić nasz slogan „im bardziej udany jest czarny charakter, tym bardziej udany jest film" na inny: „im mocniejsze jest zło, tym bardziej zażarta będzie walka, i tym samym – tym lepszy film".

FT: Czy odpowiada panu określenie, że jest pan artystą katolickim?

AH: To bardzo trudne pytanie, nie umiem na nie odpowiedzieć jednoznacznie. Wywodzę się z rodziny katolickiej i moje wychowanie było ściśle religijne. Moja żona przeszła zresztą na katolicyzm przed naszym ślubem. Nie wydaje mi się, żeby można mnie było uznawać za artystę katolickiego, prawdopodobnie jednak moje wychowanie, tak ważne u każdego człowieka, a także mój instynkt – widoczne są w mojej pracy.

Na przykład w wielu filmach – choć wydawało mi się to przypadkowe – pokazywałem kościoły katolickie, a nie ewangelickie czy luterańskie. W *Zawrocie głowy* potrzebowałem budowli z dzwonnicą, więc naturalnie szukałem starego kościoła, a tak się składa, że w Kalifornii stare kościoły należą do misji katolickich. Mógłby więc ktoś pomyśleć, że chciałem sfilmować kościół katolicki, tymczasem pomysł pochodzi od Boileau i Narcejaca. Trudno sobie wyobrazić, że ktoś zechce się rzucić ze szczytu współczesnego kościoła protestanckiego. Nie jestem absolutnie przeciwnikiem religii, zdarza mi się jednak nie dbać o nią.

FT: Nie mam w tej sprawie żadnej ukrytej intencji, nie próbuję też pana specjalnie ciągnąć za język, myślę jednak, że tylko katolik mógłby nakręcić scenę modlitwy Henry'ego Fondy w *Pomyłce*?

AH: Być może, proszę jednak nie zapominać, że chodzi tam o rodzinę włoską. W Szwajcarii mają czekoladę i jeziora, a we Włoszech...

FT: ...a we Włoszech papieża! To jest odpowiedź. Zapomniałem, że Henry Fonda grał w tym filmie Włocha. Przecież jednak w całej pana twórczości wyczuwam mocny zapach grzechu pierworodnego, poczucia winy, które ciąży na człowieku.

AH: Jak pan może mówić coś takiego? Przecież wciąż wałkujemy mój temat: człowieka niewinnego, znajdującego się w stałym niebezpieczeństwie...

FT: On jest niewinny, ale tylko w stosunku do oskarżeń, które się wobec niego wysuwa; natomiast jest prawie zawsze winny we własnych intencjach, *before the fact*, poczynając od postaci Jamesa Stewarta w *Oknie na podwórze*: ciekawość jest nie tylko nieprzyzwoitą wadą, to jest także grzech z punktu widzenia Kościoła.

AH: To prawda, z tym się całkowicie zgadzam. Londyńska prasa była *Oknem na podwórze* zachwycona, któryś z krytyków stwierdził jednak, że film jest okropny z powodu idei podglądacza. Jednak nawet gdyby ktoś przekonał mnie do grzeszności tego pomysłu jeszcze przed jego realizacją, nie zdołałby mi przeszkodzić w zrobieniu tego filmu. Muszę panu bowiem oświadczyć, że moja miłość do kina jest dla mnie ważniejsza niż jakakolwiek moralność.

FT: I tak jednak uważam, że ten krytyk mylił się, ponieważ *Okno na podwórze* nie jest filmem z tezą. Moralność w filmie tego typu polega po prostu na przenikliwości spojrzenia; przytaczaliśmy już scenę, w której morderca przychodzi do Jamesa Stewarta, żeby go spytać: – *Czego pan ode mnie chce?*

W dziewięciu filmach na dziesięć, czy ściślej – w czterdziestu pięciu filmach na pięćdziesiąt, które pan nakręcił, pokazał pan na ekranie walczące z sobą tandemy – „dobrych” i „złych”. Atmosfera jest coraz bardziej przytłaczająca, aż do momentu, kiedy decydują się odsłonić się przed sobą, wyznać sobie wszystko. To portret pamięciowy pana filmów. Od czterdziestu lat z uporem przedstawia pan – pod osłoną intryg kryminalnych – dylematy moralne.

AH: To absolutna prawda i często zadaję sobie pytanie, dlaczego właściwie nie interesują mnie proste historie o codziennych ludzkich konfliktach. Sekret tkwi chyba w tym, że taka opowieść nie wydawałaby mi się ciekawa od strony wizualnej.

FT: Pewnie tak. Można by powiedzieć, że materię swoich filmów czerpie pan z trzech elementów: lęku, seksu i śmierci. To nie są codzienne zgadnienia, pojawiające się w filmach o bezrobociu, rasizmie, nędzy, albo w filmach o powszednich stronach miłości między mężczyzną a kobietą; to raczej sprawy nocy, zagadnienia metafizyczne...

AH: Czy nie one jednak są najbliżej życia? Jest jeszcze jedna istotna rzecz, o której nie mowiliśmy: ja nie jestem pisarzem. Może potrafiłbym w końcu sam napisać cały scenariusz, ale czy to z powodu lenistwa, czy z racji niezdatności mojego umysłu, tak jakoś się dzieje, że potrzebuję przy pisaniu współpracy specjalistów. A jednak uważam, że moje filmy atmosfery i suspensu są naprawdę moimi dziełami, tak jak powieści są dziełami pisarzy; jestem zresztą pewien, że nie mógłbym nakręcić filmu według zupełnie obcego scenariusza. Opowiadałem już panu, jak bardzo cierpiałem przy filmie *Junona i paw,* jak dokuczało mi poczucie, że nie mam żadnego wpływu na tę historię. Przyglądałem się jej, badałem ją, ale to był odrębny utwór, autorstwa Seana O'Caseya i jedyne, co miałem do zrobienia, to filmowanie aktorów. Nie wystarcza mi wybór cudzego scenariusza i fotografowanie go po swojemu. Chcę sam decydować o temacie i brać za niego odpowiedzialność. W związku z tym, muszę bardzo uważać, żeby mi nie zabrakło pomysłów, ponieważ – jak każdy artysta, malarz czy pisarz – mam swoje ograniczenia. Nie chcę się porównywać do starego Rouault[5], ale on zadowalał się malowaniem klaunów, paru kobiet, Chrystusa na krzyżu, i to złożyło się na dzieło jego życia. Cézanne ograniczał się do kilku martwych natur i paru scen leśnych, ale jak filmowiec miałby malować wciąż ten sam obraz?

Tymczasem czuję, że zostało mi jeszcze sporo do zrobienia i aktualnie staram się poprawić największą słabość mojej twórczości, która polega na wątłości postaci w obrębie suspensu. To jest dla mnie trudne, bo skoro operuję mocnymi postaciami, prowadzą mnie one w takim kierunku, w jakim same chcą. Jestem więc jak stara kobieta, którą harcerze chcą na siłę przeprowadzić przez ulicę: a ja wcale nie chcę być posłuszny. To jest moje stałe źródło wewnętrznego kon-

---

[5] Georges Rouault (1871-1958), wybitny malarz i grafik francuski, począwszy od lat 30. XX w. specjalizował się w malarstwie religijnym (przyp. tłum.).

fliktu, ponieważ ja lubię pewne efekty. Pragnę umieszczać w swoich filmach intrygujące sceny, jak ta, którą panu opisywałem: przy taśmie w fabryce Forda. Nazwałbym to stylem nieprawym, polegajacym na dochodzeniu do pożądanego rezultatu odwrotną drogą. Kiedy wpadłem na pomysł filmu *Północ-północny zachód*, który nie był adaptacją powieści, zobaczyłem go w całości – nie jakąś scenę czy wybrane miejsce, ale całą linię rozwojową, od początku do końca; a przecież zupełnie nie miałem pojęcia, o co w tym filmie chodzi.

FT: Sądzę, że pański sposób działania jest antyliteracki, ściśle i wyłącznie kinematograficzny, i doznaje pan czegoś w rodzaju... przyciągania przez próżnię. Sala kinowa jest pusta, chce pan ją wypełnić, ekran jest pusty, chce pan go wypełnić. Punktem wyjścia nie jest dla pana jednak zawartość, a pojemnik. Film jest dla pana naczyniem, które trzeba wypełnić pomysłami kinematograficznymi, albo – jak pan to często określa – „naładować emocją".

AH: Prawdopodobnie tak... Rzeczywiście, projekt filmu pojawia się często w formułach bardzo ogólnikowych, jak pomysł filmu, o którym marzę: dwadzieścia cztery godziny z życia miasta; widzę ten film od początku do końca. Jest pełen incydentów, zdarzeń drugoplanowych, to wielki cykliczny ruch. Zaczyna się o piątej rano, kiedy rodzi się dzień, od muchy spacerującej po nosie śpiącego w bramie kloszarda. Pojawiają się oznaki porannego ruchu miasta. Chciałbym sfilmować antologię pożywienia. Przybywanie żywności do miasta. Dystrybucja. Hurt. Sprzedaż. Kuchnia. Jedzenie. Losy żywności w hotelach różnego typu, przyrządzanie i pochłanianie. Stopniowo, pod koniec filmu, zaczną się pojawiać kratki ścieków i śmieci spływające do oceanu. To pełny cykl, od zielonych warzyw, jeszcze błyszczących świeżością, aż do nieczystości wypływających wieczorem ze ścieków. W tym momencie tematem tego cyklicznego ruchu staje się to, co ludzie robią z dobrymi rzeczami, proces niszczenia, psucia przez ludzi. Trzeba przejść przez całe miasto, wszystko zobaczyć, wszystko sfilmować, wszystko pokazać.

FT: Proszę bardzo! Ten przykład znakomicie ilustruje bieg pana myśli: Opisując ten film o mieście wylicza pan najpierw wszystkie obrazy, wszystkie możliwe doznania, po czym temat wyłania się sam. Praca nad tym filmem byłaby zresztą pasjonująca.

AH: Jest oczywiście mnóstwo sposobów napisania scenariusza tego filmu, ale z kim go robić? To powinno być zabawne, powinno zawierać element romantyczny, wymaga to dziesięciu filmów w jednym. Przed wielu laty poprosiłem pewnego pisarza, żeby popracował nad tym pomysłem, ale nic z tego nie wyszło.

FT: Przypuszczam, że byłaby panu potrzebna postać, która wędruje przez miasto i za którą podążamy przez cały film?

AH: Tak, i na tym polega trudność. Na czym możemy zawiesić nasz temat? Mamy, rzecz jasna, cały wachlarz możliwości: człowiek, który ucieka; dziennikarz; młode wiejskie małżeństwo, które pierwszy raz zwiedza miasto; ale to są motywy dość błahe w porównaniu ze skalą pomysłu. Zadanie jest ogromne, czuję jednak wielką potrzebę nakręcenia tego filmu. Jest w tym jednak, o dziwo, coś przygnębiającego. Kiedy kręci pan wielką historię współczesną, publiczność nie docenia jej rozmiaru. Jeśli umieści pan tę samą historię w starożytnym Rzymie, ważność filmu stanie się oczywista. Oto nieporozumienie: widz akceptuje nowoczesność, nie robi ona jednak na nim wrażenia. Robią na nim wrażenie rzymskie świątynie, bo wie, że trzeba je było wybudować w wytwórni. Tymczasem *Kleopatra*[6] jest równie skromną historią, jak *Rzymskie wakacje*[7], których bohaterką jest nowoczesna księżniczka w zwyczajnym kostiumie.

[6] *Kleopatra* (*Cleopatra*, 1963) – amerykański supergigant historyczny w reż. Josepha L. Mankiewicza, z Elizabeth Taylor i Richardem Burtonem (przyp. tłum.).

[7] Por. przypis 6 w rodziale 3.

Trochę mnie to zniechęca, bo ten film o wielkim mieście musiałby być okropnie drogi. Pokazałbym w nim głośny numer z music-hallu, mecz bokserski w Madison Square Garden, tłum na Wall Street, wieżowce Nowego Jorku... Film byłby wypełniony sławnymi ludźmi pokazywanymi przez mgnienie oka, znanymi dziennikarzami, prezydent miasta złożyłby dwuzdaniowe oświadczenie w telewizji... Mielibyśmy wielki temat i równocześnie wielką panoramę, z bardzo bogatymi ludźmi, jak we fresku Charlesa Dickensa. Natomiast trzeba by unikać klisz i stereotypów: mokrego bruku, odwiecznego obrazu pustej ulicy z powiewającą płachtą gazety...

Oczywiście, ten film nie powinien być zrobiony dla pierwszego rzędu na balkonie ani dla trzech dostawek, ale dla dwóch tysięcy miejsc na sali, ponieważ kino jest najpowszechniejszym, a zarazem najpotężniejszym środkiem komunikacji na świecie. Jeśli tworzy pan swój film poprawnie, z odpowiednim ładunkiem emocji, publiczność japońska powinna reagować tak samo jak hinduska. To jest stałe wyzwanie dla mnie jako filmowca. Jeśli pisze pan powieść, straci ona swoją istotę w przekładzie, jeśli pisze pan i reżyseruje sztukę – będzie grana poprawnie podczas premiery, a potem będzie stopniowo tracić swój kształt. A film krąży po całym świecie. Traci piętnaście procent swojej siły, kiedy zostaje opatrzony napisami; tylko dziesięć procent – kiedy jest dobrze zdubbingowany; obraz pozostaje nietknięty nawet jeśli warunki projekcji są złe. To p a ń s k a praca jest pokazywana i za jej pośrednictwem powinien pan być tak samo rozumiany na całym świecie.

16.

Ostatnie lata Hitchcocka. Grace Kelly porzuca kino. Powrót do *Ptaków*, *Marnie* i *Rozdartej kurtyny*. Hitch tęskni za gwiazdami. Wielkie chore filmy. Porzucony projekt. *Topaz*, albo zamówienie nie do zrealizowania. Powrót do Londynu z *Szałem*. Rozrusznik serca i *Intryga rodzinna*. Hitchcock pod ciężarem honorów i zaszczytów. Miłość i szpiegostwo: *Krótka noc*. Hitchcock źle się miewa, Sir Alfred umiera. To już koniec.

Kiedy nagrywałem te rozmowy, Hitchcock był u szczytu potęgi twórczej. W ciągu dziesięciu poprzednich lat nakręcił jedenaście filmów, w tym *Nieznajomych z pociągu*, *Okno na podwórze*, *Człowieka, który wiedział za dużo*, *Zawrót głowy*, *Północ-północny zachód*, *Psychozę*. W dodatku, zostawszy swoim własnym producentem, po wygaśnięciu kontraktu łączącego go z Davidem O. Selznickiem, stał się nawet – co rzadkie w Hollywood – właścicielem większości swoich taśm.

Poczynając od *Ptaków* zaczął realizować wszystkie swoje filmy pod firmą – kierowanego przez jego przyjaciela Lew Wassermana – stowarzyszenia „Universal", którego sam został akcjonariuszem, jednym z pięciu najważniejszych. W rzeczywistości Hitchcock – za duży pakiet akcji – odstąpił Universalowi prawa do emisji około dwustu godzin filmów z suspensem, wyprodukowanych przezeń w ciągu minionych dziesięciu lat dla telewizji komercyjnej.

Czego brakowało w 1962 roku Alfredowi Hitchcockowi do pełnej satysfakcji? Żałował znikających gwiazd. James Stewart miał już za wiele lat, by od nowa stać się gwiazdorem jego filmów; jego postarzałą twarz Hitchcock uważał za główny powód klęski komercyjnej *Zawrotu głowy*. Cary

Grant porzucił kino dobrowolnie, pomimo sukcesu filmu *Północ-północny zachód*, ażeby zachować w pamięci publiczności swój uwodzicielski wizerunek; odrzucił zresztą rolę w *Ptakach*, którą zagrał ostatecznie Rod Taylor, aktor solidny, ale pozbawiony charyzmy. Jeszcze poważniejszy problem był z kobietami; a przecież do dzieła Hitchcocka przylgnął slogan *cherchez la femme*. O ile nigdy nie wybaczył Ingrid Bergman porzucenia go dla Rosselliniego, Hitchcock był zawsze wyrozumiały dla Grace Kelly. Po pierwsze, książę Rainier nie był reżyserem; po drugie, rodowity londyńczyk nie mógł być nieczuły na tytuł księżnej, który olśniewająca debiutantka z Filadelfii zdobyła porzucając Hollywood dla skalistego wybrzeża Monako. Wyrozumiałość łączyła się jednak z nadzieją powrotu; Hitchcock specjalnie dla Grace Kelly kupił prawa do powieści Winstona Grahama *Marnie*, licząc że odzyska ją dla tej roli. Układ był o krok od realizacji: Grace Kelly dała się namówić, a w dodatku sprzyjał projektowi książę, który bardzo lubił Hitchcocka. Ale akurat w tym czasie generał de Gaulle, rozzłoszczony ulgami podatkowymi, które księstwo przyznało kilku francuskim biznesmenom, przypuścił atak na uprzywilejowany status Monako. Żeby nie zerwać wszystkich związków z Francją, książę musiał zmienić frywolny wizerunek swojego państwka, i to z tego powodu Grace Kelly definitywnie porzuciła kino.

Film, zaplanowany z miłości dla jednej aktorki, musiał więc zostać nakręcony z inną; historia kina pełna jest takich zdrad i rozczarowań. Renoir marzył, że Catherine Hessling zagra *Sukę*, tymczasem zagrała tę rolę Janie Marèze. Myriam Hopkins, a nie Claudette Colbert, miała zagrać *Ósmą żonę Sinobrodego* Ernsta Lubitscha. W *Stromboli* Rossellini obsadził Ingrid Bergman, choć rola była wymyślona dla Anny Magnani. Zainspirowana przez Lindę Darnell, *Bosonoga contessa* (Josepha L. Mankiewicza) przypadła Avie Gardner. Doris Day opowiedziała w swoich pamiętnikach, jak bardzo peszyła ją lakoniczność Hitchcocka podczas zdjęć do *Człowieka, który wiedział za dużo*; miała nadzieję, że Hitchcock wybrał ją dla jej umiejętności piosenkarskich, tymczasem zrozumiała, że on wciąż tęsknił za Grace Kelly. Być może zresztą nie miała racji; pod koniec zdjęć Hitchcock wyjaśnił jej, że „nic nie mówił, bo wszystko szło dobrze; gdyby coś było nie tak, na pewno by się odezwał".

Inaczej z *Zawrotem głowy*: tu nie ma wątpliwości. Aktorka, którą oglądamy na ekranie, zastąpiła inną; film jest w tej sytuacji tym ciekawszy, że podobna zamiana stanowi jego temat: mężczyzna, wciąż zakochany w kobiecie, którą uważa za zmarłą, usiłuje – skoro szczęśliwy przypadek przywraca mu obecność zaginionej – odtworzyć jej pierwotny wizerunek. Podczas gali na cześć Hitchcocka, w 1974 roku w Nowym Jorku, to ironiczne porównanie wydało mi się rzeczywistością. Siedząc obok Grace Kelly, oglądając na ekranie fragmenty ukazujące Jamesa Stewarta zaklinającego Kim Novak by zmieniła uczesanie, zrozumiałem, że *Zawrót głowy* zyskuje na takiej lekturze: reżyser wymusza na zamienionej aktorce, by imitowała aktorkę właściwą.

Zatem na początku lat sześćdziesiątych Hitchcock tęsknił za gwiazdami. Potrzebował ich bardziej niż inni reżyserzy, ponieważ nie uprawiał kina postaci, ale kino sytuacji. Obrzydzeniem napełniała go sama myśl o scenach zbędnych, które łatwo można wyciąć w montażu, ponieważ nie posuwają do przodu akcji. Nie był specjalistą od dygresji ani od zapewniających wiarygodność szczegółów; w żadnym z jego filmów żaden aktor nie wykonuje jakiegokolwiek niepotrzebnego gestu, jak kichnięcie albo przeciągnięcie ręką po włosach. Jeśli aktor skadrowany jest od stóp do głów, jego sylwetka musi być nienaganna; jeśli pokazany jest w półzbliżeniu, jego ręce nie powinny być widoczne u dołu kadru. Toteż wrażenie życia wnoszone jest często do filmów Hitchcocka przez osobowość, którą aktor ukształtował w filmach innych reżyserów. James Stewart wprowadził do kina Hitchcockowskiego ciepło Johna Forda, Cary Grant – urok pochodzący z komedii o niewierności małżeńskiej.

Tymczasem ogromny sukces kasowy *Psychozy* – drugie miejsce w światowym rankingu 1960 roku, tuż za *Ben Hurem*

– przekonał Hitchcocka do możliwości zainteresowania wielkiej widowni małym filmem; z tego powodu, na początku 1962 roku, z pełnym przekonaniem przystąpił do realizacji *Ptaków*. I – jak często się zdarza – właśnie w momencie, kiedy został wreszcie powszechnie doceniony, kiedy wysławiano go i fetowano, szczęście zaczęło się od niego odwracać.

Odkąd *Północ-północny zachód,* jego wielki „melodramat o polowaniu na człowieka" – by użyć upraszczającej terminologii, którą sam chętnie stosował – zaczął być wielokrotnie naśladowany, podrabiany, karykaturowany (zwłaszcza w serii z Jamesem Bondem), Hitchcock poczuł, że powinien rozstać się z tym typem kina, jakie uprawiał od trzydziestu lat, od czasu *Trzydziestu Dziewięciu Kroków*. Zrezygnował wówczas z wielkiego budżetu. *Ptaki* wyprzedziły o kilka lat falę filmów katastroficznych i kosztowały dość dużo z powodu efektów specjalnych, nie osiągnęły jednak sukcesu, na jaki zasługiwały. Kolejny film, *Marnie,* poniósł dotkliwą klęskę, był jednak utworem pasjonującym, należącym do kategorii „wielkich chorych filmów".

Otwieram nawias, żeby zdefiniować w skrócie, co określam mianem „wielkiego chorego filmu". To nic innego niż poronione arcydzieło, ambitne zamierzenie, które po drodze zostało popsute: świetny scenariusz niemożliwy do nakręcenia, nieodpowiedni casting, zdjęcia zatrute przez nienawiść albo oślepione przez miłość, zbyt duża odległość między intencją a wykonaniem, posępna zapaść albo zwodnicza egzaltacja. To pojęcie „wielkiego chorego filmu" może się odnosić oczywiście wyłącznie do bardzo dobrych reżyserów, którzy w innych okolicznościach dowiedli, że zdolni są do osiągnięcia perfekcji. Na pewnym poziomie kinofilii wyżej się czasem ceni w twórczości reżysera jego „wielki chory film" niż arcydzieło, *Króla w Nowym Jorku* niż *Gorączkę złota*, *Regułę gry* niż *Towarzyszy broni*. Jeśli zgodzić się z opinią, że znakomite wykonanie prowadzi najczęściej do zamazania pierwotnych intencji, można uznać, że „wielkie chore filmy" pozwalają je ujawnić bardziej bezpośrednio. Zauważmy też, że o ile arcydzieło nie zawsze jest żarliwe, o tyle „wielki chory film" jest taki często, co wyjaśnia, dlaczego łatwiej niż arcydzieło staje się – by użyć określenia amerykańskich krytyków – przedmiotem „kultu".

Dodałbym jeszcze, że „wielki chory film" cierpi z zasady na nadmiar szczerości, co – paradoksalnie – czyni go jaśniejszym dla miłośników, ciemniejszym zaś dla publiczności przyzwyczajonej do połykania mikstur sporządzonych raczej z maskowania się niż odsłaniania. Uważam, że *Marnie* znakomicie wpisuje się w tę dziwną kategorię, niepotrzebnie lekceważoną przez komentatorów kina.

Jestem zresztą przekonany, że Hitchcock nie był już tym samym człowiekiem po nakręceniu *Marnie*; stracił znaczną część pewności siebie, nie tyle nawet z powodu klęski finansowej filmu – zniósł już w końcu niejedną – ile raczej z racji klęski zawodowego i prywatnego związku z Tippi Hedren, którą odkrył w telewizyjnym spocie reklamowym i z której zamierzał zrobić, po dwóch filmach, „nową Grace Kelly". Warto pamiętać, że między *Ptakami* a *Marnie*, przed ofiarowaniem Tippi Hedren „drugiej szansy", Hitchcock przeprowadzał próbne zdjęcia z wieloma pięknymi kobietami, w tym znanymi modelkami europejskimi.

O bolesnym finale relacji między reżyserem a Tippi Hedren, o upadku Hitchcocka po *Intrydze rodzinnej* i podczas pisania *Krótkiej nocy* – można przeczytać w użytecznej biografii Donalda Spoto *The Dark Side of Alfred Hitchcock*[1], a także w artykule Davida Freemana *The Last Days of Alfred Hitchcock*, w kwietniowym numerze „Esquire" z 1982 roku. Niektórzy komentatorzy zarzucali obu pisarzom, że upublicznili najżałośniejsze chwile starości wielkiego artysty. Nie podzielam tej negatywnej opinii, ponieważ obaj młodzi ludzie poznali Hitchcocka dopiero dwa lata przed śmiercią, nie łączyły więc ich z nim żadne piękne wspomnienia ani nie mieli wobec niego żadnego długu. Wykonali po prostu swo-

[1] Pełny tytuł książki: *The Dark Side of Genius: The Life of Alfred Hitchcock*, Ballantine, New York 1983; polskie wydanie: *Alfred Hitchcock*, Alfa--Wero, przeł. Jan Stanisław Zaus, Warszawa 2000 (przyp. tłum.).

je historycznofilmowe zadanie. Tymczasem w przypadku Alfreda Hitchcocka „człowiek i dzieło" układają się w tak bogaty i wielostronny kompleks zjawisk, że doczeka się on zapewne jeszcze przed końcem stulecia opracowań godnych Marcela Prousta.

Hitchcock nie był maniakiem korespondencji, przecież jednak – skoro dzieliło nas trzynaście tysięcy kilometrów – utrzymywaliśmy dość regularny kontakt listowy, co pozwoli mi w tym ostatnim rozdziale używać jego własnych słów przy omówieniu końcowego okresu jego życia.

Czytelnik tej książki mógł się już przekonać, że Hitchcock był dość surowy w stosunku do własnej twórczości, przenikliwy i dobrowolnie samokrytyczny... pod warunkiem wszakże, że minął już jakiś czas od realizacji omawianego filmu i że od tego czasu jego klęska komercyjna została zrekompensowana przez jakiś późniejszy sukces. Ze swej strony – szanując tę drażliwość, wybaczalną zresztą u człowieka skądinąd pozbawionego pychy – unikałem w rozmowach o *Marnie* i *Rozdartej kurtynie* uwag krytycznych, na które pozwoliłbym sobie zapewne, gdyby chodziło o filmy odleglejsze w czasie. Sądzę jednak, że sam Hitchcock nie był zadowolony z żadnego ze swoich filmów nakręconych po *Psychozie.*

W połowie lat sześćdziesiątych Hollywood przechodził kryzys spowodowany rozwojem telewizji. Filmy amerykańskie do tego stopnia straciły międzynarodowe uznanie, że niektóre wielkie wytwórnie musiały finansować skromne produkcje krajów europejskich, aby umieścić swoje produkty na tamtejszych rynkach. Równocześnie, dla obniżenia wydatków, niektóre wytwórnie łączyły swoje przedstawicielstwa zagraniczne: Paramount wszedł w spółkę z Universalem, Warner z Columbią, MGM w ogóle wstrzymała produkcję.

Rozczarowany wynikami finansowymi *Rozdartej kurtyny,* Hitchcock po raz pierwszy od długiego czasu nie miał w zanadrzu żadnego nowego projektu. Napisałem powyżej, że po *Marnie* stracił częściowo pewność siebie. Tłumaczy to fakt, że podczas realizacji *Rozdartej kurtyny* pozwolił sobie narzucić zdanie wytwórni – najpierw w sprawie obsadzenia pary głównych wykonawców, Paula Newmana i Julie Andrews, potem, co gorsza, w kwestii rozstania z dwoma swoimi najdawniejszymi współpracownikami. Czy Hitchcock mógł być aż tak nielojalny, by zarzucić Bernardowi Herrmannowi „wrażenie smutku" w jego kompozycji do *Marnie*? Odepchnięcie Herrmanna było rażącą niesprawiedliwością, zważywszy, że udział kompozytora w sukcesie takich filmów, jak *Człowiek, który wiedział za dużo*, *Północ-północny zachód* czy *Psychoza* był ogromny. Otóż do *Rozdartej kurtyny* Herrmann skomponował i nagrał z orkiestrą pięćdziesięciominutową partyturę w pełni godną jego talentu; można ocenić jej piękno, ponieważ wydano ją na płycie w Londynie. Co się właściwie stało? Wytwórnia – mówi się zawsze „wytwórnia", gdy w grę wchodzą idiotyczne posunięcia – źle oceniła kompozycję Bernarda Herrmanna do *Rozdartej kurtyny* i mimo, że nagranie było już gotowe, zdołała nakłonić Hitchcocka do rezygnacji z niej. Trzeba pamiętać, że w okolicach 1966 roku w Hollywood (gdzie indziej zresztą także) zapanowała moda na kompozycje, które „dają się sprzedać na płycie", na muzykę, przy której można się kołysać w dyskotece, a do tego Herrmann, wychowany na Wagnerze i Strawińskim, najmniej się niewątpliwie nadawał.

W czołówce *Rozdartej kurtyny* brak jeszcze jednego ważnego nazwiska: Roberta Burksa, operatora wszystkich filmów Hitchcocka począwszy od *Nieznajomych z pociągu*. W tym wypadku jednak Hitchcock nie był za ten koniec współpracy odpowiedzialny, a nawet szczerze go żałował: Burks zginął rok wcześniej w pożarze swojego domu.[2]

Pozbawiony swoich ulubionych gwiazd, swojego kompozytora, operatora i montażysty, Hitchcock czuł, że otwiera się przed nim nowy etap kariery i że będzie to etap ciężki. W 1967 roku, kiedy prasa nie donosiła o żadnym jego nowym projekcie, reżyser pisał do mnie: ...*Przygotowuję wła-*

[2] W tym miejscu Truffaut pomylił się: Burks zmarł dopiero w 1968 roku, do samej śmierci współpracował z innymi reżyserami, mógł więc realizować zdjęcia i do *Rozdartej kurtyny* (przyp. tłum.).

śnie nowy film. Nie mam jeszcze tytułu, ale ma to być opowieść o psychopacie, mordercy młodych kobiet, luźno oparta na angielskiej sprawie sądowej. Ma to być historia ściśle realistyczna, bohaterem jest młody człowiek o zaburzonych relacjach z matką. Po jego pierwszej zbrodni – i to mnie najbardziej interesuje w tej fabule – widz już wie, że druga dziewczyna, którą ten bohater spotyka, narażona jest na śmiertelne niebezpieczeństwo, zadaje więc sobie pytanie, jak do tego dojdzie. Trzecia z kolei dziewczyna jest policjantką, otrzymującą zadanie złapania mordercy. W ten sposób końcowa trzecia część fabuły zawiera suspens, bo czeka się na moment, kiedy morderca odkryje zastawioną na siebie pułapkę. Kupiłem prawa do tej historii od angielskiego pisarza Bena W. Levy. Ostatni raz pracowałem z nim w 1929 roku; pisał wtedy dialogi do mojego pierwszego filmu dźwiękowego „Szantaż". Przez kolejne lata pisał sztuki teatralne, z większym lub mniejszym powodzeniem. Chciałbym, żeby ten film był maksymalnie realistyczny, użyję więc jak największej ilości wnętrz naturalnych (fragment listu z 6 kwietnia 1967).

Po kilku tygodniach Hitchcock przysłał mi ten scenariusz, który zatytułował *Frenzy* (nie wolno go jednak mylić z filmem pod tym tytułem, który nakręcił cztery lata później). O ile pamiętam, słabością tego pierwszego *Frenzy* – pomimo dobrego pomysłu – było zbytnie podobieństwo do *Psychozy*; przypuszczam, że to z tego powodu Hitchcock porzucił ten projekt.

Wtedy Hitchcock, który zawsze dotąd miał dość siły – zwłaszcza w okresie kontraktu z Selznickiem – aby odrzucać propozycje filmów, które uważał za nieodpowiednie dla siebie[3], dał się przekonać kierownictwu „Universalu" do adaptacji powieści kupionej właśnie, i to za duże pieniądze,

---

[3] W 1961 roku, kiedy Rouben Mamoulian został wyłączony z realizacji *Kleopatry*, Walter Wanger i Zanuck zwrócili się o pomoc do Hitchcocka jako do „jedynego reżysera zdolnego uratować to przedsięwzięcie". Hitchcock odmówił i zrobił *Ptaki*. Reżyserii *Kleopatry* podjął się Joseph Mankiewicz i pogrążył się razem z filmem (przyp. FT).

przez wytwórnię. *Topaz* był powieścią szpiegowską, która miała dwie zalety: opierała się na prawdziwej historii (obecności agenta komunistycznego w otoczeniu generała de Gaulle'a) i została bestsellerem w Stanach. We Francji książka była zakazana przez gaullistowską cenzurę, ale ukazała się po francusku w Kanadzie i można było ją przemycić, jak za okupacji. Na nieszczęście, fabuła *Topazu* wprowadzała za wiele miejsc akcji, za wiele rozmów, za wiele postaci. Kontrakt dotyczący zakupu praw literackich pozwalał autorowi tej przeciążonej powieści na samodzielne dokonanie adaptacji, przez co stracono mnóstwo czasu, zanim Hitchcock mógł wreszcie wezwać na pomoc swego przyjaciela Samuela Taylora, który zredagował ostateczną wersję scenariusza.

Kiedy w celu nakręcenia kilku plenerów *Topazu*[4] Hitchcock znalazł się w Paryżu, nie omieszkał wyrazić swoich obaw związanych z filmem, w wywiadzie udzielonym Pierre Billardowi dla „L'Expressu": *Dla mnie film jest gotowy w dziewięćdziesięciu dziewięciu procentach, kiedy ukończony zostaje jego scenariusz. Czasem wolałbym już go potem nie kręcić. Wyobraża pan sobie film, a potem wszystko się psuje. Aktorzy, o których pan myślał, są zajęci i nie może pan zebrać odpowiedniej obsady. Marzę o komputerze, do którego z jednej strony wsadzałbym scenariusz, a z drugiej wychodziłby film, kolorowy i ukończony.*

Hitchcock zawsze unikał zajmowania się w swoich filmach polityką, tymczasem *Topaz* był jednoznacznie antykomunistyczny i zawierał szereg sarkastycznych scen wymierzonych przeciwko otoczeniu Fidela Castro. Widać było kubańskich policjantów, torturujących działaczy opozycji. Na pytanie „L'Expressu": *Czy uważa się pan za liberała?*, Hitchcock odpowiadał: *Tak, we wszystkich znaczeniach tego terminu. Niedawno pewien Amerykanin zapytał mnie, czy jestem demokratą, czy republikaninem. Odpowiedziałem,*

---

[4] Dla uniknięcia skojarzeń ze sławną sztuką Marcela Pagnola *Pan Topaze* (trzykrotnie filmowaną), film Hitchcocka wyświetlany był we Francji pod tytułem *l'Etau* (*Kleszcze*) (przyp. FT).

że w zasadzie jestem demokratą, ale w sprawach moich pieniędzy staję się republikaninem. Nie lubię hipokryzji.

W przeciwieństwie do *Rozdartej kurtyny*, gdzie połączone honoraria Paula Newmana i Julie Andrews przekroczyły połowę budżetu filmu, w obsadzie *Topazu* zamiast gwiazd znaleźli się solidni aktorzy amerykańscy, francuscy, skandynawscy i hiszpańscy. Francuską część obsady stanowili Philippe Noiret, Michel Piccoli, Michel Subor, Dany Robin i młoda Claude Jade, która mogłaby być nieznaną córką Grace Kelly. Frederic Stafford, aktor o ograniczonych możliwościach, jeśli nawet zyskuje wiarygodność jako tajny agent, traci ją jako ojciec rodziny. Dysponujący nienaganną sylwetką, zastępuje najwyraźniej Seana Connery. Zresztą przed nakręceniem *Marnie* Hitchcock próbował skłonić Connery'ego do podpisania kontraktu na dwa albo trzy filmy, aktor jednak – choć zależało mu na uniknięciu zaszufladkowania w rolach Jamesa Bonda – zgodził się tylko na jeden.

Głównym tematem *Topazu* jest zdemaskowanie w otoczeniu generała de Gaulle'a sowieckiego szpiega; rola ta przypadła Michelowi Piccoli. Scenariusz przewidywał, że w finale – czując się zdemaskowany – Piccoli pozwalał się zabić Staffordowi w czasie pojedynku na pistolety, odbywającego się w pięknej, pustej scenerii stadionu Charlety. Podczas próbnej projekcji w Los Angeles młodzi widzowie amerykańscy konali ze śmiechu w czasie tej sceny. Hitchcock wrócił do Paryża, aby nakręcić ją jeszcze raz, próbując różnych wariantów. Powrót do Los Angeles. Nowy montaż, nowa próbna projekcja, nowe wygwizdanie. Tym razem Piccoli i Stafford nie działają już swobodnie. Hitchcock wyrzuca scenę pojedynku do kosza, ale traktuje z pogardą śmiech publiczności próbnych przeglądów. Zdaniem Hitchcocka młodzi Amerykanie stali się tak cyniczni, że nie potrafią zaaprobować na ekranie rycerskiego zachowania. Nie może im się pomieścić w głowie, żeby zdemaskowany zdrajca godził się na pojedynek na pistolety i pozwalał się zabić.

Pierwszy raz w swojej karierze Hitchcock nie wiedział, jak zakończyć film! Zdecydował się na rozwiązanie czysto formalne, w którym dostrzegam wpływ filmu Costy Gavrasa *Z*, wyświetlanego właśnie wtedy z wielkim powodzeniem. Na końcu *Topazu* widać przesuwające się przez ekran, ujednolicone przez porywającą muzykę, różne ujęcia i zbliżenia poszczególnych postaci filmu, a rytm obrazów i ścieżka dźwiękowa zapowiadają, że rozwiązanie jest bliskie. Tymczasem reżyser zdecydowanie chciał dać do zrozumienia publiczności, że Piccoli popełnia samobójstwo, ale jak miał to zrobić, skoro cały materiał nakręcony na stadionie Charlety uznany został za nieprzydatny? Hitchcock uciekł się więc do rozpaczliwego rozwiązania, elementarnego fałszerstwa, znanego wszystkim, którzy kiedykolwiek wyrywali sobie włosy z głowy przed monitorem, błagając montażystę, aby wmontował ujęcie, które nigdy nie zostało nakręcone! W trakcie filmu publiczność widziała od zewnątrz mieszkanie Piccolego, garsonierę na parterze prywatnego hotelu, usytuowanego na skraju miasta, z dala od centrum, gdzieś w XVII dzielnicy. Ujęcie idealne, którego Hitchcock potrzebował żeby skończyć film, pokazywałoby, jak Piccoli wchodzi do tego mieszkania (zrozumiawszy, ze został zdemaskowany). Po nim następowałby obraz hotelu widzianego od zewnątrz, wytrzymany przez sekundę, potrzebną, by rozległ się dźwięk strzału z pistoletu. W ten sposób zasadnicza idea zostałaby zachowana: Piccoli wrócił do siebie i za zamkniętymi drzwiami popełnił samobójstwo.

Niestety, przez cały film ani razu nie było widać, jak Piccoli wraca do siebie. Na samym początku, w szlafroku, przyjmował kochankę – Dany Robin. Kiedy ta opuszczała hotel, mijał się z nią Philippe Noiret, składający właśnie wizytę Piccolemu. Zatem jedyny kawałek ujęcia, którym dysponował Hitchcock dla zrealizowania swego pomysłu – Piccoli wraca do siebie, żeby się zastrzelić – to ujęcie wchodzącego do hotelu Noireta! A przecież – choć ujęcie sfilmowane jest z daleka – sylwetki Noireta nie sposób pomylić z postacią Piccolego, tym bardziej, że Noiret porusza się w filmie o lasce! W końcu więc w filmie widoczne jest wejście Noireta do domu, ale uchwycone na samym koniuszku ujęcia, w chwili, gdy ramię trzymające laskę zniknęło już w środku. Widać więc na ekranie ciemną połowę męskiej sylwetki znikającej za drzwiami, następnie – zgodnie z planem – obraz hotelu, słychać strzał, i Hitchcock może podjąć numer muzyczny z napisami końcowymi.

Można zrozumieć, można wybaczyć, a jednak: pomimo kilku niewątpliwie pięknych scen, zgrupowanych głównie w epizodzie kubańskim, *Topaz* nie jest udanym filmem. Nie podobał się ani wytwórni, ani publiczności, ani krytykom, nawet tym Hitchcockowskim, toteż reżyser, który nie chciał nawet o nim słyszeć, poczuł przemożną potrzebę odwetu na samym sobie.

W Hollywood wciąż trwał kryzys i bałagan, opisywane przez Hitchcocka w liście latem 1970 roku:

Szukam tematu nowego filmu, co nie jest łatwe. W tutejszym kinie istnieje mnóstwo tabu: trzeba unikać ludzi starszych, najlepiej ograniczając się do młodzieży; każdy film powinien zawierać jakieś elementy wymierzone przeciwko władzy; żaden nie powinien kosztować więcej niż dwa-trzy miliony dolarów. Dla dopełnienia obrazu, biuro scenariuszy przysyła mi najróżniejsze sugestie odpowiedzi na pytanie, co robić, żeby uzyskać dobry film Hitchcockowski. Oczywiście żadna z nich nie ma nic wspólnego z Hitchcockiem. Ma pan wielkie szczęście, że nie jest zaklasyfikowany i zaszufladkowany, jak ja, bo w tym tkwi źródło trudności, których obecnie doświadczam, zwłaszcza dotyczących publicznej akceptacji.

Wszyscy są teraz bardzo ostrożni, szczególnie wielkie wytwórnie. Każda z czterech ostatnich wielkich produkcji Paramountu poniosła klęskę. Fox jest w podobnej sytuacji i jego los zależy teraz od filmu, którego jeszcze nie pokazano: „Tora! tora! tora!"[5] *– opowieści o Pearl Harbor, wyprodukowanej w po-*

[5] *Tora! tora! tora!* – amerykańsko-japoński supergigant wojenny z 1970 roku, w reżyserii Richarda Fleischera, Kinji Fukasaku i Toshio Masudy. Film zdobył spore powodzenie, tym bardziej, że służył wyraźnie sprawie amerykańsko-japońskiego pojednania. W początkowej fazie realizacji reżyserem miał być Akira Kurosawa, który jednak znajdował się wówczas w kryzysie osobistym i został odsunięty od projektu (przyp. tłum.).

łowie przez Amerykanów, w połowie przez Japończyków. Jego budżet, jak słyszałem, wyniósł 32 miliony dolarów. Universal odniósł wielki sukces, szczególnie w Stanach, „Portem lotniczym"[6]*, á propos którego słyszy się różne optymistyczne liczby, aż do trzydziestu milionów dolarów zysku.*

Ponadto mamy tu mnóstwo innych filmów, które osiągają znaczne zyski i które ja nazywam „wypadkowymi". Robione na ogół przez amatorów, zdobywają popularność głównie wśród młodych widzów. Oczywiście nie wszystkie filmy wypadkowe odnoszą sukces, zwłaszcza te operujące nagością, okazuje się bowiem, że nagość sama w sobie nie gwarantuje jeszcze kasy. Tak mniej więcej przedstawia się obraz tutejszej sytuacji (fragment listu z 27 sierpnia 1970).

Ostatecznie, niedługo po wysłaniu do mnie tych słów, Hitchcock zdecydował się na angielską powieść Arthura Le Berna *Good Bye Piccadilly, Farewell Leicester Square*. Uprościł znacznie intrygę i nadał jej tytuł porzuconego scenariusza, *Szał (Frenzy)*.

We współczesnym Londynie pewien maniak seksualny dusi kobiety za pomocą krawata. Już w piętnastej minucie filmu Hitchcock ujawnia, kto jest tym mordercą; chodzi zresztą o postać, którą poznajemy już w drugiej scenie opowiadania. Inny bohater, którego losy śledzimy, zostaje oskarżony o te zbrodnie, następnie zatrzymany i skazany: przypatrujemy się przez półtorej godziny, jak szamoce się, niczym mucha w sieci pająka.

Szał jest kombinacją dwóch typów filmów: pierwszego, w którym Hitchcock każe nam śledzić drogę mordercy (*W cieniu podejrzenia, Trema, M jak morderstwo, Psychoza*), i drugiego, w którym przedstawia udręki niewinnego człowieka, który jest ścigany (*Trzydzieści Dziewięć Kroków, Wyznaję, Pomyłka, Północ-północny zachód*). Odnajdujemy w *Szale* Hitchcockowski zamknięty świat, jak w koszmarze sennym, w którym wszyscy się znają: morderca, niewinny,

---

[6] *Port lotniczy (Airport*, 1969) – amerykański film katastroficzny w reżyserii George'a Seatona (przyp. tłum.).

ofiary, świadkowie, świat zredukowany do samej sprawy, w którym każda rozmowa w sklepie czy barze odsyła bezpośrednio do zbrodni będącej przedmiotem śledztwa, świat złożony ze zbiegów okoliczności porozkładanych tak metodycznie, że przecinają się poziomo i pionowo: *Szał* ukazuje pokratkowany schemat krzyżówki na temat zbrodni.

W maju 1972 roku spotkałem się z Hitchcockiem przed Festiwalem w Cannes, gdzie miał przedstawić *Szał*. Wydał mi się postarzały, zmęczony, zdenerwowany – zresztą zawsze był ogromnie stremowany w przededniu premiery nowego filmu, jak student przed egzaminem. Telewizja poprosiła mnie wtedy, żebym podjął moją rolę zadającego pytania i przeprowadziłem taki oto wywiad z Hitchcockiem:

François Truffaut: Zawsze pan robił filmy stylizowane. Nie żal panu czarno-białego kina?

Alfred Hitchcock: Nie, lubię kolor. To prawda, że zrobiłem *Psychozę* w czerni i bieli, żeby nie pokazywać koloru krwi w scenie zabicia Janet Leigh pod prysznicem. Zresztą, odkąd kino jest kolorowe, scenografia stwarza nowe problemy. Owszem, gwałtowne kontrasty, na przykład odrażający przepych i odpychająca nędza, mogą zostać wyrażone na ekranie z niemożliwą dawniej precyzją. Z drugiej strony, trudniej jest dać wrażenie prawdy, kiedy chce się pokazać zwyczajne mieszkanie.

FT: Jeszcze przed kilku laty kinowa śmiałość – w ukazywaniu erotyki, polityki, przemocy – była domeną produkcji europejskiej. Dzisiaj kino amerykańskie wyprzedziło Europę w zuchwalstwie i swobodzie wyrazu. Co pan o tym myśli?

AH: Widzę w tym konsekwencję klimatu moralnego i sposobu życia panującego dziś w Stanach. A także konsekwencję wydarzeń, które zmuszają filmowców i publiczność do równoczesnej ewolucji. Ale przecież kino amerykańskie podejmuje tematy społeczne i polityczne od dawna, nie przyciągając zresztą bynajmniej tłumu widzów.

FT: Czy popiera pan nauczanie kina na uniwersytetach?

AH: Pod warunkiem, że uczy się także kina z czasów Mélièsa i że kształci się w realizacji filmów niemych, bo to najlepsze ćwiczenie. Kino dźwiękowe służyło często wprowadzaniu teatru do wytwórni. Niebezpieczeństwo polega na tym, że młodzi i mniej młodzi wyobrażają sobie, iż można zostać reżyserem bez umiejętności rysowania dekoracji i panowania nad montażem.

FT: Czy film, w pana rozumieniu, łączy się z malarstwem, literaturą i muzyką?

AH: Najważniejsze jest wytwarzanie emocji u publiczności, a emocja zależy od sposobu opowiadania historii, od sposobu łączenia sekwencji. Wydaje mi się więc, że jestem dyrygentem orkiestry, uderzenie bębna odpowiada zbliżeniu, a plan ogólny przypomina całą orkiestrę grającą po cichu. Z kolei pokazując piękne pejzaże, używając kolorów i światła – jestem kimś w rodzaju malarza. Nie ufam natomiast literaturze: z dobrej książki rzadko powstaje dobry film.

FT: Czy uważa pan, że dawne reguły – sympatyczny bohater, happy end – są nadal aktualne?

AH: Nie. Publiczność zmieniła się. Nie potrzebuje już w finale pocałunku.

FT: Dlaczego nie realizuje pan dziś tematów, które niegdyś wydawały się panu pociągające, ale producenci nie chcieli ich wtedy finansować?

AH: Wciąż obowiązuje fetysz zysku. Gdybym nawet sam chciał napisać, sfinansować i zrealizować jakiś film, nie mógłbym, zderzyłbym się bowiem z wymaganiami rozmaitych związków i zrzeszeń.

FT: Woli pan realizować scenariusz, w którym są mocne, za to mało pogłębione postaci i sytuacje, czy na odwrót?

AH: Wolę mocne sytuacje. Łatwiej przedstawić je wizualnie. Dla pogłębienia postaci potrzeba często zbyt wielu słów. Morderca z *Szału* jest sympatyczny. Dopiero sytuacja czyni zeń postać zatrważającą.

FT: W 1956 roku odniósł pan wielki sukces remakiem filmu *Człowiek, który wiedział za dużo*, którego pierwszą wersję nakręcił pan dwadzieścia dwa lata wcześniej. Gdyby miał pan dziś zrealizować jakiś inny remake, który ze swoich dawnych filmów by pan wybrał?

AH: *Lokatora*, którego nakręciłem w 1926 roku. Londyńska rodzina zastanawia się, czy wynajęła pokój Kubie Rozpruwaczowi. Kapitalna historia, sfilmowana bez dźwięku, z której zrobiono potem dwie kolejne wersje – beze mnie.

FT: Czy zmieniłby pan coś w systemie przyznawania Oscarów?

AH: Należałoby je przyznawać co trzy miesiące, co wydaje mi się jednak trudne. Słabość obecnej formuły polega na tym, że nagrody przypadają zawsze filmom wprowadzanym na ekrany między 1 września a 31 grudnia!

FT: Jeszcze kilka lat temu życie codzienne było banalne, a wszystko, co niezwykłe, znajdowało się w filmach. Dzisiaj to życie jest niezwykłe: porwania polityczne, uprowadzenia samolotów, skandale, zamachy na prezydentów... Jak reżyser specjalizujacy się w filmach z suspensem może konkurować z życiem w 1972 roku?

AH: Żaden reportaż w gazecie nie zdoła wywołać takiego wstrząsu, jak film. Katastrofy przydarzają się tylko innym. Tymczasem ekran pozwala nawiązać bezpośrednią znajomość z mordercą i z jego ofiarą, o którą pan drży, bo wszystko wydarza się na pana oczach. Każdego dnia ma miejsce tysiące wypadków samochodowych. Ale zaczynają one pana interesować dopiero wtedy, kiedy ofiarą pada pański brat. Jeżeli film jest udany, jego bohater staje się właśnie pana bratem, albo pana wrogiem.

FT: *Szał* jest pana pierwszym filmem europejskim od dwudziestu lat. Co dziś różni pracę reżysera w Hollywood od pracy w Anglii?

AH: Kiedy wchodzę do studia, czy to się dzieje w Hollywood, czy w Londynie, bez względu na to, jak ciężkie drzwi się za mną zamykają, nie odczuwam różnicy. Kopalnia węgla jest zawsze kopalnią węgla.

Tydzień później, kiedy zobaczyłem Hitchcocka po powrocie z Cannes, odmłodniał o piętnaście lat. *Szał* został znakomicie przyjęty na festiwalu i Hitchcock, rozpromieniony, wyznał, że okropnie się bał tego przyjęcia. Teraz miał nadzieję, że ten „skromny film", którego budżet wynosił trochę mniej niż dwa miliony dolarów, pozwoli wytwórni zapomnieć o marnych rezultatach artystycznych i finansowych nakręconego bez wiary *Topazu*.

Kręcąc *Szał* Hitchcock po raz pierwszy zrezygnował z bohaterek *glamorous* – czarujących i wyrafinowanych, których wzorcowym przykładem pozostaje Grace Kelly – żeby pokazać zwyczajne kobiety, których odtwórczynie zostały wspaniale dobrane: Barbara Leigh-Hunt, Anna Massey, Vivien Merchant i Billie Whitelaw wniosły do dzieła Hitchcocka nowy realizm, wzmocniły aspekt „kroniki codzienności", naładowały wiarygodnością, a nawet surowością tę nową makabryczną baśń, z której wszelkie uczucie zostało wykluczone. Mniej udała się męska część obsady. Twarz niesłusznie podejrzanego (Jon Finch), stale wyrażająca coś w rodzaju egoistycznego nadąsania, nie mogła wzbudzić sympatii publiczności. Z kolei czarny charakter (Bob Rusk) był zbyt niefrasobliwy, by wywołać w nas strach.

Przecież jednak *Szał* kryje w sobie bezsporny urok, być może dlatego, że Hitchcock nakręcił go – po koszmarze produkcji *Topazu* – w stanie euforii: zbliżało się właśnie pięćdziesięciolecie jego pracy w kinie, kiedy – w towarzystwie Almy – ustawiał kamerę w Covent Garden w ludowym Londynie, gdzie przeżył młodość. Hitchcock lubi powtarzać: „Niektórzy reżyserzy filmują kawałki życia, ja filmuję kawałki tortu" i stuprocentowo brytyjski *Szał* okazał się takim właśnie kawałkiem tortu, zrobionego „w domu" przez siedemdziesięcioletniego cukiernika, stającego się na powrót „młodym reżyserem" z okresu debiutu.

Trzy miesiące później Hitchcock zakupił prawa do nowej angielskiej powieści, *The Rainbird Pattern* Victora Canninga, której akcję przeniósł do Los Angeles i San Francisco. To wtedy, kiedy pracował wraz z Ernestem Lehmanem nad scenariuszem tego filmu, który najpierw miał się nazywać *Deceit* (*Oszustwo*), a ostatecznie przybrał tytuł *Intryga rodzinna* (*Family Plot*) – Hitchcock przeszedł operację, w trakcie której wstawiono mu rozrusznik serca. Nie wydaje mi się, żebym popełniał jakąś niedyskrecję, opowiadając o tym fakcie, ponieważ pośród wszystkich dziennikarzy czy przyjaciół, którzy odwiedzali Hitchcocka po 1975 roku – trudno byłoby znaleźć kogoś, komu reżyser nie demonstrowałby tego medycznego gadżetu, rozpinając koszulę i każąc dotknąć prostokątnego przedmiotu umieszczonego pod skórą, cedząc przy tym sylaby: – *To jest przewidziane na dziesięć lat* – ze wzrokiem wbitym w rozmówcę, jakby dla odgadnięcia jego reakcji. Jak wiadomo, rozrusznik służy uregulowaniu rytmu uderzeń serca. Działając na baterię, rozrusznik zapewnia sercu rytm siedemdziesięciu uderzeń na minutę, a jego działanie powinno być sprawdzane raz na miesiąc... przez telefon. Wystarczy nakręcić numer Centrum Medycznego w Seattle (w wypadku Hitchcocka – w Chicago) i przyłożyć słuchawkę do piersi, żeby skontrolować stan serca.

Kiedy gość wiedział już wszystko o działaniu rozrusznika, Hitchcock oddawał się swemu ulubionemu ćwiczeniu: opowiadał swój przyszły film scena po scenie, jakby dla udowodnienia samemu sobie, że konstrukcja jest solidna i że cały film mieści się w jego głowie. W *Intrydze rodzinnej* najbardziej interesowało go przejście od jednej figury geometrycznej do drugiej. Najpierw dwie historie przedstawiane są równolegle, potem zaczynają się do siebie zbliżać, zaplątywać, żeby całkowicie się na siebie nałożyć na samym końcu opowiadania. Ta konstrukcja ekscytowała go i dawała mu radość mierzenia się z nieznaną dotychczas trudnością.

W *Intrydze rodzinnej* napotykamy dwie pary, należące do zupełnie różnych światów. Pierwsza para: oszustka naciągająca ludzi na swój rzekomy dar jasnowidzenia (Barbara Harris) i jej wspólnik (Bruce Dern), taksówkarz, wykorzystujący swój zawód do zbierania gdzie się da informacji, „odgadywanych" później przez przyjaciółkę w trakcie seansów. Druga para: elegancki jubiler (William Devane) i jego przyjaciółka (Karen Black), spędzający czas na porywaniu ważnych osobistości, a następnie wymienianiu ich na ogromne diamenty, ukrywane wśród szkiełek domowego żyrandola.

Historia staje się przejrzysta, kiedy widz dostrzega, że bękart poszukiwany przez oszustkę-medium na zamówienie starszej pani, chcącej, by po niej dziedziczył, to nikt inny, jak jubiler-porywacz. Trzeba doczekać do ostatniego aktu, by stać się świadkiem burzliwej konfrontacji wszystkich czterech postaci.

Intryga rodzinna, wprowadzona na ekrany i w Ameryce, i w Europie, latem 1976 roku, została dobrze przyjęta przez prasę, gorzej przez publiczność. W tym stuprocentowo amerykańskim filmie – gdzie znów słabość czarnego charakteru decydowała o słabości całego filmu[7] – Hitchcock powrócił do mieszanki „burzliwego porwania i humoru", która przyniosła mu sukces w całej serii angielskich filmów sprzed wojny. Wszyscy chwalili kreację Bruce'a Derna, a zwłaszcza Barbary Harris, pełnej inwencji i dowcipu w roli jasnowidzącej oszustki.

[7] Do roli czarnego charakteru – zanim w ostatniej chwili obsadził w niej Williama Devane'a – reżyser zaangażował początkowo Roya Thinnesa, z którego zrezygnował po dwóch dniach zdjęć. Coś takiego zdarzyło się Hitchcockowi po raz pierwszy. W tym samym momencie to samo zrobił Luis Buñuel, podczas zdjęć do swego ostatniego filmu, *Mroczny przedmiot pożądania*. Hitchcock i Buñuel byli prawie w tym samym wieku. Stąd morał: osiągnąwszy wiek 75 lat reżyser traci ochotę na marnowanie czasu z kiepskim aktorem! (przyp. FT).

Niestety, szybko okazało się, że *Intryga rodzinna* nie odniosła sukcesu. Jak przy *Topazie*, w kopiach krążących po Stanach trzeba było wycinać kawałki suspensu, które wywoływały śmiech amerykańskiej widowni. Myślę, że europejskie kopie bliższe są wersji oryginalnej.

W przeciwieństwie do tego, co się na ogół sądzi, artyści uznawani za mistrzów autoreklamy wypowiadają się często szczerze. Można by nawet powiedzieć, że im więcej blagują, tym są szczersi, jak Salvador Dali oświadczający, że z wszystkich rzeczy na świecie kocha tylko dwie: pieniądze i żonę. W chwili wejścia *Intrygi rodzinnej* na ekrany w Nowym Jorku widziałem Hitchcocka w amerykańskiej telewizji, naprzeciw trzydziestu dziennikarzy. Wszyscy okazywali mu szacunek i sympatię, nie dlatego, żeby tak bardzo przepadali za jego pięćdziesiątym trzecim filmem, tylko dlatego, że reżyser po przekroczeniu siedemdziesiątki, jeśli jest wciąż czynny, korzysta z czegoś, co można by określić jako immunitet krytyczny. W pewnej chwili jeden z dziennikarzy podniósł rękę i zapytał: – *Co czuje człowiek, kiedy ma 77 lat, budzi się rano i nazywa się Alfred Hitchcock?* – Pytanie nie było zbyt oryginalne, za to odpowiedź zachwyciła mnie: – *Kiedy film idzie dobrze – jest bardzo przyjemnie, ale kiedy nie idzie – czuje się fatalnie.*

Hitchcock po *Intrydze rodzinnej* bardzo szybko poczuł się fatalnie. Wkrótce, w Montpellier, gdzie kręciłem *Człowieka, który kochał kobiety*, otrzymałem od niego list:

Rozpaczliwie szukam teraz tematu. W takiej chwili, jak pan wie, człowiek może niby robić, co mu się podoba. Ja jednak mogę robić tylko to, czego się ode mnie oczekuje, to znaczy kryminał albo film z suspensem, a to akurat wydaje mi się trudne. Można odnieść wrażenie, że wszystkie obecne scenariusze opowiadają o neofaszystach albo o Palestyńczykach walczących z Izraelem. Na moje nieszczęście żaden z tych tematów nie zawiera ludzkiego konfliktu. Jak można wstawić arabskiego bojownika albo izraelskiego żołnierza do komedii? Piszę o tych tematach, ponieważ wciąż znajduję je na swoim biurku. Czasem wydaje mi się, że najlepszą komedię albo naj-

lepszy dramat można by zrealizować tu właśnie, w moim gabinecie, z Peggy, Sue i Almą. Jedyną słabą stroną tego pomysłu jest fakt, że którąś z nich trzeba by wtedy zamordować, co sprawiłoby mi wielką przykrość... (fragment listu z 20 października 1976).

Dwa miesiące później, kiedy – w czasie Bożego Narodzenia 1976 roku – odwiedziłem Hitchcocka w Studio Universal, gdzie od dwudziestu lat zajmował ten sam barak z napisem „Alfred Hitchcock's Productions", oglądał akurat film Petera Bogdanovicha *Nickelodeon*. Przerwał projekcję, zaprosił mnie do swego biura, zamówił dwa steki i nasza rozmowa podjęta została w tym samym miejscu, a nawet w tych samych okolicznościach, w jakich czternaście lat wcześniej zaczęliśmy tę książkę!

Zadałem mu więc z opóźnieniem pytanie, które zawsze mnie intrygowało w związku z *Psychozą*. Przy scenie zabicia Janet Leigh pod prysznicem zadawałem sobie zwykle pytanie, k t o wchodzi do łazienki, z nożem w ręce: sam Anthony Perkins w peruce? Jakaś dublerka? Tancerz? Jeśli pamiętać, że zabójca filmowany jest pod światło i wygląda jak chiński cień, można przyjąć, że wchodzą w grę wszystkie te możliwości. Hitchcock odpowiedział mi, że to była młoda kobieta w peruce, ale scenę trzeba było powtarzać, bo chociaż jedyne źródło światła umieszczone było za kobietą, w pierwszych ujęciach zbyt wyraźnie widać było jej twarz, tak mocny był odblask białych ścian łazienki. Za drugim razem trzeba więc było przyciemnić twarz dublerki, aby uzyskać na ekranie efekt ciemnej sylwetki, niemożliwej do zidentyfikowania.

W dalszym ciągu rozmowy poruszaliśmy tematy ogólne, jak sytuacja w Hollywood i rywalizacja między Paramountem a Universalem, przygotowującymi dwa równoległe remaki *King Konga*, przy czym żadna z wytwórni nie chciała współpracować z drugą dla zmniejszenia ryzyka projektu. Jak wszyscy ludzie dysponujący rzeczywistą władzą, Hitchcock mówił o swoich możliwościach z pobłażaniem, dając do zrozumienia, że jest w Universalu tylko nieśmiałym reżyserem-producentem, podlegającym opinii „kierownictwa".

Nigdy nie mówił o sobie jak o jednym z pięciu głównych akcjonariuszy jednej z największych na świecie wytwórni filmowej, przyjacielu Lew Wassermana i jednym z najbardziej wpływowych doradców.

W kilka lat po tym, jak film *Port lotniczy* napełnił kasy Universalu, wytwórnia kręciła właśnie jego ciąg dalszy, a w sąsiednim biurze przygotowywano część trzecią. Scenarzysta postanowił wrzucić wielki „747" do wody. Z pozoru w wytwórni spodobał się ten pomysł. Trudno było się wprawdzie zorientować, czy sam Hitchcock uważał go za śmieszny czy interesujący, najwyraźniej jednak ożywiał jego pasję inżyniera: *– Każą wpaść do wody samolotowi z 450 pasażerami na pokładzie, ale wodoszczelność kabiny będzie całkowita, a zapas tlenu wystarczy na kilka godzin. Wtedy trzeba będzie znaleźć jakiś sposób naprawienia samolotu. Wytwórnia zaangażowała specjalnie dwóch młodych pisarzy, żeby znaleźli jakieś rozwiązanie.* – Przypomniałem Hitchcockowi, że stykał się już z podobnymi problemami, kiedy w 1939 roku Selznick upierał się przy realizacji przezeń *Titanica* zamiast *Rebeki*. Później wróciliśmy do spraw bieżących.

Z wyraźną satysfakcją Hitchcock oświadczył mi, że wybrał temat swego pięćdziesiątego czwartego filmu. Porzuciwszy powieść Elmore'a Leonarda *Unknown Man nr 89*, do której prawa niedawno kupił, wrócił do jednego ze swych dawnych projektów, adaptacji dwóch książek na ten sam temat: pierwsza – *The Springing of George Blake* Seana Bourke – miała formę reportażu, druga – *The Short Night* Ronalda Kirkbride'a – była zainspirowaną przez te same fakty powieścią. Był to szpiegowski epizod walki między Wschodem a Zachodem.

Podwójny agent George Blake, skazany przez angielski sąd na czterdzieści dwa lata więzienia za szpiegostwo na rzecz ZSRR, uciekł z więzienia w Wormwood-Scrubs w październiku 1966 roku dzięki pomocy kilku współwięźniów, ale przede wszystkim – członków londyńskiej siatki zwerbowanej przez KGB. Blake, dzielący celę z irlandzkim więźniem Seanem Bourke, uciekł razem ze swoim więziennym towarzyszem, po czym błądzili obaj po Londynie aż do chwili, gdy – odnalezieni przez sowieckie tajne służby – zostali przewiezieni do Moskwy. Ale Bourke, źle się czujący w obcym kraju, wrócił po roku do Irlandii, gdzie napisał relację o swojej przygodzie, która zainspirowała następnie powieść Kirkbride'a. Rząd brytyjski zażądał jego ekstradycji, ale odmówiono mu. W tym czasie Blake podróżował po krajach Europy Wschodniej i pisywał stamtąd do matki. Decydujące dla jego zachowania i ucieczki były zdaje się problemy uczuciowe. Nie układało mu się z żoną, która zresztą wkrótce po jego ucieczce zażądała rozwodu i wyszła za mąż ponownie.

Hitchcock marzył o tej historii od dawna; już w 1970 roku odbywał rozmowy obsadowe z Catherine Deneuve i Walterem Matthau. Później, decydując się na umieszczenie akcji w Finlandii, myślał o obsadzeniu Liv Ullmann i Seana Connery. Chciał skupić się na historii miłosnej, aby uzyskać podobną równowagę między intrygą szpiegowską a uczuciami jak w *Osławionej*, filmie, do którego często wracał przed rozpoczęciem nowego scenariusza.

Fabuła *Krótkiej nocy* (*The Short Night*) układałaby się więc tak: angielski szpieg pracujący dla Rosjan ucieka z więzienia w Londynie. Amerykańskie służby wiedzą, że zechce on przedostać się do Związku Radzieckiego, przewidują jednak, że wcześniej spróbuje spotkać się z żoną i dziećmi, żyjącymi na wyspie u wybrzeży Finlandii. Pewien amerykański agent zostaje więc wysłany na tę wyspę, z zadaniem czekania tam na zbiegłego szpiega i zabicia go, kiedy się pojawi. Podczas tego oczekiwania agent zakochuje się w żonie szpiega, budzi jej wzajemność, ale nie może oczywiście przyznać się jej do swojej misji. Toteż, jak w *Osławionej*, opowieść miała ilustrować konflikt między miłością a obowiązkiem, ale jej finał, bardziej burzliwy, przedstawiać miał pościg pociągiem przez granicę rosyjsko-fińską, aż do happy endu.

Scenarzysta Ernest Lehman, który podpisał wcześniej scenariusze do filmów *Północ-północny zachód* i *Intryga ro-*

dzinna, zredagował już kilka wersji scenariusza, ale Hitchcock wciąż nie był zadowolony. W otoczeniu reżysera narastał sceptycyzm. Alma, która pod koniec zdjęć do *Szału* przeszła w Londynie pierwszy zawał serca, była unieruchomiona. Pielęgniarki pilnowały jej dzień i noc na zmianę. Nikt w wytwórni nie wyobrażał sobie Hitchcocka opuszczającego żonę na dwa miesiące z powodu zdjęć w Finlandii, a i on sam, cierpiący na artretyzm, poruszał się z coraz większym trudem. Tymczasem scenariusz skomponowany był w taki sposób, że trudno było wyobrazić sobie realizację części fińskiej przez drugą ekipę, podczas gry Hitchcock reżyserowałby wnętrza w studiu Universalu. Zresztą Hitchcock, jeszcze przed nakręceniem *Szału*, wybrał się do Finlandii na dokumentację i sfotografował wszystkie miejsca, w których zamierzał kręcić.

Wreszcie, pod koniec 1978 roku, podjął dwie decyzje dla uwierzytelnienia zbliżających się zdjęć. Wysłał Normana Lloyda, od trzydziestu pięciu lat jednego ze swoich najbliższych współpracowników, na nową dokumentację do Finlandii oraz – jakby chciał zrzucić na Ernesta Lehmana odpowiedzialność za opóźnianie się projektu – zaangażował na pół roku młodego pisarza, Davida Freemana, do napisania nowej wersji scenariusza.

Przez cały 1978 rok nie widziałem Hitchcocka, toteż uroczysty wieczór zorganizowany na jego cześć w Beverly Hilton 7 marca 1979 roku przez Amerykański Instytut Filmowy, pod zaszczytnym ale i żałobnym zarazem hasłem *Life Achievement Award* (Nagroda za Dzieło Życia), pozostawił we mnie – jak chyba we wszystkich obecnych – ponure i makabryczne wspomnienie, choć kanał CBS, przy pomocy różnych sztuczek montażowych, zdołał po dwóch dniach pokazać telewidzom ocalającą pozory wersję tego wydarzenia.

Prowadząca wieczór Ingrid Bergman, która zresztą wiedziała już wtedy, że rak jest dla niej wyrokiem śmierci, nie kryła przerażenia stanem Hitchcocka i jego żony. Szeptała za kulisami: – *Dlaczego takie wieczory organizuje się zawsze, kiedy jest już za późno?* – Ja sam, wynajęty w tym celu, wygłosiłem wprawdzie żartobliwą mowę: – *Wy w Ameryce nazywa-*

cie tego mężczyznę Hitch. My we Francji nazywamy go Monsieur Hitchcock... – w głębi serca nie miałem jednak ochoty na żarty. Przed „całym Hollywood", który składał im obojgu hołd poprzez anegdoty, fragmenty filmów, toasty, Alfred i Alma Hitchcockowie byli obecni ciałem, ale ich dusze były już gdzieś daleko. Oboje wydawali się żywi w tym samym stopniu, co wypchana matka Anthony Perkinsa, w piwnicy gotyckiego domostwa.

Dwa tygodnie później, pogodzony z faktem, że nie zdoła już nic nakręcić, Hitchcock zamknął swoje biuro, zwolnił personel i wrócił do siebie. Królowa Brytyjska nazwała go Sir Alfredem, doprowadzając w ten sposób do remisu jego starą ukrytą rywalizację z innym genialnym chłopcem z Londynu, Charlesem Chaplinem. Nie pozostało już Sir Alfredowi nic innego, jak czekać na śmierć. Mógł ją ewentualnie przybliżyć za pomocą kilku zabronionych wódek, co stało się 29 czerwca 1980 roku.

Kiedy chcę zapomnieć Hitchcocka z okresu upadku, cofam się myślą o sześć lat, konkretnie – do wieczoru 29 kwietnia 1974 roku w Lincoln Center, gdzie Nowojorskie Towarzystwo Filmowe zorganizowało na jego cześć doroczną galę. To był prawdziwie inspirujący wieczór. W ciągu trzygodzinnego spektaklu można było obejrzeć sto fragmentów jego filmów, wszystkie owe „brawurowe kawałki", pogrupowane w osobnych blokach: „Kamee" (osobiste pojawienia się Hitchcocka w swoich filmach), „Pogonie", „Źli chłopcy", „Zbrodnie", „Sceny miłosne" oraz dwie wielkie sceny w całości: koncert zakończony uderzeniem w talerze z *Człowieka, który wiedział za dużo* i atak samolotu na Cary Granta w filmie *Północ-północny zachód,* do którego – na życzenie organizatorów – wygłosiłem wstęp. Każda seria fragmentów była poprzedzana przez krótką przemowę którejś z najpiękniejszych aktorek Hitchcocka: Grace Kelly, Joan Fontaine, Teresy Wright, Janet Leigh bądź kogoś z przyjaciół.

Tego wieczoru, po obejrzeniu wszystkich tych znanych na pamięć, ale odłączonych od swojego kontekstu fragmentów, uderzyła mnie szczerość, a równocześnie dzikość dzieła Hitchcocka. Nie można było nie zauważyć, że wszystkie sceny miłosne były filmowane jak sceny zbrodni, a wszystkie sceny zbrodni – jak sceny miłosne. Znałem tę twórczość, uważałem nawet, że znam ją bardzo dobrze, a jednak to, co zobaczyłem, oszołomiło mnie. Na ekranie pojawiały się wyłącznie zniewagi, sztuczne ognie, orgazmy, westchnienia, rzężenia, krzyki, strugi krwi, łzy, wykręcone przeguby – i wydało mi się, że w kinie Hitchcocka, niewątpliwie raczej seksualnym niż sensualnym, kochać się i umierać to to samo.

Na zakończenie wieczoru, wśród burzy oklasków, Hitchcock został poproszony o wygłoszenie kilku słów ze sceny. Ku powszechnemu zdumieniu, światło na powrót wtedy zgasło i Hitchcock pojawił się, ale... na ekranie. Kilka dni wcześniej sfilmował swoje podziękowanie przed kurtyną wytwórni Universal. Kiedy światło rozbłysło ponownie, reflektor skierował się na lożę, w której – obok swojej żony Almy – siedział Hitchcock. Ponieważ zmuszano go do powiedzenia czegoś jeszcze, wygłosił zdanie:

– *As you have seen on the screen, scissors are the best way.* – Była to jedna z tych dwuznacznych deklaracji, z których Hitchcock słynął; z jednej strony oznaczała, że pokazana wcześniej scena zbrodni z filmu *M jak morderstwo* (Grace Kelly wbijała nożyczki między łopatki napastnika) udała się najlepiej, z drugiej – formuła ta oddawała hołd czynności montażu, wykonywanej za pomocą nożyczek!

Dziś Hitchcock ma wielu naśladowców, co nie dziwi, wszak chodzi o mistrza... Ale, jak to zwykle bywa, naśladuje się jedynie to, co nadaje się do naśladowania: wybór materiału, ewentualnie sposób wykorzystania go; umyka jednak duch, którym to dzieło jest przeniknięte. Wielu ludzi widzi w Hitchcocku jedynie wiedzę i zręczność, nie dostrzegając tego, co – wraz z upływającym czasem – coraz bardziej mnie w nim urzekało: jego głębokiej uczuciowości.

Hitchcock nie miał w sobie nic z artysty przeklętego czy niezrozumianego; był przecież filmowcem znanym, nawet sławnym. Czy pomyśli ktoś, że używam paradoksu, jeśli do zasług Hitchcocka zaliczę fakt, że był on artystą komercyjnym? Zapewne, nietrudno jest uzyskać akceptację wielkiej widowni, kiedy jest się takim jak ona, kiedy śmieje się z tych samych rzeczy, kiedy jest się wrażliwym na te same aspekty życia, uczulonym na te same dramaty. Taka odpowiedniość między niektórymi twórcami a ich publicznością prowadzi do karier szczęśliwych i pozbawionych historii. Według mnie Hitchcock nie należał do tej kategorii, ponieważ był on mężczyzną szczególnym, ze względu na swoją fizyczność, swój umysł, swoją moralność, swoje obsesje. W odróżnieniu od Chaplina, Forda, Rosselliniego czy Hawksa, był neurotykiem i nie było mu zapewne łatwo narzucać swoją neurozę całemu światu.

Kiedy zdał sobie sprawę, jeszcze jako nastolatek, że jego fizyczność umieszcza go na uboczu, Hitchcock wycofał się ze świata i przyglądał mu się z bezprzykładną surowością. W moim stwierdzeniu, że traktował kino jak religię, nie ma przesady i zresztą on sam co najmniej dwa razy użył tego wyrażenia w niniejszej książce: *Kiedy zamykają się za mną ciężkie drzwi studia...*

Gdy w dialogu z filmu *W cieniu podejrzenia* słyszę: „Świat jest chlewem", to oczywiście sam Hitchcock wypowiada się ustami Josepha Cottena. Odnajduję też Hitchcocka w scenie, w której Claude Rains, w środku nocy, wchodzi nieśmiało do pokoju swojej matki, żeby wyznać jej, jak mały chłopiec poczuwający się do winy: – *Mamusiu, poślubiłem kobietę, która jest amerykańskim szpiegiem.* – Odnajduję go jeszcze w filmie *Wyznaję*, kiedy zakrystian-morderca mówi do żony, która zresztą ma na imię Alma i przedstawiana jest jako anioł: – *Jesteśmy obcokrajowcami, znaleźliśmy w tym kraju pracę, nie zwracajmy na siebie ich uwagi...* – Wreszcie, przez cały czas trwania *Marnie*, bez żadnej wątpliwości jego ostatniego filmu w pełni o d c z u t e g o, za Seanem Connery, usiłującym kontrolować, zawładnąć i posiąść Tippi Hedren, śledzącym ją, ofiarowującym jej pracę i pieniądze, kryje się oczywiście Hitchcock – szyderczy Pigmalion.

Innymi słowy, interesuje mnie nie tyle rytualne pojawianie się Hitchcocka w pospiesznych scenach każdego z jego filmów, ile momenty, w których dostrzegam wyrażane przezeń osobiste emocje, całą jego powściąganą gwałtowność – nareszcie uwalnianą. Myślę, że wszyscy ważni reżyserzy – ci, których w 1955 roku nazwaliśmy w „Cahiers du Cinéma" autorami, zanim określenie to zdewaluowało się – ukrywają się za rozmaitymi postaciami swoich filmów. Alfred Hitchcock dokonał prawdziwego wyczynu, skłaniając publiczność do identyfikacji z młodym uwodzicielem, podczas gdy on sam identyfikował się prawie zawsze z inną rolą, mężczyzny zdradzonego, oszukanego, mordercy albo potwora, mężczyzny odrzuconego przez innych, tego, który nie ma prawa do miłości, tego, który przygląda się nie uczestnicząc.

André Bazin nie był bezwarunkowym miłośnikiem Hitchcocka, jestem mu jednak wdzięczny za użycie w artykule o nim kluczowego słowa r ó w n o w a g a. Wszyscy znają sylwetkę Hitchcocka: to sylwetka człowieka, który zawsze żył w obawie, że straci równowagę. Miałem szczęście spotkać w Los Angeles, niedługo przed jego śmiercią, starego jezuitę, profesora Hugha Graya, który był pierwszym tłumaczem André Bazina na angielski i zarazem kolegą Hitchcocka, uczącym się z nim razem w Kolegium św. Ignacego w Londynie na początku wieku. Doskonale pamiętał małego ucznia Alfreda Hitchcocka, okrąglutkiego, trzymającego się na uboczu w czasie przerwy na szkolnym dziedzińcu. Oparty o mur, przyglądał się swoim grającym w piłkę kolegom, z wyrazem lekceważenia, z rękami już wtedy skrzyżowanymi na brzuchu.

Jest oczywiste, że Hitchcock zorganizował całe swoje życie w taki sposób, żeby nikomu nie przyszło do głowy poklepać go po plecach. David O. Selznick dobrze to rozumiał, kiedy pisał do żony w 1938 roku: *Spotkałem wreszcie Hitchcocka. Jest dość sympatyczny, nie jest to jednak typ faceta, którego zabiera się z sobą na kemping.*

Oto dlaczego obraz Hitchcockowski *par excellence* to obraz niewinnego człowieka, którego świat bierze za kogo innego, który jest ścigany i który spadając z dachu zawisa na rynnie, tuż przed ostatecznym upadkiem. Ten mężczyzna, którego strach popchnął do opowiadania najbardziej przerażających historii, ten mężczyzna, który aż do ślubu w wieku dwudziestu pięciu lat zachował czystość, i nigdy nie poznał innej kobiety niż własna żona, tak, tylko ten mężczyzna mógł przedstawiać zbrodnię i cudzołóstwo jak skandal, on jeden umiał to robić i on jeden miał p r a w o to robić.

Hitchcock nigdy zbytnio nie zajmował się tym, żeby zrozumieć, co właściwie mówią jego filmy, a tym bardziej – żeby pouczać o tym innych, przecież jednak żaden filmowiec nie potrafiłby tak jak on – odpowiadając na pytania, które stawialiśmy mu wraz z Helen Scott – opisać drogi, którą przebył, żeby móc komponować historie, jakie chciał sobie opowiedzieć, opowiadając je zarazem nam.

Kiedy kino zostało wynalezione, służyło najpierw do rejestracji życia, było więc przedłużeniem fotografii. Stało się sztuką, kiedy oddaliło się od dokumentowania. Zrozumiano, że nie powinno ono ograniczać się do odtwarzania życia, ponieważ jest powołane do intensyfikowania go. Twórcy kina niemego wynaleźli już wszystko, a ci, którzy nie byli zdolni do wynajdywania, musieli kino porzucić. Alfred Hitchcock często użalał się nad regresem, wywołanym przez wynalazek kina dźwiękowego, kiedy zatrudniano reżyserów teatralnych, nie troszczących się o obrazowy kształt historii i zadowalających się rejestrowaniem jej na taśmie.

Hitchcock należał do innej rodziny – Chaplina, Stroheima, Lubitscha. Jak oni, nie ograniczał się do uprawiania sztuki filmowej, ale starał się ją pogłębić, odkryć jej prawa, dokładniejsze niż te, które rządzą pisaniem powieści.

Hitchcock nie tylko intensyfikował życie, zintensyfikował także kino.

(F. T. 1983)

Biofilmografia

Alfred Hitchcock urodził się w Londynie 13 sierpnia 1899 roku. Nauki pobierał w tamtejszym jezuickim Kolegium Św. Ignacego. W 1920 roku podjął współpracę z amerykańską wytwórnią Famous Players-Lasky, która otworzyła studio w Islington w Anglii. W ciągu dwóch lat redagował i rysował napisy do wielu filmów niemych: *Call of Youth* (1921) i *The Great Day* (1921) Hugha Forda, *The Princess of New York* (1921) i *Tell Your Children* (1921) Donalda Crispa, *Three Live Ghosts* (1922) George'a Fitzmaurice'a. W 1922 roku wspólnie z aktorem Seymourem Hicksem ukończył realizację porzuconego przez reżysera filmu *Zawsze mów swojej żonie (Always Tell Your Wife*), ale w czołówce figurował jako asystent reżysera. W tym samym roku rozpoczął reżyserię filmu *Number Thirteen* (*Numer trzynasty*), który pozostał nie ukończony, w wyniku zmiany właściciela wytwórni. Następnie był współscenarzystą, asystentem reżysera i scenografem przy realizacji filmów Grahama Cuttsa: *Woman to Woman* (1922), *Biały cień* (*The White Shadow*, 1923), *Namiętna podróż* (*The Passionate Adventure*, 1924), *Szubrawiec* (*The Blackguard*, 1925), *Upadek świętoszki* (*The Prude's Fall*, 1925). Alfred Hitchcock zmarł w Hollywood 29 kwietnia 1980 roku.

Poniższa lista obejmuje filmy kinowe w reżyserii Alfreda Hitchcocka:

Ogród rozkoszy (*The Pleasure Garden,* W. Brytania 1925). Scen. Eliot Stannard wg powieści Olivera Sandysa. Zdj. Baron Ventimiglia. As. reż. Alma Reville. Wyk.: Virginia Valli (Patsy Brand), Carmelita Geraghty (Jill Cheyne), Miles Mander (Levet), John Stuart (Hugh Fielding). Producent Michael Balcon. Produkcja Emelka G. B. A. 85 min. Prem. marzec 1926.

Orzeł górski (The Mountain Eagle, W. Brytania 1926). Scen. Eliot Stannard. Zdj. Baron Ventimiglia. Wyk.: Bernard Goetzke (Pettigrew), Nita Naldi (Beatrice), Malcolm Keen (Fear O'God), John Hamilton (syn Pettigrewa). Producent Michael Balcon. Produkcja Gainsborough-Emelka G. B. A. 89 min. Prem. październik 1926.

Lokator (The Lodger, a Story of the London Fog, W. Brytania 1926). Scen. Alfred Hitchcock i Eliot Stannard wg powieści *The Lodger* Marie Belloc-Lowndes. Zdj. Baron Ventimiglia. Montaż i napisy Ivor Montagu. As. reż. Alma Reville. Wyk.: Ivor Novello (lokator), June (Daisy Jackson), Marie Ault (jej matka), Arthur Chesney (jej ojciec), Malcolm Keen (policjant Betts, narzeczony Daisy). Producent Michael Balcon. Produkcja Gainsborough. 89 min. Prem. wrzesień 1926.

Upadek (Downhill, W. Brytania 1927). Scen. Eliot Stannard wg sztuki *Downhill* Ivora Novello i Constance Collier. Zdj. Claude McDonnell. Montaż Ivor Montagu. Wyk.: Ivor Novello (Roddy Berwick), Ben Webster (doktor Dowson), Robin Irvine (Ben Wakeley), Sybil Rhoda (Sybil Wakeley), Lillian Braithwaite (lady Berwick). Producent Michael Balcon. Produkcja Gainsborough. 95 min. Prem. maj 1927.

Upadła cnota (Easy Virtue, W. Brytania 1927). Scen. Eliot Stannard wg sztuki Noëla Cowarda. Zdj. Claude McDonnell. Montaż Ivor Montagu. Wyk.: Isabel Jean (Larita Filton), Franklin Dyall (Mr Filton), Eric Bransby Williams (korespondent), Ian Hunter (adwokat), Robin Irvine (John Whittaker), Violet Farebrother (jego matka), Frank Elliott (jego ojciec). Producent Michael Balcon, C. M. Woolf. Produkcja Gainsborough. 83 min. Prem. sierpień 1927.

Ring (The Ring, W. Brytania 1927). Scen. Alfred Hitchcock przy współpr. Almy Reville. Zdj. Jack Cox. Wyk.: Carl Brisson (Jack Jedna Runda), Lillian Hall-Davies (Nelly), Ian Hunter (Bob Corby), Forrester Harvey (Harry, konferansjer), Harry Terry (showman). Producent John Maxwell. Produkcja British International Pictures. 95 min. Prem. paźdz. 1927.

Żona farmera (The Farmer's Wife, W. Brytania 1928). Scen. Alfred Hitchcock wg sztuki Edena Philpottsa. Zdj. Jack Cox. Wyk.: Lillian Hall-Davies (Araminta Dench, młoda służąca), James Thomas (Samuel Sweetland), Maud Gill (Thirza Tapper), Gordon Harker (Cheirdles Ash). Producent John Maxwell. Produkcja British International Pictures. 129 min. Prem. marzec 1928.

Szampan (*Champagne*, W. Brytania 1928). Scen. Eliot Stannard. Zdj. Jack Cox. Wyk.: Betty Balfour (dziewczyna), Gordon Harker (ojciec), Ferdinand Von Alten (pasażer), Jean Bradin (młody mężczyzna). Producent John Maxwell. Produkcja British International Pictures. 85 min. Prem. sierpień 1928.

Człowiek z wyspy Man (*The Manxman*, W. Brytania 1928). Scen. Eliot Stannard wg powieści Sir Halla Caine'a. Zdj. Jack Cox. Wyk.: Carl Brisson (Pete), Malcolm Keen (Philip), Anny Ondra (Kate), Randle Ayrton (jej ojciec). Producent John Maxwell. Produkcja British International Pictures. 110 min. Prem. styczeń 1929.

Szantaż (*Blackmail*, W. Brytania 1929). Scen. Alfred Hitchcock, Benn W. Levy i Charles Bennett wg sztuki Charlesa Bennetta. Zdj. Jack Cox. Muz. Campbell i Conney w wyk. British Symphony Orchestra pod dyr. Johna Reyndersa. Wyk.: Anny Ondra (Alice White; w wersji mówionej dublowała ją Joan Barry), Sara Allgood (pani White), Charles Paton (pan White), John Longden (Frank Webber, detektyw), Donald Calthrop (Tracy), Cyril Ritchard (artysta). Producent John Maxwell. Produkcja British International Pictures. 96 min. Prem. czerwiec 1929.

Junona i paw (*Juno and the Peacock*, W. Brytania 1930). Scen. Alfred Hitchcock i Alma Reville wg sztuki Seana O'Caseya. Zdj. Jack Cox. Wyk.: Sara Allgood (Junona), Edward Chapman (kapitan Boyle), Sidney Morgan (Joxer), Marie O'Neill (Mrs. Madigan), John Laurie (Johny Boyle), John Longden (Charles Bentham). Producent John Maxwell. Produkcja British International Pictures. 85 min. Prem. czerwiec 1930.

Zbrodnia (*Murder*, W. Brytania 1930). Scen. Alma Reville przy współpr. Alfreda Hitchcocka i Waltera Mycrofta wg powieści Clemence'a Dane i Helen Simpson *Enter Sir John* oraz jej wersji scenicznej. Zdj. Jack Cox. Muz. John Reynders. Wyk.: Herbert Marshall (Sir John Menier), Nora Baring (Diana Baring), Phyllis Konstam (Dulcie Markham), Edward Chapman (Ted Markham), Miles Mander (Gordon Druce), Esme Percy (Handel Fane), Donald Calthrop (Ion Stewart). Producent John Maxwell. Produkcja British International Pictures. 98 min. Prem. październik 1930.

Podstępna gra (*The Skin Game*, W. Brytania 1931). Scen. Alma Reville i Alfred Hitchcock wg sztuki Johna Galsworthy'ego. Zdj. Jack Cox. Wyk.: Edmund Gwenn (pan Hornblower), Jill Edmond (Jill), John Longden (Charles), C. V. France (pan Hillcrest), Helen Haye (pani Hillcrest), Phyllis Konstam (Chloe). Producent John Maxwell. Produkcja British International Pictures. 89 min. Prem. czerwiec 1931.

Niebezpieczna próba (Rich and Strange, W. Brytania 1932). Scen. Alma Reville i Val Valentine przy współpr. Alfreda Hitchcocka wg powieści Dale'a Collinsa. Zdj. Jack Cox i Charles Martin. Muz. Hal Dolphe. Wyk.: Henry Kendall (Fred Hill), Joan Barry (Emily Hill), Betty Amann (księżniczka), Gercy Marmont (komandor Gordon), Elsie Randolph (stara panna). Producent John Maxwell. Produkcja British International Pict. 87 min. Prem. marzec 1932.

Numer 17 (Number Seventeen, W. Brytania 1932). Scen. Alfred Hitchcock wg sztuki i powieści Jeffersona Farjeona. Zdj. Jack Cox. Muz. A. Hallis. Wyk.: Leon M. Lion (Ben), Anne Grey (dziewczyna), John Stuart (detektyw), Donald Calthrop (Brant). Producent John Maxwell. Produkcja British International Pictures. 66 min. Prem. lipiec 1932.

Waltzes from Vienna (Walce wiedeńskie, W. Brytania 1933). Scen. Alma Reville i Guy Bolton wg sztuki Guya Boltona. Zdj. Glenn McWilliams. Muz. Johann Strauss (ojciec i syn). Wyk.: Jessie Matthews (Rasi), Edmund Knight (Schani Strauss), Frank Vosper (książę), Fay Compton (hrabina), Edmund Gwenn (Johan Strauss ojciec), Robert Hale (Ebezeder), Hindle Edgar (Leopold). Producent Tom Arnold. Produkcja Gaumont British. 80 min. Prem. 1933.

Człowiek, który wiedział za dużo (The Man Who Knew Too Much, W. Brytania 1934). Scen. A. R. Rawlinson, Charles Bennett, D. B. Wyndham-Lewis, Edwin Greenwood wg opowiadania D. B. Wyndhama-Lewisa i Charlesa Bennetta. Zdj. Curt Courant. Muz. Arthur Benjamin. Wyk.: Leslie Banks (Bob Lawrence), Edna Best (Jill Lawrence), Peter Lorre (Abbott), Frank Vosper (Ramon Levine), Hugh Wakefield (Clive), Nora Pilbeam (Betty Lawrence), Pierre Fresnay (Louis Bernard). Producenci Michael Balcon i Ivor Montagu. Produkcja Gaumont British Pictures. 75 min. Prem. grudzień 1934.

Trzydzieści Dziewięć Kroków (The Thirty-Nine Steps, W. Brytania 1935). Scen. Charles Bennett i Alma Reville wg powieści Johna Buchana. Zdj. Bernard Knowles. Muz. Louis Levy. Wyk.: Robert Donat (Richard Hannay), Madeleine Carroll (Pamela), Lucie Mannheim (panna Smith), Godfrey Tearle (profesor Jordan), Peggy Ashcroft (pani Crofter), John Laurie (Crofter, gospodarz), Helen Haye (pani Jordan), Frank Cellier (szeryf), Wylie Watson (Mr. Memory). Producenci Michael Balcon i Ivor Montagu. Produkcja Gaumont British Pictures. 86 min. Prem. wrzesień 1935.

Bałkany (*Secret Agent* , W. Brytania 1936). Scen. Charles Bennett i Alma Reville wg sztuki Campbella Dixona będącej adaptacją powieści Sommerseta Maughama *Ashenden*. Zdj. Bernard Knowles. Muz. Louis Levy. Mont. Charles Frend. Wyk.: John Gielgud (Richard Ashenden), Madeleine Carroll (Elsa), Peter Lorre (generał), Robert Young (Marvin), Lilli Palmer (Lilli). Producenci Michael Balcon i Ivor Montagu. Produkcja Gaumont British. 86 min. Prem. styczeń 1936.

Tajny agent (*Sabotage*, W. Brytania 1936). Scen. Charles Bennett i Alma Reville wg powieści Josepha Conrada *Tajny agent*. Zdj. Bernard Knowles. Muz. Louis Levy. Mont. Charles Frend. Wyk.: Sylvia Sidney (Sylvia Verloc), Oscar Homolka (Verloc, jej mąż), Desmond Tester (jej brat), John Loder (Ted, detektyw), Joyce Barbour (Renée), Matthew Boulton (komisarz). Producenci Michael Balcon i Ivor Montagu. Produkcja Shepherd, Gaumont-Britsh Pictures. 76 min. Prem. grudzień 1936.

Młody i niewinny (*Young and Innocent*, W. Brytania 1937). Scen. Charles Bennett i Alma Reville wg powieści Josephine Tey *A Shilling for Candles*. Zdj. Bernard Knowles. Muz. Louis Levy. Mont. Charles Frend. Wyk.: Derrick de Marney (Robert Tisdall), Nova Pilbeam (Erica), Percy Marmont (pułkownik, jej ojciec), Edward Rigby (stary Will), Mary Clare (ciotka Eriki), John Longden (Ken), Basil Radford (wujek Bazil). Producent Edward Black. Produkcja Gainsborough-Gaumont British. 80 min. Prem. listopad 1937.

Starsza pani znika (*The Lady Vanishes*, W. Brytania 1938). Scen. Sidney Gilliat i Frank Launder wg powieści Ethel Liny White *The Wheel Spins*. Zdj. Jack Cox. Muz. Louis Levy. Wyk.: Margaret Lockwood (Iris Henderson), Michael Redgrave (Gilbert), Dame May Whitty (panna Froy), Paul Lukas (doktor Hartz), Googie Withers (Blanche), Cecil Parker (Mr. Todhunter), Mary Clare (baronowa), Basil Radford (Charters). Producent Edward Black. Produkcja Gainsborough. 97 min. Prem. październik 1938.

Oberża na pustkowiu (*Jamaica Inn*, W. Brytania 1939). Scen. Sidney Gilliat i Joan Harrison wg powieści Daphné Du Maurier. Dialogi S. Gilliat i J. B. Priestley. Zdj. Harry Stradling i Bernard Knowles. Muz. Eric Fenby. Wyk.: Charles Laughton (Sir Humphrey

Pengallan), Horace Hodges (jego lokaj), Hay Petrie (jego parobek), Frederic Piper (jego agent), Leslie Banks (Joss Merlyn), Marie Ney (Patience, jego żona), Maureen O'Hara (Mary, jej bratanica), Herbert Lomas (lokator). Producenci Eric Pommer i Charles Laughton. Produkcja Mayflowers-Productions. 99 min. Prem. maj 1939.

Rebeka (*Rebecca*, USA 1940). Scen. Robert E. Sherwood i Joan Harrison wg powieści Daphné Du Maurier. Zdj. George Barnes. Muz. Franz Waxman. Wyk.: Laurence Olivier (Maxime de Winter), Joan Fontaine (pani Winter), George Sanders (Jack Favell), Judith Anderson (pani Danvers), Nigel Bruce (major Lacey), Gladys Cooper (Beatrice Lacey). Producent David O. Selznick. Produkcja David O. Selznick. 130 min. Prem. marzec 1940.

Korespondent zagraniczny (*Foreign Correspondent*, USA 1940). Scen. Charles Bennett i Joan Harrison. Dial. James Hilton i Robert Benchley. Zdj. Rudolph Maté. Muz. Alfred Newman. Wyk.: Joel McCrea (dziennikarz Johny Jones), Laraine Day (Carol Fisher), Herbert Marshall (jej ojciec), George Sanders (dziennikarz Herbert Folliott), Albert Basserman (Van Meer), Robert Benchley (Stebbins), Eduardo Cianelli (Krug), Martin Kosleck (włóczęga), Edmund Gwenn (Rowley). Producent Walter Wanger. Produkcja Walter Wanger – United Artists. 120 min. Prem. sierpień 1940.

Pan i pani Smith (*Mr. and Mrs. Smith*, USA 1941). Scen. Norman Krasna. Zdj. Harry Stradling. Muz. Franz Waxman. Wyk.: Carole Lombard (Ann Smith), Robert Montgomery (David Smith), Gene Raymond (Jeff Custer), Jack Carson (Chuck Benson), Philip Merivale (pan Caster), Lucile Watson (pani Caster), William Tracy (Sammy). Producent Harry Edington. Produkcja RKO. 95 min. Prem. styczeń 1941.

Podejrzenie (*Suspicion,* USA 1941). Scen. Samson Raphaelson, Joan Harrison i Alma Reville wg powieści Francisa Ilesa *Before the Fact*. Zdj. Harry Stradling. Muz. Franz Waxman. Wyk.: Cary Grant (Johnnie Aysgarth), Joan Fontaine (Lina McKinlaw), Sir Cedric Hardwike (generał McKinlow), Dame May Whitty (pani McKinlaw), Nigel Bruce (Beaky), Isabel Jeans (pani Newsham). Producent Harry Edington. Produkcja RKO. 100 min. Prem. wrzesień 1941.

Sabotaż (*Saboteur*, USA 1942). Scen. Peter Viertel, Joan Harrison i Dorothy Parker wg oryginalnego pomysłu Alfreda Hithcocka. Zdj. Joseph Valentine. Muz. Frank Skinner i Charles Previn. Wyk.: Robert Cummings (Barry Kane), Priscilla Lane (Pat), Otto Kruger (Charles Tobin), Alan Baxter (Freeman), Alma Kruger (pani Van Sutton). Producent Frank Lloyd i Jack Skirball. Produkcja Universal. 109 min. Prem. kwiecień 1942.

W cieniu podejrzenia (*Shadow of a Doubt*, USA 1943). Scen. Thornton Wilder, Alma Reville i Sally Benson wg opowiadania Gordona McDonnella. Zdj. Joseph Valentine. Muz. Dimitri Tiomkin. Wyk.: Joseph Cotten (Charles Oakley), Teresa Wright (Charlie Newton), MacDonald Carey (Jack Graham), Patricia Collinge (Emma Newton), Henry Travers (Joseph Newton), Hume Cronyn (Herbie Hawkins), Wallace Ford (Fred Saunders). Producent Jack Skirball. Produkcja Universal. 108 min. Prem. styczeń 1943.

Łódź ratunkowa (*Lifeboat*, USA 1943). Scen. Jo Swerling wg oryginalnego pomysłu Johna Steinbecka. Zdj. Glen MacWilliams. Muz. Hugo Friedhofer. Wyk.: Tallulah Bankhead (Connie Porter), William Bendix (Gus Smith), Walter Slezak (kapitan), Mary Anderson (Alice Mackenzie), John Hodiak (Kovacs), Henry Hill (Charles Rittenhouse), Heather Angel (pani Higgins), Hume Cronyn (Stanley Garrett). Producent Kenneth MacGowan. Produkcja 20th Century Fox. 96 min. Prem. styczeń 1944.

Bon Voyage (W. Brytania 1944, f. krm.). Scen. J. O. C. Orton i Angus McPhail wg oryginalnego pomysłu Arthura Calder-Marshalla. Zdj. Gunther Krampf. Wyk.: John Blythe (sierżant John Dougall), aktorzy z francuskiej trupy teatralnej Molière Players. Producent British Ministry of Information. Produkcja Phoenix Films. 35 min.

Awantura malgaska (*Aventure Malgache*, W. Brytania 1944, f. krm.). Zdj. Gunther Krampf. Wyk.: aktorzy z trupy Molière. Producent British Ministry of Information. Produkcja Phoenix Films. 40 min.

Urzeczona (*Spellbound*, USA 1945). Scen. Ben Hecht wg powieści Hilary St. George Saundersa i Johna Palmera *The House of Doctor Edwardes*. Zdj. George Barnes. Muz. Miklos Rozsa. Sekwencja snu: Salvador Dali. Wyk.: Ingrid Bergman (doktor Constance Petersen), Gregory Peck (John Ballantyne), Jean Acker (dyrektorka), Rhonda Fleming (Mary Carmichael), Donald Curtis (Harry), John Emery (doktor Fleurot), Leo G. Carroll (doktor Murchison), Norman Lloyd (Garmes). Producent David O. Selznick. Produkcja Selznick International. 110 min. Prem. październik 1945.

Osławiona (*Notorious*, USA 1946). Scen. Ben Hecht wg pomysłu Alfreda Hitchcocka. Zdj. Ted Tetzlaff. Muz. Roy Webb. Wyk.: Ingrid Bergman (Alicia Huberman), Cary Grant (Devlin), Claude Rains (Alexander Sebastian), Louis Calhern (Paul Prescott), Leopoldine Konstantin (pani Sebastian), Reinhold Schünzel (doktor Anderson). Producent Alfred Hitchcock. Produkcja RKO. 100 min. Prem. lipiec 1946.

Akt oskarżenia (*The Paradine Case*, USA 1947). Scen. David O. Selznick wg powieści Roberta Hichensa. Zdj. Lee Garmes. Muz. Franz Waxman. Wyk.: Gregory Peck (Anthony Keane), Anne Todd (Gay Keane), Charles Laughton (sędzia Horfield), Ethel Barrymore (pani Horfield), Charles Coburn (adwokat Flaqueur), Louis Jourdan (André Latour), Alida Valli (Maddalena Paradine). Producent David O. Selznick. Produkcja Selznick International. 125 min. Prem. grudzień 1947.

Sznur (*Rope*, USA 1948). Scen. Arthur Laurents i Hume Cronyn wg sztuki Patricka Hamiltona. Zdj. Joseph Valentine i William Skall. Muz. Léo F. Forbstein w oparciu o kompozycje Francisa Poulenca. Wyk.: James Stewart (Rupert Cadell), John Dall (Brandon), Farley Granger (Philip), Joan Chandler (Janet), Sir Cedric Hardwicke (ojciec Davida), Constance Collier (pani Atwater), Edith Evanson (służąca), Douglas Dick (Kenneth), Dick Hogan (David Kentley). Producenci Sidney Bernstein i Alfred Hitchcock. Produkcja Transatlantic Pictures – Warner Bros. 80 min. Prem. sierpień 1948.

Pod Zwrotnikiem Koziorożca (*Under Capricorn*, USA 1949). Scen. James Bridie i Hume Cronyn wg powieści Helen Simpson. Zdj. Jack Cardiff. Muz. Richard Addinsell. Wyk.: Ingrid Bergman (Henrietta Flusky), Joseph Cotten (Sam Flusky), Michael Wilding (Charles Adare), Margaret Leighton (Milly), Jack Watling (Winter), Cecil Parker (gubernator), Denis O'Dea (prokurator generalny). Producenci Sidney Bernstein i Alfred Hitchcock. Produkcja Transatlantic Pictures i Warner Bros. 117 min. Prem. wrzesień 1949.

Trema (*Stage Fright*, USA 1950). Scen. Whitfield Cook i Alma Reville wg powieści Selwyna Jepsona. Zdj. Wilkie Cooper. Muz. Leighton Lucas. Wyk.: Marlene Dietrich (Charlotte Inwood), Jane Wyman (Eve Gill), Michael Wilding (inspektor Smith), Richard Todd (Jonathan Cooper), Alastair Sim (komandor Gill), Dame Sybil Thorndike (pani Gill), Patricia Hitchcock (Chubby Banister). Producent Alfred Hitchcock. Produkcja Warner Bros. 110 min. Prem. luty 1950.

Nieznajomi z pociągu (*Strangers on a Train*, USA 1951). Scen. Raymond Chandler, Czenzi Ormonde i Whitfield Cook wg powieści Patricii Highsmith. Zdj. Robert Burks. Muz. Dimitri Tiomkin. Wyk.: Farley Granger (Guy Haines), Robert Walker (Bruno Anthony), Ruth Roman (Anne Morton), Leo G. Carroll (senator Morton), Patricia Hitchcok (Barbara Morton), Laura Elliot (Miriam Haines), Marion Lorne (pani Anthony), Jonathan Hale (pan Anthony). Producent Alfred Hitchcock. Produkcja Warner Bros. 101 min. Prem. czerwiec 1951.

Wyznaję (*I Confess*, USA 1953). Scen. George Tabori i William Archibald wg sztuki Paula Anthelme *Nos Deux Consciences*. Zdj. Robert Burks. Muz. Dimitri Tiomkin. Wyk.: Montgomery Clift (ksiądz Michael Logan), Anne Baxter (Ruth Grandfort), Karl Malden (inspektor Larrue), Brian Aherne (prokurator Robertson), O. E. Hasse (Otto Keller), Dolly Haas (Alma Keller), Roger Dann (Pierre Grandfort), Charles André (ojciec Millais). Producent Alfred Hitchcock. Produkcja Warner Bros. 95 min. Prem. luty 1953.

M jak morderstwo (*Dial M for Murder*, USA 1954). Scen. Frederic Knott wg własnej sztuki. Zdj. Robert Burks. Muz. Dimitri Tiomkin. Wyk.: Ray Milland (Tom Wendice), Grace Kelly (Margot Wendice), Robert Cummings (Mark Halliday), John Williams (inspektor Hubbard), Anthony Dawson (kapitan Lesgate), Leo Britt (narrator), Patrick Allen (Pearson), George Leigh (William), George Alderson (inspektor). Producent Alfred Hitchcock. Produkcja Warner Bros. 88 min. Prem. kwiecień 1954.

Okno na podwórze (*Rear Window*, USA 1954). Scen. John Michael Hayes wg opowiadania *It Had to Be Murder* Cornella Woolricha. Zdj. Robert Burks. Muz. Franz Waxman. Wyk.: James Stewart (Jeff), Grace Kelly (Lisa), Wendell Corey (detektyw Doyle), Thelma Ritter (pielęgniarka), Raymond Burr (Lars Thorwald), Irene Winston (Ann Thorwald), Judith Evelyn („Miss Lonelyhearts"), Ross Bogdassarian (kompozytor), Georgine Darcy (tancerka), Jesslyn Fax (rzeźbiarka). Producent Alfred Hitchcock. Produkcja Paramount. 112 min. Prem. czerwiec 1954.

Złodziej w hotelu (*To Catch a Thief*, USA 1955). Scen. John Michael Hayes wg powieści Davida Dodge'a. Zdj. Robert Burks. Muz. Lynn Murray. Wyk.: Cary Grant (John Robie), Grace Kelly (Frances Stevens), Charles Vanel (Bertani), Jessie Royce Landis (pani Stevens), Brigitte Auber (Danielle Foussard), René Blancard (komisarz Lepic). Producent Alfred Hitchcock. Produkcja Paramount. 97 min. Prem. lipiec 1955.

Kłopoty z Harrym (*The Trouble with Harry*, USA 1955). Scen. John Michael Hayes wg powieści Johna Trevora Story'ego. Zdj. Robert Burks. Muz. Bernard Herrmann. Wyk.: Edmund Gwenn (kapitan Wiles), John Forsythe (malarz Marlow), Shirley MacLaine (Jennifer), Mildred Natwick (panna Gravely), Mildred Dunnock (pani Wiggs), Royal Duno (pan Wiggs), Jerry Mathers (syn Harry'ego). Producent Alfred Hitchcock. Produkcja Paramount. 99 min. Prem. październik 1955.

Człowiek, który wiedział za dużo (*The Man Who Knew Too Much*, USA 1956). Scen. John Michael Hayes i Angus MacPhail wg pomysłu Charlesa Bennetta i D. B. Wyndhama-Lewisa. Zdj. Robert Burks. Muz. Bernard Herrmann. Wyk.: James Stewart (doktor Ben McKenna), Doris Day (Jo, jego żona), Daniel Gélin (Louis Bernard), Brenda de Menzie (pani Drayton), Bernard Miles (pan Drayton), Ralph Truman (inspektor Buchanan), Mogens Wieth (ambasador), Alan Mombrey (Val Parnell), Hillary Brooke (Jan Peterson), Bernard Herrmann (dyrygent orkiestry). Producent Alfred Hitchcock. Produkcja Paramount – Film-Wite. 120 min. Prem. maj 1956.

Pomyłka (*The Wrong Man*, USA 1956). Scen. Maxwell Anderson i Angus MacPhail wg opow. Maxwella Andersona *The True Story of Christopher Emmanuel Balestrero*. Zdj. Robert Burks. Muz. Bernard Herrmann. Wyk.: Henry Fonda (Christopher Emmanuel Balestrero), Vera Miles (Rose, jego żona), Anthony Quayle (Frank O'Connor), Harold J. Stone (porucznik Bowers), Charles Cooper (detektyw Matthews), John Heldabrand (Tomasini), Richard Robbins (Daniel, prawdziwy sprawca). Producent Alfred Hitchcock. Produkcja Warner Bros. 105 min. Prem. grudzień 1956.

Zawrót głowy (*Vertigo*, USA 1958). Scen. Alec Coppel i Samuel Taylor wg powieści Pierre'a Boileau i Thomasa Narcejaca *D'entre les morts*. Zdj. Robert Burks. Muz. Bernard Herrmann. Napisy Saul Bass. Sekwencja snu John Ferren. Wyk.: James Stewart (Scottie Ferguson), Kim Novak (Madeleine Elster/Judy Barton), Barbara Bel Geddes (Midges), Tom Helmore (Gavin Elster), Henry Jones (koroner), Raymond Bailey (lekarz). Producent Alfred Hitchcock. Produkcja Paramount – Alfred Hitchcock Productions. 120 min. Prem. maj 1958.

Północ-północny zachód (*North by Northwest,* USA 1959). Scen. oryginalny Ernest Lehman. Zdj. Robert Burks. Muz. Bernard Herrmann. Efekty specj. Arnold Gillespie i Lee Le Blanc. Napisy Saul Bass. Wyk.: Cary Grant (Roger Thornhill), Eva Marie-Saint (Eve Kendall), James Mason (Philipp Vandamm), Jessie Royce Landis (Clara Thornhill), Leo G. Carroll (profesor), Philip Ober (Lester Townsend), Josephine Hutchinson („pani Townsend"), Martin Landau (Leonard). Producent Alfred Hitchcock. Produkcja Metro-Goldwyn-Mayer. 136 min. Prem. lipiec 1959.

Psychoza (*Psycho*, USA 1960). Zdj. Joseph Stefano wg powieści Roberta Blocha. Zdj. John L. Russell. Muz. Bernard Herrmann. Napisy Saul Bass. Wyk.: Anthony Perkins (Norman Bates), Janet Leigh (Marion Crane), Vera Miles (jej siostra Lila), John Gavin (Sam Loomis), Martin Balsam (detektyw Arbogast), John McIntire (szeryf Chambers), Lurene Tuttle (pani Chambers), Simon Oakland (doktor Richmond), Patricia Hitchcock (Caroline). Producent Alfred Hitchcock. Produkcja Paramount. 109 min. Prem. czerwiec 1960.

Ptaki (*The Birds*, USA 1963). Scen. Evan Hunter wg opowiadania Daphne Du Maurier. Zdj. Robert Burks. Konsultacja fotograf. Ub Iwerks. Efekty specj. Lawrence A. Hampton. Konsultacja dźwięk. Bernard Herrmann. Dźwięk elektroniczny Remi Gassmann i Oscar Sala. Wyk.: Tippi Hedren (Melanie Daniels), Rod Taylor (Mitch Brenner), Jessica Tandy (jego matka), Veronica Cartwright (Cathy, jego siostra), Suzanne Pleshette (Annie Hayworth), Ethel Griffies (pani Bundy), Charles McGraw (Sebastian Scholes), Ruth McDevitt (pani Mac Gruder). Producent Alfred Hitchcock. Produkcja Universal – Alfred Hitchcock Productions. 120 min. Prem. marzec 1963.

Marnie (USA, 1964). Scen. Jay Presson Allen wg powieści Winstona Grahama. Zdj. Robert Burks. Muz. Bernard Herrmann. Efekty specj. Albert Whitlock. Wyk.: Tippi Hedren (Marnie Edgar), Sean Connery (Mark Rutland), Diane Baker (Lil), Louise Latham (Bernice Edgar), Martin Gabel (Sidney Strutt), Bob Sweeney (kuzyn Bob), Alan Napier (ojciec Marka), John Launer (Sam Ward). Producent Alfred Hitchcock. Produkcja Universal. 130 min. Prem. czerwiec 1964.

Rozdarta kurtyna (*Torn Curtain*, USA 1966). Scen. Brian Moore. Zdj. John F. Warren. Muz. John Addison. Wyk.: Paul Newman (profesor Armstrong), Julie Andrews (Sarah Sherman), Lila

Kedrova (hrabina Kuchinska), Wolfgang Kieling (Hermann Gromek), Hansjoerg Felmy (Heinrich Gerhardt), Tamara Toumanova (balerina), Günther Strack (profesor Manfred), Ludwig Donath (profesor Lindt), David Opatoshu (Mr. Jacobi), Mort Mills (rolnik), Carolyn Conwell (jego żona). Producent Alfred Hitchcock. Produkcja Universal. 128 min. Prem. lipiec 1966.

Topaz (USA 1969). Scen. Samuel Taylor wg powieści Leona Urisa. Zdj. Jack Hildyard. Muz. Maurice Jarrre. Wyk.: Frederic Stafford (André Devereaux), Dany Robin (Nicole Devereaux), John Vernon (Rico Parra), Karin Dor (Juanita), Michel Piccoli (Jacques Granville), Philippe Noiret (Henri Harre), Claude Jade (Michèle Picard), Michel Subor (Francois Picard), Roscoe Lee Browne (Philippe DuBois), Per-Axel Arosenius (Boris Kusenov), John Forsythe (Michael Nordstroem). Producenci Alfred Hitchcock i Herbert Coleman. Produkcja Universal. 125 min. Prem. grudzień 1969.

Szał (Frenzy, USA 1972). Scen. Anthony Shaffer wg powieści Artura Le Berna *Goodbye Piccadilly, Farewell Leicester Square*. Zdj. Gil Taylor. Muz. Ron Goodwin. Wyk.: Jon Finch (Richard Blaney), Barry Foster (Bob Rusk), Barbara Leigh-Hunt (Brenda Blaney), Anna Massey (Babs Milligan), Alec McCowen (inspektor Oxford), Vivien Merchant (pani Oxford), Billie Whitelaw (Hetty Porter), Clive Swift (Johnny Porter), Elsie Randolph (Glad), Madge Ryan (pani Davison). Producent Alfred Hitchcock. Produkcja Universal. 115 min. Prem. maj 1972.

Intryga rodzinna (Family Plot, USA 1976). Scen. Ernest Lehman wg powieści Victora Canninga *The Rainbird Pattern*. Zdj. Leonard South. Muz. John Williams. Wyk.: Karen Black (Fran), Bruce Dern (George Lumley), Barbara Harris (Blanche Tyler), William Devane (Arthur Adamson), Cathleen Nesbitt (Julia Rainbird), Ed Lauter (Joseph Maloney), Katherine Helmond (pani Maloney), Warren J. Kemmerlng (Grandison). Producent Alfred Hitchock. Produkcja Universal. 120 min. Prem. marzec 1976.

Nie ma, jak sądzę, wielkiej przesady w stwierdzeniu, że skończyliście Państwo lekturę najoryginalniejszej i najbardziej niezwykłej książki filmowej, jaka kiedykolwiek powstała. We Francji cieszy się ona od blisko czterdziestu lat taką opinią i opinia ta wydaje mi się zasłużona. Można powiedzieć, że tom *Hitchcock/Truffaut* łączy wszystkie fazy zjawiska francuskiej kinofilii, w wariancie, jaki ukształtował się w toku lat pięćdziesiątych: Punktem wyjścia było młodzieńcze urzeczenie kinem, do jakiego dochodziło w epoce, kiedy kino było ulubionym sposobem spędzania wolnego czasu, a filmy – skoro o wideo nikomu jeszcze się nie śniło – można było oglądać wyłącznie w ciemnej sali. Twórczość Alfreda Hitchcocka stała się na początku lat pięćdziesiątych takim inicjacyjnym odkryciem młodych Francuzów i książka zdaje sprawę z tej fascynacji. Sama fascynacja jednak nie wystarczała: drugim, wyspecjalizowanym stadium kinofilii była krytyka filmowa. W redakcji miesięcznika „Cahiers du Cinéma", około połowy lat pięćdziesiątych – akurat więc w okresie, kiedy François Truffaut (1932-1984) był gwiazdorem tego pisma – wypracowany został właśnie gatunek „rozmowy przy magnetofonie z ulubionym reżyserem", który stał się jednym ze znaków rozpoznawczych „Cahiers" i znacząco oddziałał na kształt ówczesnej krytyki. Rozmowę traktowano ogromnie serio; krytyk – zanim do niej przystępował – oglądał zwykle na nowo wszystkie filmy reżysera, przygotowywał własne tezy interpretacyjne na ich temat, a rozmowa miała być ich weryfikacją. Rozmowa François Truffaut z Alfredem Hitchcockiem – pierwszy wywiad rzeka w piśmiennictwie filmowym – jest właśnie wzorcową, perfekcyjną realizacją założeń tego gatunku. „To rewolucja w krytyce filmowej" – można było przeczytać w listopadzie 1966 roku w recenzji książki – i tak to wtedy rzeczywiście wyglądało.

Na krytyce jednak nie kończyło się: ostateczną konsekwencją kinofilii, dostępną nielicznym wybranym, było zostanie samemu filmowcem. Niezwykłość książki na tym właśnie się opiera, że powstała ona w toku tej trzeciej fazy. Truffaut, rozmawiając z Hitchcockiem, zachował, owszem, młodzieńcze urzeczenie jego filmami; przeprowadził tę rozmowę wykorzystując kompetencje i umiejętności warsztatowe krytyka, nie tylko wybitnego, ale i znanego z maniackiej skrupulatności (przygotowując się – wiosną i latem 1962 roku – do rozmów z mistrzem, Truffaut obejrzał na nowo wszystkie jego filmy; filmy nieme, których nie miała Filmoteka Francuska, pojechał zobaczyć do Brukseli; przeczytał też wszystkie – dostępne we francuskich przekładach – książki, będące podstawą scenariuszy filmów Hitchcocka); przeprowadził ją jednak zarazem – jako reżyser, legitymujący się już w dodatku, mimo młodego wieku, znacznymi sukcesami. Rozmowę z Hitchcockiem prowadzi tu więc wnikliwy krytyk, pragnący zmienić wizerunek swego ulubionego reżysera utrwalony w ówczesnej opinii, a równocześnie – czołowy filmowiec kolejnego pokolenia, dyskutujący z mistrzem jak równy z równym. Toteż w innej recenzji, w „Aurore", pisano nawet, że lektura *Kina według Hitchcocka* (taki był pierwotny tytuł książki) „zastępuje dwa lata studiów w IDHEC"[1].

Nawet jednak jeśli pamięta się o wszystkich tych trzech aspektach książki – *Hitchcock/Truffaut* jako ekspresja kinofilskiej fascynacji, jako monografia krytycznofilmowa i jako podręcznik kina, wynikły z profesjonalnej rozmowy dwóch reżyserów – nie dociera się jeszcze do jej istoty. Bo *Hitchcock/Truffaut* to w dodatku jeszcze utwór artystyczny; jego głęboka treść dotyczy rodzenia się więzi między dwo-

[1] Por. Antoine de Baecque, Serge Toubiana, *François Truffaut,* Paris 1996, s. 324.

ma mężczyznami, która – wychodząc od płaszczyzny ściśle profesjonalnej – nabiera stopniowo ojcowsko-synowskiego charakteru (Hitchcock nie miał syna, Truffaut nie poznał nigdy swego prawdziwego ojca; Truffaut przez cały czas zwracał się do swego mistrza: „monsieur Hitchcock", mimo jego zachęt, by mówić do niego „Hitch"; Hitchcock zwracał się do Truffaut nieodmiennie „François, my boy"). Z tego punktu widzenia – dwa kulminacyjne punkty książki to te dwie chwile, kiedy z inicjatywy Hitchcocka przedmiotem rozmowy staje się film Truffaut *Jules i Jim*, który właśnie wiosną tego samego roku odniósł znaczny sukces w Stanach.

Przy tej okazji zresztą narodził się pomysł książki. W kwietniu 1962 roku Truffaut podróżował po Stanach w ramach promocji *Julesa i Jima*. Dzięki jego amerykańskiej przyjaciółce Helen Scott (poznanej dwa lata wcześniej, kiedy znalazł się w USA po raz pierwszy, po tym jak nowojorscy krytycy uznali jego debiut, *Czterysta batów*, za najlepszy nieanglojęzyczny film roku) pobyt był znakomicie przygotowany. Pewnego dnia, podczas obiadu, jedzonego w towarzystwie dwóch znakomitych nowojorskich krytyków, Bosleya Crowthera z „New York Timesa" i Hermana Weinberga z Museum of Modern Art, Truffaut poczuł się oburzony lekceważącym stosunkiem amerykańskich znawców do swego ulubionego reżysera; jego rozmówcy uznawali Hitchcocka ze zręcznego technika, cynicznego mistrza autoreklamy. Jeszcze tego samego popołudnia wymyślił wraz z Helen Scott projekt weryfikującej ten powierzchowny sąd książki, która ukazałaby się w dwóch wersjach językowych naraz: jednej dla Amerykanów, drugiej dla Francuzów. Właśnie fakt, że podobny stosunek do sprawy miała dwujęzyczna amerykańska przyjaciółka Truffaut (on sam nie znał angielskiego) był decydujący dla wiarygodności projektu. Helen Scott wzięła na siebie wszystkie funkcje tłumacza, a także znalezienie amerykańskiego wydawcy. Sam Truffaut jeszcze w kwietniu tego samego roku przekonał do idei książki sławnego francuskiego wydawcę Roberta Laffonta;

wkrótce długi, entuzjastyczny list młodego reżysera sprawił, że także i Hitchcock na wszystko się zgodził.[2]

O decydującym dla całego projektu zdarzeniu, jakim stał się cykl całodziennych rozmów, toczonych przez obu reżyserów, z translatorskim udziałem Helen Scott, w ciągu sześciu dni – od 13 do 18 sierpnia 1962 roku – w hollywoodzkim biurze Universalu, pisał obszernie sam Truffaut w opublikowanym powyżej *Wstępie do pierwszego wydania* książki. Mniej za to pisał o równie interesujących dalszych dziejach przedsięwzięcia. Tymczasem krzyżowały się one z jego losem tak tajemniczo, jakby ingerowała w proces powstawania książki owa „niemożliwa wiedza", którą omawiał Slavoj Žižek analizując słynne osobiste zjawienia się Hitchcocka we własnych filmach.[3]

Prace redakcyjne przeciągały się w nieskończoność z wielu powodów. Po pierwsze, sam Truffaut znajdował w tym przeciąganiu wyraźne upodobanie. Zostawszy filmowcem – zrezygnował z marzeń o tworzeniu literatury, i teraz w przygotowanie tej książki angażował rozmaite swoje niezrealizowane pasje. Z ogromną skrupulatnością zbierał na przykład materiał ilustracyjny, wiele zdjęć osobiście kopiował z taśm filmowych; nie przypadkiem wyjątkowo staranna oprawa fotograficzna miała dodatkowo przyczynić się do sukcesu książki. (W tym miejscu wypada mi przeprosić w imieniu wydawcy, że nie widać tego bogactwa w polskiej edycji; nie pozwoliły na to koszty praw do zdjęć). Po drugie, Hitchcock długo nie był zadowolony z brzmienia angielskiej wersji

[2] Ibid., s. 284-286.

[3] Słoweński filozof zwrócił na przykład uwagę, że w swoim najgorszym filmie *Topaz* Hitchcock pojawił się w fotelu na kółkach, *jakby chciał nas powiadomić, że jego siły twórcze zostały sparaliżowane. W swym ostatnim filmie, „Intryga rodzinna", pojawia się jako cień na szybie okiennej biura pośrednictwa pracy, jak gdyby chciał nas powiadomić, że niebawem umrze.* Slavoj Žižek, *Nigdy dość o Hitchcocku*, [w:] tegoż, *Patrząc z ukosa. Do Lacana przez kulturę popularną*. Przeł. J. Margański, Warszawa 2003, s. 168.

Nawiasem mówiąc, jest tu omyłka: Hitchcock pojawia się w *Intrydze rodzinnej* jako cień w szybie w biurze rejestracji zgonów.

książki, w przekładzie Helen Scott; nastawał na większy ko-
lokwializm. Przede wszystkim zaś, ten czteroletni okres
przygotowań zbiegł się z przeciągającymi się perturbacjami,
związanymi z najtrudniejszym projektem w karierze filmowej Truffaut: z pracą nad adaptacją książki Raya Bradbu-
ry'ego *Fahrenheit 451*. Tak się złożyło, że ten fantastyczno-
-naukowy film o buncie przeciw reżimowi palącemu książki,
będący zarazem patetycznym hymnem na cześć książek –
powstawał akurat w czasie, kiedy jego reżyser przygotowywał książkę swego życia.

Cały etap postprodukcji filmu zbiegł się dosłownie
z ostatnimi pracami przygotowawczymi nad książką.
Na podstawie hollywoodzkich rozmów z Hitchcockiem, od-
bywających się bezpośrednio po ukończeniu przez reżysera
montażu *Ptaków,* Truffaut przygotował do druku czternaście rozdziałów, kończąc właśnie na *Ptakach* omawianie
twórczości swego rozmówcy. Ponieważ od tego czasu w życiu Hitchcocka zdarzyło się wiele nowego, m. in. nakręcił
dwa nowe filmy – *Marnie* i *Rozdartą kurtynę* – zaszła konieczność dodatkowej rozmowy. Doszło do niej w dniach od
27 do 29 lipca 1966 roku w Londynie, gdzie Hitchcock przyjechał właśnie na premierę swego nowego filmu, a Truffaut
pracował gorączkowo nad ostatnimi poprawkami do *Fahrenheita* i nad retuszem napisanego rok wcześniej wstępu.
Wtedy też powstał XV rozdział niniejszej książki. Paryska
premiera *Fahrenheita* odbyła się we wrześniu 1966 roku;
film odniósł sukces umiarkowany. Książka *Le Cinéma selon
Hitchcock* (*Kino według Hitchcocka*) ukazała się we francuskich księgarniach w październiku 1966 roku (amerykańska
edycja, w wydawnictwie Simon and Schuster, miała się uka-
zać trzynaście miesięcy później) i odniosła sukces kolosalny.[4]

Sukces ten, z którego także Hitchcock był dumny, sprzyjał dalszemu zbliżeniu obu reżyserów. Korespondowali z sobą regularnie aż do samej śmierci Hitchcocka. Truffaut, który bywał w Ameryce coraz częściej, starał się też podczas

---

[4] Por. de Baecque, Toubiana, op. cit., s. 322-324.

każdej z tych wizyt odwiedzać swego mistrza, a pod koniec jego życia – był też zapraszany do udziału w rozmaitych poświęconych mu galach. Był też obecny na jego pogrzebie w Beverly Hills, o czym pisze we wstępie.

Wkrótce po śmierci Hitchcocka Truffaut zaczął zabiegać u wydawców o umowę na nowe, ostateczne wydanie książki, które uwzględniałoby czternaście ostatnich lat życia reżysera, jego późne filmy i nie ukończone projekty. O dziwo, nie udało mu się dogadać z Laffontem; ostatecznie umowę na książkę *Hitchcock/Truffaut* – bo taki definitywny tytuł jej nadano – podpisał 30 czerwca 1983 roku z paryskim wydawnictwem Ramsay.

To był osobliwy okres w życiu François Truffaut; miał pięćdziesiąt jeden lat i w pewnym sensie rozpoczynał życie od nowa. Stworzył swój „definitywny" związek: Fanny Ardant oczekiwała ich dziecka, które miało we wrześniu przyjść na świat. Właśnie w czerwcu ukończył prace nad filmem *Aby do niedzieli!* i po raz pierwszy w jego karierze zdarzyło się, że nie miał w takim momencie zaawansowanego żadnego nowego projektu. A pomysłów miał całe mnóstwo! Wynajął więc na całe wakacje dom nad morzem, w Honfleur w Normandii, żeby Fanny mogła tam spokojnie wypoczywać, sam zaś zamierzał zapraszać przyjaciół, żeby pracować wraz z nimi nad nowymi pomysłami scenariuszowymi. Zaczął jednak wakacje od dokończenia książki. 4 sierpnia 1983 roku pisał do znajomych, że zamknął ostatecznie pracę nad *Hitchbookiem*, jak go nazywał: napisał ostatni XVI rozdział i nowy wstęp. Osiem dni później, w trakcie kolacji, dostał pierwszego ataku straszliwego bólu głowy.[5] Wkrótce, po wykonaniu niezbędnych badań, miało się okazać, że to złośliwy rak mózgu, śmiertelna choroba, która miała pokonać go ostatecznie 21 października 1984 roku.

Tak się więc złożyło, że książka o Hitchcocku była ostatnim przedsięwzięciem, jakie Truffaut doprowadził do końca; zdołał jeszcze dopilnować jej ostatecznego kształtu wy-

[5] Ibid., s. 559-560.

dawniczego. Okazało się, że tytuł ostatnego podrozdziału „To już koniec" nie tylko jego bohatera miał dotyczyć.

Kilka słów na temat obecnego wydania książki, która nie jest całkiem nieznana polskiemu czytelnikowi. Dzięki nieocenionemu, nie wychodzącemu już niestety (raz na dwa lata wychodzi co prawda jakiś numer, ale to mało, jak na miesięcznik), miesięcznikowi Polskiej Federacji DKF „Film na Świecie", obszerne jej fragmenty ukazały się w przekładzie Ireneusza Dembowskiego – jeszcze za życia obu reżyserów – latem 1977 roku, jako podwójny numer tego pisma.[6] Przy wszystkich zaletach, wydanie to było jednak mylące. Zrozumiałe wprawdzie, że miesięcznik dokonać musiał znacznych skrótów w obrębie każdego z piętnastu rozdziałów (choć szkoda, że w żaden sposób tych skrótów nie zaznaczył); tyle tylko, że w efekcie pozostawiono większość „kinofilskiej" zawartości książki – dzieje powstania poszczególnych filmów, usunięto zaś konsekwentnie wszystko, co dotyczyło relacji między dwoma rozmówcami (co było więc jej artystycznym sednem), a także wszystko, co składało się na ogólny sąd Hitchcocka o kinie, w tym zwłaszcza (czego absolutnie nie sposób zrozumieć) – jego wspaniały wykład o MacGuffinie, umieszczony w VI rozdziale książki i będący jej prawdziwą ozdobą. W tej sytuacji tym bardziej się cieszę, że – przełożywszy cały tekst na nowo – mogłem teraz przyczynić się do pierwszego pełnego wydania książki w języku polskim.

Cieszę się tym bardziej, że – choć od śmierci jej głównego bohatera minęło dwadzieścia pięć, a od śmierci jej autora dwadzieścia jeden lat – książka trafia na moment niewygasłego zainteresowania twórczością ich obu. Duży przegląd filmów Truffaut pokazano niedawno w naszych kinach. Na DVD ukazała się właśnie kolekcja czternastu powojennych arcydzieł Hitchcocka, a nowe książki o nim trafiają do księgarń. W pierwszej obszernej monografii

---

[6] F. Truffaut, *Kino według Hitchcocka*. Przeł. I. Dembowski, „Film na Świecie" 1977, nr 7-8.

twórczości Hitchcocka autorstwa polskiego filmoznawcy, Krzysztofa Loski, pojawia się na końcu bibliografia prac poświęconych Hitchcockowi, obejmująca ni mniej, ni więcej, tylko ponad 420 pozycji.[7] W tej masie znajduje się zapewne wiele nowych, odkrywczych odczytań twórczości reżysera (Hitchcock od dawna należy do ulubionych przedmiotów egzegez krytycznych i teoretycznych), trudno jednak sobie wyobrazić, by choć jeden z autorów owych czterystu dwudziestu prac mógł pominąć książkę *Hitchcock/Truffaut*. Nie tylko zresztą miłośnicy kina mogą z niej korzystać. Dowiedziałem się niedawno, że wyłożona na jej kartach Hitchcockowska teoria MacGuffina trafiła już do poważnych debat z zakresu ontologii. Spierający się z Heideggerem niemiecki filozof Hans Blumenberg (1920-1996) stwierdził, że osławione Heideggerowskie „bycie w ogóle", któremu miał być poświęcony nie napisany w końcu drugi tom dzieła *Bycie i czas*, było właśnie MacGuffinem. Gdyby ów drugi tom powstał, wyszłaby na jaw banalność pomysłu; także więc filozofowie muszą dbać o przekonanie odbiorców, że MacGuffin jest czymś niezwykle ważnym.[8]

Takich MacGuffinów pełno jest dziś nie tylko w filozofii! Hitchcockowskie myślenie o kinie w wielu dziedzinach życia może więc okazać się przydatne. Niech to stwierdzenie posłuży za pointę pierwszej polskiej pełnej edycji tej książki.

Tadeusz Lubelski

---

[7] Krzysztof Loska, *Hitchcock – autor wśród gatunków*, Kraków 2002, s. 320-334.

[8] Artykuł Hansa Blumenberga *Das Sein, ein MacGuffin* ukazał się we „Frankfurter Allgemeine Zeitung" 27 maja 1987 roku. Wiadomość o nim zawdzięczam krakowskiemu filozofowi Stefanowi Klemczakowi, za co mu serdecznie dziękuję.

UNIVERSAL

**Limitowane wydanie
kolekcjonerskie
14 najlepszych filmów
Alfreda Hitchcocka na DVD
wraz z książką**